Recherches rhétoriques

Communications, 16

Recherches rhétoriques

Éditions du Seuil

EN COUVERTURE :
Kazimir Malevitch, sans titre
1916, droits réservés

ISBN 2-02-022271-X

© 1994, Éditions du Seuil

S'occuper de rhétorique ne peut déjà plus passer en France ni pour un anachronisme ni pour un défi d'avant-garde. Le terme même est en train de perdre les connotations peu flatteuses qui, depuis plus d'un siècle, lui étaient attachées. Nous apprenons que la rhétorique n'est pas un ornement du discours, mais une dimension essentielle à tout acte de signification.

La présente livraison de Communications *s'inscrit dans le courant des spéculations actuelles. Celles-ci se développent, en gros, selon trois axes :*
– L'élaboration d'une matrice, d'une grille, d'un modèle logique ou linguistique destiné à mettre en place ou, mieux, à engendrer les diverses figures. A cet effort taxinomique se rattachent en particulier, dans ce numéro, l'analyse de Jean Cohen, les remarques de Tzvetan Todorov, et, plus indirectement, l'étude du rôle d'influenceur ou les formules construites par Jean Simeray pour rendre compte de certains faits de style.
– La description des figures susceptibles de caractériser un champ sémiotique particulier (ainsi, dans l'article de Lidia Lonzi sur Anaphore et récit*), ou la mise à l'épreuve, sur un de ces champs, d'une grille déjà constituée : étude de l'argot, des titres de films, des clefs des songes, des biographies de* Paris-Match, *par les auteurs liégeois de la* Rhétorique générale *; application au nombre, par Jacques Durand, d'une matrice déjà expérimentée sur l'image publicitaire (in* Communications 15*).*
– Une réflexion sur le rôle de la rhétorique dans l'évolution de la culture occidentale, sur ses rapports passés avec la grammaire et la dialectique, ses liens actuels avec la linguistique, la logique et la sémiologie ; sur les implications idéologiques de son institutionalisation à l'âge classique, de son déclin et de sa condamnation au XIXᵉ ; sur le sens et les limites de sa

*résurgence partielle aujourd'hui. De cette interrogation histo-
rique et philosophique relèvent, à des titres et selon des orientations diverses, les contributions de Pierre Kuentz, Gérard
Genette et Roland Barthes.*

*Le renouveau des études rhétoriques se concentre pour l'ins-
tant sur un secteur privilégié de l'ancien* ars persuandi *: la théorie des figures. Les articles que nous publions ici attestent l'importance de l'effort en cours pour redéfinir, resituer, reclasser
les figures recensées dans un autre âge sous des noms dont
quelques-uns seulement nous restent familiers. Des quatre ou
cinq parties de la rhétorique traditionnelle, seule l'*elocutio
bénéficie d'une véritable reprise. Il est trop tôt pour prévoir si
l'*inventio, la* dispositio, l'*actio, la* memoria *sont à jamais sorties de notre horizon intellectuel ou si, quelque biais aidant,
elles ne font qu'attendre leur tour d'y rentrer.*

C. B.

Jean Cohen

Théorie de la figure

Dans un ouvrage qui en son temps fit autorité, le philosophe Charles Serrus déclarait : « Il n'y a pas lieu de poser un parallélisme logico-grammatical. La légalité de la langue n'est pas la légalité de la pensée et il est vain d'établir entre elles quelque correspondance que ce soit[1]. »

Danger des affirmations dogmatiques ! Celle-ci, depuis qu'elle a été émise, n'a pas cessé de se démentir, comme n'a pas cessé de se combler le fossé qu'elle avait creusé entre logique et linguistique, par un double mouvement parti de ses deux versants à la fois.

Du côté linguistique d'abord, le pas décisif a été accompli le jour où l'on sut retrouver l'intuition profonde de Port-Royal, distinguant deux niveaux du langage, niveau manifeste ou de surface d'une part, niveau profond ou sous-jacent d'autre part. La grammaire transformationnelle d'abord a tenté de réduire des formes syntaxiques apparemment diverses à une même structure profonde ; l'analyse componentielle des Américains et structurale des Français, ensuite, a pu appliquer la même réduction à la sémantique. Or, si le rapprochement des systèmes logiques et des formes superficielles du discours pouvait apparaître comme une entreprise désespérée, la comparaison semble beaucoup plus prometteuse dès lors qu'on s'attache aux structures profondes, surtout si l'on tient compte de la récente évolution de la logique elle-même.

La logique, on le sait, a connu deux grandes étapes de développement dans ses rapports avec le langage. La première fut celle des *Analytiques* d'Aristote où le parallélisme logico-grammatical était établi *a priori* et en quelque sorte par définition puisque la logique n'était rien d'autre qu'une analyse du « logos »...

---

1. *Le parallélisme logico-grammatical*, Alcan, 1933.

La rupture du parallélisme s'est accomplie lors de la deuxième étape, lorsque Boole et Morgan constituèrent la logique comme un langage artificiel, destiné à pallier les carences du langage naturel : ambiguïté, inconsistance et redondance. Mais ce faisant, cette nouvelle logique ou linguistique faite tout entière pour les mathématiques et par des mathématiciens, tournait le dos à ce que l'on a pu appeler la « logique opératoire naturelle ». Soumise aux seuls impératifs de la formalisation et de l'axiomatisation, la logistique a perdu de vue ce qui était l'intention première de la logique : construire une langue idéale qui fût la norme de tout discours cohérent. Ainsi l'implication, qui est la clé de nos opérations intellectuelles, est définie de telle sorte, dans le système véri-fonctionnel (PvQ), que le faux implique le vrai, conséquence scandaleuse aux yeux de qui la logique reste un « art de penser », un guide de l'intelligence dans sa recherche de la vérité. Il est donc naturel que s'esquisse aujourd'hui, avec les travaux de Piaget et son école, et plus récemment de Robert Blanché, une sorte de retour aux sources, par la constitution d'une « logique réflexive » qui explicite les règles de la pensée effective. Or, entre ces règles opératoires d'une part, et les structures linguistiques profondes d'autre part, voici que commence d'apparaître un certain degré d'isomorphisme[1]. Et déjà, du point de vue de la sémantique, qui seul nous intéresse ici, une convergence remarquable s'affirme entre recherches indépendantes menées, d'une part par le logicien Blanché et d'autre part par le linguiste Greimas, autour d'une même organisation hexadique de ce que le premier appelle « structure intellectuelle » et le second « structure élémentaire de la signification[2] ». Rencontre née d'un double mouvement de logification de la sémantique et de sémantisation de la logique, rapprochant les deux sciences de leur point virtuel de rencontre, où la logique apparaîtra comme forme du contenu et la sémantique comme contenu de la forme d'une même réalité qui est l'intelligence en acte : elle-même forme finale de ce long processus d'équilibration, décrit par Piaget, qui mène la pensée humaine de son enfance intellectuelle à sa maturité.

---

1. Pour la vérification expérimentale de ces corrélations, cf. H. Sinclair de Swaart, *Acquisition de la pensée et développement du langage*, Dunod, 1967.
2. Robert Blanché, *Structures intellectuelles*, Vrin, 1966 ; A. J. Greimas, *Sémantique structurale*, Larousse, 1966.

Dès lors, l'idée d'une norme linguistique, si contestée aujour-d'hui, trouve une assise solide. La norme n'est plus fondée sur l'usage, indéfiniment variable au niveau de la parole. Elle repose sur un ensemble limité et invariant de règles opératoires. Par suite, la notion d'écart comme transgression systématique de la norme, dans laquelle j'ai proposé de trouver le trait pertinent de la poéticité, prend elle-même une signification logique. Écart linguistique et écart logique tendent à se confondre, et il devient désormais théoriquement possible de construire un modèle logique des figures du langage poétique, un algorithme sus-ceptible peut-être, par un développement ultérieur, de fournir la base d'un calcul des figures.

Cette possibilité est celle dont la présente analyse essaye d'offrir un commencement de réalisation. D'une manière évi-demment élémentaire et encore simplifiante à ce stade, mais appelant d'elle-même un raffinement ultérieur de l'analyse. Sans doute, les figures examinées ici sont-elles toutes de niveau sémantique, mais ce niveau est celui qui s'avère poétiquement le plus opérant. Et quant aux figures de type phonique ou syn-taxique, rime, inversion, etc., il n'est pas impossible qu'elles s'intègrent un jour à un modèle plus vaste de logique elle aussi réflexive, qui refléterait non plus seulement la formation mais aussi la communication de la pensée.

Le principe fondamental de la logique, la norme qui régit aussi bien la langue que la métalangue, est le principe de contra-diction. Il interdit, on le sait, de conjoindre une proposition et sa négation : $P.\overline{P}$[1].

Si l'on donne à la proposition sa forme linguistique cano-nique, sujet, copule, attribut (S est P), le principe prohibe alors l'énoncé d'une proposition moléculaire formée de deux pro-positions atomiques « homonymes » coordonnées, l'une affir-mative et l'autre négative : « *S est P et S n'est pas P.* »

On se rappelle les problèmes posés à propos de ce principe par les théories de Lévy-Bruhl sur la pensée « primitive », pen-sée « prélogique » parce que soumise à une loi de participation qui ignore la contradiction. En fait, le Bororo qui affirme que « les Bororos sont des Araras » (perroquets) n'admettrait pas

---

1. On symbolisera indifféremment la négation par $\overline{P}$ ou non-P.

qu'ils ne sont pas des araras. Il est donc, lui aussi, sensible à la contradiction. Mais comme le remarque Piaget : « Pour la pensée effective d'un sujet réel, la difficulté commence lorsqu'il se demande s'il a le droit d'affirmer simultanément A et B, car jamais la logique ne prescrit directement si B implique ou non non-A. Peut-on, par exemple, parler d'une montagne qui n'a que 100 mètres de haut, ou est-ce contradictoire ? Peut-on être à la fois communiste et patriote [1] ? » Il n'y a donc contradiction effective qu'à partir de définitions des termes engagés dans la proposition, définitions au sens large où entreraient les implications contextuelles de ces termes. Le principe n'est donc pratiquement opérant que dans ses applications linguistiques. Or, ce que la présente analyse va essayer de démontrer, c'est que l'ensemble des figures sémantiques de la rhétorique constituent autant de violations du principe fondamental et qu'elles ne diffèrent entre elles, à travers la diversité de leurs formes syntaxiques et de leurs contenus lexématiques, que par la force ou le degré de cette transgression. Cette variation en degré sera introduite par un raffinement de la notion de contradiction, dû à un jeu d'oppositions pertinentes : neutralité vs polarité, position vs implication, qualitatif vs quantitatif.

Ici s'introduit une notion nouvelle et paradoxale : celle de « degré de logicité », qui remplace l'alternative simpliste du tout ou rien par une échelle de degrés de déviations par rapport au principe de non-contradiction. Cette notion, parallèle à celle de « degré de grammaticalité », proposée par Chomsky, permet de distinguer les figures selon la grandeur de leur « alogicité », sans que l'on puisse cependant, soulignons-le, à ce premier stade, les ranger toutes selon un ordre scalaire unique. Au plus haut degré se trouvent les figures dont le caractère paralogique évident a été reconnu comme tel par la rhétorique classique. Au plus bas degré, des figures dont la faiblesse même de l'alogicité dissimule le caractère anormal. C'est ainsi que T. Todorov a pu diviser les tropes en deux classes : « ceux qui présentent une anomalie linguistique et ceux qui n'en présentent aucune [2] » et parmi ces derniers, sont classées des figures telles que la comparaison, la gradation ou l'antithèse.

Une erreur n'est vraiment rectifiée que si l'on peut expliquer

1. *Psychologie de l'intelligence*, Colin, 1956, p. 41.
2. *Littérature et Signification*, Larousse, 1967, p. 108.

comment, quoique fausse, elle a pu se donner pour vraie. La distinction de degrés dans l'alogisme va nous permettre de le faire, en montrant que gradation ou antithèse sont effectivement anormales mais à un degré assez faible pour paraître innocentes à une analyse insuffisamment « fine [1] ».

Il est, dans la langue, deux types de négation : négation grammaticale, que connaît seule le logicien, et négation lexicale. Si l'on s'en tient aux formes de surface, « ceci est invraisemblable » est une proposition affirmative au même titre que « ceci est vraisemblable ». Mais ici, la région préfixée reste manifeste, ce qu'elle n'est plus dans l'opposition vrai/faux, termes entre lesquels règne le même rapport de contradiction, puisque « faux » est défini par le dictionnaire comme « ce qui n'est pas vrai ». Et il en est de même dans tous les paradigmes binaires, dont chaque terme peut être tenu pour la négation pure et simple de l'autre : ainsi « beau/laid », « bon/mauvais », etc.

Mais l'équivalence entre les deux types de négation cesse dès qu'il s'agit de paradigmes ternaires tels que « antérieur/simultané/postérieur », « noir/gris/blanc » ou « grand/moyen/petit ». En ce cas, la négation grammaticale « X n'est pas grand » équivaut à la disjonction « X est petit ou moyen ». Et déjà, rappelons-le, la logique classique avait distingué deux degrés de la négation, selon qu'elle est préposée ou postposée au quantificateur : *omnis non* vs *non omnis*. L'une est en effet plus forte que l'autre puisqu'elle nie universellement le prédicat tandis que l'autre en nie seulement l'universalité. On a donc deux degrés de la négation et, corrélativement, deux degrés de la contradiction. Ainsi « petit » est la négation forte de « grand » tandis que « moyen » est la négation faible des deux autres. « Petit » et « grand » forment les deux termes extrêmes ou contraires, que l'on appellera « polaires » tandis que « moyen » sera nommé terme « neutre » (*ne-uter*). Et il faut souligner que si le terme neutre fait souvent défaut dans nos paradigmes lexicaux, la double négation grammaticale « ni... ni » offre toujours le moyen de l'exprimer. En niant à son tour ce terme, on a le terme disjonctif (AvZ) nommé « complexe », ce qui nous donne l'hexagone de Blanché (où A et Z figurent les termes polaires,

---

1. Sur les anomalies comparatives, je me suis déjà expliqué dans « Poétique de la comparaison : essai de systématique », *Langages*, VIII, Paris, 1968.

N le terme neutre, et T le terme complexe) que l'on peut représenter ainsi :

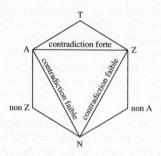

A partir de ce modèle, où sont représentées les formes faibles et fortes de la contradiction, il est possible, on va le voir, de dégager et de formaliser la structure logique de plusieurs figures importantes de la rhétorique. Elles sont toutes faites en effet de la conjonction de deux de ces termes qui, par définition, n'admettent que la disjonction.

Commençons par la contradiction pure et simple : S est A.$\overline{A}$. Sous cette forme, la figure n'a pas été recensée par la rhétorique, elle n'est guère attestée dans la poésie classique, du moins à ma connaissance. On peut toutefois citer, à titre d'exemple, l'exorde habituel des contes majorquins « Cela était et cela n'était pas » (*Aixo era y no era*) – et l'on n'aura sans doute pas de mal à en trouver d'autres exemples dans la poésie contemporaine.

La contradiction (A.$\overline{A}$) est en rapport d'inclusion avec les deux négations : forte (A.Z), faible (A.N). On peut donc, *a priori*, déduire l'existence de deux figures représentées par ces deux formules.

La première, degré haut de la contradiction, qui conjoint les termes polaires A et Z, est la formule logique d'une figure bien connue des rhétoriciens et largement attestée dans la poésie de tous les temps : l'oxymore, dont l'exemple le plus célèbre est « l'obscure clarté » de Corneille. Morier la définit comme « une sorte d'antithèse dans laquelle on joint deux mots contradictoires, l'un paraissant exclure logiquement l'autre[1] ». Sous le

_____

1. *Dictionnaire de Poétique et de Rhétorique*, P.U.F., 1961.

nom de « paradoxisme » Fontanier en donne une définition similaire : « artifice de langage par lequel des idées ou des mots ordinairement opposés et contradictoires entre eux se trouvent rapprochés et combinés [1] ». Mais il faut préférer le terme d'oxymore, qui, fait de deux mots grecs, *oxus* et *moros,* signifiant « pointu » et « émoussé », constitue lui-même une première réalisation de la figure et donne ainsi un exemple de motivation du signe qu'on doit saluer au passage, avant d'en chercher une définition plus rigoureuse que celles qui viennent d'être citées.

On peut remarquer en effet d'abord que les auteurs emploient tous deux le terme de « contradictoire » alors que c'est « contraire » qui est ici pertinent. Il est vrai que l'exemple-type engage un paradigme binaire (clair/obscur) où les notions de contradiction et de contrariété se confondent. Mais ce n'est plus le cas avec le double oxymore de Nerval : *La nuit sera noire et blanche,* où, l'opposition étant ternaire, la contrariété est seule pertinente. De plus, les termes de « joint » ou « rapprochés et combinés » ici utilisés sont à la fois confus et inadéquats. On a vu que c'est la conjonction qui fait l'oxymore tandis que le rapprochement, on le verra, fait l'antithèse.

La formule A.Z constitue la structure logique profonde de l'oxymore, dont les réalisations syntaxiques et lexématiques peuvent être indéfiniment variées. Toutefois il est possible de nouer ici la logique à la syntaxe en affinant l'analyse. Si, en effet, on compare ces deux expressions :
a) *Cette obscure clarté qui tombe des étoiles* (Corneille),
b) *Tes yeux... sont plus clairs que le jour, plus noirs que la nuit* (Pouchkine) :
il apparaît que la contradiction est plus forte en *a* puisque en *b* elle porte seulement sur la prédication, tandis qu'en *a* elle atteint le sujet lui-même. Et si l'on voulait subtiliser encore, on pourrait distinguer des sous-espèces de figures selon le type de coordination. Il semble, en effet, que l'emploi de conjonctions adversatives dans : *Je suis comme le roi d'un pays pluvieux, riche mais impuissant, jeune et pourtant très vieux,* affaiblisse, en l'exprimant, la contradiction elle-même.

Remarquons encore que la même formule logico-syntaxique se retrouve dans « l'obscure clarté » et dans « le silence sonore des fleuves » (*el silencio sonoroso de los rios*) de Juan de la Cruz.

---

1. *Les Figures du discours*, collection « Science », Flammarion, 1968.

Les contenus sont différents, empruntés l'un au registre optique, l'autre au registre acoustique, et on peut même les dire inverses, puisque les termes positif et négatif sont inversement distribués entre le nom et l'épithète. Leur identité structurale demeure cependant et cette identité entre des formules dues à deux auteurs d'époque et de langue différentes prouve, à elle toute seule, l'existence de la figure comme « forme » virtuelle planant au-dessus de ses manifestations linguistiques.

Forme qu'il ne faut pas confondre avec ses propres réalisations usuelles ou « figures d'usage » qui transforment en stéréotypes certains investissements lexématiques de la structure. Ainsi, et par anticipation, on peut donner des exemples de telles réalisations :

oxymore   : aigre-doux
antithèse : mi-figue, mi-raisin
hyperbole : fort comme un taureau
litote   : il ne fait pas chaud.

C'est de telles figures d'usage que Dumarsais dit qu'il s'en fait plus « en un jour de marché à la Halle qu'il ne s'en fait en plusieurs jours d'assemblée académique ». Pour ce qui est au contraire des « figures d'invention », si leurs modèles formels sont en quelque sorte prédéterminés dans la structure profonde du langage, leurs réalisations linguistiques, avec le contenu particulier que celles-ci comportent, restent la création du poète, qui possède de ce fait sur elles une sorte de *copyright*, seul capable d'en préserver l'unicité et par conséquent l'efficience poétique.

Passons maintenant à la contradiction faible (A.N). Quoique l'idée d'une demi-contradiction paraisse d'abord paradoxale, il est clair qu'elle rejoint les évidences du sens commun. Si deux locuteurs affirment l'un que S est blanc et l'autre qu'il est gris, il est clair que leurs positions paraîtront moins contradictoires que s'ils affirmaient respectivement que S est blanc et qu'il est noir. De même, dans le domaine politique, si l'on admet la pertinence de l'axe bi-polaire gauche/droite, on en déduira que le centre s'oppose moins à chacun de ces deux termes qu'eux-mêmes ne s'opposent l'un à l'autre. A moins d'admettre que ces derniers se rejoignent dans « l'extrémisme ». On retrouve alors la conception éthique d'Aristote, dont toute l'originalité consiste dans ce renversement de perspective, qui confère au « milieu » en tant que tel la différence la plus forte au sein du paradigme. Conception profonde et transposable esthétiquement, comme on le montrera. Mais il faut d'abord revenir de la politique à la poétique, pour signaler que si la forme faible de la contradiction est beaucoup plus rare que l'oxymore, il reste possible d'en citer des exemples : *les crépuscules blancs* de Mallarmé (par opposition à la nuit blanche) ou encore *la lumière blafarde* de Baudelaire, par opposition à la *lumière noire*, archétype dont l'*obscure clarté*, *le soleil noir*, *pâle comme la nuit* (Nerval) sont autant de variantes et qui se retrouve tel quel dans le dernier vers des *Ténèbres* de Baudelaire :

> *Par instants brille, s'allonge et s'étale*
> *Un spectre fait de grâce et de splendeur.*
> *A sa rêveuse allure orientale,*
> *Quand il atteint sa totale grandeur,*
> *Je reconnais ma belle visiteuse :*
> *C'est elle ! noire et pourtant lumineuse.*

Mais la figure la plus fréquente dans la poésie moderne est celle que, dans *Structure du langage poétique* [1], j'ai appelée « impertinence prédicative ». Pour en rendre compte, il nous faut introduire cette seconde variable du modèle logique que constitue la différence dans la manière dont l'anomalie est réalisée, selon qu'elle se trouve dans ce que l'énoncé pose ou dans ce qu'il présuppose.

En effet, dans *Le Ciel est mort* (Mallarmé), il y a certes une anomalie, mais qui ne semble à première vue nullement relever de la contradiction. La mort est la négation de la vie, non du ciel. Et c'est pourquoi j'ai remis au sentiment linguistique la charge de discrimination de l'écart. Mais, en fait, il est possible d'user ici de la différence introduite par Greimas entre « sèmes nucléaires » et « sèmes contextuels » ou classèmes [2]. Tout lexème peut être, en effet, analysé en sèmes, qui sont posés par lui, en tant qu'il est présent dans le discours. Mais, en même temps, entre en fonctions un système de compatibilité et d'incompatibilité syntagmatiques. Ainsi « mort » exige un sujet « animé », tandis que « ciel » de son côté suppose un attribut « inanimé », l'opposition animé/inanimé fonctionnant comme une sorte de sème plus large que le lexème, puisqu'elle

---

1. Flammarion, 1966.
2. *Sémantique structurale*, p. 50.

s'applique au syntagme tout entier. Ainsi « mort » et « ciel »
peuvent être déclarés contradictoires non par ce qu'ils posent
mais par ce qu'ils présupposent. En symbolisant la présupposition par une flèche, la figure dite « impertinence » peut alors
être représentée de cette manière, toujours en réduisant la phrase
à la forme canonique :

$$S \text{ est } P$$
$$\downarrow \quad \downarrow \quad \text{(ou plus simplement } S \rightarrow A. \text{ non } A\text{)}$$
$$A \quad \overline{A}$$

Ce qui nous ramène donc à la première figure, avec cette différence que l'incompatibilité est cette fois en quelque sorte ou
oblique ou marginale, ce qui affaiblit l'anomalie et la place à
un degré plus bas dans l'échelle de logicité.

Mais, à l'intérieur même de cette figure de contradiction
oblique, on peut distinguer deux degrés, selon la nature du
sème impertinent, qualitatif ou quantitatif. Et ici il faut utiliser
une structure nouvelle, que l'on peut appeler « structure graduelle » par différence avec la structure oppositionnelle seule
engagée jusqu'ici par l'analyse.

La plupart de nos adjectifs et des substantifs abstraits qui
leur sont liés, ont pour fonction d'exprimer des qualités. C'est
pourquoi prédication et qualification sont souvent confondues
dans les grammaires, toute proposition ayant pour but essentiel
d'attribuer une qualité à un sujet.

Or les qualités sont généralement lexicalisées par dyades
oppositives, constituées de termes extrêmes, qui sont des
contraires au sens fort. Et l'on sait que les dictionnaires ont pour
habitude de mentionner pour chacun de ces termes leur « anto-
nyme » ou terme contraire. Mais à l'intérieur de cette opposition maximale, il y a place pour une qualification nuancée et
déjà l'introduction du terme neutre avait affiné le champ de la
prédication. Mais le terme neutre peut être interprété soit comme
une qualification moyenne ou modérée, soit comme une absence
de qualification. C'est pourquoi il manque si souvent, le silence
fonctionnant alors comme terme neutre, puisque dire de quelqu'un qu'il n'est ni bon ni mauvais équivaut à ne rien dire de
lui du point de vue éthique.

Or la plupart des qualités ne varient pas selon la loi du tout
ou rien, mais admettent entre les extrêmes toute une série
d'intermédiaires. Ainsi entre le *chaud* et le *froid,* le *tempéré*

s'introduit comme une terme neutre ; mais l'opération peut se répéter : entre *tempéré* et *froid* s'interpose *frais,* entre *tempéré* et *chaud, tiède* et ceci peut continuer jusqu'à l'échelle mathématique des températures. Qui plus est, les termes polaires eux-mêmes peuvent être dépassés par plus extrêmes qu'eux, ainsi *brûlant* et *glacé,* de même que le paradigme politique a vu une extrême gauche et une extrême droite déborder les termes traditionnels. On sait d'autre part que le langage quotidien tend à abuser de ces termes plus qu'extrêmes et des expériences récentes ont montré que le choix de ces termes comme contraires d'un terme polaire donné est caractéristique de la schizophrénie[1]. On appelle quelquefois hyperbole l'emploi de tels termes. A tort cependant, si le terme est pertinent par rapport au sujet. Il se peut qu'un corps soit brûlant ou glacé et l'hyperbole comme figure n'existe que si le terme extrême ne convient pas au sujet qu'il qualifie. Ainsi, dans l'exemple que donne Dumarsais : « il va plus vite que le vent », il y a hyperbole parce que la vitesse du mouvement naturel de l'homme est largement inférieure à celle du vent. Il n'y en aurait plus si au contraire il s'agissait, par exemple, d'un avion. Dans la phrase en question, le sujet réel « mouvement de l'homme » implique une certaine vitesse qui est incompatible avec celle du vent, mais cette incompatibilité joue entre degrés différents d'une même qualité. Ce que l'on peut représenter ainsi, si A est la vitesse de l'homme, A^+ une vitesse supérieure :

$$S \text{ est } P$$
$$\downarrow \quad \downarrow \quad (\text{ou } S \rightarrow A.A^+)$$
$$A \quad A^+$$

Si maintenant on représente par A^- une vitesse inférieure à A, le schéma $A.A^-$ symbolise la figure inverse c'est-à-dire la litote.

Cette figure présente un intérêt particulier du fait qu'elle n'est pas toujours symétrique de l'hyperbole. Les exemples que donne Dumarsais, en effet, ne sont pas ceux d'un moins à la place d'un plus mais d'une négation grammaticale à la place d'une affirmation lexicale. Ainsi *Va, je ne te hais point* où la négation

---

1. Cf. Luce Irigaray, « Négation et transformation négative dans le langage des schizophrènes », *Langages,* V, 1967, p. 84-98.

« ne pas haïr » remplace le terme « aimer » ici pertinent. Ce qui peut se représenter ainsi :

$$S \text{ est } \overline{Z}$$
$$\downarrow \qquad \downarrow$$
$$A \qquad A \lor N$$

L'incompatibilité surgit alors entre l'un des présupposés A et la moitié de l'autre, N. « Ne pas haïr » = aimer (A) ou être indifférent (N). Comme le contexte indique « aimer », la contradiction n'existe qu'entre le contexte (A) et une partie du texte (N). On a donc ici un degré de contradiction plus faible que celui de l'hyperbole ou de la litote graduelle.

On remonte au contraire dans l'échelle de l'anomalie avec l'ironie ou antiphrase où le prédicat est fait du terme polaire opposé à celui qu'exige le contexte. Soit :

$$S \text{ est } P$$
$$\downarrow \qquad \downarrow$$
$$A \qquad Z$$

On retrouve la structure de l'oxymore, avec cette seule différence que la présupposition y remplace la position, ce qui affaiblit l'anomalie.

Au sujet de l'ironie, remarquons que Fontanier la définit comme le fait de dire « le contraire de ce que l'on pense ». Prise à la lettre, cette définition renverrait l'ironie à la rubrique des « figures de pensée » alors que Fontanier l'enregistre en fait comme figure de langage. En réalité, la référence à la pensée du locuteur est toujours linguistiquement non pertinente et il faut éliminer définitivement du champ de la rhétorique, ainsi que le souhaite Bally [1], la classe des « figures de pensée ». Ainsi l'ironie, comme figure, consiste à dire le contraire non de ce que l'on pense mais de ce que l'on dit, soit dans le contexte, soit dans le texte « supra-segmental » (Martinet), intonation ou mimique. On ne peut savoir que l'énoncé « X est un génie » est ironique que si le locuteur exprime par ailleurs le contraire, dans un sourire par exemple, dont la fonction sémiotique est ici d'assurer la négation de l'affirmation textuelle, renvoyant ainsi à la structure : S est A. non A.

On peut maintenant attaquer « la gradation » définie comme

---

1. *Traité de stylistique française*, I, p. 186.

un « ordre tel que ce qui suit dise toujours un peu plus ou un peu moins que ce qui précède » (Fontanier). Et par exemple : « Va, cours, vole et nous venge » (Corneille), que l'on retrouve à peu près tel quel dans : « Marchez, courez, volez, où l'honneur vous appelle » (Boileau), où les trois verbes peuvent être considérés comme trois degrés superposés de vitesse. Reste à interpréter la coordination. Deux possibilités : succession ou simultanéité. La première est normale. *Va, puis cours, puis vole* n'a rien d'illogique. Au contraire, en simultanéité, *marche et dans le même instant, cours et vole* est une incompatibilité de type quantitatif. Il reste donc à demander à chacun de choisir entre ces deux interprétations, et la réponse, à mes yeux, ne fait pas de doute. Et il en est de même pour toutes les occurrences que fournissent les textes littéraires. La gradation normale existe bien sûr partout : une courbe de croissance économique en est une. Mais il s'agit en ce cas de temps successifs. La gradation anormale ne se trouve qu'en poésie, parce que l'anomalie est le trait spécifique de ses emplois poétiques.

Passons maintenant à la plus complexe et de ce fait la plus intéressante des figures, par le raffinement d'analyse qu'elle exige : je veux dire l'antithèse. A cette figure on consacrera un développement particulièrement long. Encore ne se laissera-t-on pas aller aux discussions philosophico-métaphysiques auxquelles le problème de l'union des contraires semble conduire irrésistiblement.

L'antithèse est liée, pour le lecteur français, au nom de Hugo, par l'usage intensif qu'il en a fait dans son œuvre et aussi dans sa vie, s'il faut en croire ses dernières paroles : « C'est toujours le combat du jour et de la nuit. » Mais on la retrouve chez tous les poètes et même chez Racine, que Laharpe loue pourtant pour sa sobriété en la matière. Elle est définie couramment par la rhétorique autant que par le dictionnaire comme « un rapprochement de termes opposés » et Morier en donne pour exemple ce vers de Gautier : « Le ciel est noir, la terre est blanche. » Ici nulle contradiction, aussi faible soit-elle, puisque les deux prédicats opposés appartiennent à deux sujets différents, soit : S1 est A et S2 est Z.

Déjà cependant, dans l'exemple que cite Dumarsais, apparaît une sorte de surprise ou de scandale, marque de l'anomalie : « On nous maudit, et nous bénissons ; on nous persécute et

nous souffrons la persécution ; on prononce contre nous des
blasphèmes et nous répondons par des prières » (Paul, I
Corinthiens, 4.12). C'est plus net encore dans l'exemple de
Fontanier : « Quand je suis tout de feu, d'où vous vient cette
glace ? » Il s'agit bien ici de deux sujets différents, Hippolyte
et Aricie, mais ils sont amoureux et la réciprocité est, ou devrait
être, la règle. La contradiction psychologique constituée par
cette opposition à l'intérieur du couple d'amour est ici marquée par l'énoncé lui-même.

En fait, du point de vue logico-sémantique, seul pertinent,
l'antithèse est bien une contradiction, mais de degré faible. Pour
la mettre en lumière, il faut ici attaquer non plus le prédicat
mais la copule et la soumettre à son tour au modèle opposi-
tionnel à trois termes.

La logique ne connaît qu'une seule copule : *être,* par laquelle
l'attribut est désigné comme prédicat du sujet en son entier. La
copule « est », pourrait-on dire, ne fait pas le détail. Elle prend
le sujet en gros, globalement, comme un tout indivisible. S est
P ou bien n'est pas P, sans intermédiaire. « Être ou n'être pas »
c'est bien en effet la question, au sein tout au moins de
l'opposition binaire qui engage le verbe être et qui constitue
cette dyade antique du même et de l'autre qui partagea la philosophie à son aurore.

Or la langue connaît, à côté de « être », une autre copule, qui
est « avoir ». Dans son acception courante actuelle « avoir »
désigne le rapport de propriété mais ce sens est lui-même dérivé
d'un sens plus profond où avoir, c'est être partiellement. « La
chose possédée, dit Aristote, dans la *Politique,* est comme la
partie à l'égard du tout. » Effectivement, « avoir » impose une
analyse du sujet en parties dont une seule est touchée par le
prédicat. Dire que « Jeanne a une belle tête » signifie qu'elle
est partiellement belle. Sans doute, « avoir » ne fonctionne pas
syntaxiquement sur le modèle de « être », mais comme verbe
transitif qui demande un complément substantif. La phrase
s'analyse donc en :

> « Jeanne a une tête »
> « Cette tête est belle »

où « avoir » semble désigner seulement le rapport du tout à la
partie. Mais par cette médiation, c'est bien d'une prédication
partielle qu'il s'agit ici. On peut donc considérer le verbe

« avoir » comme une copule faible, par opposition à « être », copule forte, et nous les symboliserons par C et c :

$$S \text{ est } P = SCP$$
$$S \text{ a } P = ScP$$

C'est cette position intermédiaire qui fait que l'on passe si facilement d'une copule à l'autre. Ainsi le français dit aussi bien « avoir un rhume » qu'« être enrhumé » et ce qu'il exprime comme « avoir faim », l'anglais le traduit par *to be hungry*. De la même manière, sautant d'une copule à l'autre, le poète passe sans transition de l'antithèse à l'oxymore, ainsi Hugo dans les *Contemplations* :

> *Oui, mon malheur irréparable*
> *C'est de prendre aux deux éléments,*
> *C'est d'avoir en moi, misérable,*
> *De la fange et du firmament,*
> *...*
> *D'être un ciel et un tombeau.*

Par quoi s'affirme la parenté de deux figures distinctes seulement par le degré de copule, l'opposition bien/mal étant rapportée au sujet la première fois sous la forme de l'avoir, la seconde sous la forme de l'être.

La distinction des deux copules peut résoudre le problème posé par Chomsky à propos d'un énoncé tel que « ce drapeau est blanc et noir », dont on ne peut inférer « ce drapeau est blanc », alors que de « cet homme est grand et mince » on peut déduire « cet homme est grand[1] ». Reprenant le problème, O. Ducrot suggère trois solutions : « S'agit-il d'homoymie et y a-t-il en français deux *et* ? Ou bien les deux énoncés ont-ils des constructions grammaticales différentes susceptibles d'être décrites au niveau de l'analyse syntaxique ? Ou encore doit-on faire intervenir le fait que *blanc* et *bleu* sont des adjectifs de couleur, et admettre que la langue française possède une catégorie « adjectif de couleur »[2]. En fait, la distinction des copules semble mieux capable de résoudre le problème. Si l'on ne peut dire du drapeau blanc et noir qu'il *est* blanc, c'est parce que la formule implique que le drapeau est tout entier blanc alors qu'il

---

1. « Syntaxe logique et Sémantique », *Langages*, II, 1966.
2. *La Linguistique*. Publié sous la direction d'André Martinet, Denoël, 1969, p. 239.

ne l'est que partiellement. L'emploi de « est » constitue donc ici une figure, une sorte de catachrèse pour une copule faible qui n'existe pas en français et qu'« avoir » remplace par une construction du type : ce drapeau a une partie blanche. L'expression prend donc la forme d'un oxymore alors qu'en fait elle est une antithèse, puisqu'elle attribue deux prédicats opposés à deux parties différentes d'un même sujet. L'antithèse est représentée alors par la formule :

$$S \text{ c } A.Z$$

ce qui la constitue comme forme faible de l'oxymore :

$$S \text{ C } A.Z$$

Dira-t-on qu'un drapeau blanc et noir n'implique nulle contradiction, à quelque degré que ce soit ? La question est de grande portée. Pour y répondre, il nous faut faire un détour sur le terrain de l'expérience non linguistique et à ce niveau distinguer deux points de vue, ontologique et phénoménologique. Du point de vue ontologique d'abord, il faut opposer totalités additives ou mécaniques, qui sont des pseudo-unités, et totalités organiques qui sont des unités vraies. Le drapeau appartient à la première catégorie et c'est pourquoi sa qualification oppositive n'a rien d'anormal. A la limite, on peut dire qu'un drapeau, comme tel, n'existe pas si, comme le veut Leibniz, ce qui fait un *être,* c'est qu'il est *un* être. Mais transportons-nous à l'autre bout de la chaîne, au niveau des totalités organiques vraies, soit, par exemple, l'être humain. Comment nier l'aspect anormal révélé par le caractère, comique ou tragique, de ces contradictions vivantes que constituent, par exemple, une femme dont la tête serait celle d'une déesse et le corps celui d'un monstre, ou encore d'un être à l'âme d'ange et au corps de bête : telle la « bête » du conte populaire *la Belle et la Bête*, repris sous ce même titre antithétique par Cocteau, et transposé par Hugo dans le personnage de Quasimodo ? Mais passons sur le plan phénoménologique, seul pertinent linguistiquement, s'il est vrai comme le dit A. Martinet que « parler, c'est communiquer l'expérience ». L'expérience, en effet, qui s'analyse dans la langue et s'exprime dans le discours ordinaire, c'est celle de ce réseau d'apparences à la fois stables et collectives que nous appelons « le monde ». Et à ce niveau l'opposition unité vraie/unité fausse s'efface au profit de la dualité phénoménale forme forte/forme faible dégagée par la Gestalttheorie.

Les formes fortes ou « bonnes formes » sont issues de la convergence des différents facteurs d'organisation du champ perceptif, dont les deux principaux sont la proximité et la ressemblance. Des éléments du champ perceptif qui sont relativement proches et semblables s'organisent en unités fortes. Inversement, si proximité et ressemblance diminuent, la forme se fragmente en unités distinctes. Considérons alors le cas d'une proximité maximale et d'une ressemblance minimale : on a l'équivalent phénoménal de l'antithèse : une forme à la fois une et multiple, à demi contradictoire, où les facteurs d'organisation entrent en conflit. Ainsi en est-il du couple antithétique, le grand-gros avec le petit-maigre, dont le cinéma à ses débuts a largement exploité les ressources comiques. Ainsi en va-t-il du ciel noir et de la terre blanche de Gautier.

Il est vrai que, comme le remarque Morier, il y a là exagération. Le ciel était sans doute gris et ce vers est fait d'une double hyperbole dont la conjonction fait l'antithèse. Exagération dont Pascal dénonçait l'artifice. Car la nature que décrit le discours est rarement antithétique. Non qu'elle ignore les contraires. Toute qualité, nous l'avons vu, est organisée en couple antinomique. Mais, tout est là, ces contraires, la nature prend soin de les séparer. Elle ménage les transitions, dans l'ordre spatial comme dans l'ordre temporel. Entre la jeunesse et la vieillesse, il y a l'âge mûr, entre les régions froides et les régions chaudes, il y a les zones tempérées. Mieux encore, si nous considérons ces unités faites du rassemblement d'unités relativement homogènes que sont les groupes sociaux, on voit alors que non seulement entre les extrêmes s'intercale un terme moyen mais encore qu'il est, dans la plupart des cas, largement majoritaire. Tel est le sens de la courbe de Gauss. Elle nous signifie que, dans ses tendances générales, la nature est « centriste » ou « neutraliste ». C'est-à-dire prosaïque. Car la poésie, c'est l'intensité, ce que le langage produit en polarisant le signifié par élimination du terme neutre. Ici se trouve la racine de l'antinomie que Kierkegaard dressait entre éthique et esthétique. La raison fuit toute extrémité, la poésie la recherche. La poésie est quête d'intensité et les différentes figures que nous venons d'analyser sont autant de moyens que le langage sait mettre en œuvre pour la produire.

Par opposition à l'antithèse, on peut considérer comme normal l'énoncé du type Sc A.N qui unit par une copule faible un terme polaire et le terme neutre. Normal parce qu'il exprime l'unité dans la diversité, seul type d'unité que connaisse l'expérience, toute unité absolue étant le fruit de l'abstraction. On a donc deux formes normales d'énoncés applicables à deux champs différents de l'exprimable : d'une part l'abstrait notionnel : S CA, d'autre part le concret empirique Sc A.N. A ce dernier type appartiennent des énoncés – qui ne sont nullement usuels – tels que « une femme à belle tête et à corps moyen », ou encore « de beau physique et d'âme médiocre ». Formes exténuées de la contradiction, qui touchent à la limite, si l'on veut graduer les différences, à la non-contradiction pure et simple. La médiocrité dont Aristote fait vertu est l'anti-valeur de la poésie. Et c'est pourquoi Hugo avait raison de fonder le drame sur l'antithèse, si par drame il faut entendre la poéticité du récit.

Encore l'antithèse n'est-elle qu'à l'origine du drame, au commencement du récit. A la fin est le terme polaire tout seul, dans son absoluité. Le drame n'est pas l'union des contraires mais la suppression de la contrariété, par transformation ou distinction de l'un des termes antithétiques. Ainsi dans *la Belle et la Bête,* l'antinomie se résout en *happy end* par transformation – magique – du terme négatif : parce que la belle l'a aimée quand même, la bête devient belle à son tour. Dans *Notre-Dame de Paris,* c'est l'inverse : le terme positif est détruit et l'image finale de deux squelettes enlacés symbolise l'unité réalisée du couple d'amour, par la mort et du beau corps de l'une et de la belle âme de l'autre.

On peut maintenant résumer l'ensemble de la formalisation des figures examinées ici dans le tableau suivant :

FORMULE	TYPE
$S\ C\ A\ .\ non\ A$	contradiction
$S\ C\ A\ .\ Z$	oxymore
$S\ c\ A\ .\ Z$	antithèse
$S \rightarrow A\ .\ non\ A$	impertinence
$S \rightarrow A\ .\ Z$	ironie
$S \rightarrow A\ .\ A^+$	hyperbole
$S \rightarrow A\ .\ A^-$	litote

Ces figures ne constituent qu'un sous-ensemble très réduit de l'inventaire rhétorique classique. Mais on a le droit de penser que beaucoup d'autres, enregistrées sous des noms différents, n'en sont que des variantes. On a montré ici que la « gradation » n'est qu'une forme d'hyperbole. Bien d'autres formes se ramènent à l'impertinence. Et c'est paradoxalement le cas d'une réplique que Dumarsais cite précisément comme exemple d'une « pensée exprimée sans figure » (p. 12). Il s'agit du *Qu'il mourût* du vieil Horace. Fontanier objecte qu'il y a là ellipse pour *J'aurais voulu qu'il mourût*. Mais ce n'est pas assez dire. L'énoncé est en effet une réponse à la question : *Que vouliez-vous qu'il fît contre trois ?* Et c'est là que l'impertinence apparaît. Car « mourir » n'est pas un « faire ». Les deux termes relèvent de deux classèmes opposés activité/passivité et l'on retrouve la contradiction par implication qui définit l'impertinence ; avec cette seule différence grammaticale qu'elle surgit ici entre un verbe et son complément. La forme normalisée serait *Qu'il se fît tuer,* énoncé dont la substance du contenu est la même mais dont la forme est différente. Et c'est à ce niveau sémantique formel, dans cette « forme du sens », pour reprendre l'expression de Valéry, que la poéticité trouve sa pertinence.

Dumarsais donne encore cet exemple d'expression sans figure. Je le cite : « Dans une autre tragédie de Corneille, Prusias dit qu'en une occasion dont il s'agit, il veut se conduire en père, en mari. Ne soyez ni l'un ni l'autre, lui dit Nicomède.

– PRUSIAS : Et que dois-je être ?

– NICOMÈDE : Roi.

Il n'y a point là de figure et il y a cependant beaucoup de sublime dans ce seul mot » (*Ibid.*).

Sublime, d'accord. Mais pas de figure ? Dumarsais est-il aveugle ? Comment ne voit-il pas que la réponse de Nicomède présuppose une incompatibilité entre les lexèmes « roi » d'une part, « mari » et « père » d'autre part, incompatibilité qui précisément n'existe pas. On a ici une sorte d'inverse de la contradiction qui est contradiction encore. Au lieu de confondre des termes disjonctifs, cette figure disjoint des termes conjonctifs. Comme telle, elle constitue une figure originale qui mériterait une dénomination propre, mais qui reste, dans sa structure profonde, fidèle au modèle d'alogicité ici proposé.

Tous les écarts examinés ici sont constitués à partir de relations entre les termes du discours. Elles constituent la

classe des figures de l'énoncé, classe qui est loin d'épuiser
l'ensemble des figures actuelles ou possibles. Nous avons
parlé plus haut d'une logique de la communication qu'il faudra
construire un jour mais qu'il n'est pas question d'engager ici.
Je voudrais seulement fournir quelques indications révéla-
trices de la richesse d'un champ rhétorique encore inexploré.

Considérons cette figure – d'usage – qui consiste à dire *Pierre,
pour ne pas le nommer*. Ici, la contradiction éclate. Le locuteur
nomme celui qu'il déclare ne pas nommer. Mais elle joue entre
deux niveaux différents, d'une part le langage-objet, « Pierre »,
d'autre part le métalangage « pour ne pas le nommer », qui renvoie de l'énoncé à l'énonciation. Or un mécanisme identique,
quoique plus subtil, rend compte d'un procédé apparemment
innocent : la « correction », définie comme « une figure par
laquelle on rétracte ce que l'on vient de dire à dessein »
(Fontanier, p. 367). Ainsi, *Ose applaudir, que dis-je ? ose
appuyer l'erreur* (J. B. Rousseau).

Or si la correction n'est pas une anomalie dans le discours
oral, elle en est une dans le discours écrit. Dans le premier cas
en effet, les termes substitués s'inscrivent normalement dans
la chaîne l'un après l'autre. Dans l'écriture au contraire, le
terme corrigé est normalement absent ou biffé. Il y a ici encore
contradiction entre l'énonciation qui affirme substituer un terme
à l'autre et l'énoncé qui les présente tous deux sans substitution.

Le paradoxe chez Fontanier est que tantôt il signale l'écart,
tantôt il le passe sous silence. Il ne dit pas que « la correction »
est anormale, mais explicite et souligne l'anomalie de « l'interrogation ». « Il ne faut pas la confondre – nous dit-il – avec
l'interrogation proprement dite... par laquelle on cherche à s'ins-
truire ou à s'assurer d'une chose » (p. 368). La première est
figure parce que le locuteur pose une question dont il est supposé connaître la réponse et qu'en fait il affirme en interrogeant.
Il y a donc bien là une « fausse interrogation » comme le dit
G. Genette, dans sa préface aux *Figures du discours*. Mais dès
lors ne pourrait-on pas expliciter et formaliser cette norme de
la communication qui régit le discours interrogatif ? Appelons
le savoir S, le non-savoir non S, E l'émetteur, R le récepteur.
La règle de l'interrogation serait que l'émetteur ne sait pas, alors
que le récepteur sait. Inversement, l'assertion présuppose que
l'émetteur sait et que le récepteur ne sait pas. On aurait donc :

Assertion : E(S) + R(non S)

Interrogation : E(non S) + R(S)

Le calcul montre alors qu'il est deux figures interrogatives possibles : la première si E est supposé savoir, la seconde si R est supposé ne pas savoir. L'assertion nous donnerait symétriquement deux figures dont la seconde, où le récepteur est supposé savoir, couvrirait l'ensemble des figures de redondance : répétition, pléonasme, etc. Mais arrêtons ici ces quelques suggestions concernant un code de la communication qui reste à construire.

Un tel modèle présuppose lui-même une certaine fonctionnalité de la communication, qui est d'assurer la circulation de l'information, au sens que donne au mot « information » la théorie du même nom. C'est par rapport à un tel modèle que la communication poétique se constitue comme écart. Parce qu'elle n'a pas la même fonction et que chaque fonction implique une certaine structure, la poésie apparaît comme déstructuration au regard seulement d'une structure déterminée liée à une fonction spécifique. Dès lors qu'il s'agit d'assurer la fonction poétique, la poésie ne se présente plus comme anormale. Elle a ses propres normes, sa propre logique si l'on peut dire, dont les règles, si elles existent, sont à découvrir. C'est l'objet d'une seconde poétique, positive celle-là, que de retrouver l'intelligibilité que l'anomalie a fait perdre au discours.

Cette tâche a été engagée par la rhétorique classique sous le nom de tropologie. Mais à partir d'une erreur séculaire et fondamentale sur la nature des tropes. Elle n'a pas vu en effet que la dichotomie qu'elle établissait entre tropes et non-tropes n'était pas homogène et reposait en fait sur l'articulation perpendiculaire des deux axes opposés du langage. J'ai essayé, dans le dernier chapitre de *Structure du langage poétique*, de redresser cette erreur d'optique, mais en liant ce redressement à une théorie dualiste du signifié qui, en fait, en est complètement indépendante. Il faut donc reprendre l'étude de la tropologie pour elle-même, afin de donner sa totale cohérence interne à la théorie de la figure ici proposée. C'est là une tâche dont nous allons maintenant essayer d'esquisser les principes fondamentaux.

C'est à l'élocution que s'est attachée la grande rhétorique française des siècles classiques, celle qu'illustrèrent en parti-

culier les noms de Dumarsais et Fontanier. Par *elocutio,* ils enten-
daient ce que Saussure a depuis appelé « parole » et que l'on
tend à nommer aujourd'hui « discours ». Et c'est d'ailleurs sous
le nom de *Figures du discours* que Fontanier souhaitait voir un
jour réunis ses deux grands ouvrages, *le Manuel classique pour
l'étude des tropes* (1821) et *le Traité général des figures du
discours autres que les tropes* (1827)[1].

Or, c'est sur cette distinction – aussi fondamentale que traditionnelle – des figures de rhétorique en « tropes » et « non-
tropes » que la présente analyse voudrait revenir. Non que la
rhétorique ait eu tort de distinguer. Bien au contraire, on lui
reprochera ici de n'avoir pas compris qu'il s'agissait d'une distinction de nature. Erreur de perspective qui s'est prolongée
des origines de la science des figures jusqu'à nos jours et qui
est peut-être en partie responsable de l'éclipse subie par la rhétorique depuis près de deux siècles.

Bien des problèmes théoriques que se posent les hommes
sont résolus par prétérition, c'est-à-dire en cessant tout simplement de les poser. Mais ceci ne veut nullement dire que ces
problèmes ne se posaient pas. On sait qu'il a fallu deux millénaires pour que les logiciens modernes découvrent la profondeur et la pertinence des problèmes de la logique antique. La
rhétorique, de même, en cherchant à dégager les structures du
discours littéraire comme ensemble de formes vides, s'était
engagée sur la voie du formalisme que la recherche découvre
aujourd'hui. Et ce n'est pas de sa faute si la brusque irruption
du substantialisme et de l'historicisme, c'est-à-dire du double
privilège accordé au contenu et à la causalité linéaire, a, pour
deux siècles, fermé la voie royale qu'elle avait su ouvrir. La
rhétorique reste coupable, cependant, après l'admirable travail
analytique et taxinomique qui fut le sien, de n'avoir pas su dégager la structure – je veux dire : l'organisation interne – de ce
qu'elle appelait figure. Il est vrai qu'elle ne disposait pas des
instruments d'analyse linguistiques qui sont les nôtres aujour-
d'hui. La distinction, en particulier, des deux axes du langage,
syntagmatique et paradigmatique, lui était inconnue. Et c'est
pourquoi sans doute, comme nous allons essayer de le montrer,

---

1. Vœu à la réalisation duquel j'ai pu, avec Gérard Genette, contribuer
en faisant publier sous ce titre l'œuvre de Fontanier (coll. « Science »,
Flammarion, 1968).

elle n'a pas su discerner la place et la fonction du trope à l'intérieur du mécanisme rhétorique.

La figure est traditionnellement définie par la rhétorique comme écart par rapport à l'usage. Dumarsais le rappelle dès le début de son célèbre traité *Des Tropes* : « On dit communément que les figures sont des manières de parler éloignées de celles qui sont naturelles et ordinaires ; que ce sont des certains tours et de certaines façons de s'exprimer qui s'éloignent en quelque chose de la manière commune et simple de parler » (p. 2). Et parmi ces « manières de parler », il en est qui touchent le sens, et qui sont les tropes. Toutes les autres, qui ne concernent pas le sens, on les appellera, faute d'un autre trait commun que ce caractère négatif, « non tropes ». La tropologie est donc la partie proprement sémantique de la théorie des figures, et, pour Dumarsais, elle n'est rien d'autre qu'une étude des phénomènes de polysémie, c'est-à-dire des types de rapports qui existent entre les signifiés divers d'un même signifiant. Ici la doctrine est à peu près constante et varie peu d'un auteur à l'autre. L'inventaire des rapports et des figures correspondantes est à peu près celui-ci :

FIGURE		RAPPORT
Métaphore	=	Ressemblance
Métonymie	=	Contiguïté
Synecdoque	=	Partie-Tout
Ironie	=	Contrariété
Hyperbole	=	Plus pour Moins
Litote	=	Moins pour Plus.

Nous ne discuterons pas ici cette classification traditionnelle dont il y aurait pourtant beaucoup à discuter. C'est ainsi que si la métaphore est définie par un rapport de ressemblance entre les deux signifiés, alors les exemples les plus courants sont illégitimes. Ainsi « renard » pour « rusé » où le rapport est de partie-tout, la ruse étant une partie de la compréhension du terme « renard », un des sèmes qui en composent la signification. Il s'agit donc d'une synecdoque – que l'on pourra distinguer comme « abstraite » – de sa forme concrète (« voile » pour « vaisseau ») où il s'agit d'une partie matérielle, mais non pas d'une métaphore, terme qui s'applique seulement à des cas tels que « queue » pour « file » où effectivement il existe entre les deux signifiés un rapport d'identité partielle, puisqu'ils possèdent un trait commun (longiligne) et des traits différentiels.

Mais là n'est pas l'important. Ce qui est fondamental, c'est qu'il existe entre les deux signifiés une opposition hiérarchique que traduit la dénomination traditionnelle de « sens propre » et de « sens figuré ». Il est vrai que pour Dumarsais cette opposition n'a de sens que diachronique, le sens propre étant le signifié « primitif » ou « étymologique », c'est-à-dire celui qu'ont donné au terme ceux-là mêmes qui l'ont créé et premièrement utilisé. Ainsi « feuille » dans « feuille de papier » est figuré puisque le terme a primitivement désigné « la feuille de l'arbre ». Dumarsais rejette donc formellement le critère de l'usualité, comme on le voit dans cet exemple où le sens dit figuré est tout aussi usuel que l'autre. On comprend du même coup que la tropologie n'appartienne plus pour lui à la rhétorique mais à la « Grammaire » et aussi qu'il ait pu écrire sa célèbre phrase : « Je suis persuadé qu'il se fait plus de figures en un jour... » Reste à demander à Dumarsais pourquoi, dans ces conditions, il accorde aux tropes un effet particulier. Ils rendent, nous dit-il, les paroles « ou plus vives, ou plus nobles, ou plus agréables » (p. 13). Est-ce le cas de « feuille de papier » ? Certainement non. Il faut donc croire que dans ce cas il ne s'agit pas réellement d'un trope et que la définition de Dumarsais n'est pas la bonne. C'est ce que ne manque pas d'objecter Fontanier. « Comment pourraient se concilier, avec un tel usage, cette force, cette beauté qui les distinguent, cet heureux effet qui les suit... ? » (p. 65)

Aussi bien, Fontanier adopte-t-il, quant à lui, un critère résolument synchronique. Saussurien avant l'heure, il sait que le point de vue historique n'est pas linguistiquement pertinent et qu'il importe peu à l'usager de savoir si le sens qu'il donne au mot est primitif ou dérivé. « Ou les mots sont pris dans un sens propre quelconque, c'est-à-dire dans une de leurs significations habituelles et ordinaires, primitives ou non ; ou ils sont pris dans un sens détourné, c'est-à-dire dans une signification qu'on leur prête pour le moment et qui n'est que de pur emprunt » (p. 66). Dans le second cas seulement, il y a trope. Le critère est donc l'usage, c'est-à-dire la fréquence d'emploi dans un état de langue donné. Dès qu'un sens tombe dans l'usage, il perd par là même sa qualité de figure. Fontanier est ici formel. Dans son commentaire des *Tropes* de Dumarsais, il écrit « On pourrait prouver par mille exemples que les figures les plus hardies dans le principe cessent d'être regardées comme figures lorsqu'elles sont devenues tout à fait communes et usuelles » (p. 6).

G. Genette a pourtant contesté ce critère[1]. Fontanier, inconséquent avec lui-même, aurait, en fait, substitué à l'opposition usuel/non-usuel une autre, plus pertinente, qui serait nécessité/liberté. A l'appui de cette interprétation on pourrait, semble-t-il, citer certains textes. Par exemple : « Il résulte de notre définition que les figures, *quelque communes et quelque familières que les ait rendues l'habitude*, ne peuvent mériter et conserver ce titre qu'autant qu'elles sont d'un usage libre, et qu'elles ne sont pas en quelque sorte imposées par la langue » (p. 64). Les mots que nous avons soulignés semblent en effet prouver que la figure peut rester telle, même si elle est, selon les propres termes de l'auteur, « commune et familière ». D'autre part, Fontanier adopte la distinction établie par l'abbé de Radonvilliers entre « figures d'usage ou de la langue », et « figures d'invention ou de l'écrivain ». Comment peut-on définir la figure comme le non-usuel et admettre en même temps l'existence de « figures d'usage » ? N'y a-t-il pas là contradiction dans les termes ? En fait, en bon linguiste, Fontanier sait qu'il existe des degrés dans l'usage. La fréquence d'emploi est une variable susceptible de plus ou de moins. Il est parmi les synonymes des termes moins usuels que les autres, qui ne sont utilisés que par des sous-groupes ou dans certaines situations. Tels sont les « jargons » ou « argots ». Et de même, il est pour les mêmes signifiants des signifiés qui sont moins usuels que d'autres. Tels sont les tropes d'usage. « Renard » signifie l'animal dans la grande majorité des énoncés-occurrences. C'est là son sens propre. « Rusé » est moins usuel, mais il l'est encore. C'est donc une figure d'usage, enregistrée de ce fait dans le dictionnaire en tant que « sens figuré ». Au contraire les tropes d'invention « restent toujours une sorte de propriété particulière, la propriété particulière de l'auteur : on ne peut donc pas s'en servir comme de son bien propre ou comme d'un bien commun à tous, mais seulement sans doute à titre d'emprunt ou de citation » (p. 188).

Quant à l'opposition de ce qui est libre et de ce qui est nécessaire, l'auteur ne l'applique qu'à la « catachrèse », c'est-à-dire

1. Préface aux *Figures du discours*, p. 10-11.

aux termes dont le sens figuré est le seul sens disponible dans un contexte donné. Ainsi « ailes du moulin ». L'usager a bien conscience d'un détour de sens, mais qui est ici non seulement usuel mais seul utilisable. Du même coup la figure s'annule en tant que telle. On est au degré zéro de l'écart. (Ce sont les « images mortes » dont parle Bally.) Les figures d'usage, au contraire, constituent l'écart de premier degré. Elles forment une sorte de sous-langue à l'intérieur de la langue et c'est de ce point de vue que le locuteur a le choix, pour exprimer un même signifié, entre deux signifiants, dont l'un n'ayant pas ce signifié pour sens propre, apparaîtra donc comme écart. A l'étude de ce sous-code constitué par les figures d'usage, nous proposerons de donner le nom de « stylistique » en réservant le nom de « poétique » pour les figures d'invention, qui ont, elles, le degré maximum d'écart, puisque par définition elles ne sont utilisées qu'une fois, la rhétorique couvrant, quant à elle, l'ensemble des figures.

Enfin Fontanier inscrit à l'intérieur même des figures d'invention une distinction qui, cette fois, n'est plus l'écart à l'usage, mais écart par rapport à ce qu'il appelle « certaines règles impérieusement prescrites par la raison ». Barry déjà avait opposé les métaphores « proches » aux métaphores « éloignées » selon un critère de distance entre les deux sens qui reste aujourd'hui exploitable. Ainsi le rapport de ressemblance entre deux signifiés peut varier selon plusieurs critères. Selon le nombre de sèmes qu'ils ont en commun ou selon la position – dominante ou non, extrinsèque ou intrinsèque – du sème différentiel. Toute une typologie des tropes pourrait être ainsi établie à partir de tels critères. Mais tel n'est pas notre propos. On remarquera seulement que s'introduit un troisième degré de l'écart selon la distance qui sépare les signifiés substitutifs. Et si Fontanier, en bon classique, proscrit les tropes « éloignés », la poésie moderne en a fait au contraire sa norme. C'est Reverdy qui disait : « Le propre de l'image forte est d'être issue d'un rapprochement spontané de deux réalités très distantes » et Breton, passant à la limite : « Pour moi, l'image la plus forte est celle qui présente le degré d'arbitraire le plus élevé. »

Mais il reste de Fontanier cette idée – qui est fondamentale – de degré d'écart, d'une variation ordinale de la figuralité elle-même : idée qui est tout entière contenue dans sa définition liminaire des figures comme formes par lesquelles « le discours s'éloigne *plus ou moins* de ce qui en eût été l'expression simple et commune » (p. 64).

Ainsi peut-on assigner un rang à chaque type de figure, un degré dans l'échelle de l'écart, et l'ensemble de la tropologie de Fontanier peut être résumé dans le tableau suivant :

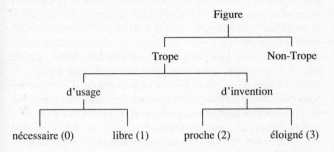

où les chiffres de la suite terminale représentent le degré d'écart de chaque figure, à partir du degré zéro où elle s'annule comme telle jusqu'au degré 3 où s'inscrivent virtuellement les figures de la modernité poétique.

On voit à quel point cette tropologie est plus complexe que celle de Dumarsais, lequel se contente d'une simple dichotomie entre sens propre et sens figuré, fondée elle-même sur un critère étymologique dont on ne saurait aujourd'hui admettre la pertinence. Malgré ses déficiences et ses lacunes ce tableau est actuellement encore utilisable. Avec une réserve toutefois, mais qui est de taille, puisqu'elle touche à son articulation première, c'est-à-dire à l'opposition des tropes et des non-tropes.

Entre les deux types de figures, Fontanier, en accord avec l'ensemble des rhétoriciens anciens ou modernes, établit une distinction horizontale. Toutes les figures sont pour lui des écarts, dont les uns touchent le sens, d'autres la syntaxe, d'autres encore la forme sonore. L'inversion qui place le prédicat avant le sujet viole une règle syntaxique, comme le trope qui donne au mot un signifié qui n'est pas le sien viole une règle sémantique. Toutes les figures sont donc isomorphes et la distinction s'établit seulement à partir du niveau sémantique, syntaxique

ou phonique où s'inscrit l'écart. Ce faisant, Fontanier ne voit
pas qu'il tombe dans la contradiction.

Considérons ces deux tropes que Fontanier enregistre sous
le nom de « paradoxisme » et de « métaphore ».

Il définit le paradoxisme comme « un artifice de langage
par lequel des idées ou des mots ordinairement opposés et
contradictoires se trouvent rapprochés et combinés entre eux »
et en donne pour exemple ce vers d'Athalie : *Pour réparer des
ans l'irréparable outrage.* La métaphore consiste, quant à elle,
à « présenter une idée sous le signe d'une autre idée... qui ne
tient à la première par aucun autre lien que celui d'une certaine conformité ou analogie ». Et par exemple : *Gourmander
sans relâche un terrain paresseux,* où « gourmander » signifie
non plus /réprimander/ mais /cultiver/. Dans les deux cas, il y
a donc bien écart, mais comment Fontanier ne voit-il pas que
ces deux écarts, tels qu'il les définit, sont radicalement hétérogènes ? Ils ne se situent pas, en effet, sur le même axe linguistique.

Le paradoxisme est une contradiction. Il viole une règle
d'incompatibilité combinatoire qui n'existe qu'au plan syntagmatique, entre des termes donnés dans l'énoncé : « réparer »
et « irréparable ». L'écart existe *in praesentia* pour reprendre
la terminologie saussurienne. C'est au contraire *in absentia*
que s'établit la différence entre /réprimander/ et /cultiver/ qui
constitue la métaphore. Elle n'existe qu'au plan paradigmatique,
entre des signifiés virtuels dont un seul par définition est susceptible d'actualisation. Si par « trope », il faut entendre l'écart
de type paradigmatique, alors le paradoxisme n'est pas un trope.
La contradiction n'est pas un changement de sens, mais une
incompatibilité de sens. Comment expliquer alors la confusion ?

En fait, il suffit d'y réfléchir une minute pour apercevoir que
les deux axes sont tous deux présents dans toutes les figures,
qu'elles sont faites également de deux anomalies, mais dont
l'une a pour effet de corriger l'autre. Et ce qui le prouve, c'est
que, commentant son paradoxisme, Fontanier, en fait, super-
pose les deux types d'anomalie : « *Réparer* pour *tâcher de réparer* ou *réparer en apparence* : voilà ce qu'on entend tout de
suite, et ce qui fait que *réparer* et *irréparable* non seulement
ne jurent point mais s'accordent à merveille. » Ce qui est décrit
ici, c'est un mécanisme en deux temps :

1) contradiction entre « réparer » et « irréparable » ;

2) substitution de /réparer en apparence/ à /réparer/, qui lève la contradiction.

Seul ce mécanisme répond à une question très simple, et que pourtant Fontanier ne se pose jamais : pourquoi le trope, pourquoi le changement de sens ? Si /réparer/ est le sens propre de « réparer », pourquoi le récepteur le refuse-t-il pour lui en substituer un autre qui n'est pas le sien ? Dans le cas du para-doxisme, la réponse est donnée : parce que, avec le sens propre, l'énoncé est contradictoire, parce que ces deux termes /réparer/ et /irréparable/ « jurent ensemble » tandis qu'au contraire, avec le changement de sens, les termes « s'accordent à merveille ».

Mais passons à la métaphore. Comment ne pas voir le total isomorphisme des deux figures ? La même question se pose ici en effet. Fontanier admet une hiérarchie entre sens propre et sens figuré. Le sens propre est le sens usuel, qui est enregistré comme tel, dans les dictionnaires, celui qui doit venir normalement en premier à l'esprit du récepteur. Alors pourquoi le refuse-t-il, pourquoi le remplace-t-il par un autre ? Passe encore pour les figures d'usage, où le sens figuré, quoique second, reste usuel et par conséquent disponible. Mais dans le cas présent, qui relève de la figure d'invention, /cultiver/ n'est pas, n'a jamais été le sens de « gourmander ». Pourquoi alors donner à ce signi-fiant un signifié qui n'a jamais été le sien ? De toute évidence parce qu'avec ce sens s'institue une incompatibilité contex-tuelle. Exactement comme dans le cas du paradoxisme : /répri-mander/ et /terrain/ jurent ensemble, comme /réparer/ et /irré-parable/. Avec cette différence qu'il n'y a pas ici contradiction manifeste. Mais l'anomalie sémantique n'en existe pas moins et l'on peut montrer qu'elle recouvre en fait une contradiction mais qui s'établit à un niveau plus profond. /Réprimander/ relève en effet de la catégorie de « l'animé » tandis que /terrain/ implique « l'inanimé »[1]. La contradiction existe entre des sèmes que les termes ne posent pas mais impliquent. La contradiction est moins forte, elle n'en est pas moins réelle. De « réparer l'irréparable », Fontanier nous dit qu'une telle phrase « ne sau-rait sans absurdité être prise à la lettre » ; mais n'en est-il pas de même de « gourmander un terrain » ? Pourrait-on sans absurdité

---

1. « Gourmander » peut être défini comme : verbe transitif + objet animé, ce que manifeste la forme interrogative : « Qui (et non que) Pierre gour-mande-t-il ? »

prendre ces termes à la lettre ? La relative faiblesse de la contradiction explique qu'elle ait pu passer inaperçue. L'attention de
l'analyste s'est portée dans ce cas sur le second temps du processus, le changement de sens, alors que dans le cas du paradoxisme la contradiction est si flagrante qu'elle n'a pu échapper à l'observateur, lequel du même coup a défini la figure par
elle. Mais, les deux figures étant isomorphes et présentant toutes
deux en ce premier temps une anomalie syntagmatique du même
type (incompatibilité combinatoire), elles ne doivent, sous aucun
titre, rentrer dans la catégorie des tropes. Ce nom de trope privilégie en effet, dans la figure, un second temps, qui est essentiel, puisqu'il est le but même de la figure, mais qui reste second
puisqu'il ne se produirait pas sans le premier. Toute figure, en
fait, comporte un processus de décodage en deux temps, dont
le premier est la perception de l'anomalie, et le second sa correction, par exploration du champ paradigmatique où se nouent
les rapports de ressemblance, de contiguïté, etc., grâce auxquels sera découvert un signifié susceptible de fournir à l'énoncé
une interprétation sémantique acceptable. Si cette interprétation est impossible, l'énoncé sera renvoyé à l'absurde. Ainsi en
est-il des énoncés construits à titre d'exemples d'absurdité par
les logiciens tels que « Napoléon est un nombre premier ».

   La figure présente donc en définitive une organisation bi-
axiale, articulée selon deux axes perpendiculaires, l'axe syntagmatique où s'établit l'écart, et l'axe paradigmatique où il
s'annule par changement de sens. Ce qui pourrait se représenter par le schéma suivant :

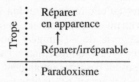

Et l'on voit s'instituer un principe de classification à double
entrée, selon le type d'anomalie et selon le type de changement de sens. Il est des paradoxismes qui sont métonymiques,
d'autres métaphoriques, comme il est des impertinences métonymiques ou métaphoriques, selon le type de changement qui
vient en corriger l'anomalie. Tout se passe, en résumé, comme

si les deux axes du langage s'étaient occultés réciproquement. Au niveau sémantique, l'axe paradigmatique des *changements de sens* a masqué l'axe syntagmatique des *incompatibilités de sens*. Si bien que la rhétorique a finalement laissé vide l'étude du champ des « anomalies sémantiques[1] ». L'une des tâches essentielles de la nouvelle rhétorique est justement de combler ce vide, en repérant, nommant et classant les types de violations des contraintes combinatoires immanentes au niveau sémantique du langage, qui constituent ce que l'on connaît sous le nom de « figures ».

A l'égard des « non-tropes », c'est l'inverse qui s'est produit. Le syntagme a caché le paradigme. Le rhétorique a analysé comme tel l'écart syntagmatique, mais elle a manqué sa réduction paradigmatique. En bref toute figure comporte deux temps. La théorie des tropes a négligé le premier, la théorie des non-tropes a oublié le second. Elle n'a pas vu que tout non-trope implique un trope, parce que tout écart exige sa propre réduction par changement de sens, et que c'est ce jeu inversé et compensatoire des deux anomalies qui constitue l'économie de toute figure.

Voici par exemple « l'interrogation » qui est figure quand une forme interrogative renvoie en fait à un signifié affirmatif. « Qui ne sait ? » pour « /Chacun sait/ ». On a donc bien changement de sens, c'est bien d'un trope qu'il s'agit. Pourquoi alors l'appeler non-trope ? Et l'inversion ? Elle est, nous dit-on, une figure de construction parce qu'elle constitue un écart syntaxique, ce qui est vrai, et un non-trope parce qu'elle ne touche pas au sens, ce qui est faux. Tous les grammairiens admettent qu'une épithète antéposée prend un sens « générique », alors que postposée elle n'a de sens que « spécifique ». « *Une blanche colombe* est une colombe dans laquelle la colombité est blanche : d'où se dégagent les valeurs métaphoriques propres à la colombe (chasteté) et à la blancheur (candeur) », écrit P. Guiraud[2]. N'est-ce pas là un changement de sens ? N'y-a-t-il pas là – comme le dit explicitement l'auteur – une métaphore ? Et le même mécanisme ne peut-il jouer à propos de « figures de diction » comme la rime où l'anomalie, constituée en un premier temps par l'homophonie de thèmes sémantiquement

1. Cf. T. Todorov, *Langages* I, 1966.
2. *Syntaxe du français*, P.U.F., 1962, p. 112.

différents, vient se réduire, en un second temps, par la substitution de « valeurs métaphoriques » qui rendent aux homophonies la parenté sémantique exigée par le principe de parallélisme[1] ? Ainsi « sœur », rimant avec « douceur », dégage une connotation douce qui est absente dans « Jeanne est la sœur de Pierre ».

Dans tous les cas donc, une même structure de la figure, une même organisation orthogonale syntagmatico-paradigmatique, un même mécanisme avec une même fonction, seul capable de rendre compte de la finalité de la figure.

Car ici se pose la question ultime. Pourquoi la figure, pourquoi l'anomalie ? A cette question, la rhétorique apportait une réponse unanime, dont elle faisait d'ailleurs un caractère définitionnel de la figure. La fonction du « langage figuré » est esthétique. La figure apporte au discours plus de « grâce », de « vivacité », de « noblesse », etc., termes également vagues et à peu près synonymes qui renvoient tous à cette grande fonction esthétique qui avec « l'enseignement » et « la persuasion » constitue la plurifonctionnalité du langage selon la rhétorique traditionnelle.

Reste alors le problème de l'explication de l'effet par la structure. L'écart en lui-même ne suffit pas à rendre compte de la valeur esthétique du discours qu'il institue. Mais le problème reçoit une solution toute prête, qui relève d'une esthétique de l'image. Il est un principe qu'aucun rhétoricien ne met en doute, c'est le parallélisme des oppositions figuré/propre et concret/abstrait. Le sens figuré est « concret », c'est-à-dire qu'il fait « image ». Il donne à « voir » tandis que le sens propre donne à « penser ». D'où la confusion terminologique qui s'est progressivement établie entre « trope » et « image » et qui continue d'avoir cours aujourd'hui. Une théorie de l'histoire de la langue est ici sous-jacente. Les mots primitivement référés au sensible évoluent normalement vers l'abstraction. Le langage rhétorique est un retour aux sources. Toute figure nous ramène de l'intelligibilité au sensible et la rhétorique se constitue ainsi comme l'inverse du mouvement dialectique ascendant qui va du percept au concept et qui définit la philosophie depuis Socrate. Philosophie et rhétorique s'opposent ainsi symétriquement et constituent ensemble un grand cercle linguistique qui part de et revient à l'imaginaire originel.

1. Voir *Structure du langage poétique*, Flammarion, p. 224.

Conception qui repose sur une vérité profonde que la poétique intellectualiste moderne semble avoir oubliée. La spécificité fondamentale du langage poétique lui échappe. Elle l'interprète généralement comme spécificité du signifiant, qui
renverrait à sa manière à un signifié toujours le même, exprimable aussi bien – sinon mieux – dans le métalangage non
poétique de l'exégète ou du critique. Ce faisant, elle pèche
par « ignoratio elenchi ». Si en effet le même signifié est exprimable autrement, pourquoi la poésie ? Pourquoi le mètre, la
rime, l'inversion, le paradoxisme, la répétition, pourquoi toutes
les figures ? La théorie actuellement en vogue de l'ambiguïté
donne à cette question une réponse bien maigre. La pluralité
des sens ne satisfait guère qu'au principe d'économie. Si la
poésie n'a pour fonction que de ramasser en une phrase ce
que la prose pourrait dire en plusieurs, le privilège est mince.
Nous ne sommes pas avares de mots au point de ressentir un
véritable « enchantement » devant un raccourci. Peut-être
faut-il voir dans la théorie qui égale la poéticité à la
« richesse » sémantique un écho lointain de l'économisme
bourgeois. Peu de signifiants pour une multiplicité – voire
une infinité – de signifiés, voilà qui relève du bon placement
linguistique.

La transformation qualitative du signifié, c'est bien là le but
de toute poésie – et de toute littérature. Sur ce point la rhétorique a vu juste. Mais il reste à se demander si c'est bien de
retour à l'image qu'il s'agit. Cette conception se heurte en effet
à deux objections :

1) Le sens figuré n'est pas toujours plus « concret » que le
sens propre. Ici les exemples abondent. /Réparer en apparence/
est-ce plus concret que /réparer/, /vaisseau/ est-il un signifié
moins abstrait que /voile/ ?

2) Le sens, fût-il réellement concret, n'induit pas forcément
une « image ». Nous ne voudrions pas voir se rouvrir ici le vieux
débat de la pensée avec ou sans images. Seulement nous élever
contre la confusion qui semble s'établir ici entre signifié et référent. Parce que effectivement le référent de « renard » est concret,
c'est-à-dire sensible tandis que celui de « rusé » ne l'est pas, faut-
il en conclure qu'on ne peut comprendre la phrase « cet homme
est un renard » sans imaginer effectivement l'animal ? Rien n'est
moins sûr. Et dans le cas de figures du type *solitude bleue* ou
blanche agonie (Mallarmé), comment imaginer l'inimaginable ?

La question reste donc ouverte. J'ai moi-même adopté ailleurs la théorie de la signification dite « émotionnelle ». Sous ce vocable, emprunté à la terminologie traditionnelle, la théorie prête à contresens. Il faudra la reprendre un jour. Mais quelle que soit la réponse qu'on donne à la question fondamentale de la nature du sens poétique, encore importait-il de montrer que la structure même de la figure oblige à la poser.

Valéry écrivait : « Le poète, sans le savoir, se meut dans un ordre de relations et de transformations *possibles*, dont il ne perçoit ou ne poursuit que les effets momentanés et particuliers qui lui importent dans tel état de son opération intérieure [1]. »

La recherche de cet « ordre de relations et de transformations », c'est bien là l'objet de la rhétorique du discours, dont la poétique moderne a pour tâche de reprendre le cours majestueux, malencontreusement interrompu au XIXᵉ siècle. « Guerre à la rhétorique » s'exclamait Hugo. Curieux destin que celui du Romantisme dont la poésie fut si belle et la poétique si mauvaise. Il a fallu attendre Mallarmé et Valéry pour que d'authentiques poètes redécouvrent la pertinence de la rhétorique comme science des formes possibles du discours littéraire. Et pourtant le préjugé demeure encore aujourd'hui. La théorie des figures viole les deux principes sacrés de l'esthétique littéraire actuellement répandue. L'unicité de l'œuvre d'une part, son unité ou totalité de l'autre. En faisant des figures des sortes d'universaux linguistiques transposables d'un poème ou d'un poète à l'autre, elle nie ce qui fait la spécificité de l'art littéraire, son caractère unique, son individualité essentielle. « Chaque diamant est unique et ne ressemble qu'à lui-même », dit un proverbe hindou, ignorant de la chimie. En prélevant d'autre part des segments du discours, en l'analysant en formes sans doute liées et interagissantes mais tout de même séparables, on nie cette unité totale, cette compacité sans fissures qui fait de l'œuvre une totalité close sur elle-même. Et à l'horizon de la poétique structurale s'élève le spectre redoutable de la machine, de la production automatique des poèmes à partir d'une table de figures sur cartes perforées. Mais rassurons-nous. Il reste au génie et à l'inspiration à mettre en œuvre ces formes

---

1. *Questions de poésie, Œuvres,* Pléiade, tome 1, p. 1290.

seulement possibles et ensuite à les remplir d'un contenu à la fois original et poétiquement vrai. Ce n'est pas chose facile. Que ceux qui en doutent s'y essayent.

Jean COHEN

Université de Paris I

Tzvetan Todorov

Synecdoques

I

Commencer par une constatation : depuis quelques années on connaît en France un remarquable épanouissement de la réflexion sur la *figure* (ce dernier objet étant encore parfois remplacé par l'une de ses parties, dévoratrice, qui sans cesse tend à faire du tout une de ses propres parties : la métaphore). Que ce soit dans une analyse des principes, comme Gérard Genette dans *Figures* ou Jacques Derrida dans *De la métaphore originaire,* ou dans le travail d'élucidation et de classification de ces rhéteurs modernes qui se nomment Jean Cohen, Francis Edeline ou Jacques Durand, et dont la subtilité dépasse de loin celle de leurs lointains précurseurs ; ou encore dans le pressentiment, formulé par Benveniste et Barthes, que la figure régit non seulement l'emploi du langage mais aussi les autres systèmes symboliques. Est-ce le signe du réveil actuel de l'intérêt que l'on porte, disons pour aller vite, au langage, après des siècles d'oubli ou de mépris ?

Prendre *à la lettre* (?) la formule de Nietzsche : « Les figures de rhétorique, c'est-à-dire l'essence du langage. »

II

Depuis Cicéron on définit les figures par rapport à autre chose qui n'est pas elles, par rapport à une autre expression qui aurait pu se trouver à leur place. Ce sont des théories *substitutives* qui reposent sur la possibilité de mettre en équivalence (sémantique) deux signifiants, l'un propre, l'autre figuré. Et le terme non-marqué (le propre) sera aussitôt assimilé à une norme, même si on ne s'accorde pas facilement sur sa nature. Les théories actuelles, dans leur grande majorité, n'ont fait que perfectionner, qu'affiner cette définition. La figure est un écart de la norme, l'expression figurée pourrait être remplacée par une expression plus normale, plus commune, plus simple, etc., etc. Or cette conception, obstinément répétée, se heurte à quelques objections. Voici les premières :

1. On s'accorde pour dire que tous les écarts ne sont pas des figures ; mais personne n'a proposé un critère discriminatoire opérant pour séparer les écarts-figures des écarts-non figures. La définition est donc au moins incomplète : il lui manque la « différence spécifique ».

2. Mais quel prix faut-il payer pour maintenir la proposition inverse, que toutes les figures sont des écarts ?

Écart de quoi ? D'une norme. Le rêve des rhéteurs modernes a été d'identifier cette norme avec le code de la langue. Et il est vrai qu'un certain nombre de figures représentent des infractions à la langue (par exemple, la plupart des « métaplasmes » de Klinkenberg). Mais ce nombre ne correspond qu'à une partie seulement des figures ; pour les autres, on doit chercher la norme, non dans la langue, mais dans un type de discours. Ainsi Jean Cohen construit la norme du discours scientifique ; et avant lui Pius Servien avait défini ce dernier comme étant fondé sur l'absence d'ambiguïté, la facilité de la paraphrase, la non-importance du rythme, etc. Évidemment on peut déclarer ensuite qu'un autre discours (le poétique ; mais pourquoi pas : le journalistique, le quotidien., etc ?) est une déviation du premier ; mais que vaut cette observation ? Les règles de la langue s'appliquent à tous les discours ; les règles d'un discours ne s'appliquent qu'à lui ; dire qu'elles sont absentes dans un autre discours est une tautologie. Chaque discours possède sa propre organisation qu'on ne peut pas forcément déduire en inversant celle d'un autre. Affirmer le contraire revient à considérer les chaises comme des tables déviantes.

Affirmer que les figures sont des écarts n'est donc pas faux ; mais c'est une idée dont *l'utilité* paraît problématique. Et si l'on se limite aux infractions au code de la langue, celles-ci et les figures forment deux ensembles en intersection. Un tel fait mérite, bien sûr, qu'on s'y arrête (pourquoi certaines infractions sont-elles perçues comme des figures ?) mais n'explique pas la nature de la figure.

Ce qui ne donne pas pour autant raison aux récents « détracteurs » de l'écart. Et ceci non seulement parce que le refus de cette définition cache souvent, comme l'a prouvé la véritable « chasse aux sorcières » à laquelle a été soumis Jean Cohen, un obscurantisme bien ancien selon lequel la littérature est un objet inconnaissable. Mais aussi à cause d'un principe qu'on pourrait dénommer « la relative indépendance de la connaissance par rapport à l'idéologie ». Si on décrit une figure comme étant tel type de répétition, la description peut rester bonne même si la norme, contrairement aux suppositions du rhéteur, n'exclut pas les répétitions. La théorie de l'écart échoue au niveau de l'explication mais pas forcément à celui de la description.

III

Ce n'est pas ainsi cependant qu'Aristote définit la figure. Pour lui il ne s'agit pas de la substitution d'une expression figurée à une expression propre ; mais de l'apparition d'un sens figuré à la place d'un sens propre. Les avantages de cette définition sautent aux yeux : à la place de la problématique équivalence sémantique entre les deux expressions, on met, comme base de la comparaison, l'identité indéniable d'un mot (sons ou graphie) à lui-même, lorsqu'il a plus d'un sens. Il suffit alors d'écarter l'idée d'un sens propre (étymologique) pour la remplacer par celle d'un sens indépendant du contexte, perçu comme principal à l'intérieur d'un système synchronique (facile à établir dans la grande majorité des cas).

Les rhéteurs ont constamment confondu les deux opérations et agi comme s'il n'y avait entre elles aucune différence. Je ne cite qu'un exemple tiré du livre de Hedvig Konrad : « On nomme les mots produisant cet effet étranger, termes transposés, et on parle dans ce cas de *changement de sens*. Les métaphores sont donc une forme spéciale des changements de sens... Ainsi le substantif *queue* désigne, dans son emploi métaphorique, le substantif *file*... »

Comment s'expliquer cette « bévue » ? Sans doute, par la non-distinction entre signifiant et signifié ; plus exactement, par ce handicap inné à la sémantique, de ne pouvoir parler des mots qu'à l'aide de mots. Comme le deuxième sens de *queue* se laisse (approximativement) paraphraser par *file,* on a eu recours, dans la description, à un second mot, *file ;* ensuite, l'opération méta-linguistique (de donner un nouveau nom au second sens du mot *queue)* a été prise pour l'opération métaphorique elle-même. D'où, dans les traités de rhétorique classiques, les traductions des emplois métaphoriques en termes « propres », perçues comme le rétablissement d'un mot propre à la place de la méta-phore. D'où l'indignation déplacée d'un Breton : le poète n'a pas voulu dire autre chose qu'il ne dit, mais les mots disent dans les métaphores autre chose qu'ils ne signifient habituel-lement.

Fontanier est un des rares à être conscient de la différence entre les deux opérations ; il définit les *tropes* comme la subs-titution d'un signifié à un autre, le signifiant restant identique ; et les *figures* comme la substitution d'un signifiant à un autre, le signifié étant le même. D'où la fameuse (aujourd'hui, non à l'époque) querelle de la catachrèse : non-figure pour Fontanier car il n'y a pas d'autre mot qui pourrait remplacer le *pied* de la table et l'*aile* du moulin. Mais peut-être que l'opposition importante est à l'autre bout de la chaîne : non entre l'excep-tionnelle catachrèse, où l'on ne peut pas remplacer le signifiant présent par un autre, équivalent, et toutes les autres figures ; mais entre l'exceptionnelle *allégorie* où cette substitution est possible et toutes les autres figures où elle ne l'est pas.

IV

L'adage : la métaphore est une exception, se trouve naturel-lement accompagné de son contraire : la métaphore est la règle. Vico a développé l'une des variantes de cette idée, Hamann et Herder, Condillac et Rousseau en ont donné d'autres (Derrida a commenté les deux dernières). Variantes considérables, d'ailleurs : pour Vico le premier langage était métaphorique (« Nous croyons avoir démontré que tous les tropes, dont nous réduisons le nombre à quatre [métaphore, métonymie, synec-doque, ironie], n'ont pas été, comme on l'a voulu jusqu'ici, de spirituelles inventions des écrivains, mais seulement des manières nécessaires de s'exprimer dont toutes les premières nations poétiques ont fait usage ») mais uniquement vu à partir du présent; à l'aube du langage, ces tropes étaient la seule manière de s'exprimer, la manière « simple et commune »; ils étaient l'expression propre, alors que celle que nous nommons ainsi est en fait dérivée, tardive. Cette antériorité se justifie, entre autres, par le fait qu'au début on cherchait un « rapport naturel » entre signes et sens; c'est pourquoi d'ailleurs « les nations, d'abord muettes, commencèrent à parler au moyen de l'écriture » (cette identité formelle entre l'écriture, plus exactement les hiéroglyphes, et les figures rhétoriques est affirmée déjà par Clément d'Alexandrie : les hiéroglyphes signifient aussi « par symbole, au moyen des tropes »).

Nietzsche, en revanche, affirme que tout le langage est métaphorique – maintenant. Le mot (le concept) ne désigne un fait ou un phénomène qu'à l'aide de l'abstraction en omettant plusieurs de leurs traits. « Tout concept naît de l'identification du non-identique. Aussi certainement qu'une feuille n'est jamais tout à fait identique à une autre, aussi certainement le concept feuille a été formé grâce à l'abandon délibéré de ces différences individuelles, grâce à un oubli des caractéristiques. » Mais cette identification de la partie au tout est une figure de rhétorique : la synecdoque (Nietzsche la nomme tantôt métaphore, tantôt métonymie). Tout le langage est donc fait de tropes : « Il n'y a pas d'expression propre et pas de connaissance propre sans métaphore. » C'est pourquoi la métaphore s'élève au rang de trait distinctif de l'humanité : Nietzsche parle de « cet instinct qui pousse à former des métaphores, cet instinct fondamental de l'homme dont on ne peut faire abstraction un seul instant, car on ferait abstraction de l'homme lui-même », et appelle l'homme un *animal métaphorique*.

Ces expressions sont sans doute moins « métaphoriques » qu'elles ne paraissent. Lorsque les linguistes modernes s'interrogent, à la suite des travaux sur la communication animale, sur les traits spécifiques du langage humain, ils arrivent à des conclusions pas très éloignées de celles de Nietzsche. L'un de ces traits sera la possibilité d'utiliser les mots dans un sens qui n'est pas connu au préalable de la communauté linguistique, tout en se faisant parfaitement comprendre; autrement dit, c'est l'aptitude à forger des métaphores.

La théorie de Nietzsche circonscrit les limites de cet esprit pédant au nom duquel on vous somme d'écarter toute métaphore de votre discours, si vous recherchez la vérité, la connaissance ou la science. Ce n'est là, nous dit Nietzsche, qu'une exigence de se servir de métaphores usées. « Le *fait de connaître* est seulement le fait de travailler sur les métaphores les plus agréées. » « Être véridique, c'est-à-dire employer les métaphores usuelles. »

Mais si l'on dit que tout, dans le langage, est métaphorique, que la seule différence existante est « entre coutume et nouveauté, fréquence et rareté », on refuse la singularité de la métaphore, on renonce donc à son existence même. Nietzsche écrit : « C'est seulement grâce à sa capacité d'oubli que l'homme peut parvenir à croire qu'il possède une *vérité*... » Mais l'oubli existe. Refuser l'oubli, c'est refuser le changement, l'histoire ; ou, en termes saussuriens, la différence entre synchronie et diachronie. Si diachroniquement tout le langage est métaphorique, synchroniquement l'une de ses parties l'est seulement. Paradoxalement, l'interrogation sur l'origine procède d'une pensée anhistorique.

V

A côté de la théorie « classique » de la métaphore comme exception et de la théorie « romantique » de la métaphore comme règle, il existe une troisième théorie, qu'on pourrait appeler « formelle » : celle qui cherche à décrire le phénomène linguistique en lui-même, et à l'intérieur d'une coupe synchronique. On l'a vue annoncée par Aristote, sous une forme à vrai dire désavantageuse : non seulement à cause de la croyance au sens propre, mais aussi de celle que le nouveau sens *remplace* l'ancien. I. A. Richards sera le premier à remarquer que, plutôt que d'une substitution, il s'agit d'une *interaction*. Le sens principal ne disparaît pas (sinon il n'y aurait pas de métaphore), il recule au deuxième plan, derrière le sens métaphorique ; entre les deux s'établit une relation qui semble être une affirmation d'identité, une mise en équivalence (« comme le mot lui-même le prouve »). Mais l'équivalence, ou l'identité, n'est pas, elle non plus, une relation simple... L'étude de la métaphore devient un chapitre dans l'étude de l'interaction des sens (métaphoriques ou non) ; un ouvrage fondamental lui est consacré, *The Structure of Complex Words* de William Empson, première théorie des sens multiples.

Une telle explication ne vaut, évidemment, que pour les tropes. En ce qui concerne les figures (sans changement de sens), Du Marsais avait indiqué une voie possible : elles forment une partie des relations entre unités linguistiques, celles que nous savons identifier et dénommer. Ce sont comme des figures géométriques apposées sur la transparence du langage : répétitions, antithèses, gradations, chiasmes ; elles sont comme une grille à travers laquelle nous commençons à percevoir ce qui jouissait jusqu'alors de l'invisibilité du « naturel » : le langage. La figure de rhétorique, c'est du langage perçu en tant que tel. C'est ce que Novalis appelait *Selbstsprache*, et Khlebnikov, *samovitaja rech'*.

VI

On peut illustrer la relative indépendance de la description par rapport à l'explication en rappelant l'analyse que fait Francis Edeline des tropes et, plus particulièrement, de la synecdoque. Tout comme dans les contes de fées ou dans *le Roi Lear*, où la troisième fille, longuement méprisée, se révèle être à la fin la plus belle ou la plus intelligente, Synecdoque, qu'on a longtemps négligée – jusqu'à ignorer son existence – à cause de ses aînées, Métaphore et Métonymie, nous apparaît aujourd'hui comme la figure la plus centrale (Fouquelin et Cassirer l'avaient pressenti).

Dans son étude de la synecdoque, le groupe de Liège a pris au sérieux un principe que tout le monde accepte aujourd'hui, et il en a suivi les conséquences ; son analyse est juste si le principe est vrai : à savoir qu'il est possible de décomposer un mot sur le plan sémantique. Cette décomposition, qu'on appelle aujourd'hui sémique ou componentielle, les Liégeois nous rappellent qu'elle peut être de deux *types*. Le premier est conjonctif et matériel : un fauteuil doit avoir un siège, *et* un dossier, *et* des bras, *et* des pieds, etc. Le second type est disjonctif et conceptuel : une sphère peut être *ou* une tête, *ou* un ballon, *ou* une pastèque, etc. Autrement dit, dans ce deuxième cas, nous extrayons de tête, ballon, pastèque une propriété (un sème) commune, que l'on considère comme une classe (le bon sens veut que « sphérique » soit une partie de « tête », mais du point de vue logique « tête » est un élément de la classe « sphère »).

D'autre part, on peut descendre ou remonter la chaîne de sens qui s'englobent ainsi, d'où une synecdoque généralisante ou particularisante. Évidemment la généralisation a un sens différent selon que la décomposition a été matérielle ou conceptuelle : « La "partie" matérielle est plus petite que son tout, alors que la "partie" sémique est plus générale que lui. »

La synecdoque consiste à employer le mot dans un sens qui est une partie d'un autre sens du même mot, suivant l'un ou l'autre type de décomposition, l'une ou l'autre direction. Le fameux « voile » employé dans un sens proche de celui de « bateau » est une synecdoque matérielle particularisante ; « homme » dans un sens proche de celui de « main », généralisante, etc.

La métaphore, alors, n'est qu'une double synecdoque. Tout se passe, dans la métaphore, comme si un sens intermédiaire, la partie identique des deux sens en jeu, avait fonctionné comme synecdoque de l'un et de l'autre. Pour que les deux sens puissent être subsumés par le même signifiant (comme si ce n'étaient pas deux sens mais un seul), on procède « d'abord » à une représentation synecdochique de chacun. Par exemple, /flexible/ est une synecdoque pour /bouleau/ et pour /jeune fille/, ce qui permet de donner à « bouleau » un sens métaphorique proche de celui du mot « jeune fille ».

La métonymie est également une double synecdoque mais en sens contraire : elle est symétrique et inverse de la métaphore. Ici chacun des deux sens fonctionne comme la synecdoque d'un troisième sens qui les englobe. Lorsqu'on nomme l'auteur pour parler de ses œuvres, l'un comme l'autre agissent à la manière de synecdoques, par rapport à un ensemble plus vaste qui inclut la vie, les œuvres, etc. La mise en équivalence des deux sens devient possible car tous deux appartiennent au même ensemble.

On n'a pas encore entrevu toutes les conséquences de cette analyse logique. En voici une, toute simple, qui illustre bien l'inattention portée aux faits rhétoriques jusqu'à maintenant : Jakobson identifie la condensation de Freud avec la synecdoque ; Lacan le fait, avec la métaphore. Contradiction ? Non, car la métaphore n'est qu'une double synecdoque.

VII

Pourquoi classer les figures de rhétorique ? Ce qu'on reproche aux anciens rhéteurs, c'est d'avoir fait des classifications qui ne nous révèlent rien d'essentiel sur les propriétés des figures (sans parler des inconséquences logiques, des classes chevauchantes, etc.). L'apport positif des linguistes consiste à avoir cherché, derrière les figures individuelles, les catégories qui sont véritablement en jeu ; cherché à formuler les règles d'une combinatoire dont les figures sont le produit. En ce sens, comme dit Frye, classifier c'est clarifier.

Ces catégories sont de plusieurs types. Le plus évident concerne la nature des unités linguistiques dans lesquelles se réalise la figure. Cette série de catégories se subdivise d'ailleurs aussitôt en deux, suivant que l'on observe les *dimensions* de l'unité ou son *niveau* (point de vue syntagmatique et paradigmatique). Dans le premier cas, on peut isoler les degrés suivants : 1) le son (ou la lettre) isolés ; 2) le morphème (ou le mot) ; 3) le syntagme ; 4) la phrase (ou l'énoncé). Et dans le deuxième : 1) Les sons ou la graphie ; 2) la syntaxe ; 3) la sémantique. A l'intérieur de cette dernière classe, on sera obligé d'opposer les rapports sémantiques syntagmatiques aux rapports sémantiques paradigmatiques. Bien entendu, certaines figures participent de plusieurs catégories à la fois, par exemple la répétition est répétition de sons (lettres) et de sens à la fois.

Une seconde dimension, moins évidente, concerne les opérations dont chacune des figures est le résultat. Le groupe de Liège et Jacques Durand s'accordent pour y voir quatre opérations : adjonction, suppression, substitution (c'est-à-dire suppression *et* adjonction) et permutation. Une telle division est certainement irréprochable sur le plan logique ; mais on peut se demander jusqu'à quel point elle correspond aux propriétés essentielles des figures et n'est pas un simple procédé mnémotechnique. Ullmann rapportait déjà une classification des changements sémantiques en trois : extension, restriction et déplacement ; est-on pour cela très avancé dans la connaissance des figures ?

L'accord ne s'est pas encore fait sur les autres types de catégories qu'il faudrait introduire dans cette combinatoire. Jacques

Durand a montré qu'on peut distinguer avec précision, dans la relation de deux termes, des degrés tels que « identité », « similarité », « différence » et « opposition » ; le groupe de Liège qualifie ces opérations de « simples », « partielles », « complètes », etc. On peut se fonder aussi sur des catégories plus linguistiques, comme, chez Jean Cohen, sens posé et présupposé ; ou encore l'ambiguïté, l'accord, etc. (aucune classification n'est définitive).

VIII

Si un auteur de l'époque classique emploie le mot « flamme » dans un sens métaphorique, on ne peut pas affirmer qu'il veut dire *amour*. Il veut nommer un sens qui ne peut être nommé avec exactitude par aucun autre signifiant. Le mot « flamme » ainsi employé est le moyen le plus direct qui soit de signifier ce qu'il signifie. « Flamme » ne signifie pas *amour,* au sens où « amour » signifie *amour*.

Quel est alors le rôle du mot « amour » dans ce cas, pourquoi l'a-t-on évoqué aussi fréquemment ? Le sens est inséparable du mot (le signifié du signifiant), l'un n'existe pas sans l'autre, et un signifié ne se laisse pas nommer par deux signifiants. Cependant les mots ne sont pas des îles isolées, ils communiquent entre eux et forment, sinon un système, tout au moins un ensemble. L'unicité du rapport signifiant-signifié n'empêche pas l'existence de relations d'un signifié à l'autre. C'est ainsi que le mot « flamme » employé métaphoriquement évoque (mais ne signifie pas) le mot « amour ». « Amour » est, disons, la périphrase la plus proche par laquelle on peut recréer le sens du mot « flamme », lorsque celui-ci est employé métaphoriquement.

Il existe donc, à l'intérieur du système verbal, deux types de rapports qui, à première vue, ont tous deux quelque chose à voir avec la signification mais qui sont pourtant suffisamment spécifiques pour mériter, chacun, un nom différent. Appelons le rapport entre le signifiant « flamme » et le signifié « flamme » *signification*, et celui entre le signifié « flamme » et le signifié « amour », *symbolisation*. Les tropes nous livrent alors le code de la symbolisation, car ils formulent les différents rapports possibles d'un signifié à l'autre, ou mieux, d'un symbolisant à un symbolisé. Le rapport symbolique consiste en l'association stable de deux entités de même nature et qui peuvent exister indépendamment l'une de l'autre.

Mainte propriété attribuée communément aux signes, devrait l'être aux symboles. On dit par exemple que le signifié devient à son tour signifiant et inaugure ainsi un processus en chaîne ; or c'est la symbolisation seule qui peut se prolonger de la sorte, formant des chaînes infinies ; la signification se limite à l'union d'un signifiant et d'un signifié.

IX

Il faut ici rouvrir le dossier de l'« arbitraire du signe ».

Cette question vieille de deux mille ans a été remise à la mode par Saussure, qui affirme l'arbitraire du signe, et, plus récemment encore, par Benveniste qui lui rétorque : le signe n'est pas arbitraire *mais* nécessaire. Une longue discussion s'ensuivit ; on en lira le résumé dans la thèse d'Engler.

Or la question ne se pose pas de la même manière suivant qu'il est question d'un signe ou d'un symbole. La relation entre un signifiant et un signifié est obligatoirement *immotivée* : il est impensable qu'une suite graphique ou sonore ressemble (ou soit contiguë, etc.) à un sens. En même temps, cette relation est *nécessaire*, en ce sens que le signifié ne peut pas exister sans le signifiant, et inversement. En revanche, dans le symbole, la relation entre symbolisant et symbolisé est *non nécessaire* (ou « arbitraire ») car le symbolisant comme le symbolisé peuvent exister en dehors de cette relation ; pour cette raison même, la relation ne peut être que *motivée* car autrement rien ne nous pousserait à l'établir. Il n'existe donc pas de signes partiellement ou relativement motivés car la relation de signification implique l'immotivation ; en revanche *tous* les symboles sont motivés, et non seulement quelques-uns parmi eux, bien que de manières différentes. Benveniste l'avait noté dans une autre étude : « A la différence du signe linguistique, ces signifiants multiples et ce signifié unique [nous disons : symbolisants et symbolisé] sont constamment liés par un rapport de *motivation*.

Qu'en est-il de ce qu'on appelle couramment la « motivation du signe » ? Prenons d'abord le cas le plus fréquemment cité, celui des onomatopées : « coucou » ou « borborygme » sont censés être des signes motivés car ils ressemblent aux choses qu'ils désignent. Mais, on le voit tout de suite, ce n'est pas la relation de signification qui est motivée, c'est celle de dénotation (ou de référence). Les sons « coucou » ne ressemblent pas (ne peuvent pas ressembler) au sens *coucou* mais au référent (le chant de l'oiseau) ou à sa représentation mentale (celle-ci remplace le référent et n'est en aucun cas identique au signifié). En ce sens, la dénotation est un cas particulier de symbolisation.

Saussure, parlant de l'arbitraire (et voulant dire l'immotivé), n'avait pas confondu le rapport signe-référent avec celui de signifiant à signifié. Il est d'ailleurs bien conscient du premier de ces rapports, et il réserve à son étude un nom particulier : l'*onymique*. « Ce qu'il y a de plus grossier dans la sémiologie : le cas où elle est (par le hasard des objets qu'on choisit pour être désignés) une simple onymique. » Le référent est un « être extérieur » au langage.

Le deuxième type de « motivation » est celui qui nous vient des tropes. Les sons « voile » et le sens *voile* forment une relation immotivée ; mais le sens *voile* et le sens (qu'on peut provisoirement désigner par) *bateau* forment une relation motivée : oui ; mais seule la première relation est de signification, la seconde est une symbolisation. Cette motivation est possible car deux sens peuvent se ressembler (ou être partie l'un de l'autre, etc.), tout comme le pouvaient le signifiant et le référent dans le cas de « coucou » ; mais un signifiant et un signifié ne peuvent jamais se ressembler.

Il reste la troisième « motivation », morphologique, du type « poire-poirier/pomme-pommier ». Jakobson a élargi de manière heureuse cette notion en parlant d'une motivation diagrammatique. Il suffit cependant d'examiner ses exemples un par un pour voir qu'ils ne concernent jamais *un* signe, mais la relation de plusieurs signes. Une relation, disons, de succession, ou de gradation, ou d'antithèse dans l'ordre du signifiant peut ressembler à une relation dans l'ordre du signifié ; mais ce n'est plus la signification qui est motivée, c'est l'organisation du discours.

X

Le langage qui est un système de signes est envahi par de multiples autres codes qui sont tous des systèmes de symboles ; à tel point que, dirons-nous, la *communication* passe par un système de symboles, non de signes (ce qui ne revient pas à la théorie « romantique » de la métaphore : il s'agit ici de la synchronie, non de la diachronie, et de l'évincement d'un système par un autre. On peut aussi, à la manière de Vico, penser que c'est la signification qui remplace la symbolisation). Non seulement à cause de cette forme, répertoriée depuis longtemps mais dont l'importance est sous-estimée, qu'on appelle « étymologie populaire » ; ou de celle, nommée par Jakobson, par analogie, « étymologie poétique » où, grâce à la paronomase, le poète nous donne l'impression que les sens de deux mots sont reliés ; non seulement dans l'argot ou dans l'euphémisme où la présence des figures rhétoriques est évidente, mais aussi dans les cas les plus simples de la communication quotidienne où l'on parle toujours pour dire « autre chose », par synecdoque, métaphore, antiphrase ou métonymie. Comme l'a montré Gérard Genette, c'est Proust, plus que tout linguiste ou sémioticien, qui a pris conscience de l'emploi généralisé du « langage indirect ». Et ceci n'est pas le propre du salon des Guermantes : lorsqu'un jeune Dogon emploie un euphémisme, il parle par métaphore ; mais lorsqu'il nomme les organes sexuels par leur nom, c'est pour indiquer, par métonymie, qu'il a atteint l'âge où l'on connaît les noms des choses.

On sera moins surpris encore de voir que les autres systèmes en œuvre dans la société fonctionnent à travers des symboles, non des signes. Ce n'est pas un hasard si Gelb découvre la relation *pars pro toto* à la base de l'écriture ; si Frazer et Mauss décrivent le « langage » de la magie en termes quasi rhétoriques ; si Freud le fait, non seulement pour l'échange verbal quotidien mais aussi pour les rêves ; ou si l'on nous montre aujourd'hui que la publicité en relève de plein droit. Le groupe de Liège s'est posé comme tâche explicite de découvrir les figures rhétoriques au sein des systèmes non verbaux : il les y trouvera, non par la force d'un heureux hasard, mais parce que les figures décrivent la variété des rapports entre symbolisants et symbolisés. Freud avait déja perçu cette unité : « Cette symbolique n'est pas spéciale au rêve, on la retrouve dans toute l'imagerie inconsciente, dans toutes les représentations collectives, populaires notamment : dans le folklore, les mythes, les légendes, les dictons, les proverbes, les jeux de mots courants... » Et Benveniste, en commentant ce texte, avait bien vu le niveau de pertinence de cette symbolique dans le langage : c'est « dans le style plutôt que dans la langue », dans « les grandes unités du discours plutôt que dans les unités minimales », dans « le vieux catalogue des tropes ». La sémiotique devra se faire symbolique.

La description rhétorique des figures n'est peut-être pas parfaite mais elle a au moins le mérite de recenser de nombreuses formes différentes, et de veiller à ce que la différence ne soit pas oblitérée. Il est temps qu'on cesse de s'émerveiller devant la possibilité de réduire toutes les figures à deux seulement, ressemblance et contiguïté. Si Mauss, Saussure (par l'intermédiaire de Kruszewski) et Freud utilisent tous trois cette dichotomie, il ne faut pas croire que cette rencontre miraculeuse confirme la vérité de l'opposition : ils se sont tout simplement référés à une classification alors courante des associations psychologiques. Comme le dit Nietzsche, « si quelqu'un cache une chose derrière un buisson, la recherche à cet endroit précis et la trouve, il n'y a guère à louer dans cette recherche et cette découverte... ».

On ne saurait pas plus réduire l'*icône* de Peirce à la métaphore, et son *indice* à la métonymie. Contrairement à la métonymie où les deux sens (ou les deux objets évoqués) doivent se trouver en contiguïté réelle, l'indice exige que le signe lui-même, dans sa matérialité, soit relié à ce qu'il désigne. D'où les exemples de Peirce : les pronoms personnels (et toute la deixis en général), qui ne sont certainement pas des métonymies, mais qui dénotent, par exemple, la personne qui parle et qui se trouve ainsi en contact direct avec le discours. Ou la fumée pour le feu, le baromètre pour le temps, la girouette pour le vent : ils sont, au moment même où nous les percevons, en contact direct avec ce qu'ils désignent. C'est quoi toute référence, au sens précis (description d'un objet présent), se fait par l'intermédiaire d'un indice, même si la phrase elle-même n'est composée que de « symboles » (au sens de Peirce) : Peirce, comme Saussure, considère la relation avec le référent comme extérieure à l'essence signifiante du langage. C'est pourquoi aussi, dans l'esprit de Peirce, une langue peut ne pas avoir d'indices à condition qu'on les remplace par des gestes ostentatoires : « Les Égyptiens n'avaient pas de prépositions ni de pronoms démonstratifs, se référant toujours directement au Nil. Alors que les Esquimaux sont si bien enveloppés dans leurs peaux d'ours, qu'ils ont des démonstratifs qui distinguent : vers la terre, vers la mer, au nord, au sud, à l'est et à l'ouest... »

Quant à l'icône, elle doit posséder une propriété en commun avec l'objet désigné, elle exemplifie (exhibe) ses qualités. C'est pourquoi l'onomatopée est une icône, et une tache noire est l'icône de la couleur noire. La métaphore peut aussi être une icône mais seulement dans la mesure où elle préserve une propriété de l'objet désigné (Peirce est donc ici plus proche d'Edeline que de ses commentateurs habituels). Les icônes sont divisées en trois classes ainsi définies : « Those which partake of simple qualities... are *images*; those which represent the relations, mainly dadic, or so regarded, of the parts of one thing, by analogous relations in their own parts are *diagrams*; those which represent the representative character of a representamen by representing a parallelism in something else, are *metaphors*. »

XI

La co-présence de la signification et de la symbolisation dans le langage pourrait éclairer une opposition à première vue irréductible : celle entre Rhétorique et Terreur ou, en termes plus récents, entre lecture plurielle, infinie – et la littéralité du littéraire. Comment est-il possible d'entendre les mots à la fois « littéralement et dans tous les sens » ?

C'est la signification qui ne peut être que littérale. Les poètes qui l'ont affirmé ont été meilleurs linguistes que les professionnels : les mots ne signifient que ce qu'ils signifient, et il n'y a aucun autre moyen de dire ce qu'ils disent ; tout commentaire fausse leur signification. Quand Kafka dit « un château » il veut dire *un château*.

Mais c'est la symbolisation qui est infinie, tout symbolisé pouvant devenir à son tour symbolisant, ouvrant ainsi une chaîne de sens dont on ne peut arrêter le déroulement. Le château symbolise la famille, l'État, Dieu, et encore beaucoup d'autres choses. Il n'y a pas de contradiction entre les deux, et c'est Rimbaud qui avait raison.

La théorie littéraire aura donc autant besoin d'une sémantique que d'une *symbolique*.

Tzvetan TODOROV

Centre national de la recherche scientifique

Jean Simeray

Erreur simulée
et logique différentielle

Il est sans doute inutile de rappeler longuement les difficultés et les incertitudes qui se rencontrent depuis longtemps dans
l'étude des faits littéraires, et qui subsistent à peu près intégra-
lement malgré tous les efforts qui sont faits pour les résoudre.
Disons seulement que sans nulle modestie nous proposerons à
notre tour une approche de ces problèmes, que nous croyons
au moins nouvelle, à défaut d'autre chose. Nous définirons
d'abord l'essentiel du fait littéraire comme un *effet de sensibilité* produit par une lecture ; nous admettrons ensuite que cet
effet de sensibilité correspond à une structure logique : il s'agira
de constituer, à partir des faits littéraires, une logique qui leur
soit propre (c'est-à-dire qui ne soit pas nécessairement l'une
des logiques déjà existantes), et qui, étant issue des faits littéraires eux-mêmes, aura des chances de pouvoir s'appliquer à
leur étude. Indiquons maintenant quelle est l'une des principales données de fait qui ont servi de substance de base pour
notre travail d'analyse : il s'agit de la notion d'*erreur simulée*.
L'importance de cette notion nous est apparue à la suite d'un
très banal travail sur fiches : le classement et la manipulation
d'un certain nombre de « faits de style », puisés au hasard dans
divers traités, ont révélé de façon inattendue une fréquence relativement grande de cette structure, qui par elle-même semble
dénuée de toute signification. Il faut ajouter du reste que
l'*erreur simulée* en question est une bien curieuse chose, car
de la part de celui qui l'énonce elle *exclut tout acte délibéré de
simulation*. Mais donnons-en plutôt quelques exemples pour
voir de quoi il s'agit. Ces exemples seront d'une trivialité voulue, pour bien marquer que leur choix importe peu. On connaît
la plaisanterie périodiquement exploitée par les dessinateurs
humoristes : un homme en train de se noyer crie : « Au secours,
je ne sais pas nager », et un autre, accoudé sur le parapet, dit :

« Moi non plus je ne sais pas nager, et je ne crie pas pour cela. »
Écartons ici toute considération sur la théorie de l'effet comique,
et constatons simplement que la plaisanterie est fondée sur une
erreur simulée : le second personnage *fait semblant de croire*
que l'autre crie parce qu'il ne sait pas nager, – alors que visiblement il lui est impossible de se tromper sur ce point.
Cependant il y a un second fait sur lequel nous insisterons également, c'est que très évidemment jamais ce second personnage n'a eu la moindre intention de simuler une erreur, ni le
moindre sentiment d'avoir fait une pareille chose. Mais prenons
un autre exemple pour recouper celui que nous venons de donner. Bergson cite une scène de dispute où un cocher de fiacre
traite son client noir de « mal lavé ». Ici encore on aperçoit
facilement l'erreur simulée sur laquelle est fondé ce trait
comique : le cocher *fait semblant de croire* que la couleur noire
de son client provient d'une insuffisance d'ablutions. Mais ici
encore cette remarque ne vaudrait rien si elle n'était aussitôt
complétée par une autre : jamais assurément le cocher n'a eu
la moindre intention de simuler quoi que ce soit, et surtout pas
une erreur. On voit ainsi que si l'on veut faire la « psychologie »
du cocher il ne faut surtout pas parler d'erreur simulée, car ce
serait tout simplement *faux* ; et voilà pourquoi la notion d'erreur
simulée est toujours passée inaperçue, ou a toujours été dédai-
gnée ; et c'est à bon droit, nous n'y insisterons jamais assez.
Mais, quant à nous, *ce n'est pas* de la « psychologie » que nous
voulons faire, et sans doute n'y insisterons-nous jamais assez
non plus. Notre problème est d'ordre *logique*, et il se trouve
posé par l'existence de cette structure particulière, constituée
par l'erreur simulée sans acte délibéré de simulation ; telle est,
si l'on veut, la matière première qui nous était fournie par la
nature des choses et que nous avons tenté d'analyser et
d'exploiter.

Il nous fallait donc trouver un instrument, créer un « organon », capable d'effectuer cette analyse ; ce sont les résultats
de cette recherche que nous exposerons partiellement ici. A partir des données de fait, nous avons procédé à rebours, remontant de proche en proche pour atteindre des principes qui nous
permettront maintenant de présenter un exposé de forme syn-
thétique, où se trouveront en quelque sorte déduites les formes
types rencontrées dans le réel. – Précisons enfin que ces analyses ne resteront pas limitées au domaine du comique, comme

pourraient le faire penser les exemples donnés ci-dessus ; l'étude du comique n'est pas pour nous un but, mais seulement un moyen privilégié pour faire apparaître certaines structures cachées. Il s'agit, pensons-nous, de structures logiques à caractère universel, dont le champ d'application déborde largement les faits de littérature eux-mêmes. Vers la fin de notre étude, nous avons été amené à examiner quelque peu la notion de communication. Car la production de l'effet de sensibilité de pôle positif – objet principal de notre recherche – est peut-être liée à l'existence (ou au moins à la virtualité) d'un échange entre deux individus distincts. C'est du moins ce que paraît suggérer le développement de certaines de nos formules.

Avant que nous n'entrions dans la partie technique de notre exposé, une remarque est peut-être nécessaire. Les différentes formules que nous avons établies ci-après sont faites de façon à éliminer la sensibilité que l'Observateur porte en lui, et à empêcher qu'elle n'aille se mêler avec celle qu'il cherche à étudier. Mais cela entraîne quelques conséquences : dans ce qui suit, ce n'est pas seulement de l'impersonnalité qu'on trouvera, mais une sorte de dépersonnalisation ; ce n'est pas contre la froideur seulement qu'il faudra se prémunir, mais contre une sorte de réfrigération brutale, qui risque de surprendre fâcheusement si l'on n'en est pas dûment averti.

I. FORMULE F1 :
THÉORÈME DU « SPECTACLE PUR DE L'ERREUR »

a) Soit un personnage A donnant à une question Q une réponse [a]. L'ensemble formé par cette question et cette réponse constitue une proposition, notée Q[a] ; cette proposition représente l'opinion de A, notée :

$$\boxed{A} \rightarrow (Q[a])$$

Soit d'autre part un personnage B donnant à *la même* question Q une réponse [b] ; on aura comme précédemment :

$$\boxed{B} \rightarrow (Q[b])$$

b) Toute opinion est constituée par une proposition rapportée à un Objet. Dire que l'opinion de A est Q[a], c'est dire que

A rapporte la proposition Q[a] à un certain Objet, qui sera désigné par O_a. De même, B rapporte la proposition Q[b] à un objet qui sera désigné par O_b.

c) On supposera qu'il n'y a aucune sorte de doute de A sur son opinion Q[a]. Dès lors il n'existe chez A aucun écart entre son opinion Q[a] et l'objet correspondant O_a; autrement dit, dans la perspective de A, l'opinion Q[a] et l'objet O_a sont indiscernables; c'est ce qu'on appelle le « réalisme naïf ». Pour écrire la relation d'indiscernabilité entre Q[a] et O_a, on utilisera une double flèche chargée d'un I, à lire « indiscernable de »; on aura donc :

$$\boxed{A} \to (Q[a] \leftarrow I \to O_a)$$

Ce qui doit se lire ainsi : Dans la perspective de A, l'opinion Q[a] et l'objet O_a (auquel correspond cette opinion) sont indiscernables. En ce qui concerne B, on aura de même :

$$\boxed{B} \to (Q[b] \leftarrow I \to O_b)$$

d) On supposera maintenant que A prend connaissance de l'opinion de B; le problème proposé consiste à examiner ce qui se passe chez le « spectateur » A. – Pour ce dernier, l'opinion Q[b] de B représente, en regard de sa propre opinion Q[a], une erreur de B. Mais, si le spectateur A considère que l'opinion Q[b] est une erreur de B, il faut, du même coup, qu'il considère que les opinions Q[a] et Q[b] se rapportent strictement à un même objet. Or, dans la perspective de A, cet Objet unique est déterminé par A lui-même en fonction de sa propre opinion, de sorte que pour A l'objet unique ne pourra être autre que O_a, indiscernable de Q[a]. Il en résulte que, si l'on se place dans la perspective de A, le personnage B ne pourra rapporter son opinion Q[b] qu'à l'objet O_a. Le personnage B vu par A sera désigné par [B], et correspond à la formule suivante :

$$\boxed{A} \to [\boxed{B} \to (Q[b] \leftarrow I \to O_a)]$$

Ce qui doit se lire ainsi : dans la perspective de A, le personnage B apparaît comme un personnage [B] dans la perspective duquel l'opinion Q[b] et l'objet O_a sont indiscernables. – Comme d'autre part, toujours dans la perspective de A, O_a est indiscernable de Q[a], on obtient :

$$\boxed{A} \to [\boxed{B} \to (Q[b] \leftarrow I \to Q[a])]$$

Par commodité, on placera à gauche l'opinion propre de A et à droite l'opinion propre de B, c'est-à-dire qu'on écrira :

$$\boxed{A} \rightarrow [\boxed{B} \rightarrow (Q[a] \leftarrow I \rightarrow Q[b])]$$

e) Désignons par U le référentiel universel de A, qui nécessairement sera aussi celui de [B] ; les opinions Q[a] et Q[b] seront respectivement :

$$Q[a, \text{non} (U - a)] = Q[a, \text{non } b, \text{non} (U - a - b)]$$
$$Q[b, \text{non} (U - b)] = Q[\text{non } a, b, \text{non} (U - a - b)]$$

En reportant ces expressions dans la formule précédente, on obtient :

$$\boxed{A} \rightarrow [\boxed{B} \rightarrow (Q[a, \text{non } b, \text{non} (U - a - b) \leftarrow I \rightarrow$$
$$Q[\text{non } a, b, \text{non} (a\text{-}b)]]$$

En examinant cette formule, on voit que l'indiscernabilité des éléments Q et [non (U – a – b)], identiques de part et d'autre, est évidente par elle-même et n'a pas besoin d'être notée. Ces éléments identiques seront donc sous-entendus, ce qui ne veut pas dire supprimés, et on obtiendra ainsi une formule d'un maniement plus commode ; on désignera cette formule par F1 :

$$F1 = \boxed{A} \rightarrow [\boxed{B} \rightarrow ([a, \text{non } b] \leftarrow I \rightarrow [\text{non } a, b])]$$

Ce qui doit se lire ainsi : Dans la perspective de A, le personnage B apparaît comme un personnage [B] dans la perspective duquel les expressions [a, non b] et [non a, b] sont indiscernables. – On observera que la formule est valable quelle que soit la vérité ou la fausseté des opinions [a] et [b] ; ces opinions peuvent sans inconvénient être *toutes les deux fausses*. Autrement dit, cette formule élimine toute référence à une vérité absolue. Les « valeurs » de la logique ainsi constituée seront représentées, comme on le verra plus loin, par les « pôles de sensibilité ».

Notion de « tension ». On pourra traduire la formule F1 en disant que B exerce une *tension* sur A, ou que A subit une tension de la part de B. Tant que le personnage A ne subit pas une telle sollicitation, il reste dans l'état d'« inertie », et il est tiré de son inertie lorsqu'un personnage B le sollicite. On pourra se représenter ce qu'est l'état d'inertie en pensant à la question de Valéry, qui demandait « pourquoi on ne pense pas à tout à la fois » : chacun peut voir que la majeure partie de son propre personnage reste dans un état d'inertie. Le personnage A inerte ne peut apercevoir sa propre opinion, et le personnage A sollicité par B n'aperçoit sa propre opinion que combinée avec celle de B. On pourra tenter d'éclaircir cela en comparant la « tension » dont il est question ici, avec l'attraction exercée par une masse sur une autre masse ; cette comparaison sera développée dans la suite. On notera seulement ici que la formule F1 donne l'expression d'un état pré-réflexif chez A, déductible logiquement mais impossible à atteindre par l'introspection ; il n'y aura de vérification introspective possible qu'au niveau des effets de sensibilité.

II. DÉVELOPPEMENT QUATERNAL DE F1

Pour obtenir[1] le développement quaternal de F1, on utilisera un tableau générateur (Fig. 1) constitué de la façon suivante : on écrira la relation d'indiscernabilité entre [a, non b] et [non a, b] en plaçant les deux expressions l'une au-dessous de l'autre et en les liant par un I couché ; il suffira alors de lire le tableau de gauche à droite et de haut en bas pour obtenir la formule F1. On obtiendra la formule F2 en lisant le tableau de droite à gauche et de bas en haut, et les formules F3 et F4 en utilisant les deux autres entrées du tableau. On peut ainsi écrire l'ensemble des quatre formules développées (Fig. 2). Le personnage désigné par $\overline{A}$ a une opinion comparable à celle de A, mais il utilise l'ordre de référence b, a au lieu de a, b. De même $\overline{B}$ a une opinion comparable à celle de B, mais il utilise l'ordre de référence

$$F1 \left\{ \begin{array}{c} \boxed{A} \rightarrow [a, non\ b] \leftarrow \boxed{\overline{A}} \\ \vert\underline{\quad\quad}\vert \\ \boxed{\overline{B}} \rightarrow [non\ a, b] \leftarrow \boxed{B} \end{array} \right\} \begin{array}{c} F4 \\ \\ F2 \end{array}$$

$$F3$$

Figure 1

1. Pour ce chapitre, nous avons utilisé des procédés de démonstration intuitifs qui permettent d'économiser provisoirement toute la partie infinitésimale de la « logique différentielle ». On trouvera ces détails complémentaires dans notre fascicule *Sur quelques formules de logique différentielle* ou dans d'autres études à paraître.

a, b au lieu de *b, a*. La formule F1 et la formule F2 expriment la même « tension », mais F1 exprime cette tension en tant qu'elle s'exerce de B sur A, et F2 en tant qu'elle s'exerce de A sur B. Les deux formules seront dites « en opposition » ; les formules F3 et F4 sont également en opposition. Au contraire, F1 et F4 représentent des tensions qui se neutralisent l'une l'autre ; les deux formules seront dites « en contre-opposition »,

$$F1 = \boxed{A} \rightarrow \left[\boxed{\widetilde{B}} \rightarrow ([a,\, \text{non } b] \leftarrow I \rightarrow \quad [\text{non } a,\, b]) \right]$$

$$F2 = \boxed{B} \rightarrow \left[\boxed{\widetilde{A}} \rightarrow ([b,\, \text{non } a] \leftarrow I \rightarrow \quad [\text{non } b,\, a]) \right]$$

$$F3 = \boxed{\overline{B}} \rightarrow \left[\boxed{\widetilde{\overline{A}}} \rightarrow ([\text{non } a,\, b] \leftarrow I \rightarrow \quad [a,\, \text{non } b]) \right]$$

$$F4 = \boxed{\overline{A}} \rightarrow \left[\boxed{\widetilde{\overline{B}}} \rightarrow ([\text{non } b,\, a] \leftarrow I \rightarrow \quad [b,\, \text{non } a]) \right]$$

Figure 2

et il en est de même pour F2 et F3. On a donc au total deux oppositions, F1 et F2 d'une part, F3 et F4 d'autre part, qui sont elles-mêmes en contre-opposition l'une avec l'autre et se neutralisent. Ayant comparé les « tensions » avec l'attraction réciproque de deux masses, on pourra continuer cette comparaison en montrant, dans une « étoile double » régulière, les quatre forces égales qui se font équilibre (Fig. 3).

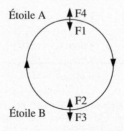

Figure 3

Inversions d'altérité. On observera que par exemple l'opinion de A, notée [a, non b] dans F1, devient [non b, a] dans F2. Il y a donc une inversion des termes [a] et [non b], qui sera dite « inversion d'altérité », car elle caractérise le passage de l'expression [a, non b] de l'univers de A dans celui de B. Les inversions de ce type seront dites inversions d'altérité « en opposition » et seront signalées par les symboles $\widetilde{A}$, etc. (Fig. 2). On remarque d'autre part que l'opinion de A et celle de $\overline{A}$ se différencient par une inversion ; cette inversion marque l'altérité de deux personnages par ailleurs identiques ; les inversions de ce type seront dites inversions d'altérité « en contre-opposition ». Les deux types d'inversion d'altérité peuvent se superposer, comme le montre le tableau de la figure 2.

Groupes neutres. Les formules F, qui sont tirées du tableau générateur de la figure 1, peuvent ensuite être recombinées entre elles de façon à donner des « groupes ». Pour noter les relations des formules F les unes avec les autres, on utilisera des signes spéciaux : un point-virgule pour l'opposition (;) et deux points pour la contre-opposition (:). On obtient ainsi 4 relations, qu'on peut écrire ensemble sous la forme d'un tableau circulaire (Fig. 4 *a*). Ce tableau comporte 4 entrées, dont chacune permet la constitution d'un « groupe neutre ». Dans ces groupes, les « tensions » sont représentées non pas par des formules simples telles que F1, mais par des oppositions telles que F1 ; F2. Les groupes neutres, désignés par G1, etc., seront écrits de façon à faire apparaître l'équilibre entre deux tensions (Fig. 4 *b*). Le tableau de la figure 2 peut représenter un groupe G1 ; on a renoncé à écrire de façon développée les 4 groupes. On a renoncé également à faire les permutations voulues dans la figure 3 ; ces permutations donneraient des « anti-univers », susceptibles par la suite de se combiner les uns avec les autres.

a		*b*	
		G1 = F1 ; F2 : F3 ; F4	
F1 ; F2		G2 = F2 ; F1 : F4 ; F3	
: :		G3 = F3 ; F4 : F1 ; F2	
F4 ; F3		G4 = F4 ; F3 : F2 ; F1	

Figure 4 *a, b*.

Opérations élémentaires sur les groupes neutres. Ce sont :
le déséquilibrage, l'amputation, le doublement. Ces opérations
peuvent se définir à partir du tableau circulaire de la figure
4 *a*. Le « déséquilibrage » consiste à éliminer soit la partie supérieure, soit la partie inférieure du tableau ; cette opération a
pour effet de faire reparaître une tension (Fig. 5 *a*). L'« amputation » consiste à éliminer soit la partie gauche, soit la partie
droite du tableau (Fig. 5 *a*) ; dans notre comparaison gravita-
tionnelle, cette opération reviendrait à réduire par exemple la
« masse » de B à une quantité infime par rapport à celle de A.
L'opération dite « doublement » est représentée par la figure
5 *b* ; le groupe après doublement peut donner lieu aux opérations de déséquilibrage et d'amputation, représentées également
sur la figure 5 *b*.

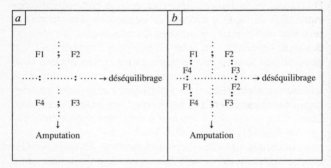

Figure 5 *a, b*.

Personnages. Les groupes neutres permettent de définir des
personnages composés, à l'intérieur desquels se trouvent inté-
grés les rôles A, B, $\overline{B}$, $\overline{A}$. On aura ainsi d'une part des personnages dits de « niveau 1 » qui sont A, B, $\overline{B}$, $\overline{A}$, et qui correspondent aux formules F (Fig. 6 *a*) ; et d'autre part des personnages
dits de « niveau 2 », désignés par A^2, B^2, $\overline{B}^2$, $\overline{A}^2$, et qui correspondent aux formules G des groupes neutres (Fig. 6 *b*). Ces per-
sonnages A^2, etc. sont eux-mêmes des personnages « neutres »,
c'est-à-dire qu'ils présentent un caractère analogue à l'« inertie »
des personnages A, etc. Mais pour tirer A de son inertie il faut
faire intervenir un personnage B qui lui est étranger ; tandis
qu'avec un neutre A^2 il suffira d'une opération de déséquilibrage
pour faire apparaître une « tension ».

a	b
A ; B : : $\overline{A}$; $\overline{B}$	$A^2 = A$; B : $\overline{B}$; $\overline{A}$ $B^2 = B$; A : $\overline{A}$; $\overline{B}$ $\overline{B}^2 = \overline{B}$; $\overline{A}$: A ; B $\overline{A}^2 = \overline{A}$; $\overline{B}$: B ; A

Figure 6 *a, b.*

Groupements neutres. En écrivant entièrement les groupes G1 et G2 et en les superposant, on peut constater que tous leurs éléments sont « en opposition » : on dira donc que ces groupes eux-mêmes sont en opposition ; de même pour G3 et G4. En ce qui concerne les groupes G1 et G4, ainsi que G2 et G3, on voit par le même moyen qu'ils sont « en contre-opposition ». On pourra donc associer les groupes G, et obtenir ainsi des « groupements neutres » H, dérivés du tableau générateur de la figure 1. Les liaisons entre groupes G seront indiquées au moyen de signes spéciaux. Les groupes « en opposition » seront liés par un double point virgule (; ;) et les groupes « en contre-opposition » par deux fois deux points (: :). On pourra ainsi former le tableau circulaire des groupes G (Fig. 7 *a*) et le tableau des groupements neutres H (Fig. 7 *b*). Les opérations de déséquili-

a	b
G1 ;; G2 : : : : G4 ;; G3	H1 = G1 ;; G2 :: G3 ;; G4 H2 = G2 ;; G1 :: G4 ;; G3 H3 = G3 ;; G4 :: G1 ;; G2 H4 = G4 ;; G3 :: G2 ;; G1

Figure 7 *a, b.*

brage, d'amputation et de doublement se font sur les groupements comme sur les groupes (Fig. 8 *a, b*). Aux groupements neutres correspondent des personnages neutres de « niveau 3 » :

$$A^3 = A^2 ;; B^2 : : \overline{B}^2 ;; \overline{A}^2, \text{ etc.}$$

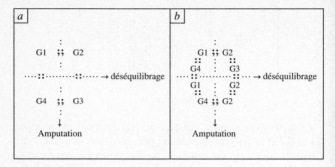

Figure 8 *a, b.*

On indiquera pour terminer la formule des groupements J1 et J4 qui doivent servir de cadre à l'étude de l'erreur simulée. Ce sont des groupements H *doublés* et *amputés,* qu'on obtient en utilisant la partie gauche de la figure 8 *b* :

$$J1 = G1 :: G4 :: G1 :: G4$$
$$J4 = G4 :: G1 :: G4 :: G1$$

III. SCHÉMA DE L'ERREUR SIMULÉE

Le schéma de l'erreur simulée comporte trois rôles : un personnage P ayant une opinion [a], un simulateur M qui fait semblant de croire que l'opinion de P est [b], et un spectateur S qui a sous les yeux la simulation effectuée par M sur l'opinion de P. Ce schéma sera représenté par l'ensemble des deux figures 9 et 11.

1) *Formules relatives à* M^2. – *a*) Le simulateur M prend connaissance de l'opinion [*a*] de P. Cette opinion, confrontée par M avec [b], devrait s'écrire [a, non b] ; mais comme il s'agit pour M d'une opinion appartenant à autrui, en l'espèce à P, elle subit une inversion d'altérité et par suite chez M elle devient [non b, a]. On désignera par M′ le simulateur M en tant qu'il prend connaissance de l'opinion de P, et ce personnage M′ aura une opinion [non b, a]. – b) D'autre part, le

simulateur M fait semblant de croire que l'opinion de P est
[b] ; il attribue donc à P une opinion qui, chez P, serait [b,
non a] ; mais cette opinion, par inversion d'altérité, s'inscrit
chez M lui-même sous la forme [non a, b]. On désignera par
M'' le simulateur M en tant qu'il attribue l'opinion
[b, non a] à P, et ce personnage M'' aura lui-même une opinion [non a, b]. – *c)* Par cet acte de simulation, le simulateur
M crée au-dedans de lui-même une tension. On admettra en
effet que M' considère M'', et réciproquement, et que pour
M', M'' commet une erreur et réciproquement ; on aura donc
entre M' et M'' un schéma de tension, qu'on peut écrire M';M''
et qui par développement donne les deux formules de la
figure 9 *a, b.* – *d)* Ce schéma de tension correspond, chez M,
à la représentation d'un personnage P qui serait lui-même le
siège d'une tension : c'est ce qu'on appellera l'« image » de
P chez M. Désignons par P' le personnage P en tant qu'il
possède l'opinion [a], et par ★P'' (fictif) le personnage P en
tant qu'il posséderait l'opinion [b] qui lui est prêtée par M.
L'opinion de P', lorsqu'elle passe chez M, devient [non b, a]
par altérité ; mais lorsque M la renvoie à P, c'est-à-dire lorsqu'il la fait repasser hors de lui-même, elle redevient [a, non
b] par une nouvelle inversion d'altérité. Pour appréhender
cette image de P placée hors de lui-même, il faut que M se
place également hors de lui-même, c'est-à-dire qu'il se mette
en altérité avec lui-même ; autrement dit, pour apercevoir
l'image de P' dont l'opinion est [a, non b], il faudra chez M
un personnage $\overline{M}''$ dont l'opinion sera [b, non a] ; ce qui, (avec
l'inversion d'altérité « en opposition » pour P'), donne la troisième formule du groupe relatif à M (Fig. 9 *c*). On en dira
autant pour le personnage ★P'', avec lequel on formera la quatrième formule du groupe (Fig. 9 *d*). On obtient ainsi une
image vue par M d'un personnage P siège d'une tension
P';★P''. Le personnage ★P'' est pour l'instant fictif, mais son
caractère réel apparaîtra par la suite avec l'étude des formules
relatives à P². – En ce qui concerne M, on obtient pour l'instant un personnage M² de niveau 2, dont la formule serait
M';$\overline{M}''$: $\overline{M}''$;M', mais qui n'est pas « neutre » : il correspond
à un groupe de type G4 « déséquilibré », qu'on désignera par
G'4 et qui comporte une tension M';M'' » et *l'image* d'une
tension P';★P''.

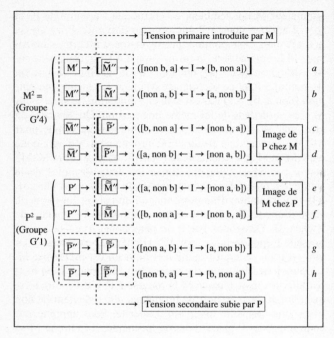

Figure 9 *a, b, c, d, e, f, g, h.*

2) *Formules relatives à* P^2. *a*) Dans un premier temps, on considérera que P envisage l'erreur qui est simulée par M non pas comme une erreur simulée, mais comme une erreur réelle de M. On trouvera alors chez P une formule simple de « constatation de l'erreur ». Le personnage P prend connaissance du fait que M lui attribue l'opinion [b], c'est-à-dire du fait que M″ a une opinion [non a, b], ce qui donne par inversion d'altérité un personnage M̄″ et une opinion [b, non a]. Mais d'autre part cette opinion apparaît à P comme une erreur ; c'est le personnage P′ qui constate cette erreur, ce qui (avec l'inversion d'altérité « en opposition » pour M̄″) donne la première formule du groupe G′1 relatif à P (Fig. 9 *e*). *b*) On considérera maintenant que P n'ignore pas qu'il s'agit d'une erreur simulée. Cela signifie d'une part que M connaît l'opinion véritable de P, et d'autre part que P prend connaissance du fait que M connaît son opinion véritable, c'est-à-dire du fait que M′ a une opinion [non b, a] ; ce

qui, par inversion d'altérité, donne chez P un personnage $\overline{M}'$ et une opinion [a, non b]. Or c'est ici que se place le point important de l'analyse : cette opinion [a, non b], qui est la vérité selon P, devrait être acceptée par lui comme valable et ne susciter de sa part aucune réaction ; elle devrait en quelque sorte tomber dans le vide. Mais c'est précisément cela qui est impossible : car l'opinion [a, non b] de M', loin de constituer une correction ou une rectification de l'erreur de M'', ne fait au contraire que la confirmer et l'aggraver. Le personnage P devra donc s'opposer à $\overline{M}'$ comme il s'est opposé à $\overline{M}''$, et c'est de là que résulte nécessairement l'apparition chez P d'un personnage qui s'oppose à M', c'est-à-dire d'un personnage P'' dont l'opinion sera [b, non a]. C'est ainsi qu'on trouve chez P, sous forme réelle, le personnage P'' qui chez M n'était que fictif ; le personnage P est obligé d'accepter l'opinion [b] qui lui est imposée par l'action de M, et par suite il se trouve affecté, de façon *interne* par un état de tension (de niveau 2). C'est ce qui explique l'une des particularités les plus remarquables de l'erreur simulée, à savoir que (du moins dans certaines limites de validité) l'effet qu'elle produit est immanquable : le personnage P qui en est victime se trouve enfermé dans une sorte de piège dont il lui est impossible de s'échapper. – *c)* L'état de tension qui affecte le personnage P est créé par la deuxième formule du groupe G'1, qui s'établit comme on vient de le voir (Fig. 9 *f*) ; mais de plus le personnage P aperçoit, en contre-opposition, cet état de tension où il est lui-même placé, ce qui donne lieu au développement des formules 3 et 4 du groupe G'1 (Fig. 9 *g, h*).

3) *Formules relatives à* S^2 *et* $\overline{S}^2$. – *a)* Le spectateur S a sous les yeux l'ensemble formé par M^2 et P^2, qui est représenté par la figure 9 ; on étudiera d'abord S en tant qu'il considère M^2, ce qui donnera un personnage S^2. On commencera par établir la première formule de S^2 d'après la première formule de M^2 (Fig. 9 a). On désignera par S' le spectateur S en tant qu'il prend connaissance de l'opinion [non b, a] de M', c'est-à-dire que, par inversion d'altérité, S' aura une opinion [a, non b]. Mais d'autre part M' considère un personnage M'' dont il constate l'erreur ; S' considérera aussi ce personnage mais ce dernier sera devenu $\overline{M}''$ par inversion d'altérité. On peut ainsi écrire la formule relative à S^2 (Fig. 10 *a*). On établira de la même façon les formules suivantes (Fig. 10 *b, c, d*), et on obtiendra ainsi le personnage S^2 correspondant à un groupe de type G1 désigné par

G″1. – *b)* On examinera ensuite le spectateur S en tant qu'il considère P², et on obtiendra de la même façon, chez S, un personnage désigné par $\overline{S}^2$ et correspondant à un groupe de type G4 désigné par G″4. Par commodité on a éliminé l'indication des doubles inversions d'altérité « en contre-opposition » (fig. 20, *e, f, g, h*). La principale remarque à faire sur G″1 et G″4 est que dans ces groupes le spectateur S n'est jamais en opposition avec lui-même comme le sont M dans G′4 et P dans G′1. – *c)* Le spectateur S comporte à la fois les personnages S² et $\overline{S}^2$; la combinaison de ces deux derniers personnages a été représentée dans la figure 11.

4) *Pôles de sensibilité.* Nous admettrons à titre d'hypothèse (à vérifier par l'examen des faits) que les « tensions », qu'elles soient du niveau 1 ou bien du niveau 2 comme celles qui existent chez M² et P² (Fig. 9), correspondent à des effets de sen-

Figure 10 *a, b, c, d, e, f, g, h.*

sibilité de pôle négatif, tandis qu'un « état intensif » tel que celui qui est représenté chez S par la combinaison de S² et $\overline{S}^2$ (Fig. 11) correspond à un effet de sensibilité de pôle positif. Nous avons renoncé pour le moment à interpréter davantage ces diverses configurations.

$$S^2 :: \overline{S}^2 = \text{(Groupes } G''1 :: G''4) \begin{cases} \boxed{S' ; \overline{S}'} \rightarrow \left[\boxed{\widetilde{\overline{M}}'' : \widetilde{M}''}\right] \rightarrow (E1 : E4 \leftarrow I \rightarrow E3 : E2) \right] \\ ; \quad ; \qquad ; \quad ; \qquad ; \quad ; \qquad ; \quad ; \\ \boxed{S'' : \overline{S}''} \rightarrow \left[\boxed{\widetilde{\overline{M}}' : \widetilde{M}'}\right] \rightarrow (E2 : E3 \leftarrow I \rightarrow E4 : E1) \right] \\ : \quad : \qquad : \quad : \qquad : \quad : \qquad : \quad : \\ \boxed{\overline{S}'' : S''} \rightarrow \left[\boxed{\widetilde{\overline{P}}' : \widetilde{P}'}\right] \rightarrow (E3 : E2 \leftarrow I \rightarrow E1 : E4) \right] \\ ; \quad ; \qquad ; \quad ; \qquad ; \quad ; \qquad ; \quad ; \\ \boxed{\overline{S}' : S'} \rightarrow \left[\boxed{\widetilde{\overline{P}}'' : \widetilde{P}''}\right] \rightarrow (E4 : E1 \leftarrow I \rightarrow E2 : E3) \right] \end{cases}$$

Figure 11 : (Dans cette figure, E1 = [a, non b], E2 = [b, non a],
E3 = [non a, b], E4 = [non b, a]).

5) *Formules de niveau* 3. Les personnages de niveau 3 seront
formés au moyen du tableau circulaire de la figure 12 *a*. Comme
$\overline{S}^2$ et S^2 doivent rester groupés, ainsi que M^2 et P^2, on obtient
en tout quatre formules (fig. 12 *b*), dont deux pour le specta-
teur S, qui est représenté par S^3 ou $\overline{S}^3$ suivant qu'il considère
en priorité M^2 ou P^2. Les personnages de niveau 3 sont ainsi
représentés par des groupements qui sont de type J4 ou J1
(fig. 12 *c*, *d*). Ces formules de niveau 3 signifient que chacun
des trois personnages M^2, P^2, $\overline{S}^2$ ::S^2 (ou S^2 ::$\overline{S}^2$) possède une
image des deux autres ; ce qui revient à dire que l'effet de sen-
sibilité dont il est le siège est associé à une *image* de l'effet de
sensibilité qui existe chez les deux autres. C'est ainsi que le
spectateur S^3 (ou $\overline{S}^3$) n'est pas seulement le siège d'un effet
positif : il possède également une image de l'effet négatif en
M, qui représente l'effort déployé par M, et une image de l'effet
négatif en P, qui représente le choc subi par P. – En ce qui
concerne M^3, il possède une image du choc qu'il inflige à P et
de l'effet positif qu'il produit chez S ; on peut penser que son
action est déterminée par le résultat même qu'elle doit avoir,
car l'action et son résultat sont renfermés ensemble de façon
indiscernable dans la formule même de M^3 ; cette formule permettrait l'analyse de la notion de finalité. – Pour ce qui est du
personnage P, on observera la différence qui existe entre un personnage P de niveau 1 subissant un choc dont il ne peut démê-
ler l'origine, un personnage P^2 qui possède une image de son
adversaire M et de l'état où il se trouve lui-même, et un per-

a	b
$M^2 :: P^2$ $:: \quad ::$ $S^2 :: \overline{S}^2$	$M^3 = M^2 :: P^2 \ :: \overline{S}^2 \ :: S^2$ $P^3 \ = P^2 \ :: M^2 :: S^2 \ :: \overline{S}^2$ $\overline{S}^3 = \overline{S}^2 :: S^2 \ :: M^2 :: P^2$ $S^3 = S^2 \ :: \overline{S}^2 :: P^2 \ :: M^2$

c	d
$G'4 :: G'1$ $:: \quad ::$ $G''1 :: G''4$	$J'4 = \ G'4 :: \ G'1 :: G''4 :: G''1$ $J'1 = \ G'1 :: \ G'4 :: G''1 :: \ G''4$ $J''4 = G''4 :: G''1 :: \ G'4 :: \ G'1$ $J''1 = G''1 :: G''4 :: \ G'1 :: \ G'4$

Figure 12 *a, b, c, d.*

sonnage P^3 qui possède une représentation précise du mécanisme qui est monté contre lui, et en particulier une image de
l'effet positif, à la fois cause et conséquence de sa disgrâce,
dont bénéficient S et M et dont lui-même fait les frais.

IV. SCHÉMAS DE DÉDUPLICATION-RÉDUPLICATION

Au début de cette étude, l'examen de quelques exemples nous
avait indiqué que l'erreur simulée ne comporte aucun acte délibéré de simulation, et qu'elle se caractérise par une *spontanéité*
totale. L'élimination de toute idée d'acte délibéré dans la notion
d'erreur simulée se fera par le moyen des schémas de « dédou-
blement-redoublement » (ou de « déduplication-réduplication »).
Dans ces schémas, on aura d'abord un dédoublement (ou déduplication) interne de M, c'est-à-dire une sorte de « duplicité »
de M qui sera l'équivalent exact de l'acte de simulation ; mais
en même temps que cette déduplication interne, on trouvera une
réduplication externe qui en sera à la fois le pendant logique et
la condition nécessaire. Cette réduplication externe consistera,
pour M, dans la recherche d'un double, c'est-à-dire d'un
personnage réel capable de lui servir de « compagnon » ou de
« partenaire », et sans lequel sa propre déduplication interne serait
dépourvue de sens et deviendrait impossible. C'est dans ce mouvement de déduplication-réduplication qu'on trouvera peut-être
l'essence même de la communication, et ses rapports étroits avec
la production de l'effet de sensibilité de pôle positif.

1) L'effet négatif « par sympathie »

Pour l'établissement des schémas de déduplication-réduplication, on utilisera la méthode consistant à supposer d'abord
le problème résolu, c'est-à-dire qu'on prendra pour point de
départ l'effet négatif produit chez un personnage P par un
schéma d'erreur simulée. Imaginons qu'un personnage M
considère un personnage P siège d'une tension représentée par
$\overline{P}'$; $\overline{P}''$ (Fig. 9 *g, h*) ; cette tension, qui était une tension
« secondaire » subie par P, devient alors une tension « pri-
maire » introduite par P, qui se transmet chez M sous la forme
d'une tension « secondaire » représentée par M' ; M'' (Fig. 9
a, b). Le personnage M devient ainsi le siège d'une tension
qui produit chez lui un effet de sensibilité de pôle négatif correspondant à celui de P ; c'est ce que nous appellerons l'effet
négatif « par sympathie ». Examinons maintenant comment
cet effet négatif peut se transformer chez M en effet positif.
En utilisant les formules déjà établies, on voit que pour cela
il faudrait que le personnage M joue, en plus de son propre
rôle de M, celui d'un spectateur S ; en effet, s'il cherchait à
jouer un rôle de spectateur S en abandonnant son rôle de M,
il ne ferait jamais que retrouver sa position d'origine et il
retomberait aussitôt dans l'effet négatif par sympathie. Pour
transformer cet effet négatif en effet positif, il faut qu'il puisse
considérer un ensemble formé par M et P : cela revient à dire
qu'il faut qu'il se *dédouble* en deux rôles distincts M et S.
Comme nous l'avons déjà indiqué, ce dédoublement appellera en contrepartie un redoublement ou « réduplication » de
M, c'est-à-dire la recherche d'un partenaire et la constitution
d'un couple faisant échange ; l'effet positif aura lieu à l'intérieur de ce couple, et sera partagé par l'un et l'autre des deux
personnages qui le composent. La formation de ce couple
constituera, pour la réalisation de l'effet positif, une première
condition qui sera dite « intrinsèque » ; mais il y en aura une
seconde, dite « extrinsèque », qu'il nous faut examiner dès
maintenant, car c'est d'elle que dépend la possibilité de la
déduplication-réduplication. On observera d'abord qu'il y a
incompatibilité entre l'effet positif et l'effet négatif « par sympathie » : l'un fait disparaître l'autre, parce que l'effet positif
n'est que la transformation de l'effet négatif et utilise les éléments dont celui-ci était formé. La question se pose, par consé-

quent, de savoir si la disparition de l'effet négatif est possible, c'est-à-dire s'il n'existe pas pour M des devoirs de sympathie envers la victime, ou d'autres attachements qui interdisent toute rupture de ce côté-là ; et ce qui en décide, ce sont des éléments extérieurs au schéma de l'effet proprement dit. – On en arrive ainsi à deux conditions couplées pour la réalisation de l'effet positif : d'un côté il faut qu'il y ait une possibilité de *détachement* par rapport à un personnage qui est la victime de l'opération, et d'un autre côté il faut qu'il y ait une possibilité de *rattachement* à un « compagnon » qui en est le bénéficiaire.

2) *Schéma* α

On étudiera d'abord un premier schéma de déduplication-réduplication, celui dans lequel le rôle M est dédoublé en M et S, comme il vient d'être indiqué. D'une part on considérera un personnage T jouant à la fois les rôles M et S, qui seront notés Tm et Ts ; et d'autre part on désignera par T′ l'éventuel « compagnon », jouant à la fois les rôles S et M, notés sous la forme T′s et T′m. Le dédoublement sera représenté au moyen d'une superposition de groupes de type G4 et G1, en l'espèce G′4 et G″1, elle-même écrite verticalement, de sorte qu'on obtiendra, pour le niveau 2, les formules de la figure 13. – Pour avoir les formules complètes à effet positif, il suffira de développer ces formules de niveau 2 en formule de niveau 3 d'après les formules de M3 et S3 prises dans la figure 12. En faisant cette opération on s'aperçoit qu'on obtient, dans T^2, des « doublets » ; ces doublets représentent chez T la virtualité et l'*appel*

$$T^2 = \begin{bmatrix} Tm^2 \\ :: \\ Ts^2 \end{bmatrix} \qquad T'^2 = \begin{bmatrix} T's^2 \\ :: \\ T'm^2 \end{bmatrix}$$

Figure 13

du compagnon T′, et c'est pourquoi ils ont été notés sous la forme T′ dans la formule même de T^3 (Fig. 14 *a*). Chez le compagnon T′, s'il existe, on aura en altérité la réplique exacte de T^3, sous la forme T′^{3} représentée par la figure 14 *b*. – Ce schéma montre que la déduplication appelle logiquement la réduplication, l'une compensant l'autre ; le compagnon T'^3 est postulé, de façon interne, par T^3. Sans doute son existence n'est-elle pas abso-lument exigée de façon immédiate ; mais c'est alors que s'engage une quête qui aboutit soit à la découverte du T'^3 réel, soit à la régression et à la disparition de T^3. – Quant au personnage P qui est à l'origine de toute cette construction, il ne

$$T^3 = \begin{bmatrix} Tm^3 \\ :: \\ Ts^3 \end{bmatrix} = \begin{bmatrix} Tm^2 :: P^2 & :: T'\overline{s}^2 :: T's^2 \\ :: & :: & :: & :: \\ Ts^2 :: T\overline{s}^2 & :: P^{2\star} :: T'm^2 \end{bmatrix} \quad a$$

$$T'^3 = \begin{bmatrix} T's^3 \\ :: \\ T'm^3 \end{bmatrix} = \begin{bmatrix} T's^2 :: T'\overline{s}^2 :: P^2 & :: Tm^2 \\ :: & :: & :: & :: \\ T'm^2 :: P^{2\star} :: T\overline{s}^2 :: Ts^2 \end{bmatrix} \quad b$$

Figure 14 *a, b* : Schéma α.

participe pas lui-même à l'opération, et il est tenu à l'écart. C'est lui qui est la victime, mais une victime que peut-être on ménage, pour des raisons de convenance, en lui laissant ignorer son mauvais sort. Le personnage P n'a donc aucun rôle d'acteur dans le schéma α ; il figure seulement dans la formule de T^3 et T'^3 (avec du reste des doublets signalés par une étoile), et dans cette formule il ne dépasse pas le niveau 2. Le personnage P qui se trouve dans une telle situation sera dit « underfoot », c'est-à-dire foulé aux pieds par les deux compères T et T', qui non seulement se placent résolument au-dessus de lui, mais ne se soucient nullement de le faire entrer en leur compagnie.

3) *Schéma* β

On étudiera maintenant un second schéma de déduplication-réduplication, où le dédoublement se situe non plus entre M et S, mais entre M et P. La « duplicité » de M consistera ici encore à jouer à la fois un groupe de type G4 et un groupe de type G1, mais à la place des groupes G'4 et G''1 qu'on trouve dans le schéma α, on trouvera ici les groupes G'4 et G'1. Dans ce schéma β, c'est le personnage P, sous la forme P^3, qui jouera le rôle de partenaire de M. Le même personnage P aura deux fonctions : d'une part, sous la forme P^2, il représentera la victime dont on se sépare et par rapport à laquelle il y a rupture et détachement ; et d'autre part, sous la forme P^3, il représentera, sinon le « compagnon », du moins le « corrélatif », celui avec qui on peut entrer en contact et faire échange. Ainsi se

$$R^2 = \begin{bmatrix} Rm^2 \\ :: \\ Rp^2 \end{bmatrix} \qquad\qquad R'^2 = \begin{bmatrix} R'p^2 \\ :: \\ R'm^2 \end{bmatrix}$$

Figure 15

constitue l'antagonisme des deux adversaires, à la fois liés et opposés l'un à l'autre. – Le schéma β sera formé d'une façon analogue à celle du schéma α. Il comportera d'une part un personnage désigné par R et jouant à la fois les rôles M et P, qui seront notés sous la forme Rm et Rp ; et d'autre part un adversaire désigné par R', jouant à la fois les rôles P et M, notés sous la forme $R'p$ et $R'm$. Le dédoublement sera représenté par une superposition des groupes $G'4$ et $G'1$; on obtient ainsi, pour le niveau 2, les formules de la figure 15. On développe ensuite R^2 en R^2 d'après les formules de M^3 et P^3 prises dans le tableau de la figure 12 ; les « doublets » sont attribués à R' (fig. 16 *a*). Quant au personnage P, si du moins il entre dans le jeu, il réagit en face de R, et en réplique à R^3 il devient R'^3 (fig. 16 *b*). – Dans le schéma β, le spectateur S n'a pas de rôle dans la scène

$$R^3 = \begin{bmatrix} Rm^3 \\ :: \\ Rp^3 \end{bmatrix} = \begin{bmatrix} Rm^2 :: & R'p^2 :: & \overline{S}^{2\star} :: & S^2 \\ :: & :: & :: & :: \\ Rp^2 :: & R'm^2 :: & S^{2\star} :: & \overline{S}^2 \end{bmatrix} \quad\Big|\, a$$

$$R'^3 = \begin{bmatrix} R'p^3 \\ :: \\ R'm^3 \end{bmatrix} = \begin{bmatrix} R'p^2 :: & Rm^2 :: & S^2 & :: & \overline{S}^{2\star} \\ :: & :: & :: & :: \\ R'm^2 :: & Rp^2 :: & \overline{S}^2 :: & S^{2\star} \end{bmatrix} \quad\Big|\, b$$

Figure 16 *a, b* : Schéma β.

et n'existe pas en tant que personnage réel. En effet, son existence n'est pas du tout indispensable, car l'affrontement des deux partenaires R^3 et R'^3 suffit pour créer un schéma complet. Mais même absent et virtuel, le spectateur S garde son rôle fondamental dans la structure des schémas du niveau 3, en tant qu'il représente l'effet de sensibilité de pôle positif : aussi le trouve-t-on indiqué dans les formules de R^3 et R'^3. Ce spectateur S sera dit *overhead,* c'est-à-dire planant au-dessus de la tête des deux antagonistes R et R', comme un arbitre auquel ils se réfèrent tacitement.

Les schémas α et β peuvent se rencontrer soit séparément, soit en association l'un avec l'autre. Reprenons l'exemple du cocher de fiacre rappelé plus haut ; dans cette situation, le trait peut être lancé contre l'adversaire sans qu'il y ait aucune personne présente pour en rire : on a alors un schéma β avec un spectateur S *overhead* à l'état pur. Quant au témoin qui de loin a pu recueillir cette scène, ou au lecteur qui en rit après lui, ce sont encore des spectateurs *overhead,* quoique un peu plus réels. S'il s'agissait au contraire d'une plaisanterie faite à quelque distance par deux compères sur ce client noir, on aurait un schéma α, et le client serait un personnage P *underfoot.* Un seul des deux schémas α ou β suffit pour fournir l'unique Destinataire qui est indispensable, et pour créer la déduplication-réduplication et l'effet positif. Mais les deux schémas ne s'excluent pas, et ils peuvent se trouver associés dans la même situation : rien n'empêche qu'une plaisanterie soit faite à la fois contre un adversaire présent et pour une galerie.

4) Schéma γ

Le schéma γ peut être considéré comme une combinaison des schémas α et β ; il est très différent de la simple coexistence de α et β indiquée ci-dessus. Ce schéma se caractérise par une double déduplication-réduplication. Si l'on désigne par V le protagoniste, on aura chez lui d'abord un dédoublement en deux rôles Vm et Vp, comme dans le schéma B ; quant au dédoublement en Vm et Vs du schéma α, il sera remplacé par un dédoublement de l'ensemble (Vm, Vp) en (Vm, Vp) d'une part et $(Vs, V\bar{s})$ d'autre part. Chez le partenaire de V, désigné par V', on trouvera la même double déduplication, sous la forme $(V's, V'\bar{s})$ et $(V'p, V'm)$; les réduplications s'établissent en conséquence. – On peut avoir des variantes de combinaison, en particulier le schéma γ', qui représente le cas où le partenaire de V se trouve être un personnage de type P au lieu d'être un personnage de type S. La formule de V reste inchangée, tandis que chez le partenaire, désigné par V'', la double déduplication

$$V^3 = \begin{bmatrix} Vm^2 :: V'p^2 \\ :: \quad :: \\ Vp^2 :: V'm^2 \\ :: \quad :: \\ V\overline{s}^2 :: V's^2 \\ :: \quad :: \\ Vs^2 :: V'\overline{s}^2 \end{bmatrix} \begin{matrix} \overbrace{:: \overline{S}^2\!\star :: S^2}^{\text{(Résurgences)}} \\ :: S^2\!\star :: \overline{S}^2 \\ :: M^2\!\star :: P^2 \\ :: P^2\!\star :: M^2 \end{matrix} \qquad V'^3 = \begin{bmatrix} V's^2 :: V\overline{s}^2 \\ :: \quad :: \\ V'\overline{s}^2 :: Vs^2 \\ :: \quad :: \\ V'p^2 :: Vm^2 \\ :: \quad :: \\ V'm^2 :: Vp^2 \end{bmatrix} \begin{matrix} \overbrace{:: P^2 :: M^2\!\star}^{\text{(Résurgences)}} \\ :: M^2 :: P^2\!\star \\ :: S^2 :: \overline{S}^2\!\star \\ :: \overline{S}^2 :: S^2\!\star \end{matrix}$$

Figure 17 : Schéma γ.

se transcrit par (V″p, V″m) et (V″s, V″$\overline{s}$). – Pour le schéma γ, les formules développées de V³ et V′³ s'obtiendront en écrivant d'abord verticalement la double déduplication au niveau 2, puis en portant le tout au niveau 3. Pour les deux premières lignes, on utilisera les formules de la figure 16 *a*, et on complétera les deux autres lignes selon le même principe (Fig. 17). On voit ainsi apparaître dans la formule non seulement le spectateur S *overhead* et le personnage P *underfoot* (avec leurs doublets), mais également un simulateur M et son doublet. Ce qu'il y a en outre de particulier dans le schéma γ, c'est que les rôles de spectateur S-$\overline{S}$, de personnage P et de simulateur M sont déjà représentés par les rôles Vs, V$\overline{s}$, Vp, Vm. Mais ces derniers rôles, ainsi que V′s, V$\overline{s}′$, V′p, V′m, appartiennent à des personnages réels V et V′ effectivement impliqués dans la scène, tandis que les lettres S, $\overline{S}$, P, M représentent seulement des personnages *possibles,* étrangers à la scène elle-même. Lorsque ces personnages possibles se manifestent, on dira qu'on a des « résurgences » des rôles fondamentaux S, $\overline{S}$, P, M (Fig. 17).

Application du schéma γ

L'analyse d'un exemple concret au moyen du schéma γ permettra de compléter, sur certains points, les indications données précédemment. Nous examinerons ici l'exemple bien classique du « chien dans une église » (ou de l'éternuement au milieu d'un concert ou des affiches électorales dans un bois, bref de tout ce qui est « cheveu sur la soupe »). La première remarque à faire à ce propos est qu'un spectacle de ce genre ne produit pas nécessairement un effet comique. Il produit soit un effet comique, c'est-à-dire un effet de sensibilité de pôle positif (ou du moins à caractère positif), soit une irritation, c'est-à-dire un effet de sensibilité à caractère négatif. Nous étudierons d'abord l'effet négatif produit par ce spectacle, car l'effet comique sera envisagé comme une transformation de cet effet négatif en effet positif.

En faisant une analyse sommaire de la situation proposée, on y découvre aussitôt une opposition entre l'idée qu'il *ne devrait pas* y avoir de chien dans cette église, et le fait qu'*il y en a* un; on dégagera de là une proposition de droit : « il ne doit pas y avoir de chien dans une église », et une proposition de fait : « il y a un chien dans cette église ». La difficulté de cet exemple tient aux interférences qui se produisent entre la proposition de droit et la proposition de fait; en tenant compte de ces interférences, on pourra poser :

Q[a] = Doit-il y avoir un chien dans cette église ? – Non.
Q[b] = Doit-il y avoir un chien dans cette église ? – Oui.

Considérons alors un personnage P_n qui assiste à ce spectacle; son idée *a priori* est représentée par Q[a], et cette idée reçoit l'impact du fait représenté par Q[b]; autrement dit, Q[a] représente l'état d'inertie de P_n, et Q[b] l'événement qui vient le tirer de son inertie. Désignons par P'_n le personnage P_n en tant qu'il possède l'opinion Q[a], et P''_n le même personnage en tant qu'il prend connaissance de Q[b]; au moyen de ces éléments on peut écrire une formule F_n, qui constitue le schéma de niveau 1 relatif à P_n :

$$\text{Fn} = \boxed{P'_n} \rightarrow \left[\boxed{\widetilde{P}''_n} \rightarrow (Q[a, \text{non } b] \leftarrow I \rightarrow Q[\text{non } a, b]) \right]$$

Cette formule représente une « tension », qui correspond à un effet de sensibilité de pôle négatif : c'est ainsi qu'on peut rendre compte, du moins schématiquement, de la contrariété éprouvée par le personnage et de l'effet d'irritation qu'il ressent.

Nous examinerons maintenant le cas où le même spectacle produit un effet positif, c'est-à-dire le cas où il apparaît comme comique et déclenche le rire. Cette effet positif sera expliqué au moyen d'un schéma γ. Le déploiement du schéma γ chez un personnage V suppose deux conditions qui se complètent l'une l'autre, et qui sont d'une part le *détachement* de V par rapport à la situation, et d'autre part son *rattachement* à un « compagnon » V'. – Le détachement de V par rapport à la situation n'est autre que l'erreur simulée. Il ne consiste pas du tout à rejeter Q[a], ni Q[b], ni à mettre en cause le droit ou le fait ; il consiste à inverser *fictivement* les rôles de Q[a] et de Q[b], c'est-à-dire à jouer un personnage chez qui l'idée *a priori* ne serait plus « qu'il ne doit pas y avoir de chien dans cette église », mais au contraire « qu'il doit y en avoir un », de sorte que l'événement qui viendrait choquer ce personnage serait non plus la présence du chien, mais au contraire son absence. (C'est lorsque le rôle P_n se trouvera doté, par erreur simulée de V, à la fois des deux opinions *a priori* Q[a] et Q[b] en opposition l'une avec l'autre, qu'il passera au niveau 2 et entrera à titre d'élément dans un schéma à effet positif). – Nous appellerons *marquage* d'un personnage P l'impossibilité où se trouve ce personnage, pour une raison ou pour une autre, d'effectuer sur lui-même cette opération de détachement. Ce « marquage » de P, ou « attachement » de P à sa propre situation, est la caractéristique du rôle P. Pour ce qui est des *raisons* de cet attachement, elles peuvent être très diverses et plus ou moins fortes : dans le cas présent, ce pourra être soit des raisons de piété profonde, soit des raisons de convenances tout à fait superficielles. Mais nous n'examinerons pas en détail cet aspect de la question, car ces raisons se trouvent placées à *l'extérieur* du schéma que nous avons établi ; nous ne retenons que le fait qu'il existe un attachement, quelles qu'en soient les raisons. – La première condition du schéma sera qu'il existe une possibilité de rupture de cet attachement ; il faut que le personnage V qui assiste au spectacle, et qui réagit au premier abord comme un personnage P_n, puisse en même temps « se détacher » de la situation, c'est-à-dire échapper au « marquage » qui caractérise P_n, ou encore « se démarquer » du rôle P_n. Cette possibilité, comme l'attachement lui-même, se situe en dehors du schéma proprement dit : ce sera la condition dite « extrinsèque » du schéma. – La deuxième condition de ce schéma, dite « intrinsèque », est la présence d'un « compagnon » V'. La nécessité d'un « compagnon » est nettement ressentie lorsqu'il s'agit comme ici d'un fait brut, qui n'a pas été élaboré par quelqu'un en vue de produire un effet. (Dans ce dernier cas c'est en fait le spectateur qui joue le rôle de « compagnon »). On trouvera donc dans le schéma une première déduplication (Vm, Vp) rendue possible par la réduplication (V'*p*, V'*m*), et dans laquelle V*p* représente un rôle P_n « marqué », mais réduit à l'état d'« image », tandis que V*m* représente un rôle de simulateur, c'est-à-dire le rôle d'un personnage « démarqué ». A partir de ces éléments, par une seconde déduplication (V*m*, V*p*), (V*s*, V$\overline{s}$), elle-même rendue possible par la seconde réduplication (V'*p*, V'*m*), (V'$\overline{s}$, V'*s*), apparaîtront les rôles représentant l'effet positif chez les personnages V^3 et V'^{3}.

Nous ajouterons quelques mots sur les conséquences de l'effet négatif chez P_n, et de l'effet positif chez V^3. Le personnage P_n, subissant l'effet négatif, cherche à s'en débarrasser. Pour cela il y a deux solutions possibles : agir sur Q[a] ou agir sur Q[b]. Comme P_n est par définition un personnage « marqué », il ne peut se détacher » de Q[a], ni à plus forte raison s'en défaire ; il ne lui reste par conséquent que l'action sur Q[b]. L'effet négatif amène donc P_n à agir sur le réel de façon à l'améliorer et à le corriger selon les principes Q[a] qu'il possède ; on dira que l'effet négatif est en prise directe sur le réel, et « en sympathie » avec lui : le personnage P_n chassera le chien, ou au moins aura envie de le chasser, ou encore, recherchant un peu plus loin les causes du mal, il s'en prendra aux responsables qui ont laisse pénétrer ce chien. – Quant à l'attitude de V^3, elle est beaucoup plus complexe, puisqu'elle suppose une *inversion* de la réalité, cette inversion étant elle-même *fictive*. L'inversion transforme la « sympathie » dont nous venons de parler en « hostilité », mais c'est une hostilité qui est elle-même *fictive,* et qui, comme telle, s'interdit toute action sur le réel. Cette hostilité contenue est de nature très particulière, mais elle ne doit pas être prise pour de l'insensibilité. Elle est dirigée d'une façon générale contre le personnage qui tient le rôle P. Lorsque ce personnage a une existence effective, comme dans les schémas α ou β, l'hostilité est dirigée contre lui ; lorsqu'il est représenté par un rôle V*p*, comme dans le schéma γ, elle se répercute, à travers V*p*, sur la situation elle-même. En raison de cette hostilité, le rieur paraît se réjouir d'une dégradation qui affecte un personnage ou un spectacle ; mais en réalité les choses ne sont pas aussi simples que cela. – On tentera de définir le comique par la notion de *ressaisissement*, en partant d'une attitude première du personnage V^3, représentée par P_n, et qui est une sorte d'adhérence naturelle à la réalité : cette adhérence se traduit par l'« attachement », l'effet négatif, et la « sympathie ». A partir de cette situation initiale, le ressaisissement s'opère sous deux conditions, qui sont d'une part la possibilité d'une rupture avec la réalité, et d'autre part l'existence d'un point d'appui constitué par un « compagnon ». Ce ressaisissement est à la fois *instantané* (comme le supposent les relations du schéma γ) et *automatique* dès l'instant que les conditions voulues sont réunies. Il produit un effet positif, mais il n'en reste pas moins que le personnage qui en est le siège subit par là, sans l'avoir voulu, une certaine *négativité* par rapport à sa nature plus profonde et à sa spontanéité première (lesquelles le porteraient à la « sympathie » et non pas à la rupture); c'est cette négativité qui paraît expliquer la *tonalité* propre au comique. Cette structure du ressaisissement permet d'imaginer un choc nerveux, d'abord quasi ponctuel, et qui s'irradie ensuite en réactions spasmodiques sous la forme du rire.

Il nous reste à examiner les « résurgences » M, P, S du schéma γ : elles représentent la généralisation du schéma γ proprement dit. Dans notre exemple, la résurgence de V*m* serait constituée par un simulateur M ; celui-ci fait semblant de croire qu'il *faut* mettre un chien dans cette église, s'il n'y en a un déjà : c'est l'opinion Q[*b*]. Il y met donc un chien, et il crée ainsi un schéma d'erreur simulée, lequel constitue une sorte de pierre de touche qui répartit tous les individus qui peuvent se présenter en deux classes : celles des personnages P présentant un certain « marquage », et celle des spectateurs S exempts de ce « marquage ». Le simulateur M n'a plus qu'à choisir sa victime dans la classe des P et son « compagnon » dans la classe des S. Ordinairement c'est l'existence d'une victime possible qui détermine l'action de M. La méchanceté du comique, lorsqu'elle existe, consiste à créer un *révélateur* qui met en évidence les « marquages » d'un personnage, alors que peut-être on aurait pu le laisser en paix. Mais on voit que le comique peut aussi être salutaire. – Si les « résurgences » sont une généralisation du schéma γ, inversement le schéma γ en sera un cas particulier : lorsqu'un personnage rit en voyant un chien dans une église, il ne fait que prendre la place d'un simulateur M qui aurait créé ce spectacle de propos délibéré contre une victime P (lui-même) et pour un spectateur S (son compagnon) : il reprend à son compte la réalité telle qu'elle se présente, mais en la dominant et non sans l'avoir entièrement démontée et remontée.

5) Schéma δ

Nous essaierons d'expliquer les effets poétiques au moyen du schéma δ: celui-ci sera formé de deux schémas de type γ, qui seront « en opposition » l'un avec l'autre, mais qui de plus appartiendront à deux « registres de valeurs » différents. On constituera donc d'abord deux schémas de type « en opposition » l'un avec l'autre, désignés par γ^1 et γ^2. Le schéma γ^1 ne sera autre que le schéma γ déjà utilisé; quant à γ^2, on l'obtient facilement en permutant [a] et [b] dans γ^1. On désignera le protagoniste par W (ce sera le « Poète »), et son compagnon par W' (ce sera le Destinataire, le lecteur). Le schéma γ^1 sera calqué sur le schéma γ de la figure 17; quant à γ^2, à la fois « en opposition » avec γ^1 et dans un registre de valeurs différent, il sera signalé au moyen d'une étoile; les schémas γ^1 et γ^2 « en opposition » seront liés par un double point-virgule. On établira avec ces éléments la formule du personnage W^3 (Fig. 18); on n'a pas représenté les « résurgences » de δ, ni le compagnon W'^3, qu'on peut suppléer facilement.

$$W^3 = \begin{bmatrix} Wm^2 & :: & W'p^2 & ;; & {}^\star W'p^2 & :: & {}^\star Wm^2 \\ :: & & :: & & :: & & :: \\ Wp^2 & :: & W'm^2 & ;; & {}^\star W'm^2 & :: & {}^\star Wp^2 \\ :: & & :: & & :: & & :: \\ W\overline{s}^2 & :: & W's^2 & ;; & {}^\star W's^2 & :: & {}^\star W\overline{s}^2 \\ :: & & :: & & :: & & :: \\ Ws^2 & :: & W'\overline{s}^2 & ;; & {}^\star W'\overline{s}^2 & :: & {}^\star Ws^2 \end{bmatrix}$$

Figure 18 : Partie du schéma δ.

Application du schéma δ

Pour situer les exemples d'application du schéma δ que nous avons choisis, nous distinguerons, au moins provisoirement, deux catégories d'effets littéraires, l'une dans laquelle l'effet est fondé sur un décalage d'expression, l'autre qui utilise non pas le principe du décalage, mais un principe de réversion, et dont l'exemple le plus simple est celui de la rime. Cette dernière catégorie, assez peu représentée jusqu'ici dans les traités, paraît en voie de s'enrichir. En revanche, les effets fondés sur

le décalage d'expression sont innombrables, catalogués ou non.
Ces structures sont utilisées d'une façon générale dans la
rhétorique, mais on s'en tiendra ici aux effets proprement
poétiques. Parmi les structures à décalage, nous prendrons la
plus fréquente et la plus connue, qui est la comparaison ; et
parmi les exemples de comparaison poétique, nous prendrons
l'un des plus banals, celui du croissant de lune devenu faucille
dans *Booz*.

En étudiant la structure de la comparaison poétique, nous
trouverons qu'elle comporte deux registres de valeurs : d'une
part des valeurs de vérité et d'autre part des valeurs plus
humaines de « rassurement ». Mais les valeurs de vérité elles-
mêmes ne sont pas autre chose que des valeurs de rassurement,
comme on l'a souvent remarqué ; de sorte que nous distinguerons d'une part les valeurs de rassurement « objectivistes », qui
formeront le registre A et correspondront au schéma γ^1, et
d'autre part les valeurs de rassurement « subjectivistes », qui
formeront le registre B et correspondront au schéma γ^2. – Dans
la comparaison, on rencontre en premier lieu les valeurs
de vérité, c'est-à-dire le registre A. En effet, elle est formée de
deux termes, dont les fonctions sont bien déterminées : elle *pose*
d'abord un premier terme (exprimé ou non, cela importe peu),
qui par définition désigne la réalité à laquelle on se réfère et
qui par conséquent représente la valeur du vrai ; en face de ce
premier terme prend place un second terme dont le rôle est de
se substituer au premier de façon à *décaler* l'expression ; la
caractéristique de ce second terme est donc d'être *non exact*
(c'est dans cette *inexactitude voulue* qu'on reconnaît l'erreur
simulée), et par suite, dans le registre des valeurs de vérité, il
représentera le non-vrai. – Mais d'autre part (et c'est cela
qu'il nous faudra vérifier attentivement) s'il s'agit d'une
comparaison *poétique,* on devra trouver en sens inverse (c'est-
à-dire en allant du second terme au premier), un autre système
de valeurs, dans le registre B des valeurs de rassurement
« subjectivistes » : c'est ce qui constituera le schéma γ^2. –
Examinons l'exemple que nous avons choisi : dans le registre
A objectiviste, c'est le croissant de lune qui est la valeur positive et la faucille qui est la valeur négative ; dans le registre B
des valeurs de rassurement « subjectivistes », ce sera juste
l'inverse : en effet, dans ce registre, c'est la faucille, outil familier au moissonneur, qui est *rassurante* et qui représente la valeur

positive, en face de l'astre, lointain et inquiétant, qui dans le même registre représente la valeur négative. Jean Guéhenno parle quelque part de « cette vieille peur » que les hommes avaient des astres et de leurs diverses apparitions.

Pour étudier cet exemple de façon plus précise, nous examinerons successivement les schémas γ^1 et γ^2 qu'il comporte, en suivant la méthode déjà employée pour le schéma γ. Pour γ^1 nous poserons (la question Q étant : « Quel est cet objet ? ») :

[*a*] = Ceci est un croissant de lune.

[*b*] = Ceci est une faucille.

[*a*, non *b*] = Ceci est un croissant de lune, et n'est pas une faucille.

[*b*, non *a*] = Ceci est une faucille, et n'est pas un croissant de lune.

Considérons d'abord l'effet négatif possible chez un personnage P(*n*). L'expression [*a*, non *b*] représente l'idée *a priori* de ce personnage : c'est l'idée « objectiviste » : Ceci *est* un croissant de lune, et cette affirmation rejette par avance toute idée contraire, d'où : ceci n'est pas une faucille. L'expression [*b*, non *a*], de son côté, représente l'*événement* qui vient contre-carrer cette idée *a priori*. Cet événement est constitué par l'*acte* du poète, qui fait intervenir l'image d'une faucille, et cherche à la substituer à celle du croissant à la faveur d'une ressemblance. C'est cette fausse ressemblance qui est l'ennemie de notre personnage P(*n*) : elle met en péril la « vérité », c'est une source d'erreur dont il faut se défendre, un piège dont il faut se garder : par là elle est irritante, et le personnage P(*n*) repoussera de toutes ses forces cette ressemblance source d'erreur, comme le personnage P*n* repoussait le chien hors de l'église. On pourra donc, comme il a été fait pour P*n,* établir une formule F(*n*) de « tension » (à effet négatif) relative à P(*n*). C'est cette formule qui servira de base pour l'établissement du schéma γ^1. – En effet, il est facile de voir où est le « marquage » du personnage (P(*n*) : ce marquage, c'est ce que nous appellerons la « manie positiviste » ou « objectiviste », c'est-à-dire l'incapacité de *se détacher,* même fictivement, d'une affirmation considérée comme « vraie » (car nous avons vu que le détachement ne consiste pas à *abandonner* une vérité, mais seulement à prendre ses distances par rapport à elle au moyen de l'erreur simulée). Ce « marquage » nous donne la clef de la constitution du schéma γ^1 : le poète W étant pourvu d'un « compagnon » W' (condition « intrinsèque »), il suffira que l'un et l'autre puissent se « démarquer » de la « manie positiviste » (condition « extrinsèque »), pour qu'on ait la double déduplication (Wm, Wp), (W$\overline{s}$, Ws) et la double réduplication (W'p, W'm,) (W's, W'$\overline{s}$), indiquées dans la figure 18, – et par suite le schéma γ^1 à effet positif.

La première condition de la poésie est donc de savoir échapper au fétichisme du vrai, et à ce rassurement dérisoire qu'on trouve dans un attachement inconditionnel à des vérités pourtant bien décevantes. Mais ce n'est pas la seule condition ; la poésie exige aussi (et surtout) un schéma γ^2 : à la « manie objectiviste » on opposera la « manie subjectiviste », qui ne vaut guère mieux. – Nous avons vu que dans le registre B du rassurement « subjectiviste », c'est la faucille qui est une valeur positive, et que par rapport à celle-ci le croissant de lune représente une valeur négative. En signalant par une étoile le registre B, on aura (en sens inverse de A) :

$\star$[b] = Ceci est une faucille.

$\star$[a] = Ceci est un croissant de lune.

$\star$[b, non a] = Ceci est une faucille, et n'est pas un croissant de lune.

$\star$[a, non b] = Ceci est un croissant de lune, et n'est pas une faucille.

On considérera d'abord l'effet négatif possible chez un personnage $\star$P$_{(n)}$. L'idée *a priori* de ce personnage est représentée par l'expression $\star$[$\underline{b}$, non $\underline{a}$], où le terme $\star$[b] rassurant écarte par avance le terme $\star$[a] non rassurant, le rôle du rassurement étant précisément d'éliminer l'inquiétude. Cette idée *a priori* est contrecarrée par l'*événement,* représenté par l'expression $\star$[a, non b]. Cet événement est constitué par la présence effective d'un élément $\star$[a] inquiétant, à savoir le croissant de lune, lequel écarte l'élément rassurant $\star$[b]. L'ennemi de notre personnage $\star$P$_{(n)}$ qui cherche un rassurement (subjectiviste) en $\star$[a], c'est l'inquiétude (également subjectiviste) produite par $\star$[a], c'est-à-dire par la présence de l'astre ; il repousse donc de toutes ses forces l'idée même de cet astre qui vient le contrarier. Au moyen de ces éléments, on établira la formule $\star$F(n) de « tension » (à effet négatif) relative à $\star$P$_{(n)}$ (et qui est une formule de type F2). C'est cette formule qui sera utilisée comme base pour l'établissement du schéma γ^2. – Pour établir ce schéma, il faut d'abord déterminer quel est le « marquage » qui affecte le personnage $\star P_{(n)}$: ce marquage, c'est ce que nous avons appelé, par opposition avec la « manie objectiviste », la « manie subjectiviste », c'est-à-dire l'incapacité de se *détacher,* par erreur simulée, des valeurs à caractère subjectiviste ; ce détachement se fait par inversion des valeurs et en l'espèce, il s'agirait de pouvoir considérer, à titre purement fictif, la faucille comme inquiétante et le croissant comme rassurant. Le marquage de $\star P_{(n)}$ une fois défini, on possède la clef de γ^2 : en effet, le poète W et son compagnon W' sont représentés par $\star$W et $\star$W' dans le registre B, ce qui fournit la condition « intrinsèque » du schéma ; il suffira alors que $\star$W et $\star$W' puissent « se démarquer » de la « manie subjectiviste » pour que la condition « extrinsèque » de γ^2 se trouve remplie, ce qui permet d'obtenir la double déduplication-réduplication de $\star$W et $\star$W' indiquée dans la figure 18, et par suite le schéma γ^2 à effet positif.

Dans la poésie, on devra donc trouver non pas seulement un détachement par rapport à la valeur objectiviste, mais *aussi* un détachement par rapport à la valeur subjectiviste. C'est peut-être ce dernier point qui est le plus important et le plus délicat : car on est suffisamment content de soi quand on a accédé au « spirituel », comme négation du « matériel », et on n'imagine peut-être pas qu'il y ait encore une étape à franchir. La poésie n'est pas seulement de l'anti-matérialisme, c'est *encore* de l'anti-subjectivisme. C'est véritablement un sentiment d'ordre religieux que celui qui permet à l'homme de dépasser sa subjectivité, qu'il s'agisse de sa subjectivité individuelle, ou même, s'il y a lieu, de sa « morale ». Il n'est pas étonnant que le métaphysicien, quand il est à quia, fasse toujours appel en dernier ressort à la poésie, même sans trop savoir ce que c'est. – Sans doute faut-il être bien hardi pour hasarder une proposition en ces matières, mais nous pensons, du moins en première approximation, que c'est seulement lorsqu'on aura mis ensemble l'anti-objectivisme et l'anti-subjectivisme, en les liant entre eux par une relation d'opposition (comme nous avons essayé de le faire dans le schéma $\delta = y^1 \, ;; \, y^2$) qu'on pourra peut-être définir le principe de la poésie : ce n'est pas seulement une « mobilisation » des images comme dans l'effet positif simple (qu'on trouve par exemple dans le comique et ses dérivés rhétoriques), mais une véritable *lévitation des valeurs.*

La tonalité normale de la poésie est la _sérénité_. On peut se demander pourquoi chacun des deux schéma γ^1 et y^2 ne produit pas un « ressaisissement », et pourquoi la tonalité comique n'apparaît pas : c'est que les deux ressaisissements se font en quelque sorte l'un par l'autre ; ils se compensent et s'annulent, de sorte qu'il ne reste plus que le double effet positif. Nous avons vu que le point d'origine du ressaisissement se trouve dans l'effet négatif, qui lui-même se traduit par le désir de rectifier et de corriger la réalité : dans la poésie c'est en quelque sorte la réalité qui se corrige elle-même, par la compensation que s'apportent mutuellement les registres A et B ; le désir de rectifier les choses n'a plus aucune place, et c'est au contraire une acceptation de la réalité proposée par le poète que l'on trouve : la double erreur simulée devient « erreur consentie » ; la négativité propre au ressaisissement disparaît, et avec elle la tonalité comique, pour être remplacée par l'harmonie et la plénitude poétiques. (Il est possible du reste que les registres A et B n'aient pas toujours la même force et ne s'équilibrent pas exactement, ce qui peut entraîner diverses nuances de tonalité.) – Cette sérénité de la poésie n'exclut pas qu'elle ait ses exigences ; aussi a-t-elle ses élus et ses réprouvés, qu'on pourrait faire apparaître en étudiant les « résurgences » du schéma δ (non représentées dans la figure 18). Mais ces réprouvés ne sont jamais ses « victimes », ni l'objet de son « hostilité », comme dans le comique ; dans la poésie, si tous ne sont pas élus, tous du moins sont appelés.

Nous indiquerons très rapidement quelques autres exemples, pour recouper celui qui vient d'être étudié. Nous avons vu que dans la comparaison poétique, le second terme doit résoudre une inquiétude posée par le premier. Cela nous permet de retrouver immédiatement le type de comparaison le plus répandu, celui où le premier terme est constitué par la réalité humaine dans ce qu'elle a de mystérieux et d'inexpliqué (la destinée, l'amour, la mort, etc.), et le second terme par un élément pris dans la réalité la plus familière, la plus accessible, et même la plus concrète possible. Par exemple la « feuille séchée » que le vent chasse est une valeur de rassurement par rapport à la destinée fatale qu'elle représente ; c'est une chose que l'homme tient dans le creux de sa main et qui n'a pas de mystère pour lui : c'est donc une excellente image pour constituer le second terme d'une comparaison. De là l'immense développement du « sentiment de la nature ». La lune entre autres est abondamment utilisée par le romantisme, non pas en tant que premier terme, comme c'était le cas plus haut, mais en tant que second terme, pour passer des imperfections du monde terrestre à l'idéalisation du monde céleste. Lorsque le premier terme est pris dans le domaine du concret, c'est qu'il a d'abord été chargé d'humanité et d'inquiétude par une élaboration préalable, qu'on reconnaîtra en examinant son *insertion* dans le poème. C'est le cas du croissant de *Booz,* d'abord inséré dans un cadre tout pénétré des anciens mystères de la Bible. C'est encore le cas du manteau du *Mendiant,* devenu ciel étoilé, mais d'abord transformé en un symbole de la misère : une misère quelque peu inquiétante, en face d'un Ciel qui rassure comme il peut ! On dira peut-être que ce ne sont pas là à proprement parler des comparaisons. Dans l'*Aigle du casque,* l'effet final n'est pas non plus constitué à proprement parler par une comparaison, mais c'est la même structure qu'on y retrouve : la transformation de l'aigle métallique en aigle vivant représente une chute brutale dans le registre « objectiviste » des valeurs de vérité, mais cette chute est compensée, parallèlement, par un puissant redressement dans le registre « subjectiviste » de la justice immanente. – Ce ne sont là, bien entendu, que des indications sommaires, à partir desquelles il faudrait reconstituer tout le mécanisme complexe qui explique le *sentiment* poétique.

En bref, ce que nous avons voulu proposer ici, c'est seulement l'ébauche d'un instrument de travail pouvant servir à l'analyse des faits littéraires. Cet instrument demanderait à être éprouvé par l'usage, et aussi à être précisé. En particulier, nous avons entièrement laissé de côté ici un problème important, celui des *conditions d'acceptabilité* de l'erreur simulée, qui ne peut être traité qu'au moyen des formules infinitésimales de logique différentielle. On peut prévoir en outre d'autres développements et d'autres applications de cette logique, qui éclaireront sans doute bien des détails que nous avons laissés dans l'ombre.

Jean Simeray

Claude Bremond

Le rôle d'influenceur

Nous ne voulons ici qu'esquisser les premières approches d'une étude dont le thème a été rencontré à l'occasion d'une autre recherche, consacrée à dresser un *Inventaire des rôles narratifs*. Parmi les rôles qu'un personnage est appelé à assumer (dans un récit, mais aussi dans la vie), on peut isoler une fonction très générale, que nous nommerons l'exercice d'influence : l'orateur qui entreprend de rallier un auditoire à ses vues en donne un excellent exemple. Le rôle de l'influenceur se spécifie en un certain nombre de sous-types, caractérisés par la stratégie choisie (recours à telle forme d'argumentation, appel à telle sorte d'intérêts). On peut ainsi déterminer, en prenant le terme dans une acception élargie, une *topique* de l'influence. Une question, qui concerne ce qu'on nommait l'*inventio*, se pose alors : y a-t-il un rapport entre cette topique, purement formelle, et les *lieux* classiques, ou telles autres catégories de l'ancienne rhétorique ? La réponse à cette première question, nous le verrons, en évoque une autre, qui concerne cette fois l'*elocutio* : à chaque stratégie choisie, à chaque sous-type d'influenceur, ne peut-on faire correspondre certains tours, certaines figures qui conviennent électivement au but poursuivi ?

L'INFLUENCEUR

L'exercice d'une influence implique un couple de partenaires : d'une part, l'agent influenceur ; de l'autre, un patient influencé. Envisagée dans sa plus grande généralité, l'influence tend à modifier les dispositions de la personne influencée à l'égard d'une situation présente, ou d'événements futurs auxquels elle est susceptible de participer, soit comme patient seulement, soit comme patient et agent à la fois. Cette modification peut prendre deux formes principales :

1. *intellectuelle* : l'influenceur agit sur la connaissance que son partenaire a des données de la situation présente, ou de l'éventualité d'un événement futur ; soit positivement, en l'*informant,* ou en *confirmant* une information déjà reçue ; soit négativement, en *dissimulant* une information possible, ou en la *démentant* si elle a déjà été reçue.

2. *affective* : l'influenceur agit sur les mobiles qui peuvent conduire son partenaire à souhaiter ou à redouter la réalité de certaines données de la situation présente, ou la réalisation de certaines éventualités ; soit qu'il excite chez ce partenaire l'espoir de certaines satisfactions ou la crainte de certaines insatisfactions, soit qu'au contraire il s'efforce d'inhiber ces espoirs ou ces craintes.

Ces deux types d'influence peuvent être assimilés aux deux voies de l'*inventio* : convaincre (*fidem facere*) et émouvoir (*animos impellere*). Nous ne traiterons pas ici du premier, ce qui nous conduirait à reconnaître et à classer les diverses formes de raisonnement, d'administration de preuve, d'établissement de vraisemblance. Remarquons pourtant que, si nous nous engagions dans cette voie, notre démarche nous imposerait d'analyser le discours de l'influenceur selon deux plans d'articulation superposés : nous recenserions d'abord de grandes unités logiques, puis, correspondant à chacune, les divers traitements rhétoriques, les *métalogismes* qui lui sont applicables. Nous accepterions ainsi de considérer, à la suite des logiciens de Port-Royal, et malgré les difficultés que cette façon de voir soulève aujourd'hui[1], que la force rhétorique de l'enthymème, syllogisme tronqué par l'ellipse d'une de ses propositions, résulte d'un écart à la norme logique représentée par le syllogisme complet, et ne peut être comprise comme écart à aucune autre norme.

Le second type d'influence (*animos impellere*), beaucoup moins exploré d'ailleurs, va retenir notre attention. Nous supposons que le partenaire à influencer est déjà informé de l'éventualité d'un événement. L'influenceur veut maintenant le motiver à envisager cet événement, soit avec espoir, soit avec crainte. Dans le premier cas, il s'efforce de faire naître, ou de stimuler s'ils existent déjà, des mobiles favorables à cet évé-

---

1. Cf. *infra*, Roland Barthes, B.1.10, p.299.

nement ; et d'anéantir, ou du moins d'affaiblir les mobiles
défavorables déjà conçus ou pouvant l'être. Dans le second, il
s'efforce au contraire de faire naître ou de stimuler les
mobiles défavorables et d'anéantir, ou du moins d'affaiblir, les
mobiles favorables. Le rôle de l'influenceur est donc susceptible
de se développer selon les spécifications que résument les deux
tableaux suivants :

*Influenceur entreprenant de motiver favorablement un parte-
naire à l'égard d'une éventualité ; pour ce faire, entreprenant*

- d'exciter chez ce partenaire
  - l'espoir de satisfactions à recevoir grâce à la réalisation
    de cette éventualité ;
    et/ou
  - la crainte d'insatisfactions à recevoir à cause de la non-
    réalisation de cette éventualité ;

  et/ou
- d'inhiber chez ce partenaire
  - la crainte d'insatisfactions à recevoir à cause de la réa-
    lisation de cette éventualité ;
    et/ou
  - l'espoir de satisfactions à recevoir grâce à la non-réali-
    sation de cette éventualité.

*Influenceur entreprenant de motiver défavorablement un parte-
naire à l'égard d'une éventualité ; pour ce faire, entreprenant*

- d'exciter chez ce partenaire
  - la crainte d'insatisfactions à recevoir à cause de la réa-
    lisation de cette éventualité ;
    et/ou
  - l'espoir de satisfactions à recevoir grâce à la non-réali-
    sation de cette éventualité ;

  et/ou
- d'inhiber chez ce partenaire
  - l'espoir de satisfactions à recevoir grâce à la réalisation
    de cette éventualité ;
    et/ou
  - la crainte d'insatisfactions à recevoir à cause de la non-
    réalisation de cette éventualité.

Soit le plaidoyer par lequel le petit poisson cherche à convaincre le pêcheur de ne pas le manger encore (La Fontaine, V, 3) :

> *Que ferez-vous de moi ? Je ne saurais fournir*
> *Au plus qu'une bouchée.*
> *Laissez-moi carpe devenir :*
> *Je serai par vous repêchée ;*
> *Quelque gros partisan m'achètera bien cher :*
> *Au lieu qu'il vous en faut chercher*
> *Peut-être encore cent de ma taille*
> *Pour faire un plat. Quel plat ? Croyez-moi : rien qui vaille.*

Nous formulerons ce rôle : *Influenceur entreprenant de dis-suader un agresseur de lui nuire ; pour ce faire, entreprenant d'anéantir chez lui l'espoir de satisfactions à recevoir grâce à cette agression* (« Je ne saurais fournir Au plus qu'une bou-chée ») ; *d'exciter chez lui l'espoir de satisfactions à recevoir grâce à l'abstention d'agression* (« Je serai par vous repêchée ») ; *et d'exciter chez lui la crainte d'insatisfactions à recevoir à cause de l'agression* (« Quel plat ? Croyez-moi : rien qui vaille »).

Ce sont les cas les plus simples. Au lieu de se borner à faire naître ou à anéantir certains mobiles, l'influenceur peut induire son partenaire à une comparaison évaluative des satisfactions et des insatisfactions qu'il peut escompter, selon que l'événe-ment envisagé se réalise ou non, et à conclure en faveur des mobiles prépondérants. Cette argumentation est appelée à se développer selon les formes suivantes :

Influenceur entreprenant de motiver favorablement un parte-naire à l'égard d'une éventualité ; pour ce faire, entreprenant

- d'exciter chez ce partenaire
  - l'espoir de tirer de la réalisation de l'événement des satisfactions supérieures
    - à celles qu'il peut espérer tirer de sa non-réalisation ;
    - aux insatisfactions qu'il peut craindre de tirer de sa réalisation ;
  - la crainte de tirer de la non-réalisation de l'événement des insatisfactions supérieures
    - à celles qu'il peut craindre de tirer de sa réalisation ;
    - aux satisfactions qu'il peut espérer tirer de sa non-réa-lisation ;

et/ou
- – d'inhiber chez ce partenaire
  - – la crainte de tirer de la réalisation de l'événement des insatisfactions supérieures
    - – à celles qu'il peut craindre de tirer de sa non-réalisation ;
    - – aux satisfactions qu'il peut espérer tirer de sa réalisation ;
  - – l'espoir de tirer de la non-réalisation de l'événement des satisfactions supérieures
    - – à celles qu'il peut espérer tirer de sa réalisation ;
    - – aux insatisfactions qu'il peut craindre de tirer de sa non-réalisation.

Soit, toujours dans La Fontaine (X, 11), la harangue par laquelle Tircis essaie de convaincre les poissons de se laisser prendre à la ligne d'Annette :

> *Il leur chanta ceci : « Citoyens de cette onde,*
> *Laissez votre naïade en sa grotte profonde ;*
> *Venez voir un objet mille fois plus charmant.*
> *Ne craignez point d'entrer aux prisons de la belle :*
> *Ce n'est qu'à nous qu'elle est cruelle.*
> *Vous serez traités doucement ;*
> *On n'en veut point à votre vie :*
> *Un vivier vous attend, plus clair que fin cristal ;*
> *Et quand à quelques-uns l'appât serait fatal,*
> *Mourir des mains d'Annette est un sort que j'envie. »*

Le rôle assumé par Tircis envers les poissons peut être caractérisé, dans son ensemble, à la fois comme neutralisateur d'adversaire (il veut dissuader les poissons de faire obstacle à l'entreprise d'Annette) et comme obtenteur de services (il veut persuader les poissons de prêter leur concours à l'entreprise). Comme très souvent, les deux rôles coïncident : en s'abstenant de faire obstacle, l'adversaire éventuel se mue en prestateur ; en s'abstenant de rendre service, le prestateur éventuel se mue en adversaire. Le rôle de Tircis peut dès lors se formuler dans les termes suivants : *Influenceur entreprenant de dissuader un obstructeur éventuel de faire obstacle à un tiers* (Annette) *et de le persuader de rendre service à ce tiers ; pour ce faire, entreprenant d'exciter en lui l'espoir de tirer de la prestation des satisfactions supérieures à celles qu'il peut espé-*

rer tirer de l'obstruction (« Venez voir un objet mille fois plus charmant ») ; *d'inhiber la crainte d'une insatisfaction à tirer de la prestation* (« Ne craignez point d'entrer aux prisons de la belle ») ; *d'exciter l'espoir d'une satisfaction à tirer de la prestation* « Un vivier vous attend, plus clair que fin cristal ») ; *d'exciter en lui l'espoir de tirer de la prestation une satisfaction supérieure à l'insatisfaction qu'il peut craindre d'en tirer* (« Et quand à quelques-uns l'appât serait fatal, Mourir des mains d'Annette est un sort que j'envie »).

TYPOLOGIE DES MOBILES

Les satisfactions ou insatisfactions que l'influenceur donne ainsi à espérer ou à redouter n'ont encore aucun contenu déterminé. Nous allons nous efforcer de les spécifier davantage. En classant les différents types de mobiles qui peuvent peser sur les décisions d'un personnage influencé, nous caractériserons du même coup divers types d'influenceurs.

Soit les trois propositions suivantes :

– *Socrate, joyeux convive, se plut à boire jusqu'à l'aube ;*

– *Socrate, malade, but la purge prescrite pour recouvrer la santé ;*

– *Socrate, condamné par les juges d'Athènes, voulut boire la ciguë plutôt que de s'enfuir au mépris des lois.*

Ces exemples, forgés pour les besoins de la démonstration, nous semblent illustrer chacun un type de mobile structuralement différent.

Dans le premier cas, Socrate, décidant de boire, ne cherche d'autre satisfaction que celle qu'il tire de l'accomplissement même de cette action. Il s'agit de contenter une inclination, un penchant, un désir, ceux-ci s'assouvissant dans l'exécution de la tâche, et arrivant à satiété dans la plénitude du succès atteint. L'accomplissement de la tâche par la personne-agent est simultanément une amélioration de l'état de la personne-patient. Nous parlerons d'un mobile d'ordre *hédonique,* d'une tâche ou d'un événement désirés comme agréables en eux-mêmes.

Dans le second cas, Socrate, décidant de boire, n'entreprend pas de satisfaire le désir de boire. Au contraire, boire une purge est une action désagréable qui ne peut, en elle-même, inspirer qu'un mobile négatif de répugnance, d'adversion (le contraire d'un désir). Mais boire est alors une action utile pour recouvrer la santé. L'agent la conçoit comme le moyen à mettre en œuvre pour mener à bien une autre tâche. Nous parlerons cette fois d'un mobile d'ordre *pragmatique,* d'un choix fait par intérêt ou par calcul.

Dans le dernier cas enfin, Socrate décide de boire la ciguë parce que c'est son devoir. Il n'éprouve aucun plaisir à l'exécuter, il peut n'en espérer aucun avantage dans l'autre monde ou dans la mémoire des hommes ; il veut s'acquitter de ce qu'il considère comme une obligation. Nous parlerons alors d'un mobile d'ordre *éthique,* d'un choix fait par conscience d'endettement.

Pour résumer, la tâche à accomplir (ou plus généralement l'événement à vouloir) peut être conçue comme une fin *désirable,* comme un moyen *praticable,* ou comme une fin *obligatoire.* Dans chaque cas, le mobile qui pousse à vouloir s'enracine dans l'idée d'une rétribution. Mais dans chaque cas également la position chronologique de la rétribution par rapport à la tâche ou à l'événement voulus est différente. Trois distributions sont possibles :

– ou bien la rétribution est *concomitante* à l'action qu'elle motive, à l'événement qu'elle fait souhaiter : Socrate décide de boire parce que boire est, en soi-même, une action agréable. Tout mobile hédonique, tout désir vise ainsi à l'obtention d'une satisfaction qui accompagne immédiatement l'événement voulu ;

– ou bien la rétribution est *postérieure* à l'action qu'elle motive, à l'événement qu'elle fait souhaiter. Tout mobile d'ordre pragmatique implique ce décalage entre la satisfaction à obtenir et le processus qui permet de l'obtenir ;

– ou bien enfin la rétribution est *antérieure* à l'action qu'elle motive, à l'événement qu'elle fait vouloir. Tout mobile d'ordre éthique identifie ainsi celui qui en est affecté à un débiteur mis en demeure d'acquitter ses engagements ; l'action due est conçue comme la contrepartie d'un service déjà reçu.

Ces dispositions chronologiques de l'événement voulu et de la rétribution peuvent être schématisées comme suit :

$$
\textbf{Mobiles} \left\{ \begin{array}{l} \text{Hédonique :} \quad \ldots\ldots\ldots \quad \xrightarrow[R]{E} \quad \ldots\ldots\ldots \\[2ex] \text{Pragmatique :} \ldots\ldots\ldots \quad \xrightarrow{E} \quad \ldots\ldots\ldots \quad \xrightarrow{R} \\[1ex] \text{Éthique :} \quad \ldots\ldots\ldots \quad \xrightarrow{R} \quad \ldots\ldots\ldots \quad \xrightarrow{E} \end{array} \right.
$$

Ainsi, parce qu'il y a sur l'axe chronologique trois positions possibles d'un processus rétributif par rapport à l'événement ou à l'action qu'il motive (avant, en même temps, après), et parce qu'il n'y en a que trois, il est possible de classer en trois catégories, et en trois seulement, les mobiles qui inspirent notre vouloir.

Ces mobiles sont eux-mêmes le résultat d'événements antérieurs qui ont affecté la personne sous forme d'influences subies. Nous pourrons discerner, correspondant au jeu des mobiles dans chaque ordre (hédonique, éthique, pragmatique), quatre types d'influences : *incitatrice* (poussant à vouloir un événement, à entreprendre une action) ; *inhibitrice* (poussant à vouloir qu'un événement n'arrive pas) ; *neutralisatrice* (tendant à faire envisager une éventualité avec indifférence) ; *ambivalente* (poussant simultanément à vouloir et à ne pas vouloir un événement). Pour simplifier, nous ne tiendrons compte ici que des deux premiers types. Nous obtiendrons ainsi un tableau des modes d'influence (non compris l'information, la confirmation, la dissimulation, le démenti dont nous avons réservé l'examen) auxquels nous attribuerons conventionnellement les dénominations suivantes :

Influences : Mobiles :	Incitatrices	Inhibitrices
Hédoniques	Séduction	Intimidation
Éthiques	Obligation	Interdiction
Pragmatiques	Conseil	Déconseil

Dans le langage dont nous convenons, une influence séductrice consistera ainsi à communiquer à un partenaire le désir de voir se réaliser un événement dans lequel il espère trouver un plaisir ; une influence intimidatrice, à communiquer à un partenaire la peur de voir se réaliser un événement dans lequel il craint d'éprouver un déplaisir ; une influence obligatrice, à intimer à un partenaire la conscience d'un devoir dont l'acquittement lui vaudra un mérite ; une influence interdictrice, à intimer à un partenaire la conscience d'une défense dont la violation lui vaudrait un démérite ; une influence conseillère, à communiquer à un partenaire la conscience des avantages attachés à la mise en œuvre d'un moyen ; une influence déconseillère, à communiquer à un partenaire la conscience des inconvénients attachés à la mise en œuvre d'un moyen. Quant aux influenceurs qui assument ces rôles, ils se spécifient respectivement en *Séducteur, Intimidateur, Obligateur, Interdicteur, Conseilleur et Déconseilleur*.

VRAIES ET FAUSSES FIGURES DE PENSÉE

Aux types d'influenceurs ainsi dégagés, ou du moins à quelques exercices privilégiés de leur rôle, nous pouvons maintenant essayer de faire correspondre certaines figures, ou pseudo-figures, de la rhétorique classique. Celles-ci appartiennent pour la plupart à la catégorie désignée dans le traité de Fontanier comme *prétendues figures de pensée* : Commination, Imprécation, Optation, Déprécation, Serment, Dubitation, Licence. Le fait que cet auteur leur refuse la qualité de véritables figures n'est pas indifférent, mais ne suffit pas pour décider leur expulsion du champ de la rhétorique. Cela signifie que leur statut est à redéfinir. S'il est vrai, comme le dit Gérard Genette en résumant Fontanier, que « la menace, l'injure, le reproche sont des contenus et non des modes d'expression[1] », il reste qu'on peut s'occuper de classer les contenus. Ces actions seront pour nous des *lieux* : elles désignent des thèmes sur lesquels viennent électivement se greffer certains modes d'expression qui sont, cette fois, de véritables figures. En outre, elles peuvent à l'occasion devenir figures l'une de l'autre : ainsi, la promesse d'un moment agréable peut valoir ironiquement pour la menace d'un mauvais quart d'heure.

---

1. *Figures*, Paris, Le Seuil, 1966, p. 215.

Reprenons nos types d'influenceurs. Au rôle du séducteur, à l'excitation du désir peuvent se rattacher, à titre de cas particuliers, la *déprécation* et *l'optation*.

Selon Fontanier, la déprécation consiste à « demander avec ardeur et avec instance ce qu'on désire, et à le demander par les moyens les plus propres à toucher, à fléchir, à persuader ». Dans notre langage, la déprécation sera le fait d'un séducteur qui entreprend d'exciter chez son partenaire un désir particulier : celui de satisfaire le désir du séducteur lui-même. Fontanier relève que sa définition n'implique, par elle-même, aucun artifice, aucune feinte : c'est l'expression d'une situation, le thème d'une manœuvre qui peut être conduite selon des procédés rhétoriques variés, mais qui n'en désigne aucun. Sur ce point, nous lui donnons raison : prise en elle-même, la déprécation n'est pas une figure, mais un *lieu*.

Voyons maintenant comment se définit l'optation : c'est « l'expression d'un désir ardent d'obtenir pour soi ou pour d'autres quelque chose à quoi l'on attache, au moins pour le moment, un grand prix et une grande importance ». Pour Fontanier, cette pseudo-figure tombe sous la même critique que la déprécation : elle indique un thème, non l'exploitation de ce thème dans un tour figuré. Pour nous, si nous prenons la définition à la lettre, nous ne pouvons pas considérer l'optation comme un exercice d'influence : celui qui parle exprime son désir, mais il ne cherche pas à exciter chez celui qui écoute le désir de le satisfaire. En ce sens, l'optation échappe à notre catégorisation : celle-ci ne saisit les figures ou pseudo-figures de pensée que si elles remplissent une fonction *impressive*.

Mais on peut remarquer que l'expression du désir est souvent, sinon toujours, le moyen d'en solliciter la satisfaction : « J'ai faim » signifie « donnez-moi à manger », « je vous aime » veut dire « aimez-moi ». Par ce biais, non seulement l'optation rentre dans notre catégorisation des modes d'influence, mais elle y devient une véritable figure. L'énoncé de la cause (avoir faim) vaut pour celui de l'effet (demander à manger). En ce sens, l'optation peut être considérée comme une métonymie de la déprécation.

Curieusement, Fontanier amorce une démarche inverse : dans la *prosopopée* (qu'il réduit dans ce passage à une invocation adressée à un être moral, à qui on prête des oreilles, sinon une bouche, mais dont on n'attend pas d'être exaucé) l'absence du destinataire fait de la déprécation une prière feinte. Il ne s'agit que d'exprimer la cause (le désir) par ce qui en est normalement l'effet (la prière) : la déprécation est alors une figure de l'optation. L'exemple cité par Fontanier est intéressant. Il s'agit de l'« invocation que La Fontaine, dans sa belle et touchante idylle sur la disgrâce de Fouquet, adresse aux nymphes de Vaux, en faveur de cet infortuné ministre ». Or l'*Élégie* vérifie à la fois l'analyse de Fontanier et la nôtre. Il est vrai que le poète, feignant de s'adresser aux nymphes, n'attend pas leur intercession : par le biais d'une prière feinte, il exprime son désir de voir son ami pardonné. Mais il est non moins évident que l'expression de ce désir n'est à son tour qu'un moyen indirect de s'adresser au roi et que, en cet autre sens, l'optation n'est qu'une figure de déprécation. Deux métonymies sont construites l'une sur l'autre : l'effet (la prière aux nymphes) y figure la cause (le chagrin du poète); cette cause elle-même y figure son effet (la prière à Louis).

Au contraire du séducteur, qui excite le désir et l'espoir, l'intimidateur tend à provoquer l'aversion et la crainte. A l'influence caractéristique de ce rôle semble convenir, en général, la *commination*, qui est « la menace ou l'annonce d'un malheur plus ou moins horrible, par l'image duquel on cherche à porter le trouble et l'effroi dans l'âme de ceux contre qui l'on se sent animé par la haine, la colère, l'indignation ou la vengeance ». On remarque que, d'après les termes de cette définition, il ne s'agit pas d'une menace conditionnelle, d'un avertissement destiné à détourner l'adversaire d'une entreprise : nous retrouverons plus loin cette forme d'intimidation, qui est le moyen d'un déconseil. Dans la commination, l'intimidation est une fin en soi. Son but est de faire souffrir à l'adversaire, par anticipation, les maux qui l'attendent et qui lui sont présentés comme inévitables.

L'*imprécation* peut être considérée comme entretenant avec la commination le même rapport que l'optation avec la déprécation. L'imprécation se définit en effet comme « ces malédictions et ces vœux terribles de la fureur et de la vengeance, qui éclatent sans connaître de frein ni de mesure ». De là, on peut inférer que l'imprécation a en principe une fonction expressive (son auteur manifeste un état de colère), tandis que la commination est toujours impressive (elle vise à épouvanter l'adversaire). Mais, parmi les procédés rhétoriques propres à porter l'effroi, l'un des plus efficaces est précisément l'imprécation : l'expression de la fureur vaut pour la menace des effets de cette fureur. Envisagée dans sa fonction impressive, l'imprécation est le substitut métonymique de la commination.

L'imprécation devient en outre le lieu, le support électif d'autres figures. Fontanier le remarque : « Elle aime l'*Exclamation,* et c'est de l'*Exclamation* qu'elle tire souvent toute sa force et toute son énergie. » Jointe à son contraire, l'optation, elle engendre une *rétroaction,* comme dans ce passage de saint Chrysostome : « Puissiez-vous à jamais périr, téméraires, qui osez outrager le Saint des Saints par vos blasphèmes ! Mais que dis-je ? Puissiez-vous plutôt recourir à la miséricorde divine, et faire pénitence ! »

Passons aux types d'influenceurs qui jouent sur l'excitation de mobiles d'ordre éthique : l'obligateur, qui vise à intimer la conscience d'un devoir ; l'interdicteur, qui intime une défense. La rhétorique classique n'a pas relevé ces opérations parmi les figures de pensée. Sans doute leur généralité et surtout la proximité des formes grammaticales de l'impératif sont-elles responsables de cette omission. Peut-être aussi était-il trop évident que ces formes d'influence ne sont pas des figures, mais plutôt ce que nous nommons des lieux, des thèmes appelés à devenir le support de véritables figures. Néanmoins, une exception est faite en faveur d'un type d'ordre et de défense particulier : l'ordre ou la défense qu'une personne s'intime à elle-même, le *serment.* Celui-ci consiste « à affirmer, à protester, à promettre de la manière la plus énergique, la plus solennelle et la plus éclatante ».

Parmi les exploitations possibles des lieux généraux de l'ordre et de la défense, l'ironie a le privilège d'engendrer une figure reconnue, l'*épitrope* ou *permission* qui, « dans la vue même de nous détourner d'un excès, ou de nous en inspirer soit l'horreur, soit le repentir, semble nous inviter à nous y livrer sans réserve, ou à y mettre le comble, et à ne plus garder de mesure ». Pour citer un exemple qui n'est pas tiré de Fontanier, quand Hernani se révolte contre Don Ruy Gomez, et refuse de se tuer en application de leur pacte, le vieillard feint l'indulgence :

.... *Je m'en doutais. Fort bien.*
Sur quoi donc m'as-tu fait ce serment ?... Ah ! sur rien !
Peu de chose, après tout ! La tête de ton père !
Cela peut s'oublier. La jeunesse est légère.

On pourrait également considérer que les emplois du futur au lieu de l'impératif pour intimer l'ordre sont des figures métonymiques, encore qu'affaiblies par l'usage. Dire « tu iras » pour « va », c'est exprimer la cause, l'ordre, par l'effet de cet ordre, son exécution, dont on feint de ne pas douter.

Ni le conseil ni le déconseil ne sont des figures reconnues par la rhétorique classique. Ici encore, leur trop grande généralité suffit à expliquer l'omission. Mais lisons les exemples dont Fontanier illustre la figure qu'il nomme *contrefision,* et qu'il définit ainsi : « en feignant d'appeler le désir, l'espoir, la confiance sur une chose, [elle] ne tend à rien moins qu'à en détourner tout désir, tout espoir ou toute confiance ». Ses exemples, plus clairs que la définition, reviennent tous à un déconseil ironiquement présenté sous forme de conseil. L'influenceur feint de recommander le moyen dont il vient d'exposer les inconvénients ou l'inefficacité : « Après cela, Mélibée, occupe-toi encore à enter des poiriers, à planter des ceps avec symétrie. »

Soit encore la *délibération,* figure de pensée par raisonnement qui « consiste à feindre de mettre en question, pour en faire valoir les raisons et les motifs, ce qu'on a décidé ou résolu d'une manière à peu près irrévocable ». Cette figure, qui est électivement liée au tour interrogatif, n'en a pas moins valeur d'affirmation. L'examen des exemples montre qu'il s'agit d'exercer une influence conseillère (sur autrui ou sur soi-même), de désigner en feignant un état de *dubitation* (pseudo-figure de pensée que nous ne chercherons pas à récupérer) la solution la plus avantageuse pour se tirer d'embarras. La délibération entretient avec la décision un rapport de cause à effet : nous pouvons donc la considérer comme un substitut métonymique du conseil.

Les diverses figures d'influence que nous venons de resituer sont, les unes de l'ordre de la métonymie (optation, imprécation, rétroaction, délibération), les autres de l'ordre de l'ironie (épitrope, contrefision). L'opération rhétorique a consisté à figurer le thème de base, le « lieu » par un terme contigu ou opposé.

Dès lors, on s'étonnera d'une absence : celle du troisième type d'association connu depuis Aristote, la ressemblance, et des tropes (métaphores, comparaisons) qu'il permet. De telles figures sont cependant non seulement concevables, mais d'une extrême fréquence. Le conseil et le déconseil, notamment, se donnent souvent à entendre par le recours à une figuration analogique. A l'envoyé de son fils, qui lui demande avis sur la politique à suivre pour garder le pouvoir, le vieux Tarquin répond en fauchant d'un coup de canne les têtes des pavots les plus élevées : J. J. Rousseau admirait l'éloquence de cette métaphore. Plus communément, la citation d'un proverbe (*N'éveillez pas le chat qui dort*), le récit d'un apologue (*Les Membres et l'Estomac*) servent les mêmes fins. Le fait que ces tours soient déjà recensés par ailleurs comme genres littéraires, ou paralittéraires, et qu'une autre partie de la rhétorique les revendique (ce sont les *exempla* de l'*inventio*) est sans doute responsable de leur omission. Nous n'en devons pas moins les ranger au nombre des figures de pensée.

Nous résumerons dans le tableau suivant cet essai de mise en relation de quelques figures de la rhétorique classique avec les spécifications du rôle d'influenceur :

			Figures	
Rôles	**Topique**	**Métonymie**	**Ironie**	**Métaphore**
Séducteur	Déprécation	Optation		
Intimidateur	Commination	Imprécation (+ Rétroaction)		
Obligateur	} Serment			
Interdicteur			Épitrope	
Conseilleur		} Délibération		} Proverbe Parabole Apologue
Déconseilleur			Contrefision	

Claude BREMOND

École pratique des hautes études, Paris

Groupe μ

Rhétoriques particulières

L'auteur hexacéphale de la *Rhétorique générale* recommanderait volontiers la lecture de cet ouvrage à qui voudrait prendre connaissance de ces « Rhétoriques particulières » qui n'en sont guère que des applications ou des illustrations. Toutefois, à qui devrait mettre la charrue avant les bœufs, les difficultés ne seront pas bien grandes s'il veut bien tenir compte de quelques conventions de terminologie. On admet au départ que les phénomènes « poétiques », au sens jakobsonien du terme, résultent toujours de transformations réglées de l'état supposé normal du système sémiologique où ils se manifestent. Les figures, ou *métaboles*, résultent d'opérations de *suppression* partielle (Sp) ou complète (Sc), d'*adjonction* simple (As) ou répétitive (Ar), de *suppression-adjonction* partielle (SAp), complète (SAc) ou négative (SAn), de *permutation* quelconque (Pq) ou par inversion (Pi). Les métaboles du langage au sens strict se diversifient selon un double clivage (*expression/contenu* et *mot/phrase*) en *métaplasmes*, *métataxes*, *métasémèmes* et *métalogismes*. On notera en particulier que la métaphore est réduite au produit de deux synecdoques, lesquelles impliquent un découpage référentiel (mode Π) ou sémantique (mode Σ) des termes de départ sur lesquels elles portent. Enfin, la théorie linguistique des figures est valable, *mutatis mutandis*, pour des modes d'expression qui ne sont pas linguistiques en soi ; la théorie du récit, par exemple, est tributaire de la rhétorique.

Les domaines ici abordés ont au moins ceci en commun qu'ils constituent des pratiques rhétoriques relativement frustes à destination sociale caractérisée. Qu'il s'agisse du vocabulaire argotique, de la biographie de magazine, de la clé des songes ou des titres de films, on peut ainsi illustrer de manière simple les mécanismes figuratifs et déboucher sur la question de leur *éthos*, ou effet psycho-esthétique. Par sa nature de langue seconde, l'argot s'offre comme un matériel privilégié d'analyse : degré zéro et degré figuré sont ici indubitables. La biographie, en tant que forme particulière du récit, permet de dégager la récurrence des métaboles dans un système sémiologique non linguistique. Clés des songes et titres de films sont aussi des champs délimités où trouve à s'exercer l'analyse rhétorique. Seule l'étude sur l'argot a été soumise à un traitement quantitatif : elle gagne ainsi ce que l'on gagne à se fonder sur des dénombrements précis.

Jacques DUBOIS, Francis EDELINE, Jean-Marie KLINKENBERG, Philippe MINGUET, François PIRE, Hadelin TRINON

Centre d'études poétiques, Université de Liège

Figure de l'argot

1. GÉNÉRALITÉS

L'argot est essentiellement constitué d'un *lexique*. Ceci provient de son caractère communément reconnu de langage spécial ou parasitaire, propre à un groupe dont la compétence linguistique se manifeste d'abord dans une langue première[1]. Il s'ensuit que la rhétorique argotique ne fournira que des figures affectant la forme de l'expression et la forme du contenu au niveau d'articulation 1 (métaplasmes et métasémèmes) ; l'argot ne se spécifie jamais au niveau d'intégration supérieur et ne comportera donc ni métataxes, l'argotier performant ses phrases conformément à la grammaire de sa langue première (il peut évidemment privilégier les structures relevant de sa parlure populaire), ni métalogismes, figures n'existant que relativement à un état de fait extra-linguistique, récusé par le discours. Ces caractères restreignent singulièrement la complexité du système rhétorique en cause.

Toutefois, l'argot fait fréquemment apparaître des figures qu'on serait tenté de décrire comme hyperboles ou antiphrases. Soit l'expression *un cachemire*, désignant le torchon. L'origine de la figure, que nous n'avons pas à examiner, réside évidemment dans une démarche métalogique. Mais pour l'argotier, le terme désigne *toujours* le torchon ; la confrontation au référent est inutile, le métalogisme étant cliché et lexicalisé ; nous nommerons donc cette figure antiphrase lexicale.

---

1. Notons d'entrée de jeu que l'argot se distingue des langues techniques (dites argots de métier) en ce que celles-ci ne créent rien en dehors des nécessités professionnelles. L'argot, lui, crée son vocabulaire à partir des désignations de la langue première. Il est structuré linguistiquement.

Si des hyperboles et antiphrases lexicales sont possibles en argot, c'est bien grâce au caractère de langue seconde de celui-ci. La langue première fait, par rapport à lui, office de degré zéro et c'est l'espace entre ce degré zéro et lui qui fonde la figure. *Cachemire* n'est métabole que par rapport au sens obvie de cachemire, garanti par le premier code. La spécificité de l'argot ne pourra donc être découverte que dans la distance s'établissant entre son lexique et le lexique commun. Ceci en fait un terrain de choix pour une étude rhétorique et supprime les difficultés souvent rencontrées dans la réduction des figures puisque des dictionnaires nous donnent ici à la fois, le degré zéro et le degré figuré. Les discussions oiseuses sur le problème de l'écart sont ainsi évitées.

2. RELEVÉ DES FIGURES

Nous reprenons ici chacune des cases que notre tableau général (*Rhétorique générale*, p. 49) affecte aux métaplasmes et aux métasémèmes, en les accompagnant d'un ou deux exemples et d'un bref commentaire.

2.1. Métaplasmes

a) Suppression

- Par l'avant (aphérèse)
    capitaine = *pitaine*
    garde municipal = *cipal*
- Par l'arrière (apocope)
    navet = *nave*
    pédéraste = *pédé*

Notons que la profondeur de la suppression peut être très variable, des expressions complexes pouvant même se réduire à une seule syllabe (ex. : flagrant délit = *flag*). Si les dangers de non-identification s'accroissent en raison inverse de l'information véhiculée, les désignations restent généralement univoques (ex. : *macchab* = macchabée ; *mac* = maquereau). Conformément aux tendances générales de la langue française, les troncations se font rarement par l'avant. Elles se conjuguent fréquemment, dans les prénoms, avec une adjonction répétitive (Ar). Ex. : Albert ou Robert = *Bébert*. Enfin, nous ne parlerons pas ici, pas plus que dans les métasémèmes, de la suppression complète, celle-ci n'étant concevable que dans un jeu de relations syntagmatiques (*Rhétorique générale*, p. 44-45).

b) Adjonction

- Par l'arrière
  ici = *icigaille*
  perle = *perlouse*
- Epenthétique
  lancer = *lansquiner, lancecailler*
  planquer = *planquouser*
- Répétitive (voir aussi les S)
  avoir la mimise en or = la mise (être avantageusement constitué).

Il semble que l'argot connaisse peu d'adjonctions par l'avant (pognes = *papognes*). Quand on les trouve, elles vont généralement de pair avec d'autres phénomènes : suppressions, adjonctions par l'arrière. C'est dans les procédés de transcodage que les adjonctions bilatérales du type *MARgoulETTE* se généralisent. Les adjonctions peuvent être très modestes, comme dans *pante → pantre*, mais ici on se trouve manifestement devant un simple accident phonétique et non devant le produit d'une opération rhétorique orientée.

On a souvent appelé les éléments ajoutés (ex. : *-muche* dans *trucmuche*) « suffixes parasitaires » ou « suffixes argotiques ». Il ne semble pas qu'on puisse les verser dans cette catégorie, puisque leur commutation est impuissante à entraîner des changements de classes fonctionnelles. Nous réserverons donc, comme Henri Mitterand, l'appellation de *déformants* à ces éléments non sémantiquement motivés. La prédilection de l'argot pour certains de ces déformants non assimilables à des désinences de la langue première fait de ceux-ci, comme de certaines combinaisons phoniques non habituellement pratiquées par la langue première (ex. : initiale $\tilde{n}$), de simples marques de la diction argotique. C'est ainsi qu'il est aisé d'identifier l'éthos autonome argotique dans les créations de Géo Norge *merliFLUCHE*, *pétOUSE*, *pignOCHE*, *noubaGUE* (dans *la Langue verte*).

c) *Suppression-adjonction*

- Par l'arrière
  paquet = *pacson, pacsif*
  pernod = *pernaga, perniflard*
- Par l'avant
  chapeau = *papeau*
- Par le milieu
  pravouse = *pravise* (par A de prise)
- Agglutination
  proxémac = proxé(nète) = maqu(ereau)

Les SA peuvent évidemment opérer au niveau infralinguistique, par des manipulations de phonèmes. Mais il ne paraît pas que les termes ainsi obtenus soient spécifiquement argotiques ; ils relèvent plutôt de la parlure dite vulgaire (ex. : *collidor* pour *corridor*). Notons aussi que la SA par l'avant est rarissime.

L'élément supprimé peut être un suffixe ; et sans doute est-ce ce trait qui a donné, par symétrie, sa réputation de suffixe à l'élément ajouté. Ex. : pêcheur = *pêchecaille*, préfecture = *préfectance*. Mais des désinences qui ne sont pas des suffixes peuvent être soustraites (ex. : paradis = *paradouze*) et la profondeur de l'opération peut être très importante, la S dépassant le niveau du suffixe (ex. : *poitringle* = poitrinaire, *probloc* = propriétaire).

d) *Permutation*

La métathèse peut également être présente en argot. Le procédé est cependant localisé, à tel point que nous n'en trouvons pas d'exemple dans le corpus qui servira de témoin à nos enquêtes quantitatives. Les exemples (*libreca* = calibre, *dreauper* = perdreau) montrent que le procédé est syllabique et non graphique comme dans le *back-slang* anglais (argot de revendeurs). C'est une opération relationnelle qui contribue à fonder une des formules argotiques les plus curieuses (et ici, la permutation se fera à un niveau inférieur à celui de la syllabe) : nous voulons parler des transcodages.

e) *Transcodages*

Les procédés de transcodage consistent à traiter un message de la langue première par une opération ou une série d'opérations rhétoriques restant identiques pour toutes les unités.

Le *javanais* consiste ainsi à introduire dans le corps du mot
une syllabe parasitaire -*av*- (et non -*va*-). « Tu n'entraves par
l'argot ? » devient « Tavu n'aventravaves pavas l'avargavot ? ».
Notons le mode d'insertion du déformant : il ne suit aucune
habitude morphématique ou de syllabation de la langue première, mais se fait le plus souvent à la faveur de la séparation
de la voyelle syllabaire et de la consonne qui la précède (*j-av-*
ar/*d-av-in* = jard/in). Il existe d'autres variétés de ce code
adjonctif, l'élément parasitaire pouvant être -*ag*- (*matagin, cha-*
gatte = matin, chatte), mais dans ces cas le mode d'insertion
du déformant reste le même, c'est-à-dire fortement attentatoire
au code morphologique. La fonction cryptologique d'un tel procédé n'est pas niable : il s'agit de diluer l'information linguistique dans une surabondance d'information non significative
qui devient vite assimilable à un bruit, tout en détruisant les
éléments importants de récognition que sont les syllabes.

D'autres procédés de transcodage procèdent par permutation
simple, comme le *verlen* (l'envers) dont nous avons fourni
quelques exemples. Il est cependant très difficile de se faire une
idée objective de la fréquence d'emploi de ce système. Tous les
théoriciens de l'argot sont cependant d'accord pour limiter son
usage à quelques cas épisodiques. La permutation se retrouve
néanmoins associée à l'adjonction dans le transcodage *largonji*
ou *loucherbem*. Remplacée par *l*, la consonne (ou le groupe de
consonnes) initiale est rejetée à la fin du mot (la syllabation est
donc transgressée), laquelle est additionnée d'un déformant qui
fut d'abord purement vocalique (*i, é*), puis qui prit bientôt plus
de corps (-*im, -em*). En bref, chaque opération de transcodage
réclame une permutation simple et une double adjonction, à la
fois finale et initiale. Exemples : à poil = *à loilpé*, sac = *lacsé*,
pacson = *lacsonpem*, marteau = *larteaumic*. Il existe cependant
un loucherbem sans permutation ; ne subsistent donc que la S et
les A : cave = *lavedu*, gigot = *ligodu*. Comme pour le verlen,
tous ces procédés sont oraux et non graphiques. Leur fonction
cryptologique est plus patente encore que dans le premier cas :
déstructuration de la syllabation, présence de déformants et destruction de l'ordre linéaire pertinent.

L'aspect systématique de ces règles de transcodage doit nous
les faire considérer à part. Notons cependant que les termes
traités en javanais ou en loucherbem, en nombre virtuellement
illimité, ont une nette tendance à se lexicaliser et à s'organi-

ser en systèmes. Nous n'en voulons pour preuve que les numéraux *linvé*, *latqué*, *larantqué*, etc. On retrouve aussi dans les dictionnaires des formes comme *gravos* ou *navon*. A l'inverse, on peut soutenir que certaines figures paraissant stabilisées, comme celle que l'on obtient par A ou SA d'éléments terminaux, font partie de paradigmes établis par transcodages. Ainsi les unités *circulance*, *dégoûtance*, *emmerdance*, etc. C'est l'avis de P. Guiraud qui assimile ces opérations à un mode rudimentaire de transcodage. A l'appui de sa thèse, il peut citer un exemple de Cartouche, où divers procédés d'adjonction se systématisent sur le plan syntagmatique : « Vousiergue trouvaille bonorgue ce gigotmuche ». En assimilant toutes les opérations que nous avons recensées aux procédés largonji ou javanais, on pourrait avancer qu'elles ont toutes une fonction cryptologique. Nous verrons plus loin ce qu'il faut en penser.

2.2. *Métasémèmes*

Rappelons que nous avons appelé Π et Σ deux modes de décomposition des entités. Le premier, Π, correspond à la décomposition d'un objet en parties ; le second, Σ, correspond à la décomposition d'un concept en ses éléments sémiques (*Rhétorique générale*, p. 97-101). Nous empruntons d'autre part à A. J. Greimas une utile distinction entre les équivalences isomorphes et hétéromorphes selon qu'elles font appel à des espèces lexicales identiques ou différentes de celles du degré zéro[1] (p. ex., un substantif restant un substantif ou devenant adjectif, syntagme nominal ou verbal, etc.). Il est évident *a priori* que les équivalences hétéromorphes introduisent une distance supplémentaire et, de ce fait, peuvent contribuer de façon originale à l'effet rhétorique obtenu.

a) Suppression

Synecdoque généralisante, mode Σ (SgΣ)

isomorphe	*hétéromorphe*
cul = *raie*	cœur = *battant*
menstrues = *affaires*	verge = *gaillarde*

---

1. « L'Écriture cruciverbiste », dans *Du sens*, Paris, Le Seuil, 1970, p. 285 s.

Le type hétéromorphe (surtout sous la forme du participe présent) est très fréquent en argot, et a parfois été appelé *épithète de nature*. Jusqu'à plus ample informé il semble inexistant en poésie, sauf dans des textes comme ceux de Norge, qui lui doivent précisément leur forte coloration argotique.

b) Adjonction

• Synecdoque particularisante (Sp).

mode Σ	*mode* Π
couteau = *lardoir* (isomorphe)	homme = *gants*
méchant = *vache* (hétéromorphe)	couteau = *lame*

• Antonomase particularisante (Ap).

L'antonomase joue toujours sur des noms propres, mais il y a toutefois lieu de souligner l'aspect métaplastique des figures argotiques du type nier : *aller à Niort,* ainsi que des forgeries comme jour de paye = *Sainte Touche,* escroc = *Maison Arrangeman et C°.* Puisque le nom propre vrai n'est pas analysable sémiquement, il ne s'impose à nous que comme l'étiquette d'une entité réelle et permanente. Forger un nom propre à partir d'un nom commun (analysable, lui, sémiquement), revient alors à « institutionnaliser » le contenu sémique, comme dans les deux exemples précédents, où l'on remarquera en outre la forte redondance des marques orales, et éventuellement écrites (majuscule, Sainte, Maison, -man, & C°). A côté de ces pseudo-antonomases, nous trouverons aussi une modalité plus classique (chaussures = *godillots* ou *charlots)* où le nom propre a perdu sa majuscule et prend la marque du pluriel, ou même du féminin, comme dans prostituée = *gisquette,* ce qui est une transgression plus caractérisée de la grammaire. Il est remarquable, sociologiquement, que l'argot tire ses antonomases vraies de prénoms plutôt que de noms de famille (souteneur = *Jules* ou *Prosper).* Une analyse complète du système d'appellation dans le milieu d'Argot (par prénoms, attributs et sobriquets) nous entraînerait trop loin.

c) Suppression-adjonction

• Métaphore (µ)
chaussures = *pompes*
sexe féminin = *abricot*

Dans notre corpus, la métaphore est toujours isomorphe et de mode Σ. La métaphore Π, théoriquement possible, reste introuvable dans les divers corpus examinés. L'appellation « métaphore de nature », employée par P. Guiraud, nous paraît pléonastique, puisque la « nature » invoquée n'est rien d'autre que l'intersection sémique qui fonde la figure.

• Antiphrase lexicale (Al)
  torchon = *cachemire*
  obstacle important = *paille*

Cette figure, toujours isomorphe, n'est possible que dans une langue seconde où, nous l'avons vu, deux dictionnaires superposés coexistent. Tous les dictionnaires d'argot consultés donnent *cachemire* pour torchon, ce qui n'empêche pas que le sens noble de *cachemire* (lui-même métonymique...) soit présent de façon latente. Il s'agit bien d'un métalogisme cliché et lexicalisé univoquement. Un mot comme *enguirlander* représente le même phénomène passé en français courant.

• Oxymore
  épaules tombantes = *épaules de serpent*

• Métonymies (Mn)

mode Σ	*mode Π*
Il est trop tard = *c'est midi*	Italien = *macaroni*
	soldat de marine = *marsouin*

• Métalepse (Me)
  être excitée = *mouiller* (isomorphe)
  fou = *marteau*　　　(hétéromorphe)

Cette figure est une variante de la Mn par laquelle on donne la cause pour l'effet et réciproquement. Cette intervention de la notion de cause fait que la figure est nécessairement de mode Σ.

d) Les figures composées

Il n'est pas rare que plusieurs transformations rhétoriques combinées affectent le même sémème. Nous distinguerons deux cas : celui des figures superposées et celui des figures complétées.

Dans les figures superposées, une première transformation mène du terme de départ à un premier terme figuré, lequel est à son tour transformé pour aboutir à une seconde métabole. L'application rhétorique reste ainsi localisée à une seule position de la chaîne. Un exemple typique de ce procédé est cachot (μ) → *cage* (Mn) → *ours*, mais la décomposition générale de la métaphore en deux synecdoques inverses y ressortit également. On peut parfaitement avoir aussi superposition d'un métaplasme et d'un métasémème, comme dans concierge = *cloporte/ clôt-porte*.

Dans les figures complétées, au contraire, la composition s'opère grâce à une expansion syntagmatique, ce qui les rend forcément hétéromorphes. Comme on le vérifiera aisément dans les exemples, l'opération consiste toujours à prélever dans le sémème initial deux sous-ensembles disjoints (par Syn. ou par μ) et à les grouper en syntagmes contradictoires ou absurdes (Oxymore. Cf. *Rhétorique générale*, p. 120). En même temps, on augmente l'invariant de la figure et l'on facilite sa réduction. Soit une synecdoque complétée chaussure = *écrase-merde* (ou verge = *agace-cul*). Cette figure semble bien, de nos jours, être propre à l'argot (mais on en trouverait pas mal d'exemples dans la Pléiade). Elle est nécessairement hétéromorphe, et se compose de deux Syn. La première est généralisante et se rapproche du type Sg Σ : bière = *moussante*/chaussure = *écraseuse*. « Écraseuse » est alors considéré sous sa forme équivalente « écrase-x », et la variable de distribution devient le lieu d'une Sp Σ ; la première figure joue dans le paradigme, la seconde dans le syntagme. Exemples de μ corrigées : cercueil = *canadienne en sapin*, pernod = *lait de panthère*. Le premier exemple est corrigé par une Syn. ; le second est encore plus complexe puisque corrigé par une seconde μ, figure elle-même composée.

3. ANALYSE QUANTITATIVE DES FACTEURS RHÉTORIQUES

3.1. *Préliminaires*

Des deux méthodes qui s'offraient pour le comptage – relevé des figures et de leurs fréquences dans des messages performés ou dépouillement d'inventaires – la seconde est évidemment plus rentable. Outre que les messages argotiques accessibles sont souvent apocryphes ou d'une authenticité que leur intégration à un dessein littéraire rend douteuse, les figures qui les caractérisent sont souvent clichées, c'est-à-dire non inventées au cours de l'émission. En outre, ces métaboles argotiques n'ont d'effet immédiatement intéressant qu'au niveau autonome. Comme telles, elles ne s'organisent pas dans le message en ensembles orientés, au rebours des œuvres littéraires, où il est coutumier de voir, par exemple, se constituer des champs métaphoriques. L'utilisation d'inventaires (alphabétiques ou thématiques) présente cependant un inconvénient : les codes du type *largonji* ne seront pas comptabilisés, puisqu'ils représentent l'application systématique d'opérateurs métaplastiques et jouent, de ce fait, un rôle comparable à celui des conventions constantes de mètres et de rimes en poésie. Les dictionnaires n'en fournissent, nous l'avons vu, que des exemples lexicalisés.

Par ailleurs, les témoins utilisés ne semblent pas toujours donner une image satisfaisante des paradigmes argotiques : comme on connaît la propension de l'argot au scatologique et au sexuel, il faut s'attendre à voir ces inventaires fréquemment expurgés. Nous efforçant de choisir les moins prudes des relevés disponibles, nous avons délimité deux corpus :

– Liste 1 (métaplasmes) : les dix premiers exemples pour chaque lettre du *Dictionnaire de l'argot moderne,* de Géo Sandry et Marcel Carrère (6e éd., 1957), compte tenu du fait que certaines lettres n'offrent pas 10 cas, et tous les exemples de la lettre médiane M. Le dépouillement de ce témoin fait apparaître que les métasémèmes représentent à peu près 60 % des figures.

– Liste 2 (métasémèmes) : Les listes établies par Robert Giraud dans *le Royaume d'Argot* (Denoël, 1965) pour autant qu'elles comportent au moins dix synonymes.

Restent à formuler deux remarques méthodologiques concernant la réduction des figures :

a) Termes arbitraires. Cette appellation est souvent utilisée pour masquer l'ignorance où nous sommes des processus qui ont donné naissance au terme substituant : chaque terme est évidemment motivé à un moment de son histoire, mais ces motivations peuvent avoir disparu. C'est pourquoi une lecture naïve du vocabulaire argotique ne fera apparaître que les figures manifestes, alors qu'un dictionnaire étymologique permettrait de réduire nombre de cas considérés comme arbitraires. En distinguant dès l'abord, à l'aide d'enquêtes orales, la classe des termes arbitraires (vrais ou apparents) et en calculant leur importance par rapport à la somme des seules figures réductibles, on évitera de biaiser les résultats d'une recherche portant essentiellement sur les transformations rhétoriques orientées.

b) Ambiguïté et pluralité des réductions. Parfois la réduction obvie de la métabole (étymologie populaire) ne correspond pas avec l'origine rhétorique historiquement établie ; il va de soi qu'il ne sera alors tenu compte que de la première, seule opération synchronique (ex. : *marquise*, perçu comme antiphrase de prostituée, en fait adjonction à *marque*). D'autre part, il arrive que l'enquête donne le choix entre deux réductions possibles (ex. : *Quille*. Réduction métaplastique : « fille » ; réduction métasémémique : « objet qu'on renverse ») ou indique une pluralité des réductions : métaplasmes se combinant avec des métasémèmes (ex. : *bide* ← *bidon* = ventre ; *mac* ← *maquereau* = souteneur), métaplasmes (prise → *pravise* par épenthèse → *pravouse* par SA) ou métasémèmes se superposant (ex. : cachot = cage → *ours*). On ne s'étonnera donc pas que l'effectif des opérations recensées soit supérieur au nombre d'unités fournies par les témoins.

3.2. Métaplasmes

3.2.1. Nombre et profondeur des opérations

Dans la liste 1, les effectifs des opérations A et des opérations S s'équilibrent manifestement : 38 contre 37. On peut également comparer le nombre moyen d'unités linguistiques (ici le phonème[1]) ajoutées ou retranchées, ce que nous appelons la *profondeur* de l'opération. On notera que les profondeurs moyennes des opérations S et A s'équilibrent *grosso modo* :

---

1. L'argot étant essentiellement une langue parlée, le phonème nous est apparu comme l'unité de mesure la plus pertinente. Il a été préféré à la syllabe parce qu'il permet des mesures plus fines et que d'autre part les métaplasmes argotiques ne tiennent pas toujours compte de la syllabation. Les sondages effectués en tenant compte du graphème comme unité n'infirment pas les conclusions tirées ici.

Opération	Effectif	Profondeur moyenne
S	37	2,46
A	38	2,03

Tableau I

Les opérations SA sont cependant en nombre équivalent aux deux premiers types : nous en relevons 79 dans la liste (75 pour S et A). *A priori*, cette répartition semble justifier, sur le plan théorique, la conception de SA comme le produit de deux opérations distinctes (S et A) et non d'une opération globale inanalysable (substitution). Les opérations complexes nous permettent une intéressante constatation : lors d'une S*m*A*n*, où *m* et *n* représentent l'indice numérique marquant le nombre d'unités atteintes par les sous-opérations, on obtient généralement $m \simeq n$, ce qui signifie que la quantité d'information est approximativement conservée du point de départ au point d'arrivée : *m* a en effet une valeur moyenne de 2,15 et *n* de 2,46. La différence est donc proche de 0. L'examen de la distribution des cas particuliers éclaire cette tendance :

$m + n$	− 5	− 4	− 3	− 2	− 1	0	+ 1	+ 2	+ 3	+ 4
effectif	1	0	1	6	11	19	38	10	2	0

Le calcul statistique montre qu'il s'agit là d'une distribution parfaitement normale (ainsi que l'illustre le report des fréquences cumulées sur un graphique à échelle gaussienne). L'hypothèse selon laquelle le rhétoriqueur tendrait à conserver une quantité égale d'information dans le message (*Rhétorique générale*, p. 46) se vérifie donc parfaitement, tant dans l'équilibre des opérations S et A et de leurs profondeurs respectives que dans l'équilibre de la S*m*A*n*. L'analyse des cas individuels corrobore d'ailleurs ces conclusions : l'Ar se conjugue presque obligatoirement avec une S (ex. : *LU*cien → *Luluce* ; Vic*TOr* → *Totor*) ; il semble d'ailleurs bien que l'argot ait une nette tendance à créer des prénoms dissyllabiques : Ar dans les monosyllabes (Paul → *Popaul*) et double S accompagnant l'Ar dans les trisyllabes

(FerDInand → *Didi*). Cette tendance ne se limite évidemment pas aux noms propres (Saucisson → *Sauciflard* → *Siflard*).

3.2.2. *Opérandes et profondeurs relatives*

L'examen des échantillons 1 et 2 suggère que les opérations ne s'effectuent pas au hasard. Ce phénomène, que nous étudions ici pour les métaplasmes, se vérifiera de manière aussi nette pour les métasémèmes. Le sens et la profondeur de la figure métaplastique est fonction de l'information véhiculée par l'opérande (terme de départ).

L'opération S s'exerce de préférence sur des termes longs, en moyenne 6, 11 phonèmes, que la S de 2,46 réduit à 3,65 ; l'écart-type σ, paramètre de dispersion, qui mesure la façon dont les valeurs particulières varient de part et d'autre de la moyenne est de 1,774. Notons enfin que la forme réduite correspond très souvent à un dissyllabe, qui semble décidément être la forme canonique du mot argotique, comme d'ailleurs sans doute celle du mot français en général[1]. L'A s'exerce, elle, sur des termes plus courts, auxquels elle donne un certain corps, moyenne : 3,34, que l'A de 2,03 allonge à 5,37 (ici, l'écart-type σ est plus réduit encore : 0,96 seulement). Comme on peut s'y attendre, les opérations SA s'exercent sur des mots de longueur moyenne (4,93 phonèmes). Cette valeur est assez significative, σ étant assez peu important (1,40). La SA allonge légèrement le mot (moyenne : 5,25) ; cette dernière tendance s'explique sans doute de la même façon que la relative importance de *n* dans A*n*, qui sera étudiée plus loin. De tels chiffres montrent que l'argot n'est pas, contrairement au lieu commun qui ne veut y voir que relâchement et tendance unilatérale à l'apocope, un instrument de déstructuration. En réduisant la dispersion des longueurs, l'argotier agit au contraire de manière à assurer un taux d'information uniforme dans le maximum d'unités de son lexique spécifique[2].

---

1. Cf. Denise François, « Les argots », dans *Le Langage*, Paris, Gallimard, 1968, coll. Pléiade, vol. publié sous la direction d'A. Martinet, p. 632-633.
2. Nous noterons que le coefficient de variation des longueurs de mots (quotient de l'écart-type par la moyenne) est remarquablement stable dans les 3 catégories de termes : $v = 0,28$ dans chaque cas. Ceci pourrait bien être une confirmation de ce que nous avons avancé pour les titres de films : l'impression de longueur est proportionnelle au logarithme de la longueur.

On notera que les profondeurs relatives des deux opérations simples divergent sensiblement : dans Sm, m représente 40,3 % du mot de départ (et 67,4 % du mot figuré), tandis que dans An, n représente 60,8 % du mot de départ (et 37,8 % du mot figuré). Cette tendance s'explique assez aisément. Par définition, m ne peut en effet être qu'égal ou inférieur au nombre d'unités linguistiques du terme de départ, tandis que, la valeur théorique de n peut varier de 1 à l'infini ; l'importance relative de ce dernier indice paraît donc peu significative. Elle n'est en tout cas pas de nature à oblitérer la perception du terme de base, puisque l'opération est loin de multiplier l'information par 2. On ne peut donc dire que les déformants ont pour mission essentielle de dissimuler l'identité des mots en les masquant d'une syllabe conventionnelle. Il faut aussi souligner la valeur modeste de l'indice de destruction m, qui se situe bien en deçà du taux de redondance globale du français moderne, voisin de 55 % pour la langue écrite[1]. Tout métaplasme argotique par opération A ou S est donc intelligible par simple autocorrection des erreurs. Dans les opérations AS, l'invariant est d'une importance réduite, en tout cas inférieure aux termes traités par A : 2,78 phonèmes. Il semble donc que ce soit dans ces opérations que l'agression métaplastique contre le langage soit la plus grave. Néanmoins, ici encore, l'argotier fait preuve de prudence, puisque non seulement ni $m \simeq n$ (et l'équivalence des longueurs doit être considérée comme un facteur de redondance important), mais encore ni m (43,6 % du terme de base) ni même n (49,9 %) ne dépassent 50 %. Ces observations obligent à nuancer l'idée selon laquelle l'argot serait un instrument cryptologique. Si l'agression a bien lieu, elle s'entoure d'une certaine prudence. Le langage argotique, subversion du code, veut rester code.

3.2.3. Suppression-adjonction complète

Le cas des métaplasmes par SA complète (mots dits arbitraires, emprunts, etc.) est à considérer à part. La redondance n'est pas, en effet, ici de type plastique. La réduction de l'écart ne se réalise pas à la hauteur des seuls signifiants mais

---

1. Cf. A. Moles, *Théorie de l'information et perception esthétique*, Paris, Flammarion, 1958, p. 54. Nous ne traitons ici que la seule redondance phonétique, dont nous avons établi par test qu'elle représente 22 % seulement de la redondance globale (*Rhétorique générale*, 38-41).

s'effectue au contraire à travers le signifié (*Rhétorique générale*, p. 59-60). Seules des redondances sémantiques ou syntaxiques permettent d'atteindre leur invariant. C'est donc
surtout dans cet ensemble que l'on serait autorisé à rechercher
les manifestations de la fonction cryptique de l'argot. On notera
cependant que ces termes sont loin d'être majoritaires dans
l'échantillon (39 % des métaplasmes et 15 % seulement des
termes argotiques – chiffres calculés sur plus de 1 000 cas) et
que cette répartition procède d'une lecture immédiate et naïve.
Un examen attentif ou une pratique faisant resurgir les motivations aux yeux du destinataire permettent de réduire un
nombre important d'entre eux à des métasémèmes. On observe
d'ailleurs dans l'argot une certaine tendance à réduire le nombre
de termes arbitraires en leur conférant une nouvelle motivation intralinguistique, notamment par attraction paronymique[1].

Au total, l'examen des métaplasmes laisse apparaître l'argot
comme un langage soucieux de ménager des relations fort étroites
entre le terme de départ et le terme figuré. Les taux d'altération
restent fort en deçà du niveau de redondance globale. Nous recher-
cherons donc la véritable originalité de l'argot en dehors de la
fonction cryptologique où on l'a longtemps confiné. Ses destructions s'exercent ailleurs que sur des phonèmes et des syllabes.

3.3. *Métasémèmes*

3.3.1. *Généralités*

Dans une telle discussion, on doit nécessairement s'interroger
sur les hypothèses habituellement admises à propos de l'argot,
sur la base d'argumentations souvent sommaires et qui ont déjà
été nuancées dans notre étude des métaplasmes. La principale
d'entre elles est que l'argot est *cryptoludique*, et dans une moindre
mesure *péjoratif*[2]. A cela se joint la conviction souvent implicite
que l'éthos particulier – ou nucléaire – des figures sera valable

---

1. Comme le souligne d'ailleurs D. François, qui donne ainsi un argument contre la thèse de la cryptologie : « les créations pures et simples de
signifiants sont extrêmement rares, sans doute parce qu'on recherche dans
l'argot une motivation, qu'elle soit purement formelle ou conceptuelle »
(*op. cit.*, p. 629).
2. Cf. D. François, *op. cit.*, p. 623.

ici comme ailleurs. On tient généralement pour acquis, par exemple, que l'abondance des métaphores reflète un certain souci de « faire image », au sens de « rendre concret », cadrant bien avec l'idée que peut se faire le bourgeois de la mentalité fruste d'un argotier. Il nous appartiendra d'une part de vérifier si ces hypothèses, sociologiquement orientées, se vérifient bien dans les faits, et d'autre part si d'autres critères explicatifs ne s'avèrent pas d'un rendement supérieur. C'est seulement après l'évaluation quantitative du rendement des critères essayés que nous pourrons hasarder une théorie de l'éthos argotique.

Nous envisagerons successivement les 5 facteurs suivants :

3.3.2. Tendance à l'explicitation
3.3.3. Opposition Π/Σ
3.3.4. Recherche du niveau constant
3.3.5. Complexité perceptive du matériau de départ
3.3.6. Morphologie

3.3.2. Tendance à l'explicitation

On a souvent dit[1] que la poésie visait à contraindre le lecteur à former des représentations mentales ou images, alors que l'usage normal de la langue ne l'implique généralement pas. Cette hypothèse s'étend tout naturellement à l'argot, comme aux autres manifestations de la fonction poétique.

A cet égard les figures métasémémiques ont un résultat sur l'explicitation, que l'on peut qualifier de positif, négatif ou neutre. Une Sg Σ comme bière = *moussante* rend explicite une propriété de la bière. Le résultat de la figure est de nous communiquer *à la fois* le signifié *bière* (grâce à la redondance du contexte et à l'invariant de la figure, selon le schéma démontré ailleurs[2]) et un de ses attributs critériaux, le « *moussage* ». Dans une Sp Π (ex. : couteau = *lame*) nous aurons un résultat semblable mais sur le mode Π. La réduction d'une μ, considérée comme produit de deux Syn., conduit forcément aussi à l'explicitation des attributs ou des parties communes. Par contre la Sp Σ (ex : chambre = *foutoir*) et la Sg Π (ex. : nez = *tarin*) ont pour effet de « noyer » ou de « diluer » le signifié de départ, c'est-à-dire de le rendre implicite.

1. Mary Mc Closkey, dans *Mind*, 73 (1964), n° 290, p. 215-233.
2. *Rhétorique générale*, p. 44.

Enfin la Mn, pour laquelle l'invariant reste externe au signifié de départ, est strictement neutre sur le plan de l'explicitation.

On peut rassembler ces résultats en un tableau et les confronter aux résultats des comptages ; la concordance est excellente et nous pourrons retenir le facteur de tendance à l'explicitation dans notre modèle final :

Figures explicitantes	Figures neutres	Figures implicitantes
Sg Σ Sp Π μ	Mn	Sp Σ Sg Π
369	45	25

Tableau II

Les figures explicitantes, largement majoritaires, mettent en évidence une partie sémique du terme de départ, laissant ainsi « la clef sur la porte » pour le décryptage. Si l'argot est un codage, il se veut aussi aisément décodable. Une telle conclusion contredit expressément l'hypothèse selon laquelle l'argot serait un langage secret.

3.3.3. *Opposition Π/Σ*

Nous avons commenté ailleurs (*Rhétorique générale*, p. 97) une distinction possible dans le lexique, entre les signifiés proches de l'appréhension perceptive première (lexique concret) et ceux qui résultent d'une analyse mentale plus ou moins poussée (lexique abstrait). Nous avons distingué, parallèlement, deux familles de figures opérant selon les modes de décomposition Π et Σ, qui correspondent respectivement à ces catégories. Depuis lors, cette distinction nous a paru pouvoir être justifiée par des considérations gestaltistes et épistémologiques aussi bien que sémantiques (nous nous justifierons plus amplement dans un travail à paraître prochainement).

Il est intéressant de vérifier sur un corpus étendu et homogène à quelle catégorie de figures l'argotier recourt le plus souvent : nous trouvons ainsi 367 figures Σ contre 72 figures Π. Ceci tend à prouver que les transformations rhétoriques s'effectuent le plus aisément à partir d'analyses sémantiques abstraites, et que les figures Π (notamment la Mn) ne sont employées qu'en dernier recours et lorsque la figure Σ est difficile ou déjà faite. Une telle conclusion s'inscrit notamment en faux contre l'opinion selon laquelle les figures de rhétorique visent à « faire image » c'est-à-dire à forcer la représentation mentale d'entités concrètes : la rhétorique, même argotique, nous paraît avant tout un jeu rationnel, conceptuel et abstrait.

3.3.4. *Recherche d'un niveau constant*

Nous avons vu que, selon notre typologie des figures, celles-ci pouvaient avoir pour résultat une variation du « niveau » du terme de départ. Ce niveau est à entendre, selon le cas, comme degré de complexité sur une échelle de type Π (organisation perceptive) ou Σ (abstraction conceptuelle). Les différentes figures pourront donc élever le niveau, l'abaisser, ou le laisser constant.

Des analyses sémantiques comme celle d'A. J. Greimas[1] nous ont familiarisés avec un modèle d'articulation sémique où interviennent des signifiés de même niveau et leur relation avec le signifié de niveau immédiatement voisin. Le modèle triangulaire proposé par cet auteur peut même être considéré comme la structure élémentaire où peuvent jouer toutes les figures Σ. Selon nous il existe un modèle analogue pour les figures Π, qui complète le modèle de Greimas et rend possible les analyses sémantiques échappant au premier. Le système rhétorique étant un système inconscient de démarches sémantiques, son examen approfondi permet une confirmation en quelque sorte expérimentale des modèles sémantiques intuitifs ou spéculatifs jusqu'ici proposés.

On peut à présent se poser la question de savoir si les démarches suppressives, adjonctives ou de niveau constant sont favorisées. Intuitivement et *a priori*, on est tenté d'associer à ces démarches une notion d'effort ou de coût : sont pénibles les changements de niveau qui nécessitent une sorte d'« accommodation » mentale ou imaginaire, et sont aisées les figures à niveau constant, par application d'une loi d'économie dont la

---

1. *Sémantique structurale*, Paris, Larousse, p. 29-41 et *passim*.

linguistique a déjà établi l'existence. Plus le changement de niveau est important (en d'autres termes, plus l'opération est profonde) et plus l'effort nécessaire pour le décodage sera intense. Malheureusement, la profondeur sémantique (sur une échelle de généralité) ne peut encore être mesurée comme peut l'être la profondeur des altérations métaplastiques.

Si nous confrontons cette hypothèse de coût avec les résultats des comptages, nous trouvons le tableau suivant :

	S	SA	A
Mode Σ	60	290	17
Mode Π	19	45	8
Total	79	335	25

Tableau III

On voit que l'hypothèse est largement justifiée, tant sur le mode Π que sur le mode Σ. On observera en outre que parmi les figures à niveau variable, et contrairement à ce qui se passe pour les métaplasmes, les S l'emportent sur les A. Ceci ne fait que redoubler l'observation faite ci-dessus, et dont il a été rendu compte par une tendance à l'explicitation. Cette explicitation globale paraît cependant pouvoir être considérablement raffinée par un examen détaillé du corpus (Cf. 3.3.5.).

3.3.5. *Complexité perceptive du matériau de départ*

On a jusqu'ici considéré que l'argotier, comme le poète, était libre de créer les écarts métasémémiques qu'il souhaitait. Nous allons rechercher si au contraire ce choix n'est pas déjà limité et orienté par le matériau de départ, en l'occurrence par l'organisation du signifié sur lequel va porter le métasémème. Nous avons vu qu'il en allait bien ainsi au niveau des signifiants.

Une première indication qu'il en va de même pour les métasémèmes sera donnée par le classement des mots de la liste 2 selon les pourcentages décroissants de métaphores auxquelles ils donnent lieu (tableau IV). On aperçoit aisément que la distribution n'est pas normale : elle ne ressemble ni à une courbe de Gauss ni à une courbe de Poisson. Elle n'est pas davantage centrée sur une valeur déterminée du rapport Mn/μ. Elle ne peut donc être le fait du seul hasard mais doit faire intervenir des facteurs précis que nous tenterons de dégager plus loin. On constate ensuite que le classement découpe le corpus en univers sémantiques cohérents : le haut du tableau est occupé en écrasante majorité par les parties du corps, alors que le bas comporte surtout des professions.

Cette remarque conduit à examiner de plus près le vocabulaire du corpus 2, et à y délimiter des sous-ensembles ayant un statut sémantique plus ou moins homogène (c'est-à-dire susceptibles de figurer dans un même paradigme). Entrepris sans idée préconçue, un tel classement peut se présenter comme suit :

a) Parties du corps (yeux, dents, oreilles...)

Ces parties, au nombre de 18 dans notre liste, sont considérées comme des entités perceptives homogènes, généralement inanalysées, et engendrant des concepts de même niveau sémantique. On n'aperçoit généralement pas un *nez* hors du « contexte » d'un organisme entier. Il s'ensuit que les liaisons entre le *nez* et l'ensemble du *visage* ou du *corps* seront toujours présentes, et que la décomposition perceptive du *nez* en *narines*, *ailes*, etc. apparaîtra moins immédiate.

b) Individus (femme, souteneur, cheval de course...)

Ces termes, au nombre de 10, ont comme signifié un individu entier. Mais il y a lieu de subdiviser déjà cette classe en deux sous-classes selon qu'ils présentent ou non une motivation intralinguistique :

b_1. Celle des termes simples et arbitraires qui désignent un corps entier dans toute sa généralité : homme, femme, enfant, cheval (en tout 4 termes).

b_2. Celle des termes dérivés ou composés qui désignent ces mêmes individus dans une modalité professionnelle : souteneur, prostituée, agent, paysan... (6 termes).

c) Objets (revolver, chaussures, prison...)

Ces termes, au nombre de 7, ont pour signifiés des objets, généralement manufacturés, pouvant être considérés soit comme objets, soit pour leur fonction, selon un clivage très semblable à celui opéré dans la classe *b*. En somme les classes *b* et *c* se distinguent avant tout par une opposition sémique animé/inanimé dont il faudra montrer si elle est pertinente.

d) Divers

Nous trouvons parmi ces inclassables, au demeurant peu nombreux, « argent », « escroquerie », « nourriture », « imbécile ». Cette classe est évidemment inexistante en tant que groupe sémantique homogène. Un examen plus attentif (*a priori* ou *a posteriori*, c'est-à-dire avant ou après les comptages) permettrait peut-être de les redistribuer dans les classes *a*, *b* et *c*. Nous nous en servirons seulement comme d'exemples *a contrario* pour valider le reste du classement.

Terme	% de métaphores	Terme	% de métaphores
Jambes (*a*)	100	Bouche (*a*)	66,7
Escroquerie (*c*)	100	Argent (*c*)	66,7
Tête (*a*)	96,7	Agent en civil (*b*)	66,7
		Nez (*a*)	62,5
Dents (*a*)	88,9	Guillotine (*d*)	62,5
Cheveux (*a*)	87,5	Cheval de course (*b*).	60,0
Sexe fém. (*a*)	85,7		
Oreilles (*a*)	84,7	Chaussures (*d*)	54,6
Yeux (*a*)	84,6	Souteneur (*b*)	54,6
Anus (*a*)	80,8	Enfant (*b*)	50,0
Testicules (*a*)	80,0		
Mains (*a*)	80,0	Revolver (*d*)	44,4
Sexe masc. (*a*)	80,0		
		Prostituée (*b*)	38,5
Pieds (*a*)	77,8	Pédéraste (*b*)	36,4
Imbécile (*c*)	76,1	Homme (*b*)	33,3
Bras (*a*)	75,0	Femme (*b*)	33,3
Langue (*a*)	75,0	Chambre (*d*)	33,3
Agent en uniforme (*b*)	75,0	Seins (*a*)	31,2
Prison (*d*)	72,7		
Fesses (*a*)	70,8	Couteau (*d*)	22,2
		Pantalon (*d*)	12,5
		Nourriture (*c*)	0
		Paysan (*b*)	0

Tableau IV

Nous pouvons à présent reprendre les résultats du tableau IV et les ordonner selon les classes précédemment définies. Nous y joindrons les pourcentages des autres figures, présentés sous forme de moyennes. A l'intérieur de chaque classe, les pourcentages sont remarquablement stables pour les figures courantes. Pour ne pas alourdir la présentation, nous ne reproduirons pas les tableaux détaillés.

Classe	Exemple Type	Effectif		Figures Σ			Figures Π		
		des séries	des figures	Sp/A	μ/SA	Sg/S	Sp/S	Mn/SA	Sg/A
a	« yeux »	18	286	0,7	78,4	10,5	0,7	7,0	2,7
b_1	« femme »	4	38	10,5	42,2	28,9	10,5	7,9	0
b_2	« agent »	6	53	9,4	43,4	13,2	15,1	18,9	0
c	« chaussures »	7	62	9,7	45,2	17,7	8,1	19,3	0

Tableau V

Dès à présent, le tableau V fait apparaître la singularité de la classe a et la grande proximité des trois autres classes. Il justifie une analyse du vocabulaire de départ selon des critères gestaltistes de complexité perceptive, analyse qui ne peut se faire avec toute la rigueur souhaitable parce que notre corpus est réduit, et que les outils pour la pratiquer font encore défaut. Nous postulons ici un parallélisme entre les unités perceptives et le lexique (travail à paraître), ce qui nous amène à invoquer dans notre interprétation de la rhétorique des arguments extralinguistiques. Toutefois ceux-ci ne sont invoqués que dans la mesure où ils ont une répercussion linguistique. D'autre part, le corpus considéré étant avant tout linguistique, nous devrons également introduire des considérations sur la configuration du lexique.

Sur le plan *perceptif*, nous pourrons distinguer dans notre corpus trois types d'entités pouvant favoriser des transformations rhétoriques spécifiquement différenciées :

1. L'ensemble complexe d'éléments (ex : CHEVAL-COUTEAU)
Nos classes b_1, b_2 et c sont de ce type, qui favorise la formation de figures particularisantes Π et, conversement, la

distinction animé/inanimé par laquelle nous séparions les classes *b* et *c* n'est pas ici pertinente.

2. *L'élément subordonné* (ex : ŒIL)

La classe *a* appartient à ce type, qui favorise les adjonctions Π et, conversement, rend peu probables les suppressions Π.

3. *L'élément indépendant* (ex : ARGENT)

Le seul représentant rencontré dans cette catégorie vérifie parfaitement que ce type interdit aussi bien les adjonctions que les suppressions Π.

L'influence du facteur perceptif ne peut par définition se manifester que sur les figures du mode Π. Il ne concernera d'ailleurs que les possibilités d'Adjonction et de Suppression et restera neutre vis-à-vis des opérations de SA, qui laissent le niveau perceptif constant.

Le tableau V montre que les prévisions relatives à la répartition des figures du mode Π se vérifient très bien (l'abondance de métonymies en b_2 et *c* restant momentanément inexpliquée).

D'autre part, la complexité Π s'accompagne d'une relative simplicité Σ et inversement : nous devrons donc trouver une proportion plus grande de Sg (qui sélectionnent des sèmes ou groupes de sèmes) parmi les termes complexes (classe *a*) que parmi les autres (classes *b* et *c*). On s'assure qu'il en est bien ainsi, sans que les différences puissent être considérées comme décisives, étant donné qu'il n'existe pas encore de méthodes de mesure rigoureuses applicables aux ensembles sémiques.

3.3.6. *Facteur morphologique*

Sur le plan *morphologique*, nous trouvons deux catégories de noms dans la classe *b* de notre corpus :

a) les noms simples, caractérisés par un arbitraire absolu du signifiant. Ces noms ne favorisent ni les figures Π ni les figures Σ. Ex : CHEVAL, HOMME.

b) les noms *dérivés*, comportant une motivation intralinguistique, c'est-à-dire un renvoi explicite par le signifiant à un concept (ex : PROSTITUÉE). Les noms de ce dernier type (classe b_2) peuvent se décomposer en un morphème qui dénote l'appartenance à la classe b_1 : souten*eur*, ag*ent*, pays*an*, etc.) et en un lexème qui introduit un groupe de déterminations sémiques (*prostituée*). On peut donc prévoir que les figures portant sur ces mots feront usage de ces sèmes mis au premier plan et seront en principe plutôt du mode Σ.

Lorsque l'on confronte ces prévisions avec les résultats des comptages, on voit au contraire que la classe b_2 est, relativement, la moins abondante en figures Σ : le critère morphologique doit donc être abandonné, et il n'y a pas de raison valable de distinguer les classes b_1 et b_2 dans le corpus. Pour éviter l'intervention d'un autre facteur (tel celui de la complexité perceptive) nous avons limité le calcul à la classe homogène b.

$$\begin{cases} \text{Classe } b_1 : 7 \ \Pi \ / \ 31 \ \Sigma \\ \text{Classe } b_2 : 18 \ \Pi \ / \ 35 \ \Sigma \end{cases}$$

3.3.7. Conclusions

Après avoir passé en revue quelques hypothèses concernant les facteurs ayant une influence sur la distribution quantitative des figures, nous sommes en mesure d'apprécier ces facteurs d'après leur pouvoir explicatif et réciproquement de mieux saisir les raisons de certaines dominances dans les espèces rhétoriques. Il va sans dire que nous ne pouvons encore affirmer que notre liste de facteurs soit exhaustive, ni que ceux-ci soient parfaitement indépendants les uns des autres.

Le tableau suivant résume et classe les rendements explicatifs des facteurs étudiés :

Facteur	Rendement
1) *Organisation du signifiant* Morphosyntaxe : motivé/non motivé	$\dfrac{18 \, \Pi}{35 \, \Sigma} \Big/ \dfrac{7 \, \Pi}{31 \, \Sigma}$
2) *Transformation opérée sur signifié* Explicite/Neutre/Implicite Σ / Π Niveau constant/variable	369/45/25 367/72 335/104
3) *Organisation du signifié* Simple Π (*a*)/Complexe Π (*b* + *c*) Simple Σ (*b* + *c*)/Complexe Σ (*a*)	$\dfrac{8 \text{ Sg}}{2 \text{ Sp}} \Big/ \dfrac{0 \text{ Sg}}{17 \text{ Sp}}$ $\dfrac{29 \text{ Sg}}{15 \text{ Sp}} \Big/ \dfrac{31 \text{ Sg}}{2 \text{ Sp}}$

Tableau VI

Le test χ^2 appliqué à ces résultats donne chaque fois un résultat très hautement significatif (moins d'une chance sur 1 000 pour que la distribution observée soit l'effet du hasard), sauf pour le facteur simplicité/complexité Σ où il est seulement hautement significatif (1 chance sur 100), et pour le facteur morphologique, qui doit être statistiquement écarté (plus d'une chance sur 10). Pour l'application du test de Pearson, on a utilisé une hypothèse nulle consistant à supposer l'équipartition des figures sur les 6 types possibles en comptant pour 2 les μ et les Mn, qui résultent de deux opérations superposées. Rappelons qu'un test de ce genre démontre une corrélation, et non une causalité. On voit immédiatement que l'organisation du signifiant n'a aucune incidence sur le choix des figures, ce qui confirme la théorie générale sur l'effacement des motivations intralinguistiques.

Les trois facteurs généraux portant sur le choix des transformations se montrent d'un rendement exceptionnellement élevé. Le pourcentage très grand de μ est notamment expliqué par une surdétermination due à la convergence des trois facteurs. La dominance relative de la Mn (figure à niveau constant) dans le groupe des figures Π est également bien expliquée.

Enfin, on voit que l'organisation sémantique du signifié est déterminante en ce qui concerne le choix des figures Π, et paraît l'être aussi pour les figures Σ.

4. A LA RECHERCHE DE L'ÉTHOS ARGOTIQUE : QUELQUES ÉLÉMENTS POUR UNE INTERPRÉTATION

4.1. *Éthos nucléaire et fonction cryptologique*

Parmi les facteurs étudiés à propos des métasémèmes, certains sont des contraintes linguistiques (organisation du signifiant et du signifié), alors que les autres marquent une orientation délibérée de la démarche rhétorique. La figure finalement choisie résulte pour chaque terme d'un équilibre entre cette volonté et ces contraintes. Les démarches volontaires adoptées ne font rien d'autre que de définir l'*éthos nucléaire* de la rhétorique argotique : la recherche d'une transformation conceptuelle du terme de départ, visant à expliciter une de ses propriétés sans modifier son niveau de complexité. Pour les métaplasmes, la situation est plus simple. A part quelques abréviations véritables fondées sur la loi de moindre effort (d'accord = *d'acc*), il s'agissait de transformer le lexique en appliquant des opérateurs d'adjonction, de suppression et de suppression-adjonction. Ces opérations sont évidemment soumises à certaines contraintes linguistiques portant sur la longueur des unités.

Nous avons déjà parlé du lieu commun qui voit dans la fonction cryptologique un définissant de l'argot. Cette idée, qui ne fait plus l'unanimité aujourd'hui [1], nous semble due aux circonstances suivantes :

1. Influence des études diachroniques. Le Royaume d'Argot était autrefois une coterie imperméable de truands dont le vocabulaire était si secret que le jargon de Villon a résisté pendant des siècles à une interprétation poussée. Depuis le XIXᵉ siècle, l'isolement social de la pègre est rompu et son langage tend à se diluer dans les parlures vulgaires. La nécessité du secret n'est par conséquent plus aussi évidente.

2. Vision sociologique. Rarement étayée par des arguments linguistiques, la thèse de la cryptologie semble souvent résulter de la position sociale de l'observateur, qui modifie toujours les conditions de l'expérience. L'argot renvoie en effet à un groupe social étranger qu'il fonde aux yeux du locuteur bourgeois. Pour peu que la personnalité de ce groupe lui apparaisse comme hostile, ce locuteur en vient vite à voir dans le signum social différenciateur un instrument de défense et donc à le concevoir comme cryptologique.

Nombre de nos remarques mènent à refuser le rôle cryptologique à la plus grande partie des formations argotiques. Rappelons-les :

1. Équivalence $m \simeq n$ dans les SmAn métaplastiques.

2. Taux m des destructions plastiques en decà des limites de la redondance phonétique ; valeur réduite de l'indice n d'adjonctions déformantes.

3. Nombre relativement peu élevé de mots arbitraires (15 % seulement).

4. Tendances à l'explicitation sans modification du niveau de complexité.

---

1. Cf. notamment P. Guiraud, *l'Argot*, Paris, P.U.F., 1956.

Mais ces arguments sont loin d'être les seuls. Nous pouvons ajouter ceux-ci :

5. En toute rigueur, l'hermétisme complet n'est nécessaire dans un langage protégeant le groupe qu'aux fins de travestir les activités illégales ou répréhensibles de l'usager. Or, un seul coup d'œil sur le tableau IV montre que le vocabulaire professionnel de l'argotier, pas plus, comme nous le verrons, que les *designata* obscènes ne sont les seuls à donner naissance à des figures. On a vu en outre qu'ils ne privilégient aucune métabole particulière.

6. C'est par la fonction cryptologique que l'on justifie fréquemment la pluralité des formes, dont P. Guiraud a justement noté qu'elles s'organisaient souvent en séries homogènes :

– Pour chaque terme, il peut exister plusieurs substituts métaplastiques, différant entre eux par l'importance de la résection ou par la nature et la longueur des déformants. Ex. : fromage = *from, fromgis, frometon, frometogome, frogome*. Les clés de transcodage peuvent elles aussi se présenter en séries (-*ag*-, variante de -*av*- du javanais). Denise François note encore que l'on peut considérer comme une série formelle la liste : lit = *pieu, plume, plumard, pageot, pucier*, etc.

– Il peut exister aussi des séries de substituts métasémémiques, à structure nucléaire identique et utilisant un même matériel sémique (et donc tout prêts à dégager un même éthos autonome). Ex. : tête = *poire, citron, fraise, pomme, pêche, coloquinte, patate, ciboule, calebasse, tomate, chou, cassis, cerise*, etc.

Dans un cas comme dans l'autre nous avons affaire à des synonymes presque parfaits (les différents déformants opposant rarement deux éthos). La théorie des codes et son application militaire nous apprennent qu'un dédoublement des mots convenus peut aider à dérouter l'adversaire. Mais est-il besoin de 14 synonymes pour désigner les yeux ? De toute manière, le raisonnement n'est valable que dans le cas des termes arbitraires, où le rapport du mot de base au terme figuré est entièrement conventionnel. Ici, une fois connu le rapport qui unit le terme de base à une seule des figures du paradigme, toutes les autres équivalences deviennent claires. Il s'agit là d'un processus manifeste de remotivation. L'éventuelle pluralité des séries (ex. Tête. Série$_1$: *poire, citron, pêche*, etc. Série$_2$: *cafetière, théière, fiole, bouilloire*, etc.) n'infirme en rien cette constatation. Il est donc peu fondé de traduire en diachronie ce phénomène de foisonnement et de soutenir que les termes argotiques se substituent les uns aux autres au fur et à mesure de leur chute dans le domaine public. D'ailleurs, rien ne permet de croire que les métaplasmes se renouvellent selon un ordre de profondeur croissante (et donc d'invariance décroissante) ou que les métasémèmes se succèdent selon un nombre décroissant de sèmes communs au terme perçu et au terme conçu. En définitive, il semble plutôt que l'on doive justifier la pluralité des formes argotiques par le « caractère essentiellement émotif de ce langage » (Dauzat) et par l'hypertrophie de sa puissance créatrice.

7. Si la recherche du secret était bien à la base de l'adoption des métaboles, on observerait un excès de Mn par rapport aux μ et non une proportion moyenne de 84 % à l'avantage de ces dernières. En effet, s'il est parfois difficile, ou peut-être impossible, de trouver une μ d'un terme donné, il est toujours possible de lui trouver des Mn, puisque tout objet a un voisinage physique et mental. Et plus ces Mn font appel à un lien distendu, à une contiguïté statistique et faiblement probable, plus elles seront aptes à préserver le secret... Or, c'est très exactement, nous l'avons vu, l'inverse qui se passe.

8. Enfin, dans de nombreux cas, les figures, appliquées au petit bonheur, introduisent une ambiguïté polysémique qui peut se révéler aussi gênante pour l'ami que pour l'ennemi. Un adjectif comme *baveux* peut indifféremment servir de synecdoque pour « bébé », « savon », « vieillard », « sexe féminin »...

Pour assurer efficacement le secret, il faut remplacer tous les termes explicites par des termes convenus reconnaissables des seuls initiés. Dans ce cas, le meilleur résultat est obtenu par l'emploi des termes *arbitraires*, que rien ne permet d'identifier (22 = voilà la police !) Un tel lexique parallèle nécessite toutefois, de la part des utilisateurs, un effort de mémoire considérable, en même temps qu'il introduit un assez grand risque d'erreur. Une solution presque aussi efficace, quoique beaucoup plus simple, consiste à adopter un *code secret*, par lequel on rend méconnaissable les termes du lexique usuel. Au lieu de mémoriser un mot secret pour doubler chaque mot usuel, il suffit maintenant de retenir une règle de codage. L'interlocuteur peut sans difficulté décoder un mot, même s'il ne l'a jamais rencontré.

Mots convenus arbitraires et codes secrets sont tous deux employés par l'argotier, dans des proportions diverses mais peu importantes. Il est très instructif de souligner que les deux mêmes méthodes sont employées par cette autre institution où le secret revêt une primordiale importance : l'armée. Pour des raisons différentes, le secret finit par être percé des deux côtés, et un renouvellement constant des structures éventées doit être opéré.

En définitive, il nous semble que le secret argotique est lié non seulement au besoin de transmettre des informations réservées, mais encore à la fonction de signum social. En effet, pour que cette fonction soit remplie, il faut que les tiers perçoivent une distance entre le langage normal et le langage argotique, et un effet (primaire ou secondaire, il n'importe) d'hermétisme en résulte toujours. Mais la fonction de signum *exige* une surface de contact entre le milieu d'argot et le milieu qui l'entoure : il faut que l'argot *s'expose* devant autrui, se présente comme intrigue et sollicite de ce fait le décryptage. Dans ces conditions, le secret ne peut indéfiniment résister, et est même fait pour céder. L'argot se distingue ainsi d'autres langages spéciaux, comme le vocabulaire hermétique des alchimistes, qui ne s'expose pas, ou les codes secrets militaires, qui ne s'exposent pas volontairement mais sont assiégés par l'ennemi. Par opposition à ces deux exemples, la truanderie se présente comme une activité nettement extravertie.

4.2. *Éthos autonome et synnome. La conversion des valeurs*

L'éthos autonome de l'argot peut lui aussi être cerné en examinant non plus la structure des figures vides, mais les matériaux qui servent à la réaliser. L'éthos synnome, résultant ici d'une simple juxtaposition de figures sans organisation au niveau intégratif supérieur, sera la simple addition des éthos autonomes.

Chacun connaît aujourd'hui la fameuse hypothèse de Sapir-Whorf, selon laquelle tout langage reflète fidèlement la façon de penser et de sentir de ceux qui le parlent, et manifeste non seulement le savoir atteint par cette communauté, mais jusqu'à ses structures sociales, politiques et culturelles. Elle n'a jusqu'ici été mise à l'épreuve que sur des langages premiers.

Ce n'est pas ici le lieu de revenir sur les discussions passionnées qui ont entouré cette théorie célèbre et qui lui ont d'ailleurs retiré une bonne part de son impérialisme. Il reste néanmoins qu'une liaison existe entre un langage et ceux qui le parlent, et que ce lien est senti, plus ou moins vivement, par chacun des membres de la collectivité. Inversement toute collectivité désireuse de s'isoler et de marquer son isolement tend à créer son propre langage, langage dit « spécial » s'il s'inscrit dans une communauté linguistique plus vaste. L'armée, l'école, la marine, le bagne procèdent de la sorte, et le langage devient pour eux un signum social, remplissant ainsi la fonction de l'uniforme, autre marque distinctive d'un sous-ensemble du groupe social ; à la limite le couple lui aussi élabore un vocabulaire intime. L'argot, – plusieurs auteurs y ont insisté, et Pierre Guiraud adopte cette position –, remplit exactement cette fonction. Nous aimerions en dégager quelques conséquences qui retentissent sur sa rhétorique.

D'une façon tout à fait générale, on peut dire que le lexique argotique s'obtient en appliquant un certain *opérateur* au lexique premier. Cet opérateur transforme les mots par modification de leur forme ou de leur sens, et les différents aspects que peut prendre cette transformation ont été exposés plus haut.

Cette transformation établit une distance entre le terme de départ et le terme d'arrivée. Elle manifeste le refus d'employer le terme propre[1] et la volonté de s'en écarter *d'une façon signifiante*. En effet la stabilité des pourcentages observés, le nombre réduit des opérations effectuées montrent qu'il ne s'agit aucunement d'une déformation fantaisiste s'opérant au hasard dans n'importe quelle direction : tous les écarts, bien au contraire, sont orientés parallèlement et comportent une signification à dégager. Cette signification ne sera autre que la valeur particulière attachée par l'argotier à sa culture et qu'il entend « afficher » dans ce *signum* social qu'est son langage spécial, en un mot son éthos.

Pierre Guiraud a insisté à juste titre sur la dégradation des valeurs, le sarcasme et l'ironie qui imprègnent le parler argo-

---

1. Un exemple particulièrement net de ce refus est fourni par le mot *accoucher*. En argot, ce mot signifie « se décider à parler », alors que l'accouchement lui-même est désigné par des expressions comme *pisser sa côtelette* : en définitive une bonne part de l'argot n'est qu'une *rotation des signifiants*.

tique. Il y a lieu de pousser cette remarque jusqu'à faire de
cette dérision le sens même d'un message second transmis par
l'argot, car le comique n'est jamais innocent. Puisque le langage représente l'ordre social régnant, tout individu en rébel-
lion et cherchant à manifester celle-ci portera son effort des-
tructif sur le langage. Après les exemples belge, breton,
canadien, basque, il n'est plus besoin de démontrer l'existence
de guerres linguistiques. Dada, au début du siècle, est né comme
révolte explicite contre un langage dépositaire d'un ordre social
méprisé, paravent portant les devises d'une pseudo-morale...
L'argot est une sorte de dadaïsme populaire et permanent, avide
de détruire les valeurs bourgeoises, – et chacun sait qu'elles
sont plus faciles à détruire par la parole que par l'action...
Mais l'argotier est un anarchiste, et sa dérision n'a même pas
la prétention constructive de Dada : il détruit le langage par
une sorte d'impuissance. L'argot est un substitut caractéristique de l'action révolutionnaire, qui opère bien plus, et à bien
meilleur compte, une compensation sociale qu'une conversion
véritable des valeurs.

La séduction qui se dégage de l'argot et touche même les
autres classes sociales en appelle directement aux zones de
révolte présentes en chaque individu. La complaisance qu'on y
porte est d'ailleurs généralement marquée par une mauvaise
conscience relative (honte ou provocation), qui n'est autre que
le sentiment de trahison éprouvé vis-à-vis des valeurs du
groupe.

C'est dans la même perspective qu'opère l'humour, lui aussi
déformation des mots et des significations, entraînant une destruction des valeurs. Il est significatif que la métaphore et la
métonymie s'y retrouvent avec abondance, poussée souvent,
cette fois, jusqu'à l'absurde. Or beaucoup d'autres modes d'expression usent de figures rhétoriques, et notamment la poésie
et la publicité qu'on ne pourra certes accuser de viser à la destruction des valeurs. A cet égard, nous soulignerons que métaphore et métonymie sont des figures *neutres*, dont la structure
en elle-même ne porte ni destruction ni construction de valeurs.
Les profondes différences observées trouvent ailleurs leur origine.

Pour résumer cet aspect de l'argot, nous dirons que l'opérateur argotique affiche comme signifié second une intention
destructrice à l'égard des valeurs sociales. Ce message second

n'est aucunement un épiphénomème dont l'apparition est involontaire. Les listes étudiées dans ce travail comportaient jusqu'à 43 synonymes pour un même mot : il s'agit là d'une répétition obstinée du message second, d'une *redondance* véritable visant à assurer la transmission, en même temps que d'un effritement caractéristique du signifiant dont le caractère arbitraire (donc ressenti comme faux ou dangereux) n'a peut-être jamais été dénoncé avec une pareille véhémence.

Il est intéressant de préciser à présent quels aspects du langage et de ses contenus sont agressés.

4.2.1. Le signifié : indécence et insoumission

Dans notre société, l'indécence sexuelle et scatologique déclenche généralement la censure des termes précis et leur remplacement par des termes secrets (vocabulaire intime des amants), enfantins, allusifs ou euphémiques. Si le même mécanisme était à l'œuvre dans l'argot, il faudrait s'attendre à y voir les termes sexuels ou scatologiques pareillement déguisés. Or c'est l'inverse qui se passe, et on assiste au contraire à une accentuation du caractère grossier ou obscène du vocabulaire : anus = *turbine à chocolat*, fesses = *moutardier*, sexe féminin = *baveux*, sexe masculin = *pistolet à eau chaude*... Sans insister autrement sur cette promotion de l'infâme, notons qu'il s'agit simplement de la réaction inverse à la réaction bourgeoise : au lieu d'accepter l'indécence en émoussant les termes, l'argotier réagit par la bravade.

En ce qui concerne la métaphore et la métonymie, il est clair que ni l'une ni l'autre de ces figures n'est privilégiée dans le traitement des termes obscènes. Le tableau IV montre bien que ces termes sont dispersés au hasard et assez uniformément dans l'ensemble des séries étudiées.

Une conclusion semblable serait obtenue à partir des termes désignant les divers aspects de l'autorité (agents, juges, etc.) qui contrecarre les activités illicites du truand et à laquelle ce dernier entend bien ne pas se soumettre.

Une étrange faiblesse semble toutefois s'emparer de l'argotier lorsqu'il évoque son châtiment : la prison, le bagne, la peine capitale. C'est bien le seul tabou qu'il respecte, ce que l'on comprend aisément, puisque c'est de son sort immédiat qu'il s'agit. Notre dépouillement des métasémèmes ne permet malheureusement d'avancer cette idée qu'à titre d'hypothèse, mais il est remarquable que ces concepts suscitent des euphémismes comme hart = *fil*, voire des antiphrases lexicales comme prison = *château*.

4.2.2. *Le signifiant : tératisation lexicale et grammaticale*

L'exercice de la langue s'accompagne de contraintes très réelles, qui peuvent même se formuler en normes (« Ne dites pas, mais dites... »). La transgression de ces défenses et le parti pris de la faute sont donc riches de contenu révolutionnaire ou, plus simplement, les signes d'un léger défoulement, qui tentera plus d'un locuteur ne pratiquant pas ordinairement l'argot. C'est ainsi qu'on attaquera la forme des mots par diverses troncations et adjonctions de déformants, que l'on ne dédaignera pas d'utiliser les connotations péjoratives des quelques suffixes méritant ce nom, que l'on ne craindra même pas d'attaquer la syllabation. Comme le dit Gaston Esnault, c'est « le coup du père François pour le malheureux substantif, bâillonné par devant, offusqué par derrière, étripé jusqu'au cœur ». Mais il y a plus : on tournera aussi la grammaire en dérision en dénonçant son absurdité. C'est ainsi qu'on formera *chapal* sur chapeau, considéré comme un pluriel, et qu'inversement, on donnera à crotale le pluriel de *crotaux*. On comprendra donc que, face à l'hypertrophie de la conscience grammaticale française, l'argot puisse parfois être amené à jouer un rôle cathartique. Peut-être ne faut-il pas chercher ailleurs la raison des grands succès du commissaire San Antonio.

Titres de films

Les titres de films utilisent la langue à plusieurs fins. Comme les titres des œuvres littéraires et musicales, ils désignent une œuvre et l'on pourrait analyser les relations qu'ils entretiennent avec son contenu. Toutefois, cette fonction référentielle qui ne peut apparaître qu'à la lecture du livre, qu'à la vision du film, ils l'assument en quelque sorte *a priori* dans la communication publicitaire. Cette communication diffère quelque peu des autres formes que connaît la publicité. En effet, l'objet qu'elle propose ne se consomme qu'en des lieux déterminés et les supports essentiels qu'elle utilise ont été culturellement normalisés : l'entrée du cinéma, l'affiche, la colonne « spectacles » des journaux, la bande-annonce. Dans cette communication, d'autres éléments prennent place : photos, dessins, noms des interprètes qui, joints au titre, précisent le genre cinématographique dont relève le film : *le Grand Amour* annonce, isolé, une œuvre sentimentale ou romanesque ; interprété par Pierre Étaix, il renvoie à un autre genre.

En dehors de cette fonction référentielle, les titres de films ont une fonction conative : ils s'adressent à un spectateur éventuel qu'il s'agit d'appâter, de séduire, de convaincre. Et les exigences commerciales qui sont à la base de la production et de l'exploitation du film donnent à cette fonction un caractère premier. Enfin, ils ont vocation poétique. On peut donc étudier la rhétorique que le titre met en œuvre de plusieurs points de vue. Nous bornerons notre examen à l'étude du titre dans ses constituants et à l'étude des relations qu'il entretient avec d'autres titres.

Dans cet examen, nous écarterons toute référence aux œuvres littéraires que le film adapte ou transpose et nous ne parlerons qu'occasionnellement des titres originaux des films étrangers. En effet, c'est l'usage – et les écarts – des titres rédigés en français que nous visons à définir.

1. LES NORMES

Utilisant la langue française, le titre de film se soumet à l'usage commun des formes, des relations syntaxiques et du vocabulaire propres à la langue. Mais d'autres normes se font jour, sanctionnées par les habitudes de l'exploitation et fondées sur les conditions matérielles et commerciales de sa présentation : place qu'il occupera dans un support déterminé (affiche, presse, devanture), impact mnémonique (il est fait pour être retenu). Ces normes se situent à plusieurs niveaux : au niveau métrique, dans le nombre d'unités mises en jeu ; au niveau syntaxique, dans le choix privilégié de certaines formes ; au niveau sémantique, dans le choix préférentiel de quelques champs sémantiques.

Pour définir ces normes, nous nous sommes fondés sur l'étude des 4 074 films actuellement distribués en Belgique et dont la liste a été publiée dans un organe corporatif, *Ciné-Presse*. Compte tenu des usages de l'exploitation (un film est loué au distributeur pour une période de cinq à sept ans ; le contrat est renouvelable), ce sont les normes des dix dernières années qui apparaîtront. Nous avons complété notre corpus à l'aide de *la Saison cinématographique* (1957-1969) qui publie annuellement la liste des films présentés en France, des tables des matières des *Cahiers du cinéma* (1953-1964) et du *Cinéma français* de G. Sadoul (1962) qui donne la liste complète des films français de 1930 à 1960.

a) Le niveau métrique

Au niveau métrique, trois éléments conjuguent leurs exigences : syllabes, mots et syntagmes.

Le nombre de syllabes est actuellement de trois à huit, voire neuf. Avant-guerre, un titre comme *Remontons les Champs-Élysées* était senti comme long et le titre ne franchissait qu'exceptionnellement les six syllabes. Par contre, le pourcentage de titres à deux syllabes était plus important. Le nombre de lexèmes qui, en certaines années d'avant-guerre, hésite entre un et deux, montre aujourd'hui une nette préférence pour deux, et trois s'affirme concurremment à un.

Un seul syntagme nominal reste la norme comme avant-guerre ; mais, parallèlement à l'utilisation de deux syntagmes nominaux (*Pierre et Jean ; Une jeune fille et un million*), on a recours davantage à trois syntagmes (*Amour, délice et orgue* est quasi unique avant-guerre) et à la phrase.

Une exception généralisée s'est maintenue pour les deux premières données : le nom propre qui se présentera souvent isolé et n'aura souvent que deux syllabes (*Lola, Bullit…*).

b) Le niveau syntaxique

Des trois formes élémentaires du syntagme nominal (nom isolé ; nom + épithète ; nom + déterminatif), la dernière s'est imposée beaucoup plus nettement dans les dernières années et représente, à peu près, 40 % de l'ensemble des 4 074 titres.

L'emploi de la phrase, dont, avant-guerre, l'utilisation était rare et limitée à des emprunts (théâtre, chanson) s'est généralisé et normalisé. Il révèle une préférence nette pour la forme assertive.

c) Le niveau sémantique

Comme par le passé, le titre de film fait appel de préférence à un vocabulaire qui regroupe autour de l'homme et de la femme, de la vie et de la mort, les thèmes de l'aventure, de l'amour et de la guerre.

C'est un vocabulaire limité et qui vise à la généralité. L'expression y est fortement mais constamment imagée et tend à l'hyperbole. La sélection des adjectifs est immédiatement révélatrice : préférence nette pour le superlatif, qu'il soit ou non introduit par « le plus » (irrésistible, extraordinaire, formidable) et pour les épithètes évaluatifs (grand, petit, jeune, drôle, joyeux) et pour les nombres.

On pourrait dresser l'inventaire de l'univers imaginaire que les titres proposent ; la géographie s'y réduirait aux grandes métropoles, aux ports internationaux, aux champs de bataille et à quelques villes, quelques îles lointaines aux noms colorés d'exotisme ; l'homme y serait détective, tueur, capitaine, agent secret, cow-boy, hors-la-loi, espion ; on y rencontrerait plus de filles que de femmes…

Les titres de films n'ont qu'un auteur : le marché du cinéma. C'est lui qui les introduit, les rejette ou les accepte. Les normes réductrices que nous venons d'énumérer entraînent et expliquent la situation paradoxale du titre de film. Désignant un objet unique qui est appelé à être consommé le plus largement possible, il doit manifester son originalité. Mais celle-ci ne peut prendre forme que dans un cadre étroit de conventions.

2. TITRES LONGS – TITRES COURTS

Les premières figures d'adjonction et de suppression se manifestent au niveau métrique. Traditionnellement, la profession a refusé le titre court[1] ; son impact mnémonique est faible et son pouvoir évocateur reste vague. *M.* (1931) n'a jamais été admis qu'avec en apposition *le Maudit* ; *El* (1953) fut rebaptisé *Tourments* ; *She* (1965) devint *la Déesse de feu*. Les prénoms étrangers se voient complétés par des apposés : *Hud* devient *Hud, le plus sauvage d'entre tous* et *Chuka, Chuka, le redoutable.* Ce n'est que dans les dernières années – encore, à chaque fois, un élément publicitaire particulier a-t-il soutenu le lancement du film – qu'on a vu apparaître *Z, If, M.A.S.H.* et *More.*

La réduction à un seul lexème n'est sentie comme un écart que dans sa conjonction à d'autres irrégularités qui se manifestent aux niveaux sémantique et syntaxique. Des mots comme « Cri », ou « Nuit » sont générateurs de longues séries (*le Cri des marines, le Cri de la victoire* ; *la Nuit des traqués, la Nuit des assassins*). Isolés et soutenus par l'article défini – qui retrouve son pouvoir généralisant – ils surprennent (*la Nuit* ; *le Cri*).

Le titre long, lorsqu'il réunit autour d'un nom deux ou plusieurs déterminants, n'est pas non plus senti comme un écart

---

1. La répartition statistique des longueurs des 1 000 titres mesurés est intéressante. Elle est assez proche d'une distribution logarithmico-normale (mode = 4,8 mots), avec toutefois une légère compression des grands écarts, due sans doute au fait que les titres très longs sont combattus par les distributeurs pour des raisons pratiques. S'il existe bien une norme de longueur comme nous le postulons, un écart rhétorique de longueur peut aussi exister. Or, en application de la loi de Weber-Fechner, l'impression de longueur sera proportionnelle au logarithme de la longueur, d'où la distribution observée.

notable. Ni *les Aventures amoureuses de Moll Flanders*, ni *Commissaire X dans les griffes du dragon d'or* n'étonnent. La volonté de s'éloigner de la norme ne sera manifeste que lorsque le titre long accueillera d'autres anomalies. Ainsi, lorsqu'une phrase se substitue au syntagme nominal : *Faut pas prendre les enfants du Bon Dieu pour des canards sauvages* ou *Que faisiez-vous quand les lumières se sont éteintes ?* Ainsi encore, quand normes syntaxique et sémantique sont simultanément perturbées comme dans *Ces merveilleux fous volants dans leurs drôles de machines*. Ce titre qui adopte pourtant une forme syntaxique consacrée utilise quatre lexèmes ; le démonstratif et le possessif – qui ne sont pas rares dans les titres – accompagnent deux synecdoques généralisantes qui combinent des données sémantiques opposées de prouesse (merveilleux) et de rire (fous, drôles).

La coordination ou la juxtaposition de deux syntagmes s'est figée dans un jeu d'oppositions sémantiques dont l'archétype romanesque est sans doute *Servitude et grandeur militaires* (1837) et *Histoire de la grandeur et de la décadence de César Birotteau* (1837).

Citons les nombreux *Elle et lui*, *l'Une et l'autre*, *Cendres et diamant*, *la Belle et la Bête*, *Petites femmes et haute finance*, *Bague au doigt… corde au cou*, *Dieu pardonne… elles jamais*.

Le Jour et l'heure (peut-être lointainement inspiré de *la Nuit et le moment* de Crébillon fils) est plus subtil. Les deux synecdoques généralisantes coordonnées et non juxtaposées y métamorphosent les formes traditionnelles que le roman policier et le film de guerre avaient stabilisées : *Mardi 13, à minuit* ou *Le 6 juin, à l'aube*.

Plus marqués seront les écarts qui naîtront de la présence de trois, voire de quatre syntagmes. Dans le premier cas, nous relevons un phénomène de la rhétorique du titre : l'écart s'y fait convention. Le succès d'un film entraîne l'imitation de son titre. Imitation paresseuse à l'époque de *Pain, amour et fantaisie* (1953) où seul le troisième terme est transformé (et *jalousie*, *ainsi soit-il*, *Andalousie*), plus diversifiée à partir de *Hier, aujourd'hui, demain* (1964) avec *le Bon, la brute et le truand*, *la Boue, le massacre et la mort*, *la Vie, l'amour, la mort*, *Je vais, je tire et je reviens*, *Comment, quand et avec qui ?* Si les relations syntaxiques entre les trois termes sont logiquement soutenues (mêmes catégories grammaticales si l'on excepte « ainsi-soit-il »), les relations sémantiques varient ou un troisième terme vient relâcher la liaison de contiguïté ou d'opposition des deux autres. Quant aux quatre syntagmes, on ne les rencontre que dans *Bob, Carol, Ted et Alice* où le choix des prénoms, leur ordre et les données métriques nettement marquées renforcent le caractère inusuel de la présence des quatre éléments. De la même façon, les quatre syntagmes verbaux de *Elle boit pas, elle fume pas, elle drague pas, mais elle cause* utilisant chacun trois mots monosyllabiques composent un alexandrin aux césures fortes.

Le titre long appelle une dernière remarque. Déjà au XVIᵉ siècle, il se réduisait à ses éléments essentiels, et nous parlons couramment de Pantagruel ou du Petit Jehan de Saintré sans plus savoir que ces mots s'inscrivaient dans des titres plus longs. De nos jours, le même phénomène de réduction opère ; d'une pièce de Weiss, nous retenons qu'elle contient *Marat-Sade* ; du *Docteur Folamour*, nous avons oublié le sous-titre et le distributeur de *Des gens se rencontrent et une douce musique naît dans leur cœur* a préféré – hommage à Varda et à Cléo – l'intituler *Sophie de 6 à 9*.

3. LES MÉTAPLASMES

La forme plastique du titre est rarement mise en cause. On pourrait relever quelques phénomènes marginaux. Une déléation (que seul le hasard malencontreux d'un procès a provoquée) : *Cet imbécile de…* ; une autre (qui dans sa relation au film se doublera d'une antiphrase) : *If…* L'une ou l'autre équivoque : *Quand l'inspecteur s'emmêle*, *Dis-moi qui tuer*. Un ou deux mots-valises : *le Bourgeois gentilmec* ou *Minikinistory* qui replace monokini dans le vent de la mode. De rares forgeries : *Le Schpountz* ou (via Fortunatus) *Hibernatus*. Un jeu graphique : Les *Ꮐusses arrivent, les Ꮐusses arrivent*.

D'autres effets nous parviennent en série.

a) Les prénoms dont Fernandel se vit affublé dans les films et dans les titres qui l'imposèrent en vedette entre 1935 et 1938 peuvent sembler excentriques par rapport aux usages familiers de l'époque (Ferdinand, Barnabé, Ignace, Hercule, Jim la Houlette, Ernest le Rebelle, Raphaël le Tatoué et, après

1940, Hector, Adrien, Boniface, Adhémar, Casimir). Mais leur excentricité relevait déjà d'une convention, d'une tradition : au cirque, au music-hall, dans les burlesques muets (Onésime, Caline, Zigoto), le clown était doté d'un nom qui révélait aussitôt son anormalité. L'écart était déjà règle.

b) La répétition nous est aussi venue en série. Qu'elle soit onomatopée (*Bang-Bang* ; *Pouic-Pouic* ; *Cash ? Cash !*) ou qu'elle porte sur un mot (*Un monde fou, fou, fou* ; *America-America* ; le précieux *A cause, à cause d'une femme* ; le subtil – mais dans sa relation à l'œuvre – *Je t'aime, je t'aime*).

c) En 1964, l'adaptation d'un roman de Jean Bruce : *Banco à Bangkok* répandait la paronomase. Lui succédèrent : *Bagarre à Bagdad*, *A tout cœur à Tokyo*, *Baroud à Beyrouth*[1], *Coup de gong à Hong-Kong*, *Ça casse à Caracas*, l'holorime *Cinq gars pour Singapour* et l'inattendu *Au hasard, Balthazar*.

d) Le vocabulaire argotique, limité à deux ou trois exemples avant-guerre (*Fric-frac* ; *Pépé le Moko*) va, à partir de 1954, s'inspirer de Simonin et de Lebreton. On aura : *Touchez-pas au grisbi*, *Du rififi chez les hommes*, *Razzia sur le schnouf*, *les Tontons flingueurs*[2], *les Malabars sont au parfum*. *Le Doulos* tranche par rapport à ces titres ; son sens reste pour beaucoup inconnu. Il réalise une double synecdoque particularisante puisque, désignant un chapeau, il en est venu à désigner celui qui le porte, l'indicateur de police et, désignant celui qui le porte, à désigner le film et le livre où ce personnage intervient.

Deux derniers phénomènes sont plus particuliers. Le chiffre, qui s'est introduit dans le titre au théâtre d'abord (*le Fauteuil 47*, *l'Article 300*) et dans le roman (*Quatre-vingt-treize*) est utilisé à des fins diverses. Il peut désigner l'année de l'action : *Adalen 31*, l'année de la réalisation : *Horace 62*, un calibre : *Winchester 73*, un format de film : *Boccace 70*. Plus mystérieux sont *Huit et demi* et *491*. Le premier ne peut se comprendre qu'en référence, non à l'œuvre qu'il nomme, mais à la carrière de son auteur. L'adjonction-suppression qu'il réalise sur les plans plastique, syntaxique et sémantique s'accompagne d'une

---

1.-2. Ces deux titres qui datent de 1966 et de 1964 prouvent l'usure que connaissent aussi les mots d'argot. Le premier transpose en allemand *Rififi in Beirut*. Le second adapte *Grisbi or not grisbi* de Simonin.

autre substitution : se référant à l'œuvre de l'auteur dans son ensemble tout en n'en nommant qu'une partie, il constitue un appel direct à un public privilégié. La fonction conative qu'ordinairement le titre assume d'un auteur anonyme à un public anonyme se voit pervertie. Le second titre fait référence à l'Écriture sainte et au pardon qu'il faut accorder au pécheur sept fois soixante-dix fois. Qu'en sera-t-il de la quatre cent quatre-vingt onzième ? Dans sa relation au film, le titre transforme la signification anecdotique première (les aventures de jeunes récidivistes) en une parabole.

Il reste enfin l'emprunt aux autres langues. On peut en distinguer deux formes. D'une part, des termes d'usage courant immédiatement accessibles évoquent préalablement les données historiques ou géographiques de l'action : *After Mein Kampf*, *Adios Gringo*, *Hombre*, *Avanti la musica*. D'autre part, certains titres peu traduisibles mais qu'une publicité particulière a soutenus se sont maintenus dans leur forme première : *le Knack et comment l'avoir*, *Blow-up*, *Mondo Cane*, *Hellzapoppin*. Certains films français ou italiens ont eu recours à des titres anglais : *Break-up*, *Cine-girl*, *Pop-game*, et l'on a même vu *The Cool World* transposé en *Harlem Story*.

4. LES MÉTATAXES

Les formes privilégiées du syntagme nominal connaissent peu d'écarts. On peut signaler quelques rares adjonctions : *Tendre et violente Elisabeth*, *Un épais manteau de sang*, *les Jours du vin et des roses*. A la substitution de catégories grammaticales, on rattachera l'usage de l'adjectif dans *Indiscret*, *Masculin-Féminin*, *Séduite et abandonnée*, du verbe dans *Aimer*, *Vivre*, de la conjonction dans l'*Amour avec des si*, de l'interrogatif : *Comment, quand et avec qui ?* La permutation nom-épithète, très marquée dans *Chauds, les millions* est devenue norme dans des formes comme *l'Impossible Monsieur Bébé*, *l'Extravagant Monsieur Deeds*, *la Souriante Madame Beudet*.

Juliette des Esprits met en jeu un mécanisme plus particulier. Le titre s'inscrit dans un moule syntaxique (nom propre + déterminatif) qui s'est stabilisé autour de plusieurs formes : titres princiers (*Catherine de Russie*), lieux d'origine (*Tartarin de Tarascon*). patronages religieux (*Sœur Marie du Saint-Esprit*). Le déterminatif est un nom propre. Plus récemment, on a vu apparaître *la Marie du port* ou *Davey des grands chemins*. Au nom propre se substitue un nom commun. Mais ce nom commun renvoie à un élément concret. Ici, Fellini joue d'une équivoque : le nom est commun et abstrait mais marqué d'une majuscule. Comme le mot esprit lui-même évoque ici le Saint-Esprit, Juliette est renvoyée à un royaume imaginaire et mystérieux. Du point de vue rhétorique, la substitution est certaine, mais elle s'accompagne d'une frange d'ambiguïté qui obscurcit la signification du déterminatif.

D'autres formes particulières se sont normalisées :

a) Nous avons relevé ailleurs comment la crase était devenue une figure familière dans les titres de presse. Le cinéma, à son tour, a vulgarisé la figure ; le catalogue ne présente pas moins de dix-huit titres au mot « Opération » construits sur le moule de *Opération tonnerre*. Parmi les autres, relevons : *la Femme spectacle*, *Compartiment tueurs*, *Filles haute tension*.

b) Depuis Victor Hugo et l'*Homme qui rit*, la substitution d'une relative au déterminatif est devenue commune. Mais alors que les titres des romans du début du siècle et des premiers films qui eurent recours à cette formule se voulaient concis : *le Blé qui lève*, *la Terre qui meurt*, *le Chaland qui passe*, *le Pied qui étreint*, on a assisté à un allongement de la relative : *l'Homme qui regardait passer les trains*, *le Jour où l'on dévalisa la banque d'Angleterre*.

c) Le succès de *Pas d'Orchidées pour Miss Blandish*, l'un des premiers titres de la Série noire en 1945, a engendré une série : *Pas de caviar pour Tante Olga*, *Pas de laurier pour les tueurs*, *Pas de vacances pour le bon Dieu*, *Pas de printemps pour Marnie*, *Pas de pitié pour les caves*.

d) La phrase s'est imposée davantage. Sous sa forme pleine et sous sa forme elliptique. Le théâtre anglais et le théâtre espagnol au XVIe et au XVIIe siècles avaient développé une première norme de son usage : la locution proverbiale ou de politesse (*Beaucoup de bruit pour rien*, *Comme il vous plaira*, *la Vie est un songe*, *les Murs ont des oreilles*). En français, elle s'introduira tardivement. On cite Fabre d'Églantine, *Il pleut, il pleut, Bergère*, et Diderot : *Est-il bon ? Est-il méchant ?* ou *Celui qui les sert tous et n'en contente aucun*. Mais c'est Musset et Hugo *(le Roi s'amuse ; Mangeront-ils ?)* qui l'acclimatent. Assertive ou interrogative, la phrase reste impersonnelle. C'est le théâtre de la fin du siècle et le titre de presse qui introduiront les formes personnelles. Le cinéma parlant des premières années a trouvé dans l'article de journal (le *J'accuse* de Zola devenu celui de Gance), dans le vaudeville de Feydeau (*Occupe-toi d'Amélie*), dans les titres de chansons (*Tout va très bien Madame la Marquise*) et dans le cinéma américain (*Je suis un évadé*) ses premiers archétypes. Dans l'immédiat après-guerre, la publication des premières Série noire (*Cet homme est dangereux, Un linceul n'a pas de poche, Vous pigez*) et des Vernon Sullivan (*J'irai cracher sur vos tombes*) amènera sa résurrection.

Dans sa forme incomplète (et parfois complète : *Une femme est une femme ; les Trois font la paire*) elle reste fidèle à la tradition theâtrale. Elle fait appel au dicton, au proverbe, à la locution reçue ou de politesse (le succès de certaines formules : allô, bonjour, au revoir, ou de la série : *Infidèlement vôtre, Diaboliquement vôtre, Adorablement vôtre*). Ce recours à la locution connue semble réaliser un idéal pour le titre de film. Il s'agit d'une greffe d'un élément conventionnel ailleurs, mais qui – dans le cadre des titres de films – s'avère original, et le dilemme du producteur se trouve en quelque sorte résolu.

En outre, pour le public, comme Greimas l'a noté, le dicton, le proverbe fait autorité. Il impose comme vérité de l'œuvre une vérité qui lui est extérieure et qui est acquise. D'autre part, il établit immédiatement un rapport de connivence, de complicité avec le spectateur.

Le titre de film se servira comme d'un moule abstrait des structures syntaxiques sous-jacentes aux proverbes et locutions. *A corps perdu* deviendra *A balles perdues, Pour gagner sa vie* (ou *Pour sauver sa race*), *Pour une poignée de dollars. Ne tirez pas sur le pianiste, Ne tirez pas sur le sheriff, Ne jouez pas avec des allumettes, Ne jouez pas avec les Martiens*.

La phrase permet davantage que le syntagme nominal d'exercer efficacement la fonction conative qui est une fonction d'appel. Certes le cinéma utilise dans son titre les embrayeurs (le nombre de « ce », de « cet-te », de « moi », de « mon » le prouve) Mais la phrase est plus précise : *Et vint le jour de la*

vengeance sollicite davantage que *le Jour de la vengeance*.
Surtout, elle peut créer une ambiguïté entre son rapport au
film et sa relation au spectateur. *Vous n'avez rien à déclarer ?*
ou *Que faisiez-vous quand les lumières se sont éteintes ?* sont
des questions qui, sans doute, font écho dans les films qu'elles
désignent mais qui s'adressent aussi au spectateur qui a déjà
franchi un poste de frontière ou qui, même loin de New York
lors d'une mémorable panne d'électricité, éteint parfois la
lumière.

5. LES MÉTASÉMÈMES

On dresserait aisément l'inventaire des principales figures,
encore qu'à ce niveau la relation au film se fasse plus intime.
Nul besoin sans doute d'avoir vu *le Cerveau* pour savoir qu'il
ne s'agit pas d'un documentaire physiologique et pour détec-
ter la métabole, ou d'avoir vu *le Boucher* pour affirmer que la
synecdoque y est généralisante. Mais pour reconnaître dans *le
Doulos* (ou *Un chapeau de paille d'Italie*) une synecdoque particularisante et dans *Borsalino* (nous ne quittons pas les couvre-
chefs) une métonymie, il nous faut faire appel au film. Par
exemple, dans le dernier cas, le borsalino ne joue aucun rôle
dans l'action : la seule fonction du titre est d'évoquer par un
chapeau que l'on portait dans les années trente, à Marseille,
les données historiques et géographiques qui serviront de cadre
à l'action.

L'oxymore nous donnerait *la Tendre Ennemie* ou *Tu seras
terriblement gentille* ou (mais la référence historique est ici
nécessaire) *Hiroshima mon amour*. Inutile de dire que la métaphore est la figure la plus immédiatement manifeste dans les
titres de films. Elle a ses champs préférés : le monde animal
(*le Gorille a mordu l'archevêque* ou *le Tigre sort sans sa mère* ;
la Chienne ; *les Chattes* ; *les Louves* ; *l'Alouette* ; *les Lions sont
lâchés* ; *Un singe en hiver*), la musique et la fête – est-ce
le lointain *Opéra des gueux*, le plus proche *Bal des voleurs* ou
la *Symphonie des brigands* d'avant-guerre ? – (*Symphonie pour
un massacre*, *la Polka des macchabées*, *la Valse des colts*,
la Valse des truands, *le Bal des voyous*, *le Bal des vampires*,
le Carnaval des barbouzes, *le Carnaval des truands*), le jeu

(le Roi de cœur, la Dame de pique, le Valet de carreau, Carré de dames pour un as, Poker au colt).

Opération tonnerre a peut-être réalisé l'idéal secret de la production : réunir deux léxèmes en une seule unité, en un seul syntagme ; choisir les mots dans un vocabulaire limité, s'adresser directement au spectateur en éliminant ces marques de distance que sont l'article ou la préposition. Libres du lien syntaxique, des formes pourraient naître qui imposeraient au spectateur éventuel les deux thèmes principaux de l'œuvre.

Certains titres agissent plus subtilement et utilisent les formes consacrées elles-mêmes pour subvertir la syntaxe.

Un jour, peut-être, un transformationnaliste cherchera la structure profonde du titre le plus commun et il est possible qu'il découvre, sous *Un acte d'amour*, une phrase dont les éléments visibles seront sujet ou objet. Toutefois, qu'on fasse appel ou non aux transformations, il n'est pas douteux que les deux léxèmes se nouent en un syntagme cohérent où leur dépendance syntaxique est soutenue par leur dépendance sémantique : ils constituent un syntagme autonome. Examinons maintenant *Un été au Sahara*. Le lien sémantique reste fort ; un sème commun unit les deux léxèmes et en apparence le lien syntaxique n'est pas moins fort que celui qui unissait les deux termes précédents. Toutefois chacun des termes jouit d'une autonomie et leur séparation ne nuirait en rien à la clarté syntaxique du moule qui les soutient. « Un acte » ou « d'amour » resteraient comme incomplets, séparés. « Un été » ou « au Sahara » sont parfaits. Du lien qui les unit, on peut dire qu'il est plus relâché, moins contraignant. Le titre juxtapose deux circonstances plutôt qu'il ne détermine un sujet (ou un objet). Dans la mesure où il vise à créer un mystère, à susciter une attente, le titre de film a souvent opéré ce glissement et réuni ou amalgamé deux circonstances (certaines formes elliptiques de la phrase : *Quand les tambours s'arrêteront aussi*). Plus spécialement le rapport lieu-temps fut exploité par les films des frères Marx : *Une nuit à l'Opéra, Un jour aux courses*. C'est cette forme qui implique l'attente d'un événement que Robbe-Grillet utilise dans l'*Année dernière à Marienbad* (pas tellement différent de l'*An prochain à Jérusalem* des frères Tharaud). Mais on y trouve Marienbad et non Marseille ou Le Caire ou Londres et l'on reste sur une année dernière vague. Le titre feint de s'inscrire dans une catégorie dont il ne relève pas. *Hiroshima, mon amour* s'inspire également d'une forme usuelle. Mais l'opposition y est purement syntaxique. Au niveau sémantique un collage est intervenu et les deux termes jouent en parallèle, non en contiguïté.

6. LES MÉTALOGISMES

Nous avons limité, dans notre exposé, les allusions directes à l'œuvre. Pourtant, le titre n'existerait pas sans elle. Un examen des métalogismes ne pourrait se faire qu'à partir du référent. Bornons-nous à quelques exemples. Nous n'insisterons pas sur l'hyperbole ; elle est devenue courante à partir du moment où le vocabulaire des titres a cherché à tout prix le paroxysme et l'excès. Un titre comme *le Silence,* toutefois, dans la mesure où il nomme ce que le film taira, apparaît comme une figure d'adjonction. Mais sa forme laconique, son ambiguïté ne permettent guère de rapprocher cette figure de l'hyperbole ou même de ce silence qui en dit long, manifestations les plus tangibles de l'opération d'adjonction. Nous avons plus haut défini la fonction du titre *491* et relevé que *If* désignait une œuvre qui se voulait l'antiphrase du programme idéaliste de Kipling. Il reste la litote. *Qu'arrivera-t-il après ? Deux ou trois choses que je sais d'elle, A propos de quelque chose d'autre* spéculent sur le vague, l'impersonnel, l'imprécis. Au-delà, nous aurons *Un film comme les autres*, et même *Un film.* En 1968, le titre s'était suicidé.

La clé des songes

On a coutume de répéter que le rêve est symbolique. La clé des songes le traite comme tel, puisqu'elle lui impute un double sens, celui qu'il a dans le récit du rêveur et celui que lui prête l'oniromancien. Pourtant l'interprétation ne procède pas au hasard. Elle se conforme en fait, sinon en droit, à des règles de transformation qui correspondent expressément aux tropes de l'ancienne rhétorique. C'est ce que nous voudrions montrer à partir d'un échantillon représentatif de l'oniromancie populaire : *The Victorian Book of Dreams*[1]. Si l'interprétation était laissée à l'arbitraire pur, n'importe quel symbole onirique pourrait annoncer n'importe quel événement. Par exemple, la « plante » qui est symbole de mort selon le Livre, pourrait annoncer un succès, ou tout autre chose. Mais l'interprétation ne relève pas du seul caprice de l'interprète. Ce caprice, qui est indéniable, est réglé. Il témoigne du choix plus ou moins délibéré d'une métabole explicative. Pour une symbolique générale, la plante est communément symbole de vie. Si en rêve une plante pousse de votre corps, ce pourrait être un nouvel arbre de Jessé. Pour le victorien il n'en est rien. Il ne retient du signifié « plante » que la notion de « mortalité » et dès lors il ne voit en elle, par synecdoque, que le signal d'une mort

---

1. *The Victorian Book of Dreams*, édité par Marion Giordan (London, Hugh Evelyn, 1964). Dans le corps de l'article nous désignerons souvent cet ouvrage par « le Livre ». Nous avons comparé cette clé à d'autres similaires (par ex. Claudius, *La Nouvelle Clé des songes*, Paris, Verda) sans que nos conclusions en soient infirmées, quant au fonctionnement essentiellement rhétorique du genre considéré. Quant au contenu, il varie bien entendu en fonction du contexte socio-culturel : on verra en l'occurrence comment l'idéologie victorienne se trouve figée et le personnage du Victorien moyen aussi constamment présent que le Viennois fin-de-siècle dans la *Traumdeutung*.

prochaine. A telle enseigne, les seuls arbres dont le rêveur ne doive pas trop craindre la valeur augurale sont ceux qui poussent lentement.

On fait grand cas aujourd'hui de la surdétermination des symboles. A cet égard le Livre frappe par sa pauvreté. Il est bien des symboles dont le sens varie selon l'âge, le sexe, la profession du rêveur ou la situation occasionnelle, mais beaucoup sont univoques. La figure du « roi », par exemple, n'est jamais que le signe d'un futur esclavage. Un psychanalyste y verrait l'image du père ou, quand d'aventure le lecteur s'y reconnaît, l'illustration de son narcissisme ou de sa mégalomanie. En tout état de cause, il ne décidera qu'une fois établies les associations qui rattachent le symbole onirique à la réalité vécue. *Le Livre des rêves* ne s'embarrasse pas de telles précautions. Ce n'est pas qu'il soit surréaliste. Il n'ouvre aucune porte sur l'infini du possible, sur le labyrinthe de l'inconscient ni sur ce tiers monde dont parlent certains poètes. Il est foncièrement réaliste, et il est abstrait. Il ignore quasiment l'existence du rêveur. Le lecteur ne s'y trouve guère confronté à ses actes passés ni même, paradoxalement, à ses rêves. Le rêve dont le Livre est censé partir est escamoté, réduit qu'il est d'abord à quelques symboles isolés et ensuite aux événements « réels » qu'il prétend annoncer. Le Livre met en présence du victorien inconnu, du victorien typique à qui il vole son rêve pour le réduire à des symboles appauvris qui le plus souvent n'ont qu'une valeur de signes. Ces signes enfin qui, dans une perspective prédictive, pourraient annoncer n'importe quel événement, n'annoncent en fait que quelques événements précis, obtenus par l'usage fantaisiste de tropes privilégiés.

Si l'on ne pose pas la question de légitimité, si l'on se borne à considérer la clé des songes comme un système sémiologique second dont on ne considérerait que la cohérence interne, on peut dire qu'elle est faite d'une série de relations à deux termes : le symbole onirique ayant valeur de signifiant, son « sens » ayant valeur de signifié. La combinaison des deux donne un signe, au sens saussurien, ce que nous avons appelé symbole onirique étant ce que communément on appellerait un indice [1].

---

1. Pour éviter toute équivoque, disons que la clé des songes est un système de signes pour deux raisons : 1° parce qu'il est un système sémiologique, 2° parce qu'il est prédictif. Au sens 2, mieux vaudrait peut-être parler de signaux.

Un système sémiologique se caractérise souvent par l'arbitraire de la relation signifiant-signifié. Dans ce système particulier qu'est la clé des songes, l'interprète au contraire s'ingénie à nous faire croire qu'il existe un lien nécessaire entre les deux termes, pourvu du moins qu'on procède du premier vers le second. Aujourd'hui cette prétention fait sourire, tant l'événement prétendu inévitable est aléatoire. Il n'empêche que des générations naïves ont cru à cette apparence de nécessité et que l'arbitraire, longtemps méconnu, a dû être redécouvert. Les raisons de cette crédulité tenace sont nombreuses.

1. Le Livre, péremptoire, est un livre au sens fort. Il n'admet pas la controverse. Il ne pose pas de questions, il fournit des réponses. Son allure apodictique en impose.

2. Dans l'ensemble, il rassure et nous verrons que sa fonction d'assurance-vie est liée au recours fréquent à l'antiphrase qui permet de convertir les symboles inquiétants.

3. Comme le courrier du cœur, il parle d'amour et de richesse et, sur le mode magique, il indique le moyen de les obtenir. Mode d'emploi du futur, il montre à qui pourrait diriger ses rêves quels symboles il faut y introduire pour se ménager un avenir favorable. Pour assumer cette fonction, il recourt notamment à des métaphores éprouvées. Ex :

monter un beau cheval   = faire un riche mariage
traverser un pont   = promesse de prospérité

Selon le même procédé, « manger des homards » est présage d'un nouvel amour et le « pudding » est le gage d'un héritage prochain.

4. Comme l'horoscope, il parle de l'avenir et, comme lui, il reste assez vague pour qu'on ne lui impute pas trop souvent de vice rédhibitoire. A cet égard, nous le verrons, il trouve dans la synecdoque un de ses modes d'interprétation favoris.

5. Le Livre est un lexique. Les symboles qu'il recense ne font pas un rêve. Il laisse donc libre cours à une surinterprétation individuelle qui peut, chez un amateur favorablement prévenu, sauvegarder l'autorité du Livre.

Quoi qu'il en soit des raisons qui ont favorisé le succès de pareils ouvrages, ils sont aujourd'hui désuets. Les raisons en sont aussi claires et nombreuses. Que de croyants ont attendu en vain le bonheur prévu ! Combien aussi ont pu se perdre dans le dédale de rêves complexes proposant des symboles dont la valeur s'annule. Un exemple : qui rêverait qu'il mange du homard à une noce se verrait ainsi prédire à la fois la mort et un nouvel amour. Mais la suspicion inspirée par les clés des songes a aussi un fondement rhétorique. Si elles ne privilégiaient pas telle métabole pour l'interprétation de tel symbole, elles cesseraient d'être abstraites et elles n'empêcheraient pas, comme elles le font, l'interprétation « sur le plan du sujet » dont parle Jung, sans laquelle le rêve perd son sens en perdant son contexte.

Aujourd'hui *le Livre des rêves* ne peut plus guère intéresser que l'amateur de curiosités, le sociologue ou le sémiologue. Le sociologue peut y découvrir sous l'analyse des symboles une morale d'époque qui détermine partiellement le cours de l'interprétation. Sous la trame symbolique se profilent en effet quelques-uns des principes qui gouvernaient la conduite du victorien moyen : « Enrichissez-vous ! » – « Croissez et multipliez ! » – « Malheur à celui par qui le scandale arrive ! » On a beau dire que les songes nous enlèvent aux vicissitudes de la vie quotidienne, la clé nous y ramène et fait voir ainsi son assujettissement à l'idéologie en cours. Comme d'un roman psychologique, deux héros, si l'on peut dire, se détachent : le victorien et la victorienne, nantis d'amis généralement faux, cupides et libidineux, de bonnes, de juges et de quelques comparses. Il y aurait beaucoup à dire aussi sur l'absence dans le Livre du Père et de la Mère. N'y rencontre-t-on pas des huîtres, des dauphins et des rhinocéros ? En fait, le Livre nous indique moins ce que rêvait le victorien que ce dont il rêvait, ce qu'il attendait de la vie. La monotonie des interprétations se fonde sur le catalogue des besoins et des désirs du victorien moyen et si celui-ci, n'ayant pas lu Freud, ne réalisait peut-être pas ses désirs en rêve, il pouvait du moins les réaliser en cours d'interprétation, car l'événement prévu par le Livre ne diffère de l'événement souhaité des freudiens que par une excessive pudeur ou par une insistance obsédante sur les questions d'argent, bref par des détails liés aux mœurs du temps.

Du point de vue sémiologique, la clé des songes est un bel exemple de construction rhétorique privilégiant telle ou telle métabole à des fins explicatives. Cela du reste permet de saisir une des raisons de la fragilité des nouvelles clés qui, de près ou de loin, s'inspirent de la psychanalyse. En présentant le rêve comme un mode de réalisation des désirs refoulés, Freud a donné une sorte de passe-partout que beaucoup récusent, mais qui ne manque pas de garanties. Par contre, le répertoire de symboles qu'il propose dans sa *Traumdeutung* à partir de l'ouvrage de Stekel *Die Sprache des Traumes* a tout d'une clé des songes, même si Freud s'en défend. Il en a les défauts, dont le principal est d'être assujetti à la mode et donc d'être appelé à être tôt ou tard démodé. Les raisons, indiquées par Freud, en sont qu'il réduit le « travail » du rêve à quelques opérations abstraites dont la métaphore est la plus courante et qu'il fait fi en outre de la surdétermination des symboles. Le primat accordé à la sexualité, qui a tant contribué à discréditer cette clé qui n'ose pas dire son nom, n'en est peut-être pas le défaut primordial. On peut admettre que l'inconscient soit pavé de mauvaises intentions ou qu'il affectionne les plaisanteries de corps de garde. Ce qui est moins admissible, et ce que Freud lui-même n'admettait sans doute que pour rendre sa clé populaire, c'est que des opérations rhétoriques soient privilégiées sans caution. Or c'est précisément ce qui arrive dès qu'on passe de l'interprétation circonstancielle à l'interprétation stéréotypée. Seuls un naïf ou un amateur de systèmes peuvent faire cas de telles abstractions. Un connaisseur de la symbolique peut s'en plaindre et beaucoup, comme Jung, ne s'en sont pas privés, quand il s'est agi de dénoncer le recours abusif à la métaphore dans le symbolisme sexuel des freudiens. Pourquoi en effet un serpent serait-il un symbole phallique ? Pourquoi la chambre symboliserait-elle à toute force l'organe féminin, sinon parce que la métaphore est la métabole privilégiée par la psychanalyse abstraite ?

Quelle que soit son inspiration, une clé des songes limite le champ sémiologique. Dans *le Livre des rêves*, l'interprétation est subordonnée à une morale rigoriste. Le désir d'être bien marié plutôt que bien aimé, celui d'occuper une belle position sociale, de gagner ses procès et d'hériter par surprise fixent, ou du moins limitent, le matériau des métaboles. Dans la clé freudienne, le coït plus ou moins incestueux, les organes qu'il suppose, remplissent le même office. A ces préférences thématiques correspondent des préférences rhétoriques. L'anti-phrase, nous le verrons, rassure le victorien qui craindrait pour sa vie ou sa fortune, en exorcisant la mort et en découvrant des promesses de richesse dans les symboles les plus divers. De temps à autre aussi elle lui rappelle qu'il est mortel et exposé aux faillites et aux naufrages, mais comme pour l'inviter à la prudence. Quant au freudien, il découvre dans la métaphore l'outil adéquat pour la traduction de symboles qui doivent, pour l'essentiel, renvoyer à quelques scènes toujours désirées et qui pour cela se répètent en rêve sous des formes variées que la métaphore réduit à n'être que ce qu'elles sont : des analogies.

Par leurs choix rhétoriques, les clés constituent des symboliques pauvres. On peut s'en plaindre et n'accorder aucun crédit à la valeur faussement explicative du trope élu pour l'élucidation d'un symbole. On peut aussi voir dans cette rhétorique restreinte qui néglige certaines possibilités pour en imposer d'autres un gage de succès auprès du lecteur moyen. Si un symbole est surdéterminé, voilà qui n'arrange rien pour l'amateur d'explications faciles. La clé des songes est plus attrayante qui propose une table de correspondances souvent univoques où le rêveur curieux, mais paresseux, trouve ce qu'il cherche : un peu de simplicité. Si l'on récuse la simplicité dont les clés peuvent se prévaloir, on peut les améliorer, mais on dispose alors, si l'on peut dire, d'un trousseau dont le mode d'emploi pose des problèmes à la raison pratique. Au serpent phallique on préférera celui du caducée, le vil tentateur ou l'animal à ras de terre. Dans ce dernier cas, on substitue à la métaphore freudienne une métonymie, l'animal symbolique valant pour le sol où il rampe d'ordinaire. Tous les symboles du Livre peuvent être ainsi réévalués. Prenons l'exemple du « chant ». On pourrait croire que chanter en rêve soit de bon augure. Mais non. Comme la cigale, si vous chantez en rêve, bientôt vous danserez, car vous devez vous attendre aux pires déboires. Cette interprétation montre assez comment l'arbitraire est travesti en nécessité par le biais du trope élu. Par synecdoque, le chant, étant un aspect du bonheur, pourrait l'annoncer, plutôt qu'un événement funeste. Par métalepse, il pourrait présager un succès, puisque dans la réalité vigile il en est souvent la conséquence. Le Livre recourt bien à cette inversion de l'antécédent et du conséquent quand il s'agit d'élucider des symboles comme celui du dauphin. De cet animal qu'il juge pourtant « magnifique » il ne retient qu'un aspect négatif. C'est toujours un mauvais augure au point que celui qui a rêvé d'un dauphin peut dire : « J'ai vu la mort en rêve. » On voit d'où vient le privilège accordé à cette interprétation. Le dauphin étant, selon des témoins plus ou moins légendaires, une sorte de saint-bernard de la mer, sa présence est le signe d'un grave danger. Il n'est donc pas considéré comme bel animal, mais uniquement comme sauveteur et sous prétexte que dans des cas rarissimes il s'est trouvé à point nommé pour secourir un naufragé, le conséquent éventuel valant pour l'antécédent, le dauphin n'augure rien de bon. Dans la même perspective, on peut se demander pourquoi la blessure et la mort sont fastes, alors que la noyade est à prendre comme telle. Dans les deux premiers cas, l'antiphrase prévaut, dans le troisième la synecdoque impose le symbole de la noyade comme valant pour toute forme de désagrément extrême.

LES MÉTABOLES PRIVILÉGIÉES

1. L'antiphrase

Dans le corpus considéré, plus d'un tiers des symboles s'interprète par antiphrase. Les psychanalystes connaissent bien ce mode de représentation par le contraire. Dans sa *Traumdeutung* Freud en donne divers exemples, considérant qu'elle est un des modes de représentation préférés du travail du rêve. Elle le cède pourtant en importance et en fréquence à d'autres modes de formation. Dans la clé victorienne son rôle est capital. Quand on examine la nature des symboles ainsi traduits on est tenté de considérer que l'interprète vise par là à exorciser le rêve en le privant de ses connotations inquiétantes. En effet la plupart des symboles traités reçoivent un sens rassurant. Qui rêve qu'il est grièvement blessé, mort, fou, en face d'un fantôme, étouffé, torturé, en pleurs ou rédigeant un testament peut avoir un réveil pénible, mais le Livre le rassure. Hélas, s'il est aimé, s'il se marie ou s'il trouve un trésor, le rêve est néfaste. L'antiphrase joue donc dans les deux sens, même si la proportion des symboles dont l'interprétation « tourne bien » est nettement supérieure à celle des symboles dont le sens peut inquiéter. Peut-être cet abus de l'antiphrase a-t-il pour fonction de sauvegarder le prestige de l'interprète. Si les symboles avaient la signification que le bon sens leur prête, à quoi bon recourir au Livre ? Pour être lu et adopté, il devait rappeler que l'intuition immédiate est mauvaise conseillère en matière de rêves. Enfin l'antiphrase est sans doute imposée par la nature de l'interprétation. Les symboles étant forcément fastes ou néfastes, il n'y a que deux termes à cette interprétation : le bonheur et le malheur. Souvent ils sont spécifiés, tantôt en mariage, fortune, héritage, puissance, amitiés, etc., tantôt en naufrage, maladie, mort, pauvreté, bonheur perdu, mariage raté, etc. De toute manière, ces termes restent opposables et la dichotomie favorise peut-être le recours à l'antiphrase. En tout cas, si un terme possède un contraire il est presque toujours symbolisé par lui. De là une série de termes opposés qui valent l'un pour l'autre :

mariage = séparation   travail = indolence
plaisir = déception   amour = solitude

Parfois l'antiphrase est moins franche, la mort valant, par exemple, pour la noce. Elle peut aussi se combiner à une métaphore : la petite vérole est gage de richesse.

2. *La synecdoque*

La synecdoque est plus fréquente encore que l'antiphrase. La raison en est simple. Étant donné que le sens du rêve reste vague, consistant très souvent en bonheur ou malheur imprécis, les signes qui l'annoncent sont vis-à-vis du sens prétendu dans un rapport de partie à tout ou d'espèce à genre.

1) Si un homme porte en rêve des cheveux longs, l'interprète en conclut qu'il est efféminé et qu'il faillira dans des situations exigeant du courage. Les cheveux longs ne sont qu'un aspect de la féminité. En tenant ce trait distinctif pour suffisant, le Livre en fait un symbole, comme si la féminité était résumée par la longueur des cheveux. Autant dire que la partie vaut arbitrairement pour le tout.

2) Souvent le Livre apprend au lecteur qu'il échappera à un danger. A cet égard il suffit que le rêveur ait réussi à s'enfuir de l'endroit où il se trouve. La fuite qui est une manière parmi d'autres d'éviter un danger prend valeur de modèle, l'action particulière valant pour une classe d'actions similaires qui ont pour point commun de mettre à l'abri. De même, il y a diverses manières de connaître des déboires. La noyade en est une, et nous avons vu que sa représentation onirique suffit à prédire les pires désagréments.

3. *La métaphore*

De la synecdoque à la métaphore il n'y a qu'un pas. Dès que le malheur ou le bonheur est spécifié, le rapport se trouve fondé sur une analogie. Selon la procédure synecdochique, « manger des homards » pourrait valoir pour tout bonheur à venir, mais, dans ce cas, l'interprète s'engage davantage : le bonheur consiste précisément dans un nouvel amour. Tant que le bonheur reste vague, il ne permet que la synecdoque. S'il est défini, la métaphore s'impose. Parfois il est difficile de statuer sur la nature de la métabole employée. Qui monte en rêve un beau cheval épousera une personne riche. On peut y voir une métaphore un peu crue, mais si le beau cheval est un aspect de la richesse on peut aussi voir à l'œuvre le principe *pars pro toto*. Une telle connivence n'est pas due au hasard. Elle tient à la nature de la métaphore qui peut toujours être construite à partir de deux synecdoques, l'une allant de la partie au tout et l'autre procédant inversément. C'est une chance pour des oiseaux que de quitter leur cage. La représentation onirique de leur fuite peut donc valoir comme bon présage (synecdoque), mais selon le Livre elle vaut en outre comme signe d'un mariage rapide. Qu'a fait l'interprète, sinon combiner une synecdoque généralisante et une synecdoque particularisante ? La fréquence des synecdoques s'explique aisément si elles sont des métaphores avortées. Les manœuvres abortives sont menées par l'ignorance et la prudence de l'interprète. En prédisant un grand bonheur ou malheur il ne court pas plus de risques qu'un fabricant d'horoscopes. En d'autres termes, le préjuge prédictif dont se targue *le Livre des rêves* limite le recours à la métaphore. Les analogies ne peuvent pas s'imposer sans rencontrer la résistance de l'événement que le rêve est sensé prédire. Rien de tel, notons-le, en psychanalyse. Le phallus peut être figuré de cent manières, puisqu'il participe simplement de l'expression d'un désir en instance de réalisation.

4. *La métonymie*

Rares sont les métonymies, pour la raison sans doute qu'elles se fondent sur un rapport contingent (« cloches » = mariage, « perruque » = ennuis avec la justice). Le seul point commun entre une perruque et une comparution au tribunal est le port de la perruque par les juges britanniques. La relation peut paraître artificielle et donc peu convaincante si on la compare aux précédentes.

Disons pour terminer qu'on n'en finirait pas de noter l'éclectisme qui a présidé à l'élaboration de cette clé des songes. La seule porte qu'elle ouvre donne sur les soucis du victorien moyen. En usant des possibilités d'une rhétorique généralisée, on peut démonter *le Livre des rêves* en montrant sa relation 1°) à l'idéologie et aux mœurs de l'époque et 2°) à un régime préférentiel d'application de procédures rhétoriques. Le Livre relève d'une rhétorique pauvre dont on peut faire justice en considérant n'importe lequel des symboles considérés.

Les biographies de Paris-Match

DANS LA VITRINE

Tandis qu'« un ex-forgeron de Skoda devient le numéro 1 de Tchécoslovaquie », « Nixon rend Agnew célèbre en 24 heures » ; « Bambuck est sacré grand champion à Sacramento », cependant qu'« Éric Charden bat Aznavour et Bécaud » et « Frédéric Dard les records » ; si « le nouveau roi de Hollywood est un Noir », « Patricia l'épouse idéale entre à la Maison Blanche » ; au moment où « le Michelin consacre les frères Troisgros » et que brillent « trois étoiles dans le ciel de Roanne », « le metteur en scène du *Lauréat* se plaint : il a trop de succès ». Qu'importe même qu'Henri Langlois soit limogé, si « les cinéastes manifestent » pour sa plus grande gloire.

Paris-Match, qui aime à voler au secours de la gloire, a pour personnages favoris ceux qui viennent d'émerger. Les vies que narre ce magazine appartiennent de préférence à ceux que distingue, dans l'instant, une promotion ou, mieux encore, la Promotion. Car le héros selon *Match* est l'individu qui, hier noyé dans la masse sans nom, se retrouve soudain assis à la première place. Le voilà en vedette ou, pour reprendre l'expression que J.-L. Bost épinglait chez Françoise Giroud[1], « dans la vitrine » : distingué des autres et destiné à être contemplé. Malheureusement, les vedettes de l'actualité ne sont pas toutes sorties de l'ombre à la dernière heure. Montherlant ou Ventura, déjà notoires, ne disposent plus de la virginité d'Agnew ou de Dubcek (nous sommes en 68), de Charden ou des frères Troisgros. L'astuce journalistique, qui est déjà tricherie rhéto-

---

1. Jacques-Laurent Bost, « Du hareng saur au caviar ou la Passion selon Françoise Giroud », in *Temps modernes*, janvier-février 1953.

rique, consistera à leur ajouter quelque chose qui dépasse leur notoriété banale et à les revêtir d'une nouvelle innocence : Montherlant donne son chef-d'œuvre, Ventura interprète son meilleur rôle. Au sommet de cette escalade, nous trouvons un de ces vieillards couverts d'honneurs qu'à la longue l'excès de lumière avait un peu terni dans la vitrine mais qu'un geste ultime, volontiers paradoxal, ranime de son éclat. Ainsi, « après cinquante ans de règne », Lily Laskine peut se permettre de rejeter les offres dorées d'outre-Atlantique : *Match* la glorifie de refuser ce qui promeut les autres.

Ce thème de la réussite saisie dans l'instant commande la structure des récits qui en sont tirés. Cette forme est d'ailleurs simpliste. En premier lieu, une scène d'actualité, un instantané qui pose le réussi dans sa vitrine. Au centre, un récit qui nous reporte aux origines et relate l'ascension. En finale, un retour au premier temps qui permet de creuser certains traits et d'ouvrir des perspectives d'avenir. La permutation entre passé et présent est conforme au principe même du genre, et le confirme. Le discours narratif doit faire valoir l'avènement, rendre sensible la rupture. C'est ainsi qu'un présent est isolé, épanoui, mis en exergue, tandis que le passé de ce présent se trouve reporté et passablement condensé, réduit. On verra plus loin comment ce passé est « traité » à la fois comme un double préfigurant le présent (thèmes conjoints de la prédestination et de la vocation) et comme un antiprésent (le réussi vient de la catégorie des plus humbles).

Mais qui sont les biographiés ? On a pris pour champ d'investigation une double chronique de *Paris-Match* intitulée « Match de la vie » et « Match de la vie à Paris ». Cette chronique présente régulièrement des portraits biographiques consacrés à des « vedettes » et de format relativement standardisé (un millier de mots en moyenne). Rares sont les numéros qui, en 1968, année à laquelle on s'est limité, ne contenaient pas un au moins de ces articles ; certaines livraisons en comptent parfois quatre mais pas plus. Quarante cas ont été soumis à l'analyse. Qui sont-ils ? Si on les répartit dans les cadres socioprofessionnels, deux catégories, d'ailleurs mal distinctes, sont sur-représentées : le monde du spectacle et celui des arts et des lettres. La politique vient en troisième position. Les affaires et le commerce réunissent six personnes, dont quatre touchent encore aux mondes des deux premiers groupes. Spectacles, arts, politique, c'est aujourd'hui, avec le sport, l'univers où l'on s'affiche, où il faut paraître et s'imposer, où être dans la vitrine est la loi du milieu, la dynamique du métier :

> *Spectacles* : Éric Charden, Sidney Poitier, Katherine Hepburn, Lino Ventura, Jacqueline Maillan, Barbra Streisand, Pierre Étaix, Mme Derval.
> *Arts et Lettres* : M.-P. Fouchet, H. de Montherlant, A. Robin, G. D'Arcangues, P. Morand, F. Dard, S. Bondartchouk, A. Resnais, M. Nichols, H. Langlois, Ch. Munch, Isaac Stern, Lily Laskine, H. Tronquoy.
> *Politique* : A. Dubcek, Chiang Ching, S. Agnew (deux fois), Sirhan-Sirhan, M.-H. Fourcade, Mme Nixon.
> *Affaires-commerce* : J. Gattegno, frères Troisgros, H. Hughes, J.-J. Pauvert, Slavik, famille Paquet.
> *Sports* : L. Dauthuille, R. Bambuck.
> *Armée* : R. Faulques, A. Patou.
> *Religion* : R. P. Bruckberger, Don Mazzi.

LES MÉTABIOSES

Si modeste soit-il dans son propos explicite, un tel corpus n'en soulève pas moins des problèmes méthodologiques. Sans nous attarder à l'obstacle épistémologique que constitue la platitude esthétique et morale de cette production, en tant qu'elle provoque l'analyste à une réaction ironique, la difficulté résulte essentiellement du caractère peu défini du genre biographique, dans lequel les chroniques ici envisagées n'occupent elle-mêmes qu'une zone marginale et floue. « Histoire de la vie d'un personnage », comme disent les dictionnaires, la biographie n'a guère fait l'objet jusqu'à ce jour de sérieuses études critiques [1]. Ce n'est pas un genre proprement littéraire (si l'on définit la littérature par la fiction, par le manque de référent ostensible), bien qu'il soit souvent pratiqué par des littérateurs. En principe, la fonction du discours biographique est référentielle, cognitive, documentaire ; en fait, il fonctionne souvent comme substitut romanesque ou message conatif : celui

1. Voir l'étude de Joseph Bya, « Persistance de la biographie », *le Discours social*, n° 1, (Bordeaux),1970. Article résumant un séminaire de recherche de la commission « Art et Société » de l'Université de Liège.

qui a mérité qu'on écrive sa vie mérite aussi d'être modèle de vie. Naturellement *Paris-Match* n'est pas une revue des sciences historiques ; il ne prétend pas fournir une information complète, objective, contrôlée, sur les personnalités importantes de notre temps ; provoquées par les hasards de l'actualité, parfois peut-être commandées par une campagne publicitaire, probablement échafaudées à partir d'une maigre documentation, les chroniques participent sans aucun doute de l'immense et diffuse geste des olympiens, dont Edgar Morin a signalé le rôle fondamental dans la culture de masse. Cependant, elles ne s'intègrent qu'inégalement au genre, car leur caractère biographique est parfois peu marqué. Compte tenu du fait qu'il s'agit de textes relativement courts, on doit signaler que, dans un continuum qui irait du portrait statique à la biographie dynamique, ces chroniques se situeraient plutôt vers le centre, constituant ce qu'on pourrait appeler « du biographique » plutôt que des biographies explicites. L'heb-domadaire d'où elles sont tirées publie aussi des récits indiscutablement biographiques, généralement très illustrés, relativement longs, et présentés comme l'un des articles principaux. Il s'agit le plus souvent de vies de grands peintres, de grands écrivains, de grands savants assimilés ou en voie d'assimilation par la culture de masse.

L'intérêt des textes retenus pour la présente étude réside notamment dans le fait que, liés aux contraintes de l'actualité, ils prennent en charge aussi bien des vedettes occasionnelles que d'authentiques olympiens : Montherlant, mais aussi Henri Tronquoy, Katherine Hepburn, mais aussi Madeleine Fourcade. En fait, le coefficient de notoriété n'affecte guère, on le verra, la structure du genre. Toutefois un dosage s'effectue : la présence des personnalités renommées valorise par contiguïté les aspirants à la gloire. Enfin, on a cru devoir ne retenir dans l'échantillon que les « portraits » tendant à se constituer en récits, comportant un minimum d'indices biographiques, tels que date de naissance, lieu et milieu d'origine, années d'apprentissage, grandes étapes de la carrière, consécration.

La présente étude a pour propos la mise en évidence du fonctionnement rhétorique de ces biographies ou quasi-biographies. En premier lieu, on soulignera le fait que nos récits sont conformes au principe de « poéticité » dégagé par Jakobson dans sa célèbre étude : ce qui est transmis en dernière analyse par ces textes, c'est le message lui-même. En d'autres termes, ces discours visent moins (transitivement) ces vies exemplaires qu'ils ne les utilisent pour se constituer eux-mêmes.

Bien entendu, le biographe est aussi un prédicateur. Il y a toujours une intention comme hagiographique qui sous-tend le *curriculum vitae* : une idéologie transparaît dans ces chroniques, avec l'éthique qu'elle commande. De la même façon, le célèbre slogan politique « I like Ike » qui servait à la démonstration de Jakobson, avait pour fin d'attirer des électeurs au général Eisenhower tout en utilisant remarquablement un procédé rhétorique.

Toute métabole, toute transformation rhétorique, se définit d'abord par l'élément sur lequel elle porte. L'articulation de la matière biographique n'est pas déterminable actuellement – faut-il le dire ? – avec la relative rigueur que la linguistique a permis d'introduire dans l'analyse du langage proprement dit. Tout au plus devine-t-on qu'une vie narrée est décomposable en unités que nous pourrions appeler, pour sacrifier à l'usage, des *biographèmes*. On pourrait dire aussi par symétrie que le biographe-rhétoriqueur met en œuvre des *métabioses* ayant pour effet de transformer, par suppression, adjonction, substitution et permutation, les biographèmes supposés normaux d'une communication biographique au degré zéro [1]. Ainsi que nous l'avons indiqué en passant tout à l'heure, on voit assez bien en quoi les chroniques de *Paris-Match* s'écartent de ce que pourrait être un discours purement informatif sur la vie d'un individu. Dans la pratique courante, il existe d'ailleurs des usages qui se rap-

---

1. En fait, nous ferons ici l'économie de ces néologismes, mais une étude formalisée du genre biographique se passerait difficilement d'une terminologie adaptée. On appellerait, par exemple, *bioses* les unités découpées dans la forme du contenu. Peut constituer une biose tout segment de dimension quelconque pris sur la « ligne de vie » considérée et présentant une homogénéité thématique. Sont ainsi des bioses : la naissance, les études, le mariage, la nuit de Pascal, la rencontre de Stanley et de Livingstone, etc., bref ce qu'on appelle vulgairement les (petits et grands) événements de la vie. En toute rigueur, les bioses sont la face signifiée du signe biographique et correspondent donc, côté signifiant, aux *biographèmes* proprement dits. Il existe, par définition un degré zéro référentiel (la vie vécue et ses *viomes*, pour reprendre le terme utilisé par Dracoulidès), mais il existe aussi, bien entendu, des conventions de genre : par exemple, un obituaire académique ne prend pas en charge, du moins en principe, les événements de la vie dite privée…

prochent de cet idéal dénotatif : par exemple, un rapport d'expert destiné à justifier la promotion d'une personne à une fonction déterminée, ou encore une fiche de commission d'enquête, etc. Exceptionnellement, nos chroniques prendront l'allure de relations de ce genre : dans celle consacrée au mercenaire Roger Faulques, le mimétisme est flagrant.

D'autre part, en tant qu'ils constituent une série fermée, ces récits impliquent aussi des normes propres. Un système s'élabore qui permet de nouveaux écarts, d'ailleurs de peu d'amplitude. Il est nécessaire, en effet, que le biographe soit à cet égard parcimonieux. Augmenter l'imprévisibilité du message, hausser le seuil de lisibilité culturelle, n'est certes pas dans la logique de *Paris-Match*. On se souviendra qu'il est deux types d'altération du degré zéro : les écarts proprement dits, générateurs d'un effet de surprise, et les conventions, dont en poésie le mètre et la rime sont le type. On peut aussi s'attendre *a priori* à ne découvrir qu'« une rhétorique rare et pauvre », semblable à celle que Roland Barthes a dégagée de l'écriture de mode. Les figures seront donc fortement stéréotypées, destinées qu'elles sont à confirmer le lecteur de *Paris-Match* dans la pensée qui à travers lui se pense.

Les bioses résultent de la décomposition d'une destinée en parties (découpage sur le mode II). Chaque biose se décompose à son tour en parties ; par exemple, la biose « études » comprend des « maîtres », des « condisciples », une « école », etc. Le discours biographique tend constamment à caractériser sur le mode Σ, c'est-à-dire à conférer aux bioses un sens conceptuel. Par exemple, quand on nous dit d'un tel qu'il fut « l'élève d'Alain » cette notation attribue en quelque sorte une « alanusité » à la biose « études », qui en fait s'articule en plusieurs maîtres ; la partie « Émile Chartier » assume tous les sèmes « magistraux ». De même, quand des habitudes alimentaires d'un enfant on ne retient que « à trois ans, il buvait du vin », cette vinité peut être, dans certain contexte, très signifiante. Cette démarche fréquente du biographe s'explique par le principe d'unité du genre : l'isotopie de son discours (« l'isobiose ») réside dans l'unité et la singularité du personnage biographié. Mais toutes les métaboles biographiques (ou *métabioses*) ne procèdent pas par suppression ; les transformations peuvent être également adjonctives, ou résulter du concours des deux opérations, ou se borner à modifier l'ordre des éléments. Toutes ont pour fonction de sémantiser la vie.

LES VIES PARALLÈLES

Marcel Schwob préfaçait ses *Vies imaginaires* en reprochant à Plutarque d'avoir tenté des parallèles, « comme si deux hommes proprement décrits en tous leurs détails pouvaient se ressembler ! ». *Paris-Match* fait fi de ces raffinements fin-de-siècle : le culte de la singularité n'est pas son fort. Le projet de Plutarque est ici radicalisé : toutes ces aventures individuelles suivent rigoureusement la même direction. Chaque vie est ainsi une métaphore des autres et toutes particularisent le même parcours. Pour *Match*, la vie est un match, cela va de soi. La vieille image (Voltaire, Hugo, R. Rolland, etc.) fleurit avec innocence : « toute sa vie est un combat » (Bambuck). Si Bondartchouk « a payé le prix de sa lutte avec l'ange », Katherine Hepburn « continue sa bataille de chat sauvage », tandis que les paris s'engagent dans « la bataille de la cinémathèque française » : « Qui gagnera, Holleaux ou Langlois ? » Dans cet univers stratégique, la réussite d'un chanteur yéyé ou la publication d'un roman se traduisent nécessairement en termes agoniques : « Éric Charden bat Aznavour et Bécaud » et « Guy d'Arcangues, champion de golf, veut gagner son dernier match avec l'histoire de sa jeunesse ». Les combattants, à vrai dire, ne prennent pas de risques sérieux : le match est truqué, truqué par le discours et ses figures. On verra plus loin par quels procédés le narrateur ménage à ses héros des dénouements sans surprise.

Certains récits, il est vrai, semblent contredire cet optimisme. La vitrine accueille aussi quelques ratés et le prix de la réussite est parfois élevé. Laurent Dauthuile, ex-champion de boxe, « franchit à l'envers toutes les étapes. D'abord catcheur, puis courtier d'assurances, chauffeur de maître, déménageur, débardeur aux halles, il en était arrivé à la dernière extrémité : chômeur ». Mais cet étonnant raccourci est évidemment l'image inversée du destin normal. En devenant pompiste, grâce à Radio-Luxembourg et aux « employeurs de bonne volonté », l'ex-Tarzan de Buzenval, qu'on avait drogué sur le ring, respecte la loi du genre : cette permutation par inversion renvoie aisément à la norme. De son côté, Serge Bondartchouk, dans un pays communiste, il est vrai, « fait revivre Tolstoï » (au point qu'il s'identifie mystiquement à lui) mais « frôle la mort ». L'infarctus que lui laisse la réalisation de *Guerre et Paix* semble suggérer que sur les bords de la Moskowa, où « la lutte est terrible » plus qu'ailleurs, la réussite se paye cher. Mais la mort n'est rien en comparaison de la gloire, et le « fils de kolkhozien » aura quand même réuni « devant l'écran géant de Mosfilm » « tous les critiques moscovites ».

C'est que toutes ces vies se ressemblent par-dessus tout en ceci qu'elles nous montrent des volontés (d'ailleurs prédestinées) tout entières tendues vers un but précis, unique, impératif : très précisément celui que le père Troisgros, restaurateur à Roanne, indiquait, paraît-il, à ses trois fils : « Qu'importe ce que vous allez choisir dans la vie, l'important, c'est que vous soyez les premiers dans votre métier. » Ce précepte condense l'éthique de *Match*. C'est pourquoi le jeune Bondartchouk, « avant même d'avoir été consacré sur le plateau », « pense à la gloire d'Eisenstein ». Comme Lamartine (l'histoire fournissant des étalons sur mesure), Montherlant « a toujours voulu siéger au plafond ». Pour Henri Tronquoy, *designer*, le destin sera d'être « un nouveau Raymond Loewy ». Quand il s'agit d'un champion de course à pied (Bambuck), le « triomphe absolu » se mesure simplement : faire le 100 m en 9″ 9/10. S'il s'agit d'un écrivain, les tirages apportent la netteté de leurs chiffres : « Frédéric Dard bat les records : 100 millions d'exemplaires » ; mais pour un homme de lettres, l'élection à l'Académie française reste une valeur sûre : la vie de Paul Morand n'avait pas d'autre but.

Cependant, la meilleure façon de faire toucher du doigt le privilège du réussi est, dès qu'il se peut, de monnayer sa gloire : les meilleurs lauriers sont les lauriers dorés. Des synecdoques préciseront s'il le faut les fabuleuses récompenses des premiers de classe. D'un goût douteux, une formule attribuée à Barbra Streisand fixe ainsi le critérium : « avoir réussi, c'est commander dix melons au restaurant pour ne manger qu'une bouchée de chacun d'eux ». « Un milliard de bijoux pour elle » : il s'agit de Madame Derval, propriétaire des Folies Bergère ; cette richesse prodigieuse reste sémantiquement pauvre ; aussi est-elle immédiatement corrigée par un montage quasi arcimboldien : « quand elle voyage en avion, elle met tous ses colliers autour du cou en même temps et ne peut ni bouger ni parler » ; cette femme d'un milliard est, littéralement, une femme en or. Il n'est pas rare, on s'en doute, que le succès soit ainsi doté des mêmes propriétés aurifères. Mercenaire plusieurs fois mutilé mais toujours très demandé, Roger Faulques vaut son pesant de francs lourds et l'article s'achèvera sur cette notation sans équivoque : « Tarif inchangé : l'œil, le bras ou la jambe vaut toujours 33 333,33 francs l'unité en cas de perte ; la mort donne droit à une prime de 100 000 francs à répartir entre les ayants droit. » Naturellement, toutes les réussites ne s'apprécient pas aussi facilement en puissance d'argent : Henri Langlois n'est pas riche, pas plus, forcément, que Don Mazzi, « le curé des pauvres » ; mais le premier a pour lui, lors du « putsch de la cinémathèque », Charlie Chaplin, Orson Welles, John Ford : « le cinéma du monde entier proteste ». Quant au second, c'est « 10 000 Florentins » qui volent à son secours. Le fin du fin, comme on l'a déjà noté, étant, pour un Français, de refuser de « fabuleux cachets » (américains), gloire à Lily Laskine qui « refuse de tirer une fortune de sa harpe ». Une telle figure, qui s'apparente à la litote, est à rapprocher de celle mise en œuvre par ce titre : « Nichols, 36 ans, le metteur en scène du *Lauréat*, se plaint : il a trop de succès. » Plaignons aussi le malheureux Charden (« Cinquante millions ») qui, dans son studio d'enregistrement ultra-moderne, confesse : « la réussite, … c'est le bagne ».

Un cinquième environ de l'échantillon retenu concerne des femmes (dans le monde du spectacle ou de la politique). On a vu plus haut que la réussite professionnelle et sa sanction financière ne leur étaient pas indifférentes. Toutefois, il fallait s'attendre à voir le thème spécifiquement féminin du bonheur se cumuler à celui de la gloire. Effectivement, les grandes réussies ont été de grandes amoureuses passionnément ou fidèlement aimées. Le comble est atteint, ici encore, par Madame Derval, propriétaire des Folies Bergère : « Paul m'était fidèle au milieu de femmes nues ». La connotation frivole du lieu est conjurée par l'idéal conjugal ; le contenu ne répond pas au contenant. Il semble qu'ici encore le régime communiste fasse exception à la règle : tout ce que nous apprenons sur la vie sentimentale de Chiang Ching, la troisième femme de Mao, c'est qu'elle fut « starlette à Shanghai dans les années 1930 », ellipse sémantiquement lourde.

DEVIENS CE QUE TU ES

Dans le roman traditionnel, l'auteur feint d'ignorer le terme de l'aventure. Dans la biographie classique, au contraire, l'auteur affecte sa prescience : il renonce, par conséquent, à ce ressort du genre narratif qu'est l'attente ou le suspens. Il est donc aisément compréhensible qu'une biographie manifeste cette fermeture du récit en faisant permuter l'issue et le reste, en plaçant le présent avant le passé. Mais pour autant, elle n'est pas privée de tout devenir et ne renonce pas à poser une énigme pratique puisque subsiste la question : comment le personnage en est-il arrivé là ? C'est ainsi que des revers peuvent faire valoir la réussite, des hésitations la certitude, des détours l'arrivée.

A *Paris-Match*, il n'en va pas ainsi, pourtant. Narrant une vie, le journaliste comble d'emblée toute attente :

> « Dès cet instant, Alain Resnais n'a plus de biographie. A douze ans, il est déjà ce qu'il sera toujours : un enfant de Vannes qui fait du cinéma. »

Cette anticipation par le destin nous fait toucher à quelque chose d'essentiel : le récit se saborde en commençant. Dès lors, il se voue à une vaste redondance où chacune de ses phases, chacun de ses noyaux répète d'une façon ou d'une autre un donné initial. Par rapport au référent comme par rapport à une certaine norme narrative, ce système répétitif implique que l'on procède d'abord à de nombreuses suppressions puisqu'on tend à éliminer toute divergence et toute diversion. Restent alors des noyaux répétés, dont le statut rhétorique est évident. On nous explique le début par la fin pour mieux expliquer la fin par le début. Puisque le petit Resnais était déjà l'auteur d'*Hiroshima*, il est devenu l'auteur d'*Hiros-hima*.

Deux figures sont les clés de voûte du système : la vocation et la convocation. Nos biographies sont construites à partir de l'une ou à partir de l'autre, rarement des deux à la fois. Il est aisé de décrire la vocation qui est une répétition anticipative. Jeune, le héros était déjà, en miniature ou en esquisse, ce qu'il est aujourd'hui. Quelquefois même, son ascendance le préfigurait. « A trois ans, il (J.-B. Troisgros, hôtelier) buvait du

vin » ; « A treize ans, il (H. Hughes, homme d'affaires) transforme son tricycle en automobile » ; « A neuf ans, dans l'uniforme enfantin de l'héroïsme : un costume de marin, à l'âge
du lycée Janson, le petit Henry (de Montherlant) habite rue
Lauriston. Dans sa chambre dont il est le prince, des repro-
ductions de portraits d'enfants-rois : Louis XVII, le roi de
Rome, et Alphonse XIII à son âge. » Le discours peut doubler
le récit pour souligner son caractère redondant et anticipatif,
comme dans cet exemple particulièrement achevé :

> « Il (l'amiral Patou) a des ancêtres de l'île de Ré, où se
> trouve aujourd'hui sa maison de famille : il y respire l'air
> du large ; il écoute l'appel long et profond de l'océan et,
> après de solides études à Niort et à Bordeaux, entre à
> l'École navale, promotion 1929.
> Protestant de la cité de Jean Guitton, il épouse ensuite
> une jeune fille de bonne famille protestante, Lucette Venat,
> sage-femme, sœur du major de la promotion, que, dans la
> famille Venat, on appelle déjà "l'amiral" *sans certes se dou-*
> *ter que c'est Lucette qui, la première, sera "amirale".*
> *Le voici bien équipé pour une grande vie de marin. »*
> (C'est nous qui soulignons.)

La figure de convocation est moins simple à définir, mais
non moins simple à reconnaître. Elle répond au schéma suivant : le personnage végétait, quelconque en apparence. Une
intervention, toujours fulgurante, d'aspect plus ou moins
magique, le lance sur la voie royale de l'accomplissement, *en*
le révélant à lui-même. Cette intervention prend deux formes
distinctes : extérieure dans le cas courant (un puissant convo-
que le héros, et lui assigne son rôle) ; intérieure parfois (le héros
est traversé d'une illumination qui est comme un *appel* divin).

Exemples du 1er cas :

> « Enthousiasmé par le talent du guitariste, il (le produc-
> teur) le convoque le lendemain à son bureau, rue Laffitte.
> Huit jours plus tard, Pierre Étaix abandonne la guitare et
> le music-hall pour le cinéma. L'année suivante, il décroche
> l'Oscar du court métrage. »
> « Une nuit, avant de s'endormir, le président, à la Maison-
> Blanche, allume machinalement son récepteur. Il regarde
> Barbra, écoute la voix (…).
> Trois jours plus tard, Barbra est son invitée. C'est en
> 1963. Les cachets de Barbra montent à 1 000 dollars. »

Exemples du 2e cas :

> « Ce jour-là, Henry Tronquoy (quarante-trois ans, basque, artiste et inventeur méconnu) entrevoit, dans un moment d'inspiration fulgurante, le principe d'un collier formé de pièces qui s'emboîtent et s'articulent dans tous les sens. »
> « Dix ans plus tard. D'un seul coup la phrase cabalistique produit son effet. L'incendie Slavik se met à dévorer Paris. »

D'une façon, la convocation s'oppose à la vocation comme la ligne brisée à la ligne droite. La convocation, c'est la bifurcation du destin et non sa continuité. La phase de réussite rompt avec la phase de médiocrité. Mais ce contraste n'est là que pour mieux asseoir et pour mieux faire valoir l'acte répétitif fondamental : fait magique, la convocation est une métamorphose, une seconde naissance qui projette dans le passé un héros achevé. Slavik est « né à vingt ans dans les sous-sols d'un grand magasin » : il est soudain devenu ce qu'il est, sans évolution ou progression ni avant ni après.

Ce qui vient après, qu'il s'agisse de vocation ou de convocation, c'est la montée vers le triomphe jalonnée par une suite de faits notoires. Engendrée par la répétition, la geste ne connaît guère que la répétition pour frayer son chemin : c'est l'énumération des batailles, des records, des inventions. « Re-blessé à Dien-Bien-Phu. Re-prisonnier. Relibéré » (Faulques) ou « La Libération, une salle place d'Iéna, puis avenue de Messine. L'Institut pédagogique, rue d'Ulm. Enfin, Chaillot. » (Langlois). Dans certains cas, on parlerait plutôt de répétition analogique : le héros agit de même dans des situations semblables. Lino Ventura se montre le même sombre lutteur dans le film, sur le ring, et dans la vie lorsqu'il s'occupe d'œuvres de bienfaisance. Pour peu que, comme déjà dans cet exemple, l'aspect analogique s'accentue et l'emporte sur le côté répétitif, une figure singulière prend forme qui équivaut à une *mise en abyme*. Le cas se présente chaque fois que les biographèmes essentiels se trouvent réfléchis, à l'intérieur du récit, par d'autres éléments, un peu plus extérieurs. L'exemple banal est celui de l'œuvre (film, roman) donnée comme reflet de la vie (Montherlant ou Sidney Poitier). L'astuce consiste d'ailleurs à romancer la vie pour qu'elle s'inscrive plus clairement dans un miroir connu : entre Resnais et ses films s'établit ainsi un subtil jeu

de glaces. Pour l'amiral Patou les choses sont plus simples ;
ce sont ses parties de golf qui répètent analogiquement ses
démarches guerrières :

> « Drive long, approches précises, putting concentré.
> Excellent handicap, il a même participé, sur le parcours bleu
> de Saint-Nom-la-Bretèche, à une homérique partie finale
> de la coupe Formica, en quatre balles.
> Il joue comme il vit : avec méthode, conviction et sang-
> froid. »

La biographie selon *Match* correspond à un modèle rudimentaire :
1. Origines
2. Vocation ou convocation
3. Noyaux répétitifs : les exploits
4. Réussite
5. Usage de la réussite.
Pas ou guère de place dans tout cela pour les obstacles et
les revers. Ces biographies forment un univers sans drame
et sans conflit, alors même qu'il est placé à l'enseigne du match
et de la lutte. Sans doute Montherlant comme Pauvert ont été
renvoyés de l'école, Katherine Hepburn est tourmentée par sa
« laideur » : mais nous sentons bien que ce sont là aiguillons
de la réussite. Si Langlois, Don Mazzi et Fouchet se retrouvent limogés, l'échec est visiblement le tremplin de la gloire.
Seul un Noir américain (Sidney Poitier), un communiste soviétique (Bondartchouk) et un ex-ambassadeur de Vichy (Morand)
sont en proie au coup dur, au revers, à la mésaventure. Mais,
par essence, ils n'appartiennent pas au monde « normal » de
la France de *Paris-Match*.

LE PERSONNAGE TOTAL

Peu de drames réels, donc peu de personnages d'opposants.
Même lorsque se trouvent relatés les exploits guerriers de
Faulques ou de Patou, l'adversaire, Viets ou Allemands,
n'atteint pas à une véritable existence narrative. Parmi les
actants du récit, il n'en est guère que deux qui atteignent à un
statut ferme. D'un côté, l'obtenteur du bien, le biographié, et

de l'autre, un personnage qui balance entre l'attributeur du bien et l'adjuvant. Encore ce second actant n'apparaît-il que dans les cas de convocation. On peut aisément comprendre que ce convocateur présente une image ambiguë, entre adjuvant et attributeur. Trop simplement adjuvant, il ne dote pas de son prestige la montée du héros ; trop maître du destin, il tend à écraser le même héros. Nixon qui « rend célèbre Agnew en 24 heures » l'auréole, mais en même temps le prive d'un certain héroïsme ; par contre, lorsqu'on minimise le rôle de J. Becker dans le lancement de Ventura, on affaiblit le pouvoir magique de l'acte de convocation. Il est pourtant quelques cas privilégiés où « l'arbitrage » fait l'objet d'une sorte de sublimation. Distingué par des arbitres hors mesure, le héros se porte à leur hauteur pour dialoguer avec eux. Ainsi entre Kennedy et la chanteuse Barbra, entre de Gaulle et le R.P. Bruckberger, et même entre de Gaulle et l'amiral Patou. Barbra « a subjugué John F. Kennedy quand il l'a rencontrée » et « il lui semble qu'elle va revoir John F. Kennedy, dont elle associe le souvenir à sa propre gloire ». « Depuis un quart de siècle, chaque entrevue du général et du dominicain est traversée par le souffle de l'histoire. » En fait, nous sommes déjà sur la voie d'une certaine métaphorisation des relations sociales dans le phénomène de la promotion et de la réussite. Un commerce familier avec les grands de ce monde devient l'*image* d'une existence à succès. La substitution s'avère complète lorsqu'il s'agit de simples références de prestige comme celles qui entourent fréquemment nos héros. Dard a une propriété en Suisse « comme Charlie Chaplin ou Georges Simenon », on rappelle Newton et Archimède à propos de la découverte d'Henri Tronquoy, Bondartchouk qui met en scène *Guerre et Paix* est tour à tour rapproché d'Eisenstein, de Tolstoï, de Napoléon et de Beethoven.

En commerce avec les « dieux », la vedette finit par s'approprier la puissance divine. Il se fait seul puis il « fait » les autres. Par réduction ou substitution, les six fonctions actantielles tendent à s'inscrire dans le seul personnage-héros. S'étant voulu très tôt tel qu'il sera et ayant modelé son destin à sa volonté, l'obtenteur du bien en est aussi l'attributeur. Toute la force thématique du récit se concentre en lui. Les autres ? Des utilités, des figurants, voire des objets. Les opposants ? Ils n'apparaissent que sous la forme de défauts inhérents aux personnages qui, sous la vague apparence d'obstacles, sont les facteurs mêmes du succès : K. Hepburn devient star alors que (parce que) elle est « laide ». M. Nichols réussit d'autant mieux qu'il combat un succès dont il se plaint… Nous voici devant le personnage total, figure obtenue par réduction ou substitution des potentialités du récit. L'apothéose d'un tel destin est dans le passage définitif du héros de la fonction d'obtenteur à celle d'attributeur : le cas vulgaire est celui où il se fait bienfaiteur des opprimés, comme Ventura ou Poitier; le cas plus noble est celui où il refaçonne sa propre vie, par exemple en l'écrivant (D'Arcangues, Fourcade) ou encore en transformant le monde (H. Hughes). Certes il est difficile de biffer toute présence extérieure de vies qui se déroulent réellement. Comment attribuer trois étoiles du Michelin aux Troisgros sans aucune intervention ? On recourt alors à l'*euphémisation* : l'inspecteur, le juge d'instruction, l'éditeur… Figures pâles, fantomatiques, qui traversent le récit en hâte pour témoigner de la présence des institutions, mais qui n'accèdent jamais au rang de personnages.

LA TÊTE DE L'EMPLOI

Les anciens biographes commençaient par raconter les actions du héros et groupaient à la fin d'une vie des anecdotes concernant son caractère. André Maurois, qui fait cette remarque[1], ajoute que cet usage fut longtemps respecté, jusqu'à l'époque victorienne – âge d'or de la biographie – et au *Dictionary of National Biography*. *Paris-Match* ne peut évidemment faire sienne une norme aussi rigide. Ses récits peuvent aussi bien débuter par un portrait (« Un homme de 44 ans, mi-sportif, mi-séducteur, au nez droit, aux tempes grises, au regard clair » : c'est Guy d'Arcangues, champion de golf), ou disséminer la caractérisation du personnage entre ses faits et gestes. De toute manière, cette information descriptive, parfois très réduite, est toujours fortement redondante par rapport à la fonction assumée par le héros. Les indices, en d'autres termes, sont fortement signifiants et les informants proprement dits tendent constamment à glisser vers un sens rhétorique.

1. *Aspects de la biographie*, Paris, 1930, p. 81.

Le corps, par exemple, est là pour manifester l'adéquation du héros à son destin. Un mercenaire est évidemment « sec, mince et noueux comme un bambou, fébrile, impératif, yeux bleus, les joues creuses, le poil ras, le corps couturé de tous les côtés ». Il convient qu'un amiral ou un vice-président des États-Unis soit de forte stature. Mais la petitesse peut aussi servir s'il s'agit d'une exquise harpiste (Lily Laskine) ou de Don Mazzi, le curé des pauvres, « petit de taille et humble d'origine » ; par contre, quand on parle de Montherlant, mieux vaut ne rien dire à ce sujet. Par un heureux hasard, notre corpus comportait deux chroniques consacrées, à quelques mois de distance, au même personnage : Spiro Agnew. Dans la première, contemporaine des débuts de la campagne présidentielle, Agnew, qui bénéficiait alors de la sympathie de *Paris-Match*, est ainsi dépeint : « L'homme est grand (1 m 83), fort, souriant, les cheveux plaqués et légèrement grisonnants, le visage un peu gras et ouvert. » Au lendemain de l'élection, devenu « l'encombrant vice-président », Agnew n'est plus qu'« un grand gaillard, légèrement bedonnant, aux cheveux poivre et sel si bien calamistrés que les coiffeurs d'Amérique lui ont décerné leur prix de compte à demi avec le chanteur Paul Anka ». Si M. Troisgros, restaurateur, a le visage « tout rond », Shiran-Shiran, l'assassin réputé « mystique » de Robert Kennedy, n'est pas mal en « jeune homme doux et fier de vingt-trois ans ». Mais les synecdoques seront relayées au besoin par de vigoureuses métaphores. Bondartchouk est plus génial encore avec « sa rude chevelure grise (qui) tourbillonne comme une méduse sur un front beethovénien ». Enfant terrible de l'édition, Jean-Jacques Pauvert est travesti en « Chinois qui jouerait Javert dans un mélodrame japonais ». L'opération rhétorique reste finalement faite d'adjonction, de répétition, les images valant moins pour elles-mêmes que pour la confirmation qu'elles apportent. L'Amiral Patou, dont on a déja vu qu'il était en quelque sorte un hypermarin, apparaît d'emblée comme « un chouan, un colosse, avec un sens corsaire du panache, s'acharnant (...) à rompre les amarres – et avec, dès qu'il s'agit de discipline, une peau de requin ».

Dans tout récit, les informations qui ne servent qu'à situer dans le temps et l'espace sont en principe purement dénotatives [1].

---

1. Roland Barthes, « Introduction à l'analyse structurale du récit », *Communications* (8), 1966, p. 1-27.

Certes, on vérifie ici que des données comme l'âge précis d'un personnage servent avant tout à « enraciner la fiction dans le réel [1] ». « Je ne dirai pas mon âge », déclare Lily Laskine : « elle a soixante-quinze ans », précise *Paris-Match*. Compte tenu de la brièveté de ces articles, il est remarquable que les notations de lieu contribuent souvent à l'unité sémantique du destin vécu. Alain Resnais, qui « s'habille d'une façon simple, impersonnelle », donne ses rendez-vous, nous dit-on, dans « un grand café vide, avec d'immenses miroirs qui en doublent la surface et la désolation ». Ingénieur en drugstores, M. Gattegno surgit d'un décor comme sa quintessence : « 13, rue de Berry, un chantier au rez-de-chaussée : 1 100 m^2 en deux étages. Le concert des perceuses et des lampes à souder, à une semaine de l'ouverture, n'inquiète pas l'homme en pardessus gris qui fait sa visite quotidienne ». Les gestes eux-mêmes sont volontiers indiciels : Isaac Stern conduit sa voiture « en musicien », c'est-à-dire « tout en nuances », cependant que Slavik, le décorateur à la mode, reste « mollement allongé sur les coussins » de la sienne.

Mais ce qui confère par-dessus tout aux héros de *Paris-Match* leur nécessité biographique, c'est l'antithèse entre l'humilité de leur origine et l'éclat de leur arrivée. Certes, la figure ne peut intervenir à chaque coup : le référent impose un minimum d'exigences. Mais l'on ne se privera pas de jouer du contraste chaque fois que l'occasion se présentera. Somme toute, la meilleure façon d'avoir la tête de l'emploi, au départ, c'est encore de ne pas en avoir l'air. Le vice-président des États-Unis n'a d'abord été qu'un fils de restaurateurs [2], la première femme de Chine une starlette, le nouveau roi d'Holly-

---

1. Roland Barthes, « Introduction à l'analyse structurale du récit », *Communications* (8), 1966, p. 1-27.

2. Notons encore une différence entre les deux versions de la biographie d'Agnew. Dans la version sympathisante, nous apprenons ceci : « Baltimore 1897 – D'un cargo en provenance d'Athènes débarque un jeune homme brun qui veut faire fortune, George Anagnostopoulos. Il ouvre deux restaurants, gagne un peu d'aisance et abrège son nom en Agnew. » Dans la biographie réductrice, le même épisode devient : « Il n'y a guère que soixante-dix ans que son père, Georges Anagnostopoulos, venant du Péloponnèse, a débarqué, les poches vides, à Baltimore. Restaurateur, le papa sut accroître ses moyens en raccourcissant son nom, ou raccourcir son nom en accroissant ses moyens ». La dernière figure, un chiasme, a évidemment pour fonction de transformer en manipulation douteuse une opération que la première version innocentait par sa sobriété dénotative.

wood un Noir insulté, le nouveau Raymond Loewy un inventeur méconnu, le restaurateur à trois étoiles un hôtelier pour commis-voyageurs, Lino Ventura un groom chétif, cependant que le grand champion de course à pied a d'abord vécu dans une humble cabane de bois et que Pat, la première dame des États-Unis, se souvient avec émotion de son père, « petit fermier brimé ». La récurrence de ces contrastes n'infirme pas ce que nous avons dit plus haut concernant les traits de prédestination. Ici encore, on reste dans les figures d'adjonction, l'antithèse affirmant le même par son contraire.

L'IRRÉSISTIBLE ASCENSION

Dans ce qui précède, on a considéré surtout les histoires *racontées* dans ces chroniques. Il nous reste à évoquer la prise en charge de cette matière biographique par le discours narratif. Aux figures du récit (entendu au sens de chose narrée) se superposeront des figures touchant à la forme même de l'expression. Nous laisserons pour la fin l'examen classique du « point de vue » pour cerner d'abord les transformations afférentes aux catégories de la durée, de la direction chronologique et de l'enchaînement des faits. En gros, ce qui va se marquer ici, c'est une accélération du temps et une surévaluation des relations causales.

Tout se passe comme si le narrateur avait hâte, une fois amorcé le retour en arrière qui suit généralement la phase initiale de promotion, de revenir à l'apothéose. Compte tenu d'ailleurs de cette permutation régulière, les faits s'enchaînent le plus souvent en ligne droite : chaque étoile du Michelin ponctuera la vie des Troisgros, comme les rencontres avec de Gaulle celle du Père Bruck. Racontant la vie de Katherine Hepburn, on nous assure bien qu'en 1934 « elle monte secrètement, implacablement ». Mais de la lenteur et de la nécessité que suggèrent ces deux adverbes, seule la seconde modalité est rendue par le rythme de la narration. Les événements du passé sont restitués au présent, sous forme de brefs instantanés, selon une technique qu'a vulgarisée le cinéma. D'où, à peu de frais, l'impression d'une vie toute faite de grands moments décisifs. Les effets les plus remarquables touchent à cette économie

des transitions, si radicale parfois qu'elle ne contribue pas peu
à imposer l'illusion d'une montée sans obstacle, alors même
que le discours rappelle discrètement par ailleurs que l'existence n'est pas toujours simple :

> « Nous sommes en 1932. Il est 9 heures du soir, Lino
> Ventura, 12 ans, rentre chez sa mère, à Montreuil (…) à
> peine rentré à la maison, sa mère doit le forcer à manger
> son potage : « Tu resteras groom toute ta vie. »
> Dix-huit ans plus tard, sur le ring blafard de la salle
> Wagram, le Lino malingre et timide est devenu un colosse
> de 100 kg de muscles. Il est lutteur professionnel. »

Quelquefois, les écarts de suppression témoignent d'une certaine audace d'écriture – banale au cinéma, rare dans le roman
– comme dans cet exemple qui joue sur la convention du tiret
de dialogue :

> (Henry Tronquoy, encore méconnu, a fabriqué un col-
> lier de type nouveau.)
> « Fier de sa création, il le passe au cou de sa femme.
> – C'est bien beau, dit Mme Tronquoy aimablement.
> – Mais c'est inouï ! Prodigieux ! Unique ! Formidable !
> Les épouses des milliardaires new-yorkais s'exclament
> toutes à la fois. » (Une durée de quatre ans et un espace
> océanique séparent, sur le plan du récit, ces deux répliques.)

En général, ces procédés font du héros un être d'une puissance d'action fantastique, dont les vœux ou décisions ne tar-
dent guère à être suivis d'effets. (Il semble qu'on vérifie une
loi du genre biographique[1].) A Las Vegas, Howard Hugues
descend au « Desert Inn » : « Quelques semaines plus tard, le
gérant demande au légendaire milliardaire de libérer sa suite

---

1. Dans un passage intéressant de ses *Aspects de la biographie*, André
Maurois complète la plaisante distinction faite par Forster entre l'homme
du roman et l'homme réel, considérés comme deux espèces distinctives,
Homo sapiens et *Homo fictus*. « Homo biographicus est une troisième
espèce. Ce qui le distingue des deux autres, c'est qu'il agit beaucoup plus.
Homo sapiens, l'homme réel, passe quelquefois des journées entières à
flâner ou à se perdre dans une vague rêverie ; il joue au golf ; il bavarde
avec des amis. Homo biographicus agit toujours ; il écrit des lettres, ou il
gouverne des empires, ou il essaye d'en gouverner, ou il poursuit des
femmes, ou il les abandonne ; c'est un être d'une activité incroyable. » A
vrai dire, l'homme biographique de *Match* joue aussi au golf (Amiral Patou)
ou bavarde avec un ami (Henri Langlois) : mais c'est une partie de golf
qui reflète sa vie ou une conversation qui en oriente le sens.

réservée à de riches joueurs de Philadelphie. Howard Hugues ne supporte pas l'affront. Très en colère il achète sur-le-champ le "Desert Inn", qu'il paye 19 millions cash.» Comme quoi les notaires du Nevada savent faire diligence…

Selon la remarque de Roland Barthes, l'activité narrative repose sur une confusion entre la consécution et la conséquence. A cet égard au moins, les biographies de *Paris-Match*, qui se privent par ailleurs des ressorts spécifiquement dramatiques, sont des récits par excellence. Si le narrateur court le risque d'insérer entre les actions des développements subsidiaires, indiciels ou descriptifs, son discours a tôt fait de finaliser ces informations latérales. Si l'on nous dit qu'il y a dans les yeux de Sidney Poitier «une dure et pénétrante lumière», c'est parce que «ce regard-là appartient seulement aux hommes qui ont supporté sans fléchir la pauvreté, l'injure, les coups et la dérision». Si le Russe Isaac Stern, citoyen américain, parle français, c'est «parce qu'il a choisi le français comme il a choisi le violon : par amour».

AU SOMMET

Ces réussites foudroyantes sont aussi de brillantes réussites. Les hyperboles foisonneront jusqu'à nuire à la crédibilité du récit. Nichols, metteur en scène, n'est rien moins qu'«espoir suprême et suprême pensée de Broadway et de Hollywood»; Lily Laskine est «la plus grande harpiste du monde»; Mme Mao est «le personnage le plus redoutable de Chine»; Poitier est «le plus grand acteur américain vivant», etc. Le trait du plus grand sublime semble atteint par cette phrase qui entend symboliser l'apothéose d'Alain Resnais : «Tous les acteurs et scénaristes de France rêvent de travailler pour cet artiste vraiment exceptionnel.» Vraiment, il est regrettable que l'auteur d'*Hiroshima* reste insensible aux vœux muets de MM. Louis de Funès et Michel Audiard.

Le superlatif publicitaire appelle naturellement l'évaluation quantitative. Isaac Stern, qui possède deux Guarnerius, dont chacun est assuré pour 100 millions d'anciens francs, donne «160 concerts par an». Quand Don Mazzi arriva il y a dix ans dans la banlieue rouge de Florence, «vingt-cinq fidèles venaient alors à la messe dominicale. Ils sont aujourd'hui deux mille cinq cents ». De son côté, Madame Derval commande « 75 toilettes par an » pendant que les complexes commerciaux réalisés par M. Gattegno « font 9 milliards d'A. F. de chiffre d'affaires par an » et qu'il faudra à M. Tronquoy « le cuir de 1200 vaches » pour réaliser un plafond de 800 m², « qui exigent 2 400 m² en raison des reliefs ». Le jour où quelqu'un s'avisera de tourner un film sur la vie d'Henri Langlois, il choisira pour titre, n'en doutons pas : « Histoire de 50 000 œuvres ». Et comment s'étonner de ce que M. Éric Charden, « l'homme au chèque de cent mille dollars », envoie par télégramme à sa petite femme « 100 000 baisers » ? Évidemment, un certain nombre de ces précisions chiffrées ne connotent guère que leur précision même : elles contribuent au « réalisme » du document journalistique. D'autres sont indirectement hyperboliques, même si leur vraisemblance est acceptable : « Pendant six mois le châtelain de Louveciennes [Charles Munch] renonce à des tournées à 100 000 francs la soirée pour tester pendant six heures tous les musiciens français dignes de faire partie des 110 qui composeront l'orchestre de Paris » ; ce travail véritablement « acharné » aura sa récompense logique : cet orchestre « tout simplement fabuleux » s'embarquera « avec quarante mètres cubes de bagages » pour se faire applaudir par – notamment – « quinze mille Virginiens ». La récurrence des nombres finit par renvoyer métonymiquement à l'univers indubitable de la mathématique. En somme, il y a là comme un discret changement de code, analogue, en tant que procédé, à l'archaïsme soutenu et à l'emprunt de mots étrangers.

Ajoutons que les rédacteurs de *Match* savent qu'on peut sublimer par des figures moins grossières que l'hyperbole. Une syntaxe sobre, aux raccourcis virils, rendra au mieux le caractère des grands hommes d'action, qui ne se payent pas de mots : Faulques, Patou. On a déjà vu comment des références de prestige, parfois absurdes (Bondartchouk = Napoléon), auréolent les héros par métaphore ou métonymie. Et s'il vous arrive un jour d'être traité par M. Troisgros, dans son restaurant trois étoiles, nul doute qu'il ne vous murmure « après la salade de truffes à l'huile d'olive et au citron, le foie de canard, le saumon à l'oseille, la pièce de charolais, le gratin dauphinois et une laitue légère comme un voile » : « Revenez donc un autre jour, aujourd'hui on n'a mangé que des sottises. » On peut connaître le secret des sauces et ne pas ignorer l'art de la litote.

LA VIE EST UN SONGE

Numériques ou qualitatives, les précisions qui s'étalent dans les biographies de *Paris-Match* ont une fonction rhétorique banale dans l'écriture de presse. Elles signifient que nous sommes informés de première main par un témoin exceptionnel, le grand Asmodée de la culture planétaire, qui voit tout, entend tout, est partout. Le narrateur forcément anonyme qui nous entretient chaque semaine des héros du jour peut nous décrire la salle de bains d'Henri Langlois en 1936, le mobilier de cuisine de Mme Charden, le bureau de M. Marcel Bleustein-Blanchet, la vue exacte qu'on a sur le paysage quand on se trouve à la direction des nouveaux studios de la « Mosfilm » ; l'autre jour il était en voiture avec la famille Stern (surprenant dans le rétroviseur « un regard de complicité » entre le père et le fils) ; hier, il déjeunait avec « le Père Bruck » au restaurant du Rond-Point, avenue Matignon ; demain, il notera une conversation dans un studio londonien entre Katherine Hepburn et Peter O'Toole.

Cette vision omnisciente ne concerne pas directement la relation démiurgique entre l'auteur et son personnage, au sens où Balzac, selon l'exemple classique, montre qu'il en sait plus sur le destin de ses héros que ses héros eux-mêmes. Une fois posé le mythe du journaliste qui sait tout, on peut tenir pour normal que le narrateur de *Match* dispose de cette information prodigieuse (même si c'est évidemment un effet rhétorique). Sans doute certaines relations n'hésitent-elles pas à recourir au procédé franchement romanesque de la vision « du dedans » : la vie de Patricia Nixon, par exemple, nous est présentée comme une longue rêverie qu'elle fait sur son passé, le discours dilatant « l'instant de bonheur absolu » de la victoire électorale. Mais cette identification métaphorique du narrateur au héros sert surtout au mécanisme de la lecture. Le biographe, lui, est d'une modestie retorse. C'est pourquoi les déclarations du personnage en discours direct, qui pourraient passer pour des fragments d'interview, ne suivent jamais une question explicite de l'enquêteur présumable. L'omniscience du narrateur est tout entière au service du lecteur, à qui l'on apporte sa ration hebdomadaire de rêves compensatoires. La biographie, en général, est sans doute, de tous les genres littéraires, celui où joue le plus le processus d'identification-projection. (L'effet cathartique de la tragédie grecque sur ses contemporains ne tenait sans doute pas peu au fait que les héros tragiques n'avaient pas alors l'irréalité qu'ils ont pour nous.) Les biographies à la *Paris-Match* sont les contes de fées de notre temps. On relèverait aisément de multiples aveux de cette fonction onirique, non seulement dans les vies qui sont, comme on vient de le noter, travesties en rêveries, mais encore dans le recours au lexique de la féerie : la célébrité vient « en un clin d'œil ». Gattegno « réalise le rêve de M. 2B », les Troisgros « font désormais partie du cercle enchanté », Howard Hugues a déjà vu « toutes les choses qu'il ne verra pas », Slavik prononce « la formule cabalistique », un écrivain « fait bouger des ombres au bout de sa plume », pour Barbra Streisand « les miracles continuent », etc.

Portrait découpé dans l'étoffe des songes, désir accompli en mille et un mots, la Vie selon *Match* métamorphose nos vies quotidiennes, nos vies au degré zéro. Nécessairement réductrice, l'analyse rhétorique débouche, comme toute science, sur un désenchantement.

Jacques Durand

Rhétorique du nombre

> Numerorum quidem notitia non oratori
> modo, sed cuicumque primis litteris eruditio,
> necessaria est.
>
> QUINTILIEN,
> *Institution oratoire*, Livre I, X, 34.

NOMBRE ET LANGAGE

Qu'est-ce qu'un nombre ? Est-ce un mot parmi d'autres, faisant partie intégrante de la langue[1] ? Ou bien est-ce un pur objet scientifique de nature extralinguistique[2] ?

Sans aucun doute, les nombres forment un système fortement organisé. Mais on peut s'interroger sur le rapport de ce système avec la sémiologie. Le système arithmétique fait-il partie de la langue (au niveau par exemple de la forme du signifié) ? Ou bien constitue-t-il une langue autonome[3] ? Ou bien s'agit-il d'un système purement opératoire, sans lien avec la sémiologie ?

1. Raoul de la Grasserie, *Du quantitatif dans le langage. Notamment de la catégorie du nombre*, Paris, éd. Soudier, 1911.
2. « Les adjectifs numéraux proprement dits ne sont, strictement parlant, ni noms ni adjectifs : ils appartiennent à la science mathématique et forment une catégorie à part » (Grevisse, *Le Bon Usage*, Paris, P.U.F., 1962, p. 334).
3. « Quelqu'un a pu comparer les mathématiques à une langue étrangère : elles ont en effet leur propre alphabet, qui se compose de chiffres et non de lettres, et leur grammaire qui, au lieu de jongler avec des verbes, jongle avec des opérations. » (*Tout l'Univers*, 31 juillet 1965.)

Il existe un mythe du nombre, pour qui la pauvreté sémantique de celui-ci est la contrepartie de sa richesse opératoire. De ce point de vue, le nombre ne signifie rien, il ne fait pas partie du langage. Ou bien il signifie, mais sur le plan d'une stricte dénotation qui exclut toute rhétorique[1]. Ou bien sa connotation se limite à un signifié unique qui apparaît dans son opposition avec le langage : il a pour fonction de signifier l'obscur, l'aride, l'inhumain, c'est-à-dire en définitive l'absence de sens[2].

Bien entendu le mythe se dément lui-même, puisqu'il y a déjà là l'ébauche d'une rhétorique, l'utilisation d'une figure : l'antithèse. Cette rhétorique est singulièrement pauvre puisque le nombre ne signifie ici que par sa présence ou son absence, mais cette pauvreté n'est pas inhérente au nombre, elle est partie intégrante du mythe.

Si l'on analyse le nombre dans les usages qui en sont faits, en particulier dans les communications de masse[3], on est frappé au contraire par la diversité de ses ressources expressives. Et si l'on analyse les modalités signifiantes du nombre, on retrouve l'une après l'autre les figures de la « rhétorique formelle[4] ».

FIGURES DE RHÉTORIQUE NUMÉRALE

1. Une des figures les plus simples est la *répétition* (A1). Elle consiste à énoncer plusieurs fois le même chiffre dans un nombre :

> « 5 jours : 555 F » (annonce *Air Afrique*, 1967).
> « A Villeneuve-le-Roi, les 22 222 habitants ont peur » (*France-Soir*, 6.6.62).

---

1. « Kossyguine, manieur précis de chiffres, de faits, répugnant à la rhétorique… » (*Nouvel Observateur*, 7 décembre 1966.)
2. « Non, je me sens plus là /Moi-même/ Je suis le quinze de la /Onzième » (Apollinaire, *Alcools*, p. 151).
3. Jacques Durand, « Information numérale et enseignement », *Communications*, 2, 1963, p. 148-154.
Les exemples que nous citerons sont pris en général soit dans les titres de *France-Soir*, soit dans la publicité.
4. Nous utiliserons ici le classement proposé dans notre précédente étude : « Rhétorique et image publicitaire », *Communications*, 15, 1970, p. 70-95.

ou plusieurs fois le même nombre dans une phrase :

> « 2 couleurs, 2 francs, 2 billes » (*Baignol et Farjon*).
> « En 12 jours, avec 12 ampoules, 12 ans de moins sur votre visage » (*Cytophiline*, 1966).

La répétition peut être comme ici une figure de rhétorique, mais elle peut être aussi un événement naturel, que l'on relève en raison de son improbabilité :

> « A la Loterie nationale – à trois mois d'intervalle – le même numéro gagne le gros lot » (*Le Monde*, 12.9.1965).

Ces deux aspects sont d'ailleurs liés : la répétition comme figure implique un étonnement feint devant une coïncidence qui ne doit en réalité rien au hasard ; à l'inverse, lorsque la répétition est fortuite, on feint d'y lire une intention, de l'insérer dans un « discours du Destin » :

> « Jean Marais, né le 13 décembre 1913, à 13 heures » (*France-Soir*, 18.8.1965).
> « Marguerite Long, morte un 13, était née un 13 » (*France-Soir*, 15.2.1966).

2. *L'énumération*, qui consiste à énoncer l'un après l'autre les nombres successifs, s'apparente aux figures de répétition : il y a ici répétition, non plus du nombre, mais de l'objet dénombré. Cette répétition est d'ailleurs le fondement même du concept de nombre ; on nous fait assister, par une sorte de ralenti, à la genèse de celui-ci :

> « La nouvelle Ford Escort : une porte, deux portes, trois portes, quatre portes » (Ford, 1969).
> « Un, deux, trois, quatre, cinq, il y a cinq crèmes de dessert Mont-Blanc » (1962).

Ce procédé est fréquent dans les comptines.

Les nombres successifs peuvent s'appliquer à des objets différents ; en ce cas la configuration obtenue apparaît, au même titre que la répétition d'un même nombre, comme le résultat d'une coïncidence improbable :

> « 1 offre exceptionnelle, 2 modes de vie, 3 avantages » (*Frank Arthur*, 1966).

L'énumération est généralement ascendante : elle s'apparente alors à la *gradation*. Elle peut être descendante, et s'apparente ainsi à *l'inversion* :

> « 5 résidences, 4 raisons d'être heureux, 3 sites remarquables, 2 régions privilégiées, 1 placement excellent » (*Michel-Bernard*, 1968).

Le caractère anormal de l'énumération descendante peut être souligné avec ironie :

> « Les gens qui font des journaux gagnent des milliards (…) peut-être même des millions ! Et, qui sait, ça se chiffre peut-être par milliers » (Walt Kelly, *Pogo*, Éd. Dupuis, p. 37).

L'énumération peut être lacunaire ou désordonnée ; on a alors une figure de type suppressif :

> « 1, 4, 3, 7, 5, 8 ou 10 bas Dim » (1963).

3. Dans *l'accumulation* (A3), une même phrase présente une succession de nombres divers, illustrant les différents aspects d'un même événement :

> « Sur 625 lignes et avant dix-huit mois, la 2e chaîne couvrira 7 régions » (*Paris-Presse*, 12.5.1961).
> « New York sous la neige. 12 000 cantonniers, 2 500 bulldozers pour dégager les 9 000 km de rues. Coût : 2 milliards. 100 morts dans le pays. Avions et trains stoppés pendant 48 heures » (*France-Soir*, 7.2.1961).

Cette inflation numérale atteste le souci de présenter un bilan complet de l'événement, de mesurer avec précision chacun de ses aspects. Plus profondément, elle manifeste la pertinence universelle du nombre, qui est capable de rendre compte des dimensions les plus variées d'un événement. Du point de vue rhétorique, l'utilisation systématique du nombre permet de créer un lien de similarité entre les aspects divers du phénomène décrit.

4. Une figure de *double sens* (A5) peut être réalisée en utilisant deux fois le même nombre, appliqué à des objets différents ; cette figure est fréquente en publicité :

> « 99 $ pour 99 jours de voyage » (*Greyhound*, 1967).
> « Simca 1 000, 1 000 fois mieux » (1962).
> « 920 tonnes à 920 km/h » (*Air France*, 1968).

La même figure peut être réalisée par une coïncidence fortuite, par exemple lorsqu'une personne gagne au tiercé ou à la Loterie en jouant sa date de naissance (*France-Soir*, 22.4.65 et 8.10.65), le numéro d'une voiture (*France-Soir*, 23.7.64), le numéro d'une contravention (*France-Soir*, 4.l.67), etc.

Une autre figure de double sens joue sur la similitude phonique qui peut exister entre un nombre et un autre mot :

> « 7 jours sur 7, Set de Pantène » (1966).
> « Un homme neuf en neuf jours » (*Évian*, 1964).
> « 10 chances sur DIM pour que vos bas durent » (1966).
> « Douze fois douce » (*Fenjal*, 1969).
> « Vivez sans foie, vivez cent fois mieux » (*Saint-Yorre*, 1967).

Depuis la création du « nouveau franc », la France possède deux monnaies, une monnaie légale et une monnaie de compte, dont l'une vaut cent fois plus que l'autre et qui portent le même nom. Cette situation peut être analysée :

– soit comme un double sens : un même signifiant (« 100 francs ») pour deux signifiés (100 anciens francs ou 100 nouveaux francs) ;
– soit comme un paradoxe : deux signifiants (« 10 000 francs » ou « 100 francs ») pour un signifié (100 nouveaux francs).

La tentative de nier cette situation double en affirmant qu'il n'y a « rien de changé » parce que « un franc est un franc » est elle-même une figure de rhétorique (une tautologie : B5). Tentative parfaitement illusoire puisque la phrase « Un franc est un franc » est elle-même à double sens : elle peut signifier aussi bien la permanence des valeurs nominales que la permanence des valeurs réelles.

5. *L'antithèse* (A4) numérale la plus fréquente est celle qui oppose un nombre « petit » et un nombre « grand » :

> « 700 000 milliards de F d'amende pour une dette non réglée de 1,20 F » (*France-Soir*, 21.4.1966).

Dans d'autres cas, il y a antithèse entre un nombre et un élément verbal :

> « Mort de vieillesse… à 11 ans » (*Le Parisien Libéré*, 10.3.1967).

Cette figure s'analysera plus exactement comme une antithèse virtuelle entre un nombre observé et le nombre qui serait normal dans le contexte donné ; c'est une forme de paradoxe (A5) :

> « Il tombe de 80 m : indemne » (*Paris-Presse*, 15.7.1962).
> « 300 km/h dans votre salon » (*Circuit* 24,1962).
> « Il avale un crapaud pour 8 F » (*France-Soir*, 6.5.1966).
> « L'assassin a tué pour 20 N. F.[1] » (*France-Soir*, 7.6.1961).
> « Grâce à la machine à laver la vaisselle Westinghouse, des journées de 36 heures. »

On peut aller un peu plus loin et afficher ironiquement comme petit un nombre grand, ou vice versa :

> « Il a le sourire : il ne pèse plus que 181 kilos » (*Paris-Presse*, 9.3.1966).
> « Les voix anti-parti atteignant 0,14 %, le maire de Berlin-Est s'inquiète des progrès de l'opposition » (*Le Monde*, 13.10.1965).

Un second type d'antithèse oppose les nombres ronds aux nombres précis :

> « Fernand Reynaud a fêté hier la 296e de son récital, comme d'autres fêtent la 100e » (*Figaro*, 16.3.1961).
> « La France ne pourra fêter en 1967 son millième kilomètre d'autoroute. Il s'en faudra de… 6 kilomètres » (*Figaro*, 16.9.1966).

Les deux paradigmes grand/petit et rond/précis sont en relation homologique : normalement un petit nombre est donné avec précision, et un grand nombre est arrondi. On obtient un paradoxe en renversant l'homologie, en présentant un nombre grand et précis :

> « Posséder à la fois tout le savoir du monde n'est pas un rêve impossible : il tient dans les 36.699.942 mots de l'*Encyclopaedia Britannica* » (1966).

Une autre homologie associe le nombre précis à l'exactitude et le nombre rond à l'approximation. Le paradoxe consistera alors à associer le nombre rond avec l'exactitude (c'est le cas de l'anniversaire) ou, à l'inverse, la précision et l'inexactitude[2] :

---

1. Un lecteur remarquait : « Cela laisse à entendre qu'à partir d'un certain chiffre il serait normal ou même recommandé de tuer. » (*L'Aurore*, 18.7.1964).
2. Cf. Henri Guitton « Les fausses exactitudes », *Journal de la Société de Statistique de Paris*, juil.-sept. 1969, p. 165 à 173.

« Cette brouette métallique… et 49.999 articles dans le catalogue de la Redoute » (1967).

(Le nombre précis résulte ici d'une opération sur un nombre rond approximatif.)

Le paradoxe numéral le plus pur est celui qui contrevient aux lois de l'arithmétique. Ici encore il y a opposition entre le nombre qui est écrit et celui que l'on attendait :

« Dans mon école : 1 = 3 » (*Renault*, 1961).

La *tautologie* (B5) se présente à l'inverse comme l'affirmation (inutile ?) d'une évidence :

« Un égale un, a dit le général » (*Paris-Presse*, 18.11.66).

Sous forme négative, elle apparaît clairement comme le refus du paradoxe :

« 1968 n'est pas 1962 » (*Les Échos*, 11.3.68).

6. Les figures précédentes jouent sur des relations entre nombres. D'autres figures opèrent sur les relations entre les nombres et des éléments verbaux ou visuels.

On réalise un *pléonasme* (A2) lorsqu'on accompagne un nombre d'un équivalent visuel (par exemple, un personnage qui forme le nombre avec ses doigts). On peut, en allant plus loin, illustrer visuellement une figure numérale : l'opposition entre un nombre grand et un nombre petit peut être traduite par l'opposition de deux piles de pièces de monnaie (annonce de *Calgon* aux États-Unis, 1964). Des photos-montages peuvent de même illustrer des paradoxes numériques : personnage avec deux montres (*Eterna*, 1966), avec trois mains ou avec dix-huit bras (*Arthur Martin*, 1967), main à six doigts (*Levy Bread*, 1960), lunettes à un seul verre (*Production*, 1964) etc.

Le mot peut se substituer au nombre : on a alors l'équivalent d'une *métaphore* (C2).

« Chou + radis = citron (en URSS) » (France-Soir, 16.3.67).

Le nombre peut à l'inverse se substituer au mot, par exemple pour exprimer une idée en termes plus discrets (*allusion*) :

> « Une spécialité propre au Bois de Boulogne, qui consiste
> à vérifier la règle suivant laquelle deux plus deux égale
> quatre[1]. »

La substitution peut s'opérer entre deux éléments opposés,
comme par exemple entre les diverses écritures possibles du
nombre – en lettres ou en chiffres, en chiffres romains ou en
chiffres arabes (opposition de forme : C4).

> « Commandez-la 1 fois. Ensuite vous l'exigerez. » (Affiche
> *Bière Porter* 39, février 1970).

On peut enfin réaliser des figures d'échange entre nombre
et mot, ou entre nombre et image. Par exemple la mise en valeur
du nombre aboutira à agrandir démesurément la taille des
chiffres par rapport à celle des lettres, ou à placer systématiquement les nombres en début de phrase :

> « 30 chevaux pour 4 CV, voici pourquoi la Renault 4 est
> si nerveuse. »
> « 427 cm^2 de garniture : voilà pourquoi la Renault 4 freine
> si bien. » etc. (Campagne *Renault*, 1967).

Ou bien encore le nombre sera intégré à l'image comme un
objet réel.

RHÉTORIQUE ET MATHÉMATIQUE

La rhétorique conduit à définir entre les nombres des relations de proximité. Elle aboutit à structurer l'ensemble des
nombres selon des principes qui semblent assez différents de
ceux qu'utilisent les mathématiques.

Émile Borel a fait allusion à cette structuration rhétorique
lorsqu'il a étudié le problème des « nombres particuliers[2] ». Si
l'on examine des nombres de quatre chiffres, on considérera
par exemple comme particuliers les nombres 2552 (composé
de deux nombres symétriques 25 et 52), 2545 (composé de
deux nombres terminés par le même chiffre), 2550 (composé
de deux nombres dont l'un est le double de l'autre), etc. Borel
veut dissiper l'illusion qui nous fait croire, lorsque nous rele-

---

1. Gault et Millau, *Guide de la nuit à Paris*.
2. Émile Borel, *Le Hasard*, Paris, Alcan, 1938, p. 113.

vons par exemple des numéros de voitures ou de wagons, que ces nombres particuliers sont anormalement fréquents. En réalité, dit-il, « on arrive aisément à trouver à près de la moitié des nombres de quatre chiffres *quelque chose de particulier* ».

Mais, si les nombres « particuliers » sont moins rares qu'on ne le croit, cela ne signifie pas que cette notion soit arbitraire et sans intérêt ; il est probable, au contraire, qu'il existe une large unanimité sur le caractère « particulier » de tel nombre, ou sur le degré de similitude qui existe entre tel couple de nombres. Par une méthode telle que le « scaling multidimensionnel », on pourrait situer l'ensemble des nombres les uns par rapport aux autres en fonction de leur degré de similitude, analyser quelles sont les dimensions fondamentales qui définissent ce concept et rechercher à quelles propriétés mathématiques il correspond.

Allant plus loin, on peut se demander si la rhétorique ne peut pas trouver une application plus générale en mathématique.

Il y a deux raisons qui permettent de supposer que les mathématiques peuvent relever d'une analyse rhétorique.

La première réside dans le caractère inadéquat de leur formalisation. Cette formalisation peut apparaître comme un modèle de rigueur ; ses insuffisances apparaissent dès que l'on étudie son développement historique. Ernest Coumet a montré par exemple [1] que les raisonnements complexes de la logique formelle, depuis la scolastique, avaient été rendus inutiles par la découverte d'une représentation graphique simple (les cercles d'Euler, puis de Venn). De même G. Th. Guilbaud a souligné les insuffisances de la notation usuelle des nombres dans le cas des nombres très grands et très petits, et montré les avantages de la notation exponentielle et de la notation en virgule flottante [2].

La seconde raison réside dans le caractère non explicite de certains codes utilisés par le mathématicien. Les traités classiques d'algèbre enseignent que l'on convient de représenter les nombres par des lettres, mais ils passent sous silence le fait que n'importe quel nombre ne peut être représenté par n'importe quelle lettre : si la notation x_i a un sens, la notation i_x n'en a guère.

1. *Mathématiques et Sciences humaines*, n° 10.
2. *Mathématiques* (t.l) Paris, P.U.F., coll. « Thémis », 1963, p. 137.

Si on analyse la notation classique des séries :

$$x_1\ x_2\ \ldots\ldots\ x_i\ \ldots\ldots\ x_n$$

on se trouve en présence de deux classes d'éléments : d'une part les variables (x, y, z…), d'autre part, les indices (1, 2, 3… i… n). Le rapport entre ces deux classes est signifié par la position légèrement décalée des deux termes ; ce signifiant se révèle insuffisant lorsque la série doit se développer dans plusieurs dimensions (indices multiples).

La classe des indices présente une structure complexe, puisque les signifiants mêlent ici les chiffres (la série des nombres entiers) et les lettres (i et n, désignant le terme générique et le terme final de la série).

On retrouve ici plusieurs des figures déjà répertoriées :

– *la répétition* : l'utilisation du même signifiant x pour désigner des variables différentes met l'accent, de façon emphatique, sur une certaine similarité qui existe (ou que l'on crée) entre elles ;

– *l'énumération* des nombres successifs est utilisée pour la définition des indices ; elle facilite le dénombrement et le repérage des variables, mais elle implique une ordination, peut-être inadéquate, de ces variables ;

– *l'allusion* : à deux reprises, la lettre utilisée pour représenter un nombre fait allusion à un mot qui désigne ce nombre (i et n sont les initiales de « indice » et de « nombre »)[1].

Si l'on doit en outre distinguer parmi les nombres les constantes et les variables, on convient généralement (de façon implicite) de représenter les constantes par les premières lettres (a, b, c…) et les variables par les dernières lettres (x, y, z…). On a des séries telles que :

$$ax\quad by\quad cz\ldots$$
$$\text{ou } ax_1\quad bx_2\quad cx_3\ldots$$
$$\text{ou } a_1x_1\quad a_2x_2\quad a_3x_3\ldots$$
$$\text{etc.}$$

Ces trois représentations entraînent des difficultés :

– la première parce que l'homologie entre les deux séries (a, b, c…) et (x, y, z…) ne peut être poursuivie au-delà du troisième terme ;

---

1. L'allusion peut aller jusqu'au *double sens* : par exemple, en géométrie analytique l'intersection des coordonnées est désignée par le signe O, qui représente à la fois le chiffre « zéro » et la lettre initiale du mot « origine ».

– la seconde parce qu'on ne sait pas comment désigner dans ce cas le terme générique et le terme final, en sauvegardant l'homologie. Il faudrait trouver un terme qui s'oppose à la suite des lettres (*a, b, c*…) de la même façon qu'une lettre particulière (*i* ou *n*) s'oppose à la suite des nombres (1, 2, 3…) ;

– la troisième parce qu'elle privilégie indûment une lettre de chaque paradigme, alors que chacune de ces lettres n'a pas de vocation particulière à désigner génériquement « la variable » et « la constante ».

La notation mathématique n'a donc pas la perfection et la transparence qu'on lui prête ; elle présente une opacité, qui peut engendrer une certaine inadéquation ; les codes qu'elle utilise ne sont que partiellement explicités, et les codes non explicités sont probablement les véhicules de signifiés de connation.

Les mathématiques peuvent apporter à la rhétorique une formalisation de ses concepts ; en contrepartie, elles peuvent trouver en celle-ci un instrument d'analyse de leurs démarches.

SIGNIFICATION DE LA RHÉTORIQUE

La rhétorique du nombre se révèle plus riche que le mythe ne le laissait prévoir. Faut-il penser que le nombre est un élément d'une particulière valeur expressive ? Ou est-ce que la rhétorique serait un instrument universel, permettant d'imposer du sens à un ensemble quelconque d'éléments ?

Le problème est sans doute obscurci parce que le système rhétorique est généralement étudié dans le cas du langage, et qu'il faut alors séparer deux niveaux de signification. Mais il semble que le système puisse fonctionner aussi bien, ou même mieux, s'il s'applique à un ensemble d'éléments non signifiants.

Par exemple, on peut trouver des exemples d'application de la rhétorique en peinture (chez Jérôme Bosch ou chez Magritte) ou au cinéma (chez J.-L. Godard). Mais c'est dans la musique, l'architecture, la production de série, etc. que l'on peut trouver les exemples les plus purs des concepts d'addition et de substitution, de similarité et de différence, etc.

On peut même se demander si, appliquée au langage, la rhétorique ne consiste pas à traiter celui-ci comme un matériau non signifiant.

On peut se demander encore si le système rhétorique est un système conventionnel, transmis par une longue tradition ou s'il correspond à un besoin fondamental de notre psychisme.

La psychologie de la forme incite à choisir la seconde solution : pour elle la structuration du matériau offert à la perception est une condition préalable pour qu'il puisse être appréhendé par notre esprit, et cette structuration s'opère selon des principes qui s'apparentent aux concepts rhétoriques fondamentaux.

La dernière question que l'on peut se poser est de savoir s'il est bien justifié d'utiliser le terme de « rhétorique » pour qualifier un tel système. L'aspect combinatoire, qui est fondamental ici, semble bien étranger à la rhétorique grecque.

En revanche, l'idée d'utiliser les concepts combinatoires pour aboutir à une « logique formalisée » de la création – et spécialement de la création verbale – est parfaitement conforme à l'origine de ces concepts. E. Coumet a montré que l'analyse combinatoire avait en définitive sa source dans la Cabbale[1], et c'est dans la Cabbale que l'on trouve l'origine de cette idée d'une combinatoire appliquée au langage à des fins créatives. C'est aussi dans la Cabbale qu'il faudrait, selon D. Bakan, chercher l'origine de certains concepts « rhétoriques » utilisés par Freud[2].

Jacques DURAND

Cofremca, Paris

1. E. Coumet « Systèmes de dénombrement et de numération au XVIIᵉ siècle », Séminaire du Groupe de Mathématique Sociale, E.P.H.E., février 1969.
2. D. Bakan, *Freud et la tradition mystique juive*, Paris, Payot, 1964, p. 212.

Lidia Lonzi

Anaphore et récit

Dans un récit à la première personne, comme Bakhtine l'a remarqué[1], le narrateur n'est pas un littérateur professionnel : il a une façon à lui de raconter, individuellement et socialement déterminée : le « parlé » par lequel le récit se construit se ressent à son tour de la construction par l'auteur du personnage qui non seulement raconte mais agit. Les expressions familières dont se sert le narrateur sont, partant, des indices véritables[2] ; elles relèvent de la diégèse (de l'action), se situent donc au niveau du dénoté littéraire, et y fonctionnent comme éléments de connotation. D'autres formes du parlé, qu'on pourrait ranger dans la catégorie des anaphoriques, appartiennent d'emblée, semble-t-il, au niveau de la connotation littéraire, en tant qu'éléments du discours narratif n'affectant pas la caractérisation de ce personnage particulier[3].

Le narrateur a continuellement recours au « déjà dit », et la re-présentation qu'il en donne constitue une orientation spécifique de la lecture. Cette sorte de recours n'est d'ailleurs qu'un

1. M. Bakhtine, *Dostoïevsky*, traduction italienne, 1968, chap. V.
2. Nous pouvons en trouver dans Pavese, par exemple, dans les trois romans de *La bella estate* dont le second nous retiendra ici, mais elles sont très rares, parce que précisément elles véhiculent une information très riche.
3. On les trouve en effet dans tous les récits (aussi bien à la 1re qu'à la 3e personne) et à un degré plein quand le modèle en est le « parlé », dans lequel l'anaphore est étroitement liée aux procédés d'inversion dans l'ordre de la proposition (la « segmentation » dont parlait Bally). Pour une reconsidération récente de ces procédés dans le cadre d'une théorie générale du langage, voir Noam Chomsky, *Aspects of the Theory of Syntax*, p. 126-127, 220-221, 222, 223, 225, et surtout *Deep Structure, Surface structure and Semantic Interpretation*, miméographié, MIT, 1968, 51 p., où une analyse systématique de ces phénomènes, parmi d'autres, amène à suggérer que la structure de surface a un rôle dans la détermination de la représentation sémantique de la phrase.

aspect d'un procédé plus général, du maniement de la diégèse du point de vue de la connaissance que le lecteur est censé avoir (ou bien qu'on veut lui transmettre) non seulement grâce au « déjà narré », mais grâce aux liens (formels) entre langue et contexte situationnel, et grâce aux liens (notionnels) entre langue et réel.

Par anaphoriques nous entendons toutes les formes linguistiques qui ont le pouvoir de se rapporter avec concision à des mentions antérieures et éloignées : noms de personne ou de lieu, quand le nom de lieu a été préalablement introduit, et qu'on y fait référence (faute de cette précision, il peut renvoyer à une connaissance acquise, extra-contextuelle, selon un principe qu'il partage avec d'autres formes définies [1]), pronoms de troisième personne, démonstratifs, indicateurs de temps et de lieu, article défini. Même si on ne relève pas, dans les pages suivantes, d'exemples concernant les pronoms de la troisième personne, nous verrons qu'on doit les mentionner à ce propos et y comprendre le neutre et ces substituts de propositions ou de parties de propositions qui ont déjà été analysés dans *la Linguistique générale* de Bally (§ 128). Quant à l'article défini, la distinction qui a été faite entre anaphorique et cataphorique [2] nous semble répondre à nos besoins et mériter qu'on en fasse un usage généralisé en l'étendant, par exemple, aux pronoms de troisième personne. Nous nous rattachons cependant ici, pour une analyse formelle, à l'étude de Zeno Vendler, *Adjectives and Nominalizations* [3]. Selon Vendler, l'article défini indique toujours une proposition relative restrictive, présente ou supprimée. Quand elle est présente, elle le suit nécessairement et donne lieu à ce que nous appelons ici article défini « cataphorique »

1. On pourrait à ce propos renvoyer aux remarques de Carlota Smith (« Determiners and relative clauses in a generative grammar », *Language*, vol. 40, n° 1, 1964, p. 37-52) : Smith élargit la notion d'article défini anaphorique de façon à y inclure l'article défini qui renvoie à une connaissance extra-grammaticale, celle par exemple des « uniques » : le soleil, etc. (Jespersen parlait à ce propos de « constant situational basis »).

2. Voir M. A. K. Halliday, Descriptive linguistics in literary studies, dans A. Mc Intosh et M.A.K. Halliday, *Patterns of Language*, London, 1966, p. 56-69. Exemples :
Cataphorique :   *The absence ot guides.*
                          The only impracticable route.
Anaphorique :   turned to the *ascent* of the peak. *The* climb…
Homophorique : *the truth.*

3. La Haye-Paris, 1968, ch. I.

(où la phrase relative peut être identifiante ou non) ; quand elle est absente, on peut la reconstruire en reliant l'article à une occurrence précédente, réelle ou supposable, du même nom dans le même discours, et on a affaire à l'article défini « anaphorique » (la relative étant dans ce cas toujours identifiante). Si cette reconstruction n'est pas possible, l'article défini est « générique ». L'article défini anaphorique est donc, par sa définition même, non générique ; le cataphorique peut être générique ou non ; celui qui ne renvoie à rien dans le contexte, celui que Halliday appellerait « homophorique », est toujours générique. Dans ce type d'article défini, il faut voir, selon Vendler, la suppression d'une restrictive non identifiante : par exemple : le tigre vit dans des cavernes ← la bête qui est un tigre vit dans des cavernes, où « A qui est B » est toujours : « A (genre) qui est B (espèce) ». Il est évidemment difficile de ramener toutes les formes homophoriques à ce type de proposition relative, mais cette analyse présente un avantage supplémentaire : par sa généralité, elle rejoint une notion qui va retenir notre attention : celle de présupposition réduite au nom seul.

Il faudrait distinguer toutes les formes dont nous avons fait mention jusqu'ici et les regrouper dans la catégorie de la *deixis,* en les situant par rapport à la première et deuxième personne par exemple (selon Benveniste et selon Jakobson[1]). Celles-ci ont en effet un pouvoir d'introduction très fort (parce qu'immédiatement déterminant, et non dans le sens traditionnel où l'article indéfini, par exemple, peut être dit introductif), et le roman dont nous nous occuperons débute précisément en prenant appui sur une première personne du pluriel (*Nous étions très jeunes*) qui désigne et introduit les protagonistes du roman, le protagoniste qui parle et ses homologues (on ne s'attend pas à un *nous* de 1re + 2^e personne, puisqu'il ne s'agit pas d'un poème) ; nous nous bornerons cependant aux signes de représentation, de rappel d'une mention antérieure. Ce qu'on vient de dire pour la première et deuxième personne s'appliquerait également aux temps verbaux.

---

1. Pour Benveniste voir « La nature des pronoms », 1956 ; pour Jakobson : « Les « embrayeurs », les catégories verbales et le verbe russe », 1957, et l'extrait de communication : « Les catégories verbales », dans *Cahiers F. de Saussure*, IV, 6, 1950.

Nous proposons d'appeler anaphoriques les formes qui relèvent de la clôture d'une séquence (dans le sens de Bremond) parce qu'elles incorporent l'article défini, étant déterminées par leur antécédent (par exemple, par rapport à un départ qui a été introduit dans le récit, il y a *le* retour) ; des locutions adverbiales *all' imbrunire* (à la tombée de la nuit) par exemple, peuvent ainsi perdre leur valeur générique et devenir des anaphoriques si elles répondent à un antécédent temporel. Un mot peut enfin, par sa signification même, renvoyer à un antécédent, le verbe *seguire* (suivre) par exemple, ou faire partie d'un couple de deux termes opposés dans le corps du discours, et dont chacun évoque l'autre par contraste : *la notte* (la nuit) est encore en ce sens une locution adverbiale susceptible de devenir anaphorique.

Nous entendrons donc par anaphore le renvoi à un antécédent qui précède réellement le terme anaphorique dans le texte. Par là, nous nous opposerons d'une part à une utilisation purement interprétative de cette notion (c'est-à-dire à une extension du contexte discursif au contexte situationnel), et d'autre part à une utilisation purement théorique qui ne tiendrait pas compte du discours en tant que tel. On se référera à ce sujet à l'usage du terme d'anaphore en grammaire générative : l'antécédent ne précède pas nécessairement et l'anaphorisation peut opérer dans les deux sens au niveau de la structure de surface[1]. Soit encore le paradigme de la pronominalisation : 1. Jean viendra *s'il* peut ; 2. * *Il* viendra si Jean peut (où *il* ne peut pas se référer à Jean) ; 3. Si Jean peut *il* viendra ; 4. *S'il* peut Jean viendra. S'il est permis d'affirmer, en termes transformationnels, que la pronominalisation « ne fonctionne pas en arrière » (voir la phrase 2), c'est parce qu'on fait état de la relation des phrases dans la structure profonde, où la phrase principale précède toujours la subordonnée, et où (4) n'est pas possible. Pour nous, ici le pronom est anaphorique en (1) et (3), cataphorique en (4).

Nous appelons tous ces éléments connotatifs parce que, si du point de vue de l'analyse ils renforcent la narration en tant qu'opération, du point de vue de la lecture ils participent à la

---

1. Voir Paul M. Postal : « Anaphoric Islands », *Papers from the Fifth Regional Meetings Chicago Linguistic Society*, April 18-19,1969, p. 205-239, en particulier p. 231.

constitution de l'équivalence : succession dans le temps = logique des événements[1]. Leur caractère conventionnel (dans le sens de la convention qui est nécessaire à la communication) est lié d'une part à leur caractère non obligatoire (« le retour » peut ne pas être mentionné et même il peut être « sauté »), d'autre part à des règles de réalisation qui se trouvent assimilées par le lecteur cultivé. On fait par là allusion au phénomène particulier de la répartition en chapitres (qu'ils soient numérotés, simplement séparés par des blancs ou, au contraire, pourvus de titres), et à la position privilégiée que le début de chapitre détient dans le discours. A toute ouverture de chapitre le choix du narrateur par rapport au discours – consécutif, consécutif discontinu, purement anaphorique, libre[2] – répond bien à une attente ; on peut même y trouver des formes elliptiques, par exemple quand la pause est *tacitement* entendue comme une portion du temps diégétique. Il s'agit d'un passage obligé dans lequel le discours est à découvert et l'anaphore peut devenir un élément de consécution qu'on substitue à l'absence de consécution diégétique (dans le cas du consécutif discontinu c'est encore l'anaphore qui constitue très souvent un élément de transition, mais il s'agit alors de cas qui ne sont pas purement anaphoriques).

Dans la première partie de chacun des trois romans de *La bella estate* ce sont les chapitres à début anaphorique qui sont les plus nombreux, tandis que dans la deuxième ce sont les chapitres à début proprement consécutif. Tout se passe comme si la narration affectée au départ par des problèmes d'introduction et d'enchaînement[3] visait une sorte de naturel, qui ne peut pas être suggéré mais doit s'imposer de lui-même. Les événements sont présentés d'abord comme consécutifs, par des procédés de rappel qui tendent à dissimuler leur aspect logique, puisque précisément la logique véritable du récit est, institu-

---

1. Voir Roland Barthes, « Introduction à l'analyse structurale des récits », *Communications* 8, p. 10 en particulier.

2. Pour la consécutivité nous reprenons les termes de Christian Metz. Cf. « Problèmes de dénotation », dans *Essais sur la signification au cinéma*, Paris, Klincksieck, 1968.

3. Résolus essentiellement par des symboles-index linguistiques, selon leur pleine valeur de référence au message et à la situation ; ce qui permet d'inclure avec les anaphoriques les « embrayeurs » verbaux (cf. Jakobson, *op. cit.*), ceux au moins de la classe des désignateurs (pronoms personnels et temps).

tionnellement, la consécution des événements, qui prévaut ici
en tant que telle dans l'épilogue. Dans ce schéma[1] le roman
central *Il diavolo sulle colline* s'inscrit selon des modalités
complexes. On y reconnaît trois parties, concernant respectivement la ville des étudiants, la campagne traditionnelle, la
« villa ». Dans la première partie nous trouvons quatre personnages de ces trois mondes, dans la deuxième et la troisième nous en suivons deux, chacun dans son monde. Mais
tandis que dans la troisième les trois autres sont eux aussi présents, dans la deuxième c'est le personnage de la troisième qui
est absent, de façon qu'on suit constamment trois personnages
et non pas le personnage-narrateur seulement, et l'histoire est
un affrontement des trois avec l'Autre. Les vicissitudes concernent le sort du dialogue : sans cesse mis en jeu dans la première partie – nous y avons compté une dizaine au moins
d'allusions explicites, auxquelles il faut ajouter une quantité
de phénomènes discursifs et diégétiques relevant de la suprématie de la parole et qui vont de la fonction narrative de la
réplique (phénomène discursif) à la subordination de l'action
par rapport au mot (phénomène diégétique)[2], dans la troisième
partie il se résout dans le silence (deux allusions finales à l'épui-
sement du dialogue ne laissent pas de doute[3]).

1. La représentation de ce schéma serait la suivante :

	logique → anaphorique		
lien	narratif	sans intervalle → consécutif continu	
		avec intervalle	défini → consécutif discontinu
			indéfini → libre

2. Pour la *fonction narrationnelle* des répliques, voir, outre le procédé
très employé de substitution de l'action par la résolution déclarée, les passages suivants : ch. I : « Ses phares sont éteints », dit Oreste ; ch I : « Il a
l'air mort », dit Pieretto ; VI : « Il est toujours le même, dit-il, il lit du Nino
Salvaneschi », etc.
  Pour la *subordination de l'action par rapport au mot* : II : Tout en inon-
dant un buisson il cria : « … » ; III : Nous reparlâmes, en nous éventant…
VIII : Linda, de la roche sur laquelle elle était étendue, lui dit de se taire.
  3. *Suprématie de la parole* : Ire partie, ch. I : Il n'était pas facile de lui
répondre ; étrange habileté de Pieretto à… nous faire dire que nous étions
des naïfs ; Nous en parlions avec chaleur ; Pieretto ne répondit pas ; A côté
de moi Pieretto se taisait ; II : Je les laissai parler ; III : Qu'est-ce que tu
disais à propos de Pieretto ? ; IV : Je tiens à vous dire que ces jours-ci sont
pour moi très importants ; Un silence embarrassé suivit, V : Elle ne répondit pas et regardait la rue ; VIII : Je lui dirais… Je connaissais déjà la

La partie centrale, qui contient une caricature du caractère périlleux et engageant du dialogue, en est encore une preuve. Dans la première partie on trouve huit chapitres, six et seize respectivement dans les deux autres, tous de longueur uniforme. Les deux premières parties constituent matériellement une moitié du roman, ce qui permet un calcul immédiatement significatif. Les débuts de la première partie sont tous anaphoriques, exception faite pour IV (consécutif continu) et VI (consécutif discontinu). Dans la deuxième partie, encore entièrement à début anaphorique, apparaît vers la fin un mode de début libre. Dans la troisième partie (la seconde moitié du roman), ce mode, joint au consécutif, prévaudra, comme il prévaut dans chacun des trois romans.

La première moitié présente aussi une fréquence plus haute de formes du parlé, y compris les propositions accentuées, selon le schéma périphrastique « c'est (alors, ici, lui…) que (qui) ». Elles sont éminemment anaphoriques et narratives, puisque l'effectivité de l'action signalée par la proposition relative y est présupposée[1]. Parmi les arguments utilisés pour montrer le caractère présuppositif de ces propositions on trouve, comme il est classique, l'indication de la relation entre celles-ci et la question à laquelle elles répondraient : c'est Jean qui a frappé Paul (Qui a frappé Paul ?). Si l'on voulait répondre que la présupposition de la question est fausse (que personne n'a frappé Paul) on ne pourrait pas employer ce genre de proposition qui doit toujours partager cette présupposition. Mais on reviendra plus tard sur ces problèmes.

---

réponse ; J'aurais payé cher pour l'entendre dire, en l'emmenant en barque sur le Pô, si ce monde le convainquait. *IIᵉ partie* : IX : j'étais sur le point de lui dire… mais ces yeux… m'imposèrent silence ; la conversation tournait, hésitait, reprenait ; XII : Je pensai des choses que je ne dis à personne ; Il ne sourcilla pas et je retournai à mes pensées ; Oreste haussa les épaules ; XIII : Les deux frères écoutèrent paisiblement ; XIV : Désormais, Giustina se taisait et lui lançait des coups d'œil. *IIIᵉ partie* : XXVI : « Cette idiote », dit Pieretto et il alla dormir ; XXIX : Oreste me regarda franchement et remua à peine les lèvres ; XXX : Il y avait quelque chose de changé. Qui allait prononcer le mot ? ; nous mangeâmes, en silence.

1. Pour cette notion voir Paul et Carol Kiparski, « Fact », texte miméographié, MIT janvier 1968 (à paraître dans M. Bierwisch et K. E. Heidolph eds. *Recent Advances in Linguistics*, La Haye-Paris), et pour son extension aux propositions du type mentionné : Adrian Akmajian, *On the Analysis of Cleft Sentences*, miméographié, MIT, juillet 1968, version préliminaire.

La complexité tient au mode libre qui apparaît vers la fin. Le discontinu – le saut narrationnel – n'y reçoit pas de précisions, au moins pas immédiatement, et l'anaphore n'y est, très souvent, plus que la désignation d'éléments paramétriques ou constants du récit (noms des personnages et des lieux de l'action) ; on a même un exemple de véritable réajustement de perspective (XXVII).

Que l'on perçoive le début d'un chapitre comme purement anaphorique (avec artifice discursif) ou comme consécutif, continu ou discontinu (avec anaphore), dépend naturellement de la fin du chapitre précédent. Or, puisque dans le premier cas la consécution n'est donnée que par l'anaphore, selon une logique plus ou moins dissimulée, nous tenons ce début comme le plus lié ; partant il est le plus faible du point de vue de la connotation narrative, face au début libre, qui en serait le degré fort, avec les deux états intermédiaires du consécutif ; et selon ce critère le consécutif discontinu serait le plus significatif : en effet en indiquant que des passages ont été sautés, il fait allusion à une hiérarchisation des événements. Entre un début de chapitre et la fin du précédent on peut donc avoir des cas de neutralisation (dans une reprise du type consécutif continu l'anaphore n'est pas utilisée en tant que telle), ou bien de valorisation réciproque ; l'anaphorique réintroduit un début, parallèle au premier, exactement comme le début libre, mais il ne peut y avoir de réajustement de perspective. Si nous ne parlons que du début c'est parce qu'il permet d'isoler l'anaphore et, certains critères une fois établis, ce qui n'est pas encore le cas ici, d'en dégager mécaniquement la caractérisation du passage au point de vue discursif. Le tableau suivant doit donc être envisagé comme une illustration de cette caractérisation, et non comme une justification complète. Il nous a paru préférable de donner le texte original, ainsi qu'une traduction aussi littérale que possible[1].

1. Nous nous sommes servis de la traduction de Michel Arnaud (Paris, 1955), tout en y apportant des modifications tendant à la rendre plus littérale.

DÉBUT	PREMIÈRE PARTIE	DEUXIÈME PARTIE	TROISIÈME PARTIE
ANAPHORIQUE	I. ★ Eravamo molto giovani (★ *Nous étions très jeunes*).	IX. *La* casa d'Oreste era un terrazzo roseo e scabro e dominava. (*La* maison d'Oreste était une terrasse rosâtre et rugueuse qui dominait...)	XV. *Anche* la collina del Greppo era un mondo. (La colline du Greppo *aussi* était un monde.)
	III. *Di giorno* sudavamo su certi esami... (*Pendant la journée* nous transpirions sur certains examens...)	X. *Ci* andammo *l'indomani*. (Nous *y* allâmes *le lendemain*.)	XVI. Ci vollero due giorni per convincere la famiglia di Oreste a lasciarci *tornare lassù*. (Il nous fallut deux jours pour convaincre la famille d'Oreste de nous laisser *retourner là-haut*.)
	V. *Quella* notte ballò anche Pierretto... (*Cette* nuit-*là* Pierretto lui-même dansa...)	XI. *Ne* avevamo parlato *subito* alla voce dei grilli, au chant des grillons.)	XVII. *All' imbrunire* Oreste se ne partii seccato in biroccio. (*A la tombée de la nuit*, Oreste s'en alla, ennuyé, avec la carriole...)
	VII. *In quell'* estate andavo in Po, un'ora o due, al mattino. (*Cet été-là*, j'allais sur le Pô, une heure ou deux, le matin.)	XII. Tutti i giorni scendevamo al pantano. (Tous les jours nous descendions à la mare.)	XIX. *Così* anche Oreste rimase a vivere sul Greppo. (*Ainsi*, Oreste *aussi* resta au Greppo.)
	VIII. Da *Resina* non ne feci più vedere... (A *Resina* je ne ne donnai plus signe de vie...)	XIII. *Ma* io sapevo già *tutto* da Dina... (*Mais* moi je savais déjà *tout* par Dina...)	XX. *La notte* si vegliava in veranda, bevendo... (*La nuit* on veillait sur la véranda, buvant...)
			XXII. Per portarci *alla* festa Oreste andò a casa prendere il biroccio... (Pour nous conduire à *la* fête Oreste alla chez lui chercher la carriole...)

DÉBUT	PREMIÈRE PARTIE	DEUXIÈME PARTIE	TROISIÈME PARTIE
			XXVI. *Seguí* un penoso pomeriggio di silenzi. (Il *s'ensuivit* un pénible apres-midi de silences.)
CONSÉCUTIF CONTINU	IV. L'idea di passare un'*altra* notte bianca mi atterrì. (La perspective de passer une *nouvelle* nuit blanche m'effraya.)		XVIII. «Lasciatemi dire» brontolò Gabriella. (Laissez-moi parler, grommela Gabriella.) XXVIII. *La magra* disse a Poli :... (*La maigre* demanda à Poli :...)
CONSÉCUTIF DISCONTINU	II. *Lo trovammo* sul predellino dell'auto... (Nous *le trouvâmes* assis sur le marche-pied de l'auto...) VI. *Li lasciammo* sulla porta dell'albergo... (Nous *les quittâmes* à la porte de l'hôtel...)		XXIII. Quando a mezza mattina arrivarono *i tre* sul biroccio, ero rauco... (Lorsque *les trois* arrivèrent avec la carriole au milieu de la matinée, j'avais la voix rauque...) XXV. «Che voglia di entrare in un bar» disse Pieretto quando *tornammo* sugli scalini... («Ce que je peux avoir envie d'entrer dans un bar,» dit Pieretto quand *nous revînmes* sur les marches...)

DÉBUT	PREMIÈRE PARTIE	DEUXIÈME PARTIE	TROISIÈME PARTIE
LIBRE		XIV. Partimmo sotto la luna, nell' aria fresca della sera. (Nous partîmes sous la lune, dans l'air frais du soir.)	XXI. Presi in giro Oreste che da tre giorni non tornava più al paese... (Je blaguai Oreste qui, depuis trois jours, n'était pas retourné au pays.)
			XXIV. Volli parlare con Oreste. (Je voulus parler avec Oreste.)
			XXVII. « Mi piace poco questa pineta » disse una sera Pieretto avvicinandosi... fra i tronchi. (« Je n'aime pas beaucoup cette pinède », dit un soir Pieretto en s'approchant... au milieu des arbres.)
			XXIX. *Adesso* molti erano usciti sotto i pini. (A *présent*, beaucoup étaient allés sous les pins.)
			XXX. *L'alba ci trovo* tutti quanti nella sala, a due, a tre, isolati... (*L'aube nous trouva* tous dans la salle, groupés par deux, par trois, isolés...)

Les différents éléments anaphoriques, logiques ou narratifs, que nous avons indiqués plus haut, sont sans cesse présents et souvent dans le même temps, c'est-à-dire dans une
même phrase. Nous avons souligné seulement ceux que nous
tenons pour pertinents (en IX il ne s'agit pas d'un *la* cataphorique résolu dans la détermination *d'Oreste ;* il faut
entendre : « La maison d'Oreste dont nous avons parlé et
pas une autre »), et nous avons ajouté un astérisque au début
du premier chapitre pour indiquer la présence d'éléments
d'introduction (c'est-à-dire d'un mouvement déictique qui
ne peut pas disposer du terme de renvoi, mais qui, au
contraire, l'impose : personne, temps, mais il pourrait s'agir,
en d'autres cas, de deixis à l'état pur, de référence à une
connaissance extra-contextuelle). Prenons par exemple le
début XIV. Nous savons, à ce moment de la narration, que
« nous partîmes » représente la clôture d'une séquence, et
non pas une ouverture, mais le terme choisi ne comporte
pas, dans sa constitution sémantique, cette possibilité. Pavese
a refusé un terme spécifique : celui qu'il a choisi est utilisé
dans son sens neutre, en dehors de son sens spécifique qui,
en ce cas, serait non pertinent (partir en tant qu'ouverture
d'une séquence). *La lune, l'air frais du soir* pourraient être,
mais ne sont pas, des éléments anaphoriques logiques ou
séquentiels, le premier terme ne s'oppose pas à un autre,
comme *nuit* s'opposerait à jour (voir début XX), ou vice
versa (voir début III) ; il ne s'impose pas non plus en tant
qu'élément anaphorique séquentiel, comme ce serait le cas
de *soir* dans le sens de : « le soir de ce jour-là » (voir XVII,
à la tombée de la nuit) ; et le second acquiert une fonction
purement descriptive. Ils restent à un niveau de détermination situationnelle, qui n'est pas utilisée dans le tissu logique.
Prenons maintenant XXX. Ce début, qui semble à première
vue anaphorique *(l'aube),* ou consécutif discontinu *(nous
trouva),* n'est pas simplement anaphorique, précisément à
cause de l'élément de discontinuité ; et cet élément diffère
d'ailleurs, d'une façon déterminante, de ceux qu'on rencontre
en II, VI, XXV. Ici il peut faire partie du focus, selon
l'alternative : *(l'aube nous trouva)* présupposition, *(tous dans
la salle)* focus, ou bien : *(l'aube)* présupposition, *(nous trouva
tous dans la salle)* focus ; dans les cas précédents il constitue la présupposition de chaque phrase.

Dans une étude récente Chomsky a mis en évidence des phénomènes de surface qui entraînent des phénomènes sémantiques : des différences de présuppositions [1]. Dans cette étude il a systématiquement recours aux tests de la question et de la négation, à partir desquels il apparaît qu'on peut déterminer focus et présupposition dans des phrases à intonation normale, et que l'élément sujet à extraction en tant que focus, ou, ce qui revient au même, à substitution au moyen d'une variable, peut (bien entendu dans une même proposition) varier en extension. Or, pour revenir à notre exemple, nous avons déjà fait mention de la possibilité de réduction de la présupposition au nom seul quand il s'agit d'un nom défini. Nous avons en effet accepté une analyse qui rattache le nom à une proposition relative, en particulier le nom défini anaphorique à une proposition relative restrictive avec « implication d'existence » (Vendler, mais voir aussi Bach [2]). Le placement d'un nom défini en position initiale conférerait à cette existence le statut d'une connaissance indiscutable, que le narrateur aurait en commun avec le lecteur, d'une notion acquise qui serait en même temps un point d'interrogation sur l'action, et auquel la suite de la

1. Dans *Deep Structure, Surface Structure*, etc. Pour les problèmes de la présupposition en grammaire générative, voir, en opposition à Chomsky, Laurence R. Horn, « A Presuppositional Analysis of *only* and *even* » et, en particulier, Jerry L. Morgan, « On the Treatment of Presupposition in Transformational Grammar », *Papers from the Fifth Regional Meeting Chicago Linguistic Society*, p. 98-107 et 167-177. L'action de la présupposition s'étendrait, pour Morgan, d'une phrase à l'autre tout le long du discours, selon des règles partagées avec les « verbes créateurs d'un monde », *world creating verbs*, comme les appelle Lakoff, tels que *songer, imaginer*, etc. (c'est-à-dire selon l'action d'autres composants de la signification, indépendamment de l'accent ou de l'« ordre des mots » dans chaque phrase). Mais il ne s'est occupé pour le moment que de faits lexicaux.

2. Vendler, dans le livre cité, voit dans la proposition relative restrictive et identifiante une implication d'existence qu'il ne voit pas dans la restrictive non identifiante (dont la valeur de vérité ne serait que conditionnelle). La présupposition par extraction du thème serait donc expliquée dans les cas anaphoriques, où la restrictive est toujours identifiante, tandis qu'ici les cas cataphoriques doivent nécessairement être exclus à cause de leur caractère explicite, déclaré ; dans les formes homophoriques, puisqu'il n'y a pas d'implication d'existence (narrative), il est clair qu'on a recours à des notions supposées ou imposées : ce que nous avons appelé artifice d'« introduction ». Pour Emmon Bach, voir « Nouns and Noun Phrases », dans E. Bach et Robert T. Harms, *Universals in Linguistic Theory*, Holt Rinehart and Winston, 1968.

phrase donnerait la réponse. L'anaphore, dans nos exemples, est presque régulièrement au début de la proposition. Dans XII et XVI seulement, l'anaphore (en XII *la mare* a été déjà mentionnée) est en position normale. Dans VIII le nom propre est utilisé anaphoriquement, et cette utilisation est soulignée par la place qu'il occupe, qui en fait le thème de la proposition. XXVIII, au contraire, serait un exemple où l'anaphore (« *la maigre* », qui vient d'être présentée à la fin du chapitre précédent) est neutralisée au point de vue logique par le caractère continu de l'action. Nous n'oublions pas que dans la « réponse » (focus) on utilise aussi des connaissances acquises (ici : *dans la salle* par exemple, élément dont l'existence resterait également affirmée par la négation même de la phrase) mais elles ne constituent pas l'appui de la proposition. Thème et présupposition sont pourtant étroitement liés entre eux, selon des lois qui restent encore à établir. L'importance des deux pôles – focus et présupposition – nous semble hors de doute du point de vue du discours narratif. Le premier constitue pour ainsi dire l'élément narrationnel véritable, et le second le point d'appui nécessaire à son introduction : or l'anaphore est d'ordinaire le lieu de cet appui, même si celui-ci peut ne se fonder que sur des informations grammaticales, celles que fournit par exemple un sujet pronominal de première ou deuxième personne.

Pour déterminer la présupposition il suffit de formuler la question que pourrait poser un auditeur, demandant la suite de la narration. Cette question devrait être tirée du texte même (il s'agit toujours ici des reprises de récit) et c'est le texte également qui donnerait la réponse. On obtiendrait alors la répétition de la présupposition (ou du thème), plus le focus (ou le propos) de l'énoncé.

Par exemple, pour le dernier chapitre, on aurait les questions suivantes :

– Où vous trouva l'aube ?
– Et (à) l'aube ?
Mais aussi :
– Et après ?

(Après) présupposition, (*L'aube nous trouva,* etc.) focus : *tout le début* constituerait le focus de la proposition. Cette troisième lecture est en fait possible, et cette possibilité même fait partie, d'une façon privilégiée, de la nature « libre » de l'énoncé.

Enfin, dans XXIX, *à présent* est une formule narrative essentiellement libre, même si la légère opposition au passé qu'elle implique lui confère une valeur vaguement anaphorique. Très souvent le fait que la détermination temporelle entre dans le focus ou dans la présupposition n'entraîne pas de différences de lecture, mais il y a une tendance à reprendre le discours avec cette détermination. Nous abordons peut-être des schémas narratifs minimums, des formules neutres : l'on ne perçoit pas que le narrateur prend pour thème le « lendemain » au lieu d'un élément de l'action qui se passe le lendemain. On voit là encore le pouvoir de l'anaphore puisque le « lendemain », à la différence d'autres déterminations temporelles, cache en soi sa propre justification en se rattachant à ce qu'on vient de raconter (ce que le nom même d'un personnage ne fait pas). Dans la liberté finale on retrouve bien une exploitation maximum de la « position » constituée par le début de chapitre (en utilisant un terme accepté on pourrait parler de valeur « iconique » de celui-ci) : la simulation de la consécutivité et la consécutivité littérale une fois dépassées, les événements s'imposent par leur « sens », le discours fait de plus en plus allusion à la présence d'un sens en soulignant les événements en tant que tels (il y a aussi une voie explicite pour les souligner : XXVII « C'est ainsi que commença cette nuit qui devait être la dernière » ; XXVIII « il était pâle, mais tout *désormais* avait l'air pâle » ; dans la dernière page le souvenir du pur événement du début : « Moi je pensais à cette nuit sur la colline, où l'auto verte était apparue dans les arbres… »). Mais il n'y a pas de rupture, et en remontant dans ce texte on retrouve nécessairement le signe de cette présence de sens dans l'élément anaphorique le plus infime.

Nous avons considéré ici essentiellement les éléments de représentation linguistique dans la narration (face à ceux d'introduction par exemple, ou à ceux d'anticipation). Il nous semble que ceux-ci, en tant qu'opposés à toutes les références explicites auxquelles l'écrivain peut avoir recours pour se rapporter à un contexte antécédent, c'est-à-dire en tant qu'éléments formels tout à fait équivalents grâce à la réduction des traits pertinents à un seul et même aspect grammatical, peuvent être envisagés comme éléments possibles de connotation littéraire, en d'autres termes comme éléments fonctionnels possibles, en littérature, dans la production d'un sens supplémentaire mais formel (circonscrit au récit). Ce sens nous apparaît, selon Barthes d'ailleurs, comme la présence d'une significativité, la justification constante et implicite de la narration. Nous avons essayé – à travers une lecture de Pavese – de montrer comment et à quelles conditions, dans les débuts de chapitre nommés « anaphoriques », ces signes linguistiques fonctionneraient donc au niveau du « discours » narratif.

Lidia LONZI

Pierre Kuentz

Le « rhétorique »
ou la mise à l'écart

I. RETOUR A LA RHÉTORIQUE
OU RETOUR DU RHÉTORIQUE ?

Écartée depuis plus d'un demi-siècle, la rhétorique, de toutes parts, semble faire retour parmi nous : rééditions de manuels classiques, tentatives pour formuler de façon plus rigoureuse le catalogue des figures, recherches en vue de fonder, pour les besoins de l'école, une « nouvelle rhétorique ». Pédagogie, psychanalyse, anthropologie, théorie de la littérature, les disciplines les plus actives de ce que l'on appelle les sciences humaines rencontrent dans leur cheminement des problèmes que l'on croyait périmés et dont on s'aperçoit qu'ils sont du domaine de la rhétorique.

Retour « normal » du pendule ? Simple retour d'un « aller » de l'histoire dont on s'apercevrait aujourd'hui qu'il était excessif ? Recours contre une condamnation injustifiée ? Redécouverte d'un savoir indûment délaissé dont on chercherait à recueillir au moins des débris « pouvant encore servir », matériaux de remploi pour un bricolage dont on espère qu'il se constituera en théorie ?

Lire ainsi le mouvement dans lequel nous sommes engagés, ce serait l'inscrire implicitement dans une perspective historique qu'il semble utile d'expliciter d'emblée. On le fera en suivant l'analyse proposée, dans une perspective bachelardienne, par M. Fichant, quand il oppose analyse « régressive » et analyse « récurrente [1] ». Ses remarques, en effet, on le verra, rendent compte de la plupart des traits que l'on peut discerner

---

1. M. Fichant, « L'idée d'une histoire des sciences », *in* M. Fichant et M. Pécheux, *Sur l'histoire des sciences*, Paris, 1969, coll. « Théorie ».

dans la démarche de ceux qui ont cru pouvoir établir un contact immédiat entre une pratique scientifique, celle de la linguistique, et l'ancienne technique.

Analyse régressive ou analyse récurrente ?

A la base de cette interprétation de l'histoire, on rencontre un *préjugé analytique,* qui suppose que l'on peut « réduire une idéologie à ses éléments, indépendamment de la problématique qui leur confère un sens, et classer ces éléments d'après les normes fournies par ce que cette idéologie est censée *devenir* ensuite [1] ». Il s'agit, on le voit, de la conception bricolante de l'activité scientifique qui, du corps théorique de la rhétorique classique croit pouvoir retenir des fragments séparables. On isole ainsi une théorie de l'*elocutio*, qui n'avait de valeur que par sa corrélation aux autres parties de l'art oratoire, on traite la théorie des figures sans tenir compte de la grammaire et de la dialectique dont elle était le corrélat et on cherche à les importer telles quelles dans une linguistique, traitée elle-même, il faut le dire, sous étiquette structuraliste, en simple agrégat.

Agissant dans le même sens, le *préjugé téléologique* « (réduit) l'avant à l'après sous les espèces de la préformation, de la préfiguration, de l'anticipation [2] ». Il conduit, selon la pente universitaire, à la découverte de sources, de filiations, de précurseurs. On s'aperçoit ainsi – divine surprise, surprise par le divin – qu'il n'y a rien de nouveau sous le soleil, qu'Aristote a su d'emblée dire le dernier mot – qui est aussi le premier – et que la linguistique moderne était en germe dans la *Grammaire générale* de Port-Royal, innée, sans doute, comme les structures fondamentales du langage !

Ces deux préjugés se combinent dans le *préjugé empiriste,* qui « traite les énoncés de la science comme des choses [3] ». Dans cette perspective, en effet, la science est conçue comme une accumulation diachronique de « vérités », récupérables,

---

1. « L'idée d'une histoire des sciences », p. 102.
2. *Ibid.* p. 102.
3. *Ibid.* p. 102.

réutilisables, élément par élément, dans de nouvelles combinaisons. Ce qu'on nomme ici structure se limite, le plus souvent, à une combinatoire.

M. Fichant souligne le lien de cette attitude avec l'*illusion nominaliste,* qui réduit le concept au mot, « la présence d'un mot ou d'un synonyme dans un texte » valant « comme la présence du concept que ce mot désigne désormais pour nous[1] ».

A l'idée d'un retour à la rhétorique, lecture régressive, on opposera donc ici la notion d'un *retour de la rhétorique*, qui implique, selon les vues de Bachelard, une démarche *récurrente*, c'est-à-dire une lecture du passé à la lumière de la problématique actuelle. Pour susciter la vigilance face à la tentation de l'illusion empiriste, on rendra, dans cet article, au terme qui désigne cette discipline, le statut adjectival qu'il avait dans l'Antiquité et dont l'effacement n'est définitivement enregistré que par les dictionnaires les plus récents, et l'on tentera donc de lire ce phénomène comme un *retour du rhétorique*, désignant ainsi un champ problématique, en refusant un substantif qui pose la rhétorique comme un savoir, c'est-à-dire comme un corps de solution.

II. LE « DÉMANTÈLEMENT »
DE LA RHÉTORIQUE CLASSIQUE

Il faut cependant, pour pouvoir l'écarter, expliciter la démarche régressive en la suivant un instant, car elle est la démarche « naturelle ». L'image qu'elle nous propose de l'histoire de la rhétorique est celle du délabrement.

Délabrement/démantèlement

Le domaine du rhétorique, en effet, d'Aristote à nos jours, n'a, semble-t-il, cessé de s'amenuiser. Nous constatons l'ampleur du phénomène quand nous découvrons, dans les traités gréco-latins, la théorie de l'enthymème, les discussions sur la nature des preuves, l'étude des caractères ou des constitutions

1. « L'idée d'une histoire des sciences », p. 103.

politiques, l'inventaire des lieux. Des pans entiers de l'édifice
classique semblent s'être effondrés et seul le préjugé analytique que nous évoquions tout à l'heure nous permet de nommer encore rhétorique une discipline réduite à l'une de ses
parties, désarticulée, déconnectée, *l'elocutio*, ou même à une
partie de cette partie, puisque l'on n'en retient, en fait, que la
théorie des tropes, centrée elle-même, de plus en plus nettement sur la *métaphore*, figure suprême, suprême écart.
Pronuntiatio, memoria, dispositio, inventio (nous conserverons
ici la terminologie latine, pour une raison qui apparaîtra plus
clairement par la suite et qui procède d'une méfiance à l'égard
des tentations régressives qui sont à l'œuvre dans toute traduction) semblent purement et simplement ruinées.

Mais un tel schéma reviendrait à faire l'économie de l'explication. A l'image du délabrement, il faut préférer celle du *démantèlement*, qui tient compte du destin des éléments abandonnés.
La rhétorique apparaîtrait alors comme une sorte de pré-savoir
confus, une pseudo-science, nébuleuse initiale qui aurait donné
naissance aux sciences humaines. Son recul, auquel on a assisté
à la fin du XIXe siècle, serait le revers des progrès de la philologie, de la psychologie, de la logique formelle, de l'anthropologie,
et l'éclipse de la rhétorique ne serait, en somme, que l'aboutissement du processus de construction d'une science sans résidu.

On peut même, semble-t-il, préciser les étapes de cette opération de démantèlement : déplacement de la *pronuntiatio* et de
la *memoria*, puis de *l'inventio* et de la *dispositio*, réduction
de *l'elocutio* elle-même.

Le déplacement de la pronuntiatio et de la memoria

Le démantèlement aurait opéré d'abord sur les éléments les
plus « matériels » du système. On expliquerait la disparition
de la *pronuntiatio* par la naissance du livre. D'un *ars dicendi*,
centré sur la parole vive de l'orateur qui avait à se faire entendre
dans les grandes assemblées judiciaires et politiques, en passant par les *artes dictaminis*, expression d'une civilisation
de l'écrit qui n'est pas encore en possession du livre, on en
viendrait à un *ars scribendi*, correspondant à l'extension de
l'imprimerie et à l'effacement de la parole politique qui était
liée à une pratique de la démocratie directe.

On expliquerait dans le même contexte la perte de la *memoria*, relayée par d'autres instances, dans ce processus d'extériorisation de la mémoire dont M. Leroi-Gourhan a montré l'ampleur. On notera, d'ailleurs, pour ébranler une division très contestable des parties de l'art oratoire, que l'*inventio* elle-même se trouve affaiblie par ces circonstances, dans la mesure où, depuis le Moyen Âge, elle est conçue essentiellement comme un magasin de « lieux ».

Ces deux parties de l'éloquence sont totalement atrophiées au XVIIe siècle et si les grands traités se nomment encore « arts de parler », en fait, l'évolution qui aboutira aux « arts d'écrire » du XVIIIe siècle est pratiquement achevée. Seule la survie de *l'ars praedicandi* justifie sans doute le maintien de quelques considérations techniques de cet ordre dans les traités classiques.

Le déplacement de l'inventio et de la dispositio

Mais l'aspect le plus important de ce démantèlement est à étudier dans le destin de l'*inventio* et de la *dispositio*. On l'examinera, rapidement, dans le cadre de l'œuvre de Ramus.

Que cette partie se joue dans un contexte pédagogique n'est sans doute pas indifférent, nous aurons plusieurs fois à le constater. Dans cette propédeutique des « arts libéraux » que constitue le *trivium*, figurent, dans un ordre dont notre enseignement porte encore la marque, grammaire, rhétorique et dialectique. C'est au sein de cette organisation du savoir que se réalise l'ablation de *l'inventio* et de la *dispositio*, c'est là, et là seulement, qu'elle prend son sens. Ces deux « parties » de l'éloquence quittent en effet le domaine du rhétorique, mais c'est pour entrer dans celui du logique.

Le texte de la *Dialectique* de 1555 est très net : « Les parties de la Dialectique sont deux : Invention et Jugement. La première déclare les parties séparées dont chaque sentence est composée. La deuxième montre les manières et espèces de les disposer... [1] ». L'*inventio*, présentée, on le voit, comme un inventaire des lieux, et la *dispositio*, qui tend à devenir méthode, sont désormais coupées de la rhétorique et ce geste de décou-

---

1. Pierre de La Ramée, *La Dialectique* (1555), édition critique, Genève, 1964, p. 63.

page, c'est le ramisme. Geste de dissection, geste d'anatomiste, usant du rasoir de chirurgien d'Occam ; geste d'édile aussi, déterminant, comme Solon, auquel il se réfère volontiers[1], les limites des « propriétés » de chaque discipline. A l'horizon se lit une vision analytique, organiciste du savoir, qui s'exprime dans ces images anatomiques et dans la référence à la propriéte privée.

L'ultime démantèlement de l'ancienne discipline semble accompli au siècle suivant, dans l'ensemble pédagogique élaboré par Port-Royal.

La réduction du trivium à un bivium

Ici, apparemment, l'étranglement du rhétorique est consommé, l'art de parler est définitivement absorbé par la Grammaire et par la Dialectique, le *trivium* est devenu *bivium*. Le programme pédagogique de Port-Royal semble rempli par la publication, à deux années d'intervalle, de la *Grammaire générale et raisonnée* et de la *Logique ou l'Art de penser*. Le troisième volet de la propédeutique classique peut sembler représenté, il est vrai, par *l'Art de parler* de l'oratorien Bernard Lamy, mais il ne s'insère pas réellement à la place de la rhétorique. Il s'ouvre sur une déclaration qui est, en fait, un refus de la rhétorique ; selon un raisonnement qui s'inspire directement de la *Logique* de Port-Royal l'auteur déclare qu'il n'a pas voulu intituler son ouvrage « art de bien parler », « puisqu'il ne faut point d'art pour mal faire et que c'est toujours pour aller à ses fins qu'on l'emploie, le mot d'Art dit suffisamment tout ce qu'on voudrait dire de plus[2] ». Art de parler, on le voit, et art de penser se recouvrent et, de fait, la rhétorique du P. Lamy emprunte de longs développements à la *Grammaire* et à la *Logique* de Port-Royal, ce qui explique sans doute que, si souvent, on y ait vu une œuvre issue du milieu des solitaires.

1. Voir sur ce point Ong (W. J.), *Ramus. Method and the Decay of Dialog*, Harvard University Press, 1958.

2. Bernard Lamy, *L'Art de parler*, Préface de la 5e édition. On trouvera un texte un peu différent dans la seule édition actuellement disponible de cet ouvrage dont nous préparons une édition critique : celle des Sussex Reprints qui donne la reproduction de la 4e éd., Brighton, 1969.

Désormais, c'est entre les deux disciplines conservées que la partie semble se jouer, par-dessus la rhétorique. Sans doute y a-t-il une sorte de zone d'intersection entre les deux disciplines subsistantes. *La Logique* reprend, sans y rien changer, et en signalant l'emprunt, le chapitre du *verbe* de la *Grammaire*; elle reproduit, avec quelques modifications, les chapitres du pronom et de la proposition relative. Mais cette relation ne détermine pas le lieu d'une rhétorique, car la relation n'est pas réciproque. Des deux ouvrages, l'un est subordonné à l'autre et, malgré les apparences, qui résultent des circonstances de la publication et des exigences du cursus universitaire, c'est la *Grammaire* qui, en fait, emprunte à la *Logique*. L'art de parler, réduit à la grammaire, est subordonné à l'art de penser, le linguistique au logique.

C'est un point qui a été mis en lumière par M. Foucault qui écrit, dans la préface qu'il a donnée à la réédition de la *Grammaire Générale* : « La *Grammaire* de Port-Royal se distribue autour d'une lacune centrale qui l'organise[1] ». Le grammatical est ici enveloppé par le logique, de sorte que son point de perspective est un point de fuite situé hors de son système.

Le rhétorique, ici, semble réparti sans reste, absorbé par les deux disciplines « voisines », réduit à l'u-topie, à l'absence de lieu.

Il n'en est rien cependant. Pour le voir, il nous faut quitter la perspective régressive et prendre en considération les phénomènes liés au *retour du rhétorique*, substituer à la notion de démantèlement celle *d'écartèlement*.

III. L'ÉCARTÈLEMENT ET LE RETOUR DE L'ÉCARTÉ

La conception analytique du savoir, dont le ramisme constitue une application rigoureuse, ne tient pas compte, en effet, des actions en retour qui accompagnent les opérations de réarticulation.

Ces effets de retour se réalisent essentiellement selon deux procédures, qui sont presque toujours concomitantes :

---

1. Arnauld et Lancelot, *Grammaire Générale et Raisonnée*, Republication Paulet, Paris, 1969, Préface, p. XIX.

– un *retour par juxtaposition* qui fait apparaître, dans la disposition même de la discipline qui l'absorbe, des fragments de rhétorique dont la présence peut paraître incongrue : telle la théorie des idées accessoires, dans la *Logique*, ou le psychologisme caractérologique dans la stylistique formaliste d'un Jakobson. On peut désigner ces surgeons – en empruntant le terme à la description freudienne du « retour du refoulé » – comme des *rejetons rhétoriques*.

– un *retour par contamination* où l'on voit altérer la démarche de la discipline substituée par l'action à distance d'un rhétorique non explicité. On pourrait, empruntant, ici encore, à la terminologie freudienne (et ces emprunts, certes, ne sont pas innocents) – parler d'une *perversion* des concepts de la discipline nouvelle par le non-dit : c'est ainsi, on le verra dans un instant, que la théorie du signe dans la *Logique* est influencée par la théorie des figures, que la pratique textuelle de Ramus est influencée par les parties exclues de l'art oratoire. On aboutit ainsi à la production d'*avortons théoriques*.

On tentera d'illustrer cette loi du retour du rhétorique sur trois exemples, qui reprennent les analyses insuffisantes de notre deuxième partie, celui de la « récitation », celui de l'*elocutio* ramiste, celui de la théorie des idées accessoires de Port-Royal.

L'exemple de la « récitation »

On peut voir dans cet exercice un *rejeton*, dans notre pratique pédagogique, de l'enseignement traditionnel des rhéteurs. Sans doute a-t-il perdu de l'importance qu'il avait dans le système des arts libéraux, témoignant de l'affaiblissement de la *pronuntiatio* et de la *memoria* dans le contexte que nous avons évoqué. Il n'en constitue pas moins, soit sous la forme de la « récitation » proprement dite, qui combine ces deux parties de l'art oratoire, soit sous la forme de la « lecture expressive » qui ne retient que la première, un exercice où reparaissent sous pseudonyme des démarches caractéristiques. La justification de l'exercice comme entretien de la faculté de mémorisation dissimule des fonctions plus profondes, qui le relient à certaines formes de l'*inventio*. Il contribue, en effet, au montage des mécanismes imitatifs et favorise la « lente imprégnation » qui caractérise l'enseignement littéraire. Il fournit, sans jamais assumer explicitement cette fonction, un catalogue des « lieux ». Dans la mesure où il se cantonne dans les textes considérés comme littéraires, il contribue à dispenser d'un véritable enseignement de la langue et à établir la barrière qui sépare le « récitable » du quotidien (un poète, pour les élèves, c'est quelqu'un qui écrit des « récitations » !). Il contribue enfin à diffuser le stéréotype à la faveur de la négation du stéréotype et de l'exaltation de l'originalité. Le rhétorique explicité est relayé ici par une rhétorique implicite et un inventaire des lieux du *récitable* permettrait sans doute une approche intéressante de l'idéologie sous-jacente à l'enseignement des « belles-lettres ».

Mais les effets de *contamination* sont plus remarquables encore. Sous prétexte de lecture ou de diction « expressives », c'est un modèle particulier d'usage du langage qui est discrètement enseigné. Sur un fond de psychologie, c'est bien une conception de l'homme qui est constamment présupposée et suggérée, celle qui, réduisant le texte au message pathétique d'une individualité privée, sous couleur de faire *entendre* la voix même du poète, propose une vision psychologiste et naturaliste de l'homme. Ce qui est ici constitué en résidu non formalisable, c'est tout ce qui a été écarté pour les besoins de la construction d'une grammaire qui ignore l'intonation, les articulations et les pauses du discours, qui abandonne, en effet, comme « parole » individuelle ou comme « performance », ce qu'elle renonce à traiter, pour laisser libre la place d'une psychologie de pacotille et d'une stylistique de l'affectivité dont les fantaisies de la phonesthétique constituent un cas limite.

On voit quelle est l'opération qui se joue ainsi : le rhétorique exclu fait retour, furtivement, dans la pratique qui se constitue sur son exclusion. L'épisode dont nous venons d'esquisser le canevas n'est qu'un avatar d'une scène fondamentale, que l'on discernera mieux, peut-être, dans la configuration du trivium, sur l'épisode ramiste et sur l'épisode port-royaliste.

L'elocutio ramiste

Il faut suivre ici la partie d'assez près, car c'est une certaine conception du style et du langage qui en constitue l'enjeu.

Dans la perspective ramiste, on l'a vu, discipline amputée et discipline enrichie demeurent, en principe, inchangées. Le déplacement de frontière n'est qu'une opération de remembrement. Pour cette pensée cadastrale, la dialectique n'est pas altérée par l'absorption des deux parties de la discipline « voisine » ; la rhétorique, diminuée, n'en reste pas moins, dans la part qu'elle conserve, identique à elle-même ; l'organe amputé continue à vivre de la même vie qu'avant le passage du rasoir.

Or le geste de coupure produit ses effets de part et d'autre de la ligne de dissection, pervertissant l'une et l'autre discipline. L'exemple de Ramus le montrera pour ce qui reste de la rhétorique ; on examinera l'altération de la logique et de la grammaire dans le cas de Port-Royal.

En séparant l'*elocutio* de l'*inventio* et de la *dispositio,* Ramus donne consistance à cette séparation de la *forme* et du *fond* qui a toujours hanté les spéculations de la rhétorique et dont la *stylistique* moderne a reçu l'héritage. Il ne s'agit pas ici, bien sûr, d'un commencement absolu, d'un geste inaugural, mais de l'aboutissement d'un long cheminement que l'on pourrait suivre à travers toute l'histoire de la rhétorique médiévale. Mais chez Ramus s'affirme plus clairement que jamais que la rhétorique est la science de l'*ornement*. Si la grammaire est l'« art de bien parler », la rhétorique, elle, comme le dit la préface de la *Dialectique,* enseigne à « orner la parole ». Disant cela, il importe de le noter, Ramus, malgré les apparences, dit autre chose que ce que disaient les traités latins qui développaient la théorie de l'*ornatus*. Nous butons ici sur un exemple de cette illusion nominaliste que relève M. Fichant. La constance du vocabulaire technique de la rhétorique dissimule la modification profonde des concepts ; phénomène particulièrement sensible chez les théoriciens français – il faut rappeler que la *Dialectique* est un des premiers ouvrages théoriques en français – à qui les ressemblances superficielles du français et du latin dissimulent l'évolution. Entre l'ornement ramiste et l'*ornamentum* latin il y a tout l'espace qui sépare le décor de l'instrument, le plaqué du fonctionnel.

Si l'on veut tenter de saisir la valeur du terme dans la doctrine ramiste, c'est dans son fonctionnement qu'il faut l'examiner, en préférant aux traités théoriques les ouvrages où l'on peut se faire une idée de la pratique de lecture de Ramus, comme ces ouvrages pédagogiques que sont ses *Illustrationes* des discours de Cicéron ou des poèmes de Virgile. Le commentaire de la troisième Catilinaire se présente, par exemple, comme une analyse « rhétorique et logique » du discours. La lecture s'ouvre sur une distinction rigoureuse entre le fond, qui est désormais du domaine d'une dialectique dans laquelle l'*inventio* a importé son optique d'inventaire, et une forme, qui est le rhétorique réduit à l'*elocutio*. Mais des deux parts de la ligne de clivage, c'est la même technique de ramassage de faits isolés (les « faits de style » de la stylistique), relevés individuellement (*sigillatim*, dit Ramus, car l'*Illustratio*, elle, est rédigée en latin), pour aboutir à une synthèse qui n'est en fait qu'un bilan statistique. Ramus compte les tropes (la réduction de la rhétorique à la tropologie est déjà inscrite dans sa pratique) : 50 métonymies dans ce discours, presque autant de synecdoques, 80 métaphores, tant d'épizeuxis, anaphores, géminations, etc. Vision myope, aboutissant à une *microscopie* du texte qui préfigure les tentatives modernes de description des textes littéraires où se retrouve la même juxtaposition d'une analyse formelle et d'une logique ou d'une psychologie traditionnelles.

Car la dialectique, pour sa part, se trouve, elle aussi, contaminée par le déplacement du point d'articulation. Le phénomène est plus net, cependant, dans le cas de la *Logique* de Port-Royal que dans celui de la dialectique ramiste. C'est donc sur ce terrain qu'on essaiera de le faire voir.

Le retour du rhétorique dans la Grammaire et la Logique

Apparemment, nous l'avons vu tout à l'heure, la *lacune* de la théorie de la grammaire se trouve, dans le *bivium* de Port-Royal, remplie par la *Logique*, assumée par elle. Il semble que l'on soit en présence d'une conception sémiotique, pour laquelle le « linguistique » ne constitue qu'un cas particulier d'un système plus large qui l'enveloppe, la *Logique*, science générale des signes.

Mais force est de constater que la lacune de la *Grammaire* se retrouve dans la *Logique*. Celle-ci également est construite, en fait, autour d'un manque ; elle aussi, elle comporte en son centre une place vide, celle de la théorie de la signification. Ce que nous essayons de montrer ici, c'est que ce vide est la cicatrice d'une rhétorique escamotée.

La contamination est ici fort visible. Ce qui, dans la *Logique*, se donne pour une théorie du signe, n'est, en fait, que l'application de la théorie classique des tropes, puisque le caractère représentatif du signe est conçu comme une opération de substitution de l'impropre au propre. La re-présentation ne peut apparaître ici que comme une seconde présentation – secondaire, dérivée – d'un objet qui avait déjà son nom *propre* et son lieu dans le monde (d'où la confusion constante du signifié et du référent). On le voit clairement lorsque Bernard Lamy, au seuil de son *Art de Parler*, explicite la théorie du signe qu'il emprunte ostensiblement à la *Logique* de Port-Royal : « On appelle signe une chose qui, outre cette idée qu'elle donne quand on la voit, en donne une seconde, comme lorsqu'on voit à la porte d'une maison une branche de lierre, outre l'idée du lierre, on conçoit qu'on vend du vin dans cette maison[1] ». Il s'agit bien d'un transfert métonymique, qui suppose, comme dans la théorie classique de la rhétorique, l'existence d'un point de départ absolu du transfert. La théorie de la signification aboutit ainsi à un *avorton théorique*.

Tout aussi nette est la création, dans le corps de la *Logique*, de *rejetons rhétoriques*. Il est intéressant d'établir en quelles circonstances ces surgeons sont produits.

Si les pédagogues de Port-Royal se comportaient en purs grammairiens ou en purs logiciens, si, comme tant de formalistes contemporains, ils pouvaient se barricader dans le domaine qu'ils ont choisi d'organiser, ils pourraient, eux aussi, se croire dispensés de l'étude de ce qu'ils laissent de côté et s'enfermer dans leur « science ». Mais ces praticiens ne peuvent exclure totalement le rapport au discours réel, au texte. Pédagogues, ils ne peuvent écarter les problèmes de la lecture des textes littéraires, théologiens : ils ne peuvent escamoter les problèmes de l'exégèse et de l'interprétation. Le choix même de leurs exemples, à leur insu, est là pour leur rappeler constamment le lien qui unit la théorie grammaticale à la théologie : prendre comme exemple du fonctionnement du pronom le « ceci est mon corps » de l'Écriture interdit un traitement purement formel des problèmes de la représentation pronominale ! Polémistes engagés, notamment dans la querelle de la casuistique, avec ces rhéteurs redoutables que sont les Jésuites, ils

---

1. Sussex Reprints, p. 4.

ne peuvent ignorer totalement les jeux du langage et les machinations de l'ambiguïté. Quand on tente, comme le fait longuement Arnauld, à propos de la querelle de la signature, de traiter logiquement la question du *sens* d'un auteur – problème que posait la lecture de Jansénius, c'est-à-dire la lecture de saint Augustin, lecteur de l'Écriture, par Jansénius, et la lecture de l'*Augustinus* par Arnauld d'une part et par les censeurs ecclésiastiques de l'autre – on ne peut éviter de construire une théorie de la signification qui nous jette immédiatement en pleine rhétorique.

Aussi la préoccupation rhétorique fait-elle retour au sein de la *Logique* et de la *Grammaire*. Les instruments d'explication de cette dernière, ce sont l'*ellipse* et l'*abréviation*, figures classiques des anciens traités. Le peu de syntaxe qui y apparaît est contenu dans un chapitre qui repose, lui aussi, sur la notion de *figure*.

Mais le phénomène est plus marqué encore dans la *Logique*, dont la première partie s'achève sur une série de chapitres consacrés aux *idées accessoires*, où l'on rencontre une des premières formulations modernes de la théorie de la *connotation*. Ces chapitres, à vrai dire souvent omis par les lecteurs préoccupés de logique, sont des surgeons rhétoriques. Pour traiter de l'*accessoire*, du secondaire, la théorie des idées accessoires fournit une solution d'une certaine élégance, qui peut sembler, aujourd'hui encore, fort acceptable, puisqu'elle permet de maintenir l'écart entre la parole vraie, scientifique et la parole détournée, oblique. Mais il faut bien voir comment le rhétorique négligé fait surface ici. C'est comme une *théorie des passions*, c'est-à-dire comme une psychologie, qui n'est autre que cette caractérologie qui figurait au temps d'Aristote dans la théorie de l'*inventio* ! On notera, d'ailleurs, que cette naissance de la psychologie sur la décomposition du rhétorique ne se limite pas aux ouvrages théoriques. Elle se manifeste aussi bien dans la floraison des *moralistes* au seuil des temps modernes, en un processus qui, de Charron en passant par La Rochefoucauld, conduit aux *Caractères* de La Bruyère où s'achève, sous l'invocation de Théophraste, disciple d'Aristote, le transfert du rhétorique au psychologique, en même temps qu'apparaît la figure nouvelle de l'*homme de lettres*.

Ainsi s'explique, sans doute, la cohérence relative de l'image du démantèlement que nous avons suivie dans notre deuxième partie. Le rhétorique, on le voit, est bien menacé d'étranglement par les progrès du *scientisme* et du *psycho-logisme*. Mais le retour du rhétorique auquel nous assistons nous rappelle que la condition d'une reconstruction d'une théorie rhétorique est la destruction d'une psychologie naturaliste qui croit décrire une essence immuable de l'homme et d'un scientisme qui véhicule l'idée d'un langage neutre et innocent.

Cette remarque cependant n'a de sens que si on la situe par rapport à l'opération fondamentale de la *mise à l'écart* qui conditionne tout le jeu et qu'il nous faut maintenant examiner de plus près.

IV. LA MISE A L'ÉCART

Cette fonction apparaît fort bien dans la démarche des auteurs de Port-Royal. Tout se passe ici comme si la constitution de l'objet rhétorique en objet secondaire était le préalable néces-saire à la construction de l'objet logique et de l'objet gram-matical, objets essentiels.

Le chapitre du verbe ne peut être ce qu'il est, logique et grammatical, que parce qu'il s'ouvre sur une opération d'éli-sion des composantes rhétoriques. La réduction du verbe au verbe *être*, si caractéristique de la *Grammaire Générale*, ou plutôt à la troisième personne du singulier de l'indicatif pré-sent du verbe être, est obtenue par l'élimination des personnes proprement dites, la première et la seconde, représentant les interlocuteurs du discours et les conditions de la communi-cation, sans que jamais une véritable théorie des pronoms vienne combler cette lacune (le pronom n'apparaît que comme « abréviation », c'est-à-dire figure). Elle implique également la neutralisation du temps et du mode et, là encore, jamais la grammaire n'envisage clairement la réintroduction de ces modalisations.

De même, dans la démarche de la *Logique,* il importe que la phrase soit réduite à l'énoncé apophantique, condition de la possibilité d'une logique fondée sur le primat de cette phrase affirmative où Chomsky retrouvera, sans s'inquiéter du carac-tère régressif d'une telle rencontre, sa théorie de la grammaire et les présupposés innéistes qui s'y dissimulent.

On voit ici comment la question que l'on avait cru neutraliser était simplement occultée et comment la procédure d'exclusion qui l'écartait du champ de la recherche n'était, en fait, que le resurgissement sous forme symptomale de la question refoulée.

Loin d'être un moment exceptionnel du destin de la rhétorique, cette éclipse qui semblait s'être accomplie entre le XVIIᵉ siècle et le XXᵉ ne faisait qu'amener au jour en le déployant un geste consubstantiel à une discipline qui s'est toujours posée en *science de l'écart* ; et la coloration péjorative du terme l'accompagne, en fait, depuis ses débuts, car on n'a pas attendu le XIXᵉ siècle pour mépriser éloquemment l'éloquence.

C'est la répétition de ce geste qui engendre l'histoire de la rhétorique, en produisant les variations de son objet, par le déplacement de l'articulation qui institue la différence de *l'exclu* et de *l'inclus*.

C'est dire qu'il est impossible – on l'a vu sur les exemples partiels que nous avons considérés – d'étudier comme des réalités indépendantes, ressortissant à des sciences séparées, l'écarté et le sauvegardé, l'oblique et le normal, la voie détournée et le droit chemin, l'écart et la norme. Ce serait oublier, en effet, que ce qui se trouve exclu est ce qu'il faut exclure pour qu'il y ait un inclus, ce qu'il faut renoncer à intégrer pour qu'il y ait une intégration.

La *science du résiduel* ne peut être explorée si l'on renonce d'emblée à demander en vue de quelle plénitude on constitue en résidu une partie du réel. Détourner son regard de l'opération de séparation, ce serait accepter qu'elle s'accomplisse sans contrôle, ce serait *naturaliser* l'écart, pour dissimuler – en vue de quelle fin, il va falloir le demander – que c'est un même acte qui pose, simultanément, l'écart et la norme.

Tout se passe comme si l'occultation de ce geste était d'un intérêt vital pour notre civilisation. Tout semble avoir été mis en œuvre pour écarter la question de l'écart.

Aussi nous reste-t-il à examiner la signification de ce geste et montrer qu'il correspond, en effet, à une opération fondamentale, qui postule un écart originel, condition des constructions de la grammaire et de la logique.

V. L'ÉCART ORIGINEL

C'est encore une fois dans ce XVIIe siècle, qui a contribué à dessiner la figure du savoir actuellement ébranlée, que l'on pourra discerner les grandes règles de la partie que nous essayons d'étudier.

Rhétorique et péché originel

Si la question de la rhétorique, c'est-à-dire la question que pose la rhétorique, est présente au cœur de la pratique d'un Arnauld, d'un Nicole ou d'un Pascal, c'est qu'elle se situe au cœur même de la vérité, dans les problèmes posés par le *style de l'Écriture*.

Arnauld s'en explique ainsi dans un des chapitres consacrés aux idées accessoires *(Logique* I, 14) : « Ainsi les vérités divines n'étant pas proposées simplement pour être connues, mais beaucoup plus pour être aimées, révérées et adorées par les hommes, il est sans doute que la manière noble, élevée et figurée dont les saints Pères les ont traitées leur est bien plus proportionnée qu'un style simple et sans figure comme celui des scolastiques, puisqu'elle ne nous enseigne pas seulement ces vérités, mais qu'elle nous représente également les sentiments d'amour et de révérence avec lesquels les Pères en ont parlé ; et que portant ainsi dans notre esprit l'image de cette sainte disposition, elle peut beaucoup contribuer à y en imprimer une semblable ; au lieu que le style scolastique étant simple, et ne contenant que les idées de la vérité toute nue, est moins capable de produire dans l'âme les mouvements de respect et d'amour que l'on doit avoir pour les vérités chrétiennes : ce qui le rend en ce point, non seulement moins utile, mais aussi moins agréable, le plaisir de l'âme consistant plus à sentir des mouvements qu'à acquérir des connaissances. »

On voit que la théorie des idées accessoires n'est pas destinée seulement à faire la part de l'affectif. A. François, qui lisait ces lignes selon le schéma régressif, saluait dans les auteurs de la *Logique* des « précurseurs de la grammaire affec-

tive[1] ». Il ne voyait pas que la question qui se trouve ici posée
n'est pas psychologique, mais théologique.

Un passage d'un autre texte d'Arnauld, recueilli dans un
traité paru en 1705 sous le titre de *Réflexions sur l'Éloquence,*
le montre clairement. S'opposant aux vues rationalistes soutenues par le père François Lamy – qu'il ne faut pas confondre
avec l'auteur de l'*Art de parler* – il écrit : « Vous voulez qu'on
aille droit à l'intelligence. Mais permettez-moi de vous dire
qu'on ne peut avoir cette pensée sans connaître bien mal la
nature de l'homme depuis le péché et sans renverser les moyens
que Dieu a pris pour sauver toutes sortes de personnes. »

De fait, l'évocation du péché originel se trouve au seuil de
la plupart des traités de rhétorique classiques, quand ils ne se
bornent pas à l'enseignement d'une technique. Car le dogme
chrétien fournit cet écart originel qui permet de poser, d'un
seul mouvement, l'écart et la négation de l'écart. Il postule, en
effet, fondement de la démarche rhétorique, une transgression
initiale, un faux pas fondateur, un décalage originaire.

Cette « explication » théologique sera relayée au cours du
XVIIIᵉ siècle par une théorie des origines qui n'en est, en réalité, qu'une variante laïcisée.

On la voit se dessiner, dès la fin du XVIIᵉ siècle, chez Bernard
Lamy. Après avoir constaté, dans la Préface de son *Art de
parler,* que traiter de la rhétorique « demande des connaissances
qu'il faut prendre des autres sciences », il est amené, en effet,
à s'interroger sur le problème de l'origine du langage. Il développe alors un mythe de l'invention des langues : « Usons de
la liberté des Poètes ; et faisons sortir de la terre ou descendre
du Ciel une troupe de nouveaux hommes qui ignorent l'usage
de la parole. Ce spectacle est agréable ; il y a plaisir de se les
imaginer parlant entre eux avec les mains, avec les yeux, par
des gestes et des contorsions de tout le corps ; mais apparemment ils se lasseraient bientôt de toutes ces postures et le hasard
ou la prudence leur enseignerait en peu de temps l'usage de la
parole[2]. » Interprétation mythique de la conception instrumentale du langage soutenue dans la *Grammaire Générale* et
dans la *Logique* : « parler est expliquer ses pensées par des
signes que les hommes ont inventés à ce dessein ».

---

1. In *Mélanges Bally.*
2. Sussex Reprints, p. 12.

Le caractère poétique de cette explication est souligné dans la préface de la cinquième édition (1715) : « Je fais dans la suite de mon ouvrage un aveu qui semble être une contradiction à ce que je dis de ces hommes, car je demeure d'accord de ce qu'un Auteur habile vient de soutenir, que si Dieu n'avait appris aux hommes à articuler les sons et les voix, ils n'auraient jamais pu former de paroles distinctes. Mais on sait que les géomètres supposent des choses qui ne sont point et que cependant ils en tirent des conséquences fort utiles. »

Le mythe, on le voit, peut être à la fois affirmé et nié. On retrouvera bientôt, sous couverture scientiste, la même combinaison où l'équivoque est justifié par l'opératoire !

Grâce au mythe, la contradiction se trouve concentrée en un point aveugle. Elle est ailleurs, elle a eu lieu en un autre temps. Elle demeure à l'écart. Cette solution idéologique n'est, bien sûr, qu'une variation sur un thème théologique. J. Derrida le montre fort bien à propos de l'*Essai sur l'origine des langues* de Rousseau : « Le concept d'origine ou de nature n'est que le mythe de l'addition de la supplémentarité, annulée d'être purement additive [1] ». Il semble que la pensée occidentale ne puisse poser le caractère originaire de l'accessoire, le caractère accidentel de l'essentiel que sur le fond d'une pensée théologique du signe qui implique le péché originel. « Le signe est toujours signe de la chute. L'absence a toujours rapport à l'éloignement de Dieu [2]. »

C'est dans cette distance que se situe le rhétorique. Il est ce qui – inexplicablement – diffère le face à face de l'homme et du « vrai ». « Aujourd'hui, nous regardons au moyen d'un miroir, dans l'équivoque ; mais alors nous verrons face à face », écrit saint Paul dans la première épître aux Corinthiens (XIII, 12). C'est sur ce face à face à venir que se découpe la notion même de l'équivoque. L'écart est pensé à partir d'une évidence et d'une transparence originelles. La transparence est de droit, l'opacité, l'obliquité ne sont que circonstancielles. La vision dans le miroir – et il faut se souvenir que ce miroir, pour saint Paul, n'est pas l'instrument d'optique que nous connaissons, mais une sorte de mirage – est dévalorisée au départ par sa distance à un langage naturel univoque et tran-

1. J. Derrida, *De la grammatologie*, p. 238.
2. *Ibid.*, p. 401.

sitif ; code initial ou code terminal ; le rhétorique n'existe que dans cet entre-deux qui se dessine entre le mythe d'un langage innocent et univoque (cri de la passion ou institution divine) et celui d'un langage entièrement construit et à nouveau innocent (caractéristique universelle ou langage scientifique).

La scène initiale se rejoue, on va le voir, sous une autre forme, dans les tentatives modernes de retour à la rhétorique.

Rhétorique et linguistique

C'est le cas, par exemple, dans la stylistique de M. Riffaterre, qui écarte la question de la norme à la faveur de la notion incertaine d'*archilecteur* ; ce lecteur neutralisé, innocent, n'est qu'un avatar du mythe de l'innocence. On le verrait de façon tout aussi nette dans les écrits de J. Cohen, pour qui la norme tend à se confondre avec un langage scientifique qui serait un degré zéro « donné », « naturel ».

Mais le geste même de la mise à l'écart se répète de façon si nette dans la récente *Rhétorique générale*[1] qu'il nous a paru particulièrement intéressant de l'y décrire.

Après avoir reconnu[2] que le producteur de l'« effet de style » (on notera le caractère atomiste de la démarche) « manifeste dans le même mouvement à la fois l'écart et la norme » et en avoir conclu que « c'est donc le rapport norme-écart qui constitue le fait de style, et non l'écart comme tel », les auteurs du traité n'en écrivent pas moins, dans la logique d'une pensée pour laquelle le « fait de style » a une existence propre, que « la théorie de l'écart se justifierait toujours d'un point de vue pragmatique » puisqu'elle « constitue à tout le moins un modèle explicatif ». Ils écrivaient de même quelques pages plus haut[3], après avoir reconnu le caractère « équivoque » de la définition du style comme « l'écart par rapport à une norme », qu'ils lui reconnaissent une « fécondité opératoire ». On voit mal, à vrai dire, quelles opérations peuvent se fonder ainsi sur une équivoque, dans un ouvrage qui se propose d'appliquer au domaine rhétorique les méthodes rigoureuses de « la » linguistique.

---

1. J. Dubois, F. Edeline, J.-M. Klinkenberg, P. Minguet, F. Pire, H. Trinon, *Rhétorique générale*, Paris, 1970.
2. P. 22.
3. P. 20.

Les retombées qui résultent du maintien de cette équivoque se font sentir de part et d'autre de la ligne de clivage qui n'a pas été mise en question. Du côté de la linguistique, on aboutit ainsi à un éclectisme qui amène les auteurs à utiliser simultanément – au nom d'une conception empiriste de la science – des systèmes linguistiques non compatibles. Il n'y a pas, en effet, « un » modèle linguistique, qui serait « la » science, mais plusieurs modèles hétérogènes qui ne peuvent paraître additionnables que dans une perspective de bricolage. Du côté de la théorie de la littérature et de la rhétorique, l'absence d'explicitation des présupposés qui résulte de la mise à l'écart du problème de l'écart produit une réduction de « la poésie » à une « spécification professionnelle [1] ». Tenter d'aborder la rhétorique en linguiste, ce n'est pas appliquer le modèle linguistique à l'ancienne rhétorique, mais travailler à construire l'objet rhétorique en cherchant à expliciter toujours les règles de construction.

Il ne suffit pas, on le voit à nouveau, de nier un problème qui a reçu un début de formulation. La question non posée fait retour à l'intérieur du discours qui l'occulte. Il ne suffit pas au linguiste, pour se débarrasser de la question du rhétorique, d'enfermer dans ses placards ce qu'il croit être son cadavre.

Quand, dans une décision célèbre, la Société de Linguistique de Paris a écarté de ses ordres du jour les communications portant sur le problème de l'origine du langage, elle croyait, sans doute, se protéger contre la tentation métaphysique et se donner les conditions de la construction d'une science linguistique. Mais traiter une question en tabou, c'est transformer en limite naturelle une clôture instituée ; le problème refoulé produit ses effets habituels de perversion : obsession étymologique des philologues, « innéisme » où retombe la pensée chomskyenne, partie pourtant d'un si bon pas. Dans les deux cas, nous sommes en présence d'une réponse idéologique à une question qui n'a pas été posée.

Rhétorique et idéologie

Car l'enjeu de la mise à l'écart est, en effet, idéologique. C'est encore une fois dans le domaine pédagogique que le phénomène se dessine le plus clairement.

1. P. 21.

Ce n'est pas un hasard, sans doute, mais un effet idéologique caractéristique, si l'on ne s'est pas étonné davantage du rapport paradoxal que la rhétorique a toujours entretenu avec la pédagogie. N'est-il pas surprenant, en effet, que cette science de l'écart ait occupé dans le cursus la place centrale que l'on sait, qu'elle l'occupe encore sous son avatar moderne, cette « littérature » qui s'est construite sur les débris de l'ancienne discipline ? Comment se fait-il que, loin d'enseigner, comme on pourrait s'y attendre, la norme, ce soit l'anormal qui figure au programme, sinon parce que la fonction du rhétorique est une fonction de *masque*.

Les formes actuelles d'enseignement de la littérature permettent de discerner les grandes lignes de l'opération.

En faisant de « la littérature » un domaine autonome – et une certaine conception moderne de la « littérarité » ne fait qu'accomplir ce mouvement – on réalise en effet une opération doublement rentable.

D'une part, on enseigne bel et bien la norme, mais par une voie oblique, qui masque ses effets. La norme, c'est ce qui est supposé stable sous les digressions d'une littérature traitée comme une collection d'écarts individuels ; elle est ce terrain neutre qui se situe à l'intersection des déviations personnelles auxquelles les textes se trouvent réduits ; elle est ce « bon sens » qui sous-tend tout énoncé, noyau invariant des variations, structure profonde ou degré zéro, essence. En enseignant l'artifice, on peut enseigner artificieusement une « nature », d'autant plus insidieusement « donnée » qu'on est conduit ainsi à ne poser jamais la question de l'instance donatrice.

Mais d'autre part, et c'est là sans doute l'objectif essentiel, on accoutume ainsi l'élève au geste par lequel le voile est jeté sur la dangereuse révélation de la contingence de l'homme. Il n'est plus nécessaire alors de cacher ces textes qui disent le manque et la mort, car le geste de la mise à l'écart les a neutralisés, innocentés, en les réduisant à des jeux superficiels sur une vérité dernière – ou première – ayant son lieu dans le monde ou hors du monde, antérieure à toute question, antérieure à tout langage, donnée naturelle, objet premier à partir duquel il devient possible de poser la distinction entre une « nature », sol originaire, et les utopies sans fondement de la rhétorique.

Cette fonction de masque, cette préoccupation constante de dissimuler la contradiction, ce souci de limiter la démarche théorique au minimum nécessaire pour justifier une technique, tous ces traits soulignent le caractère idéologique de l'opération de mise à l'écart. Il s'agit ici, comme toujours, de détourner les regards des gestes de l'opérateur pour les concentrer sur le résultat de l'opération. C'est là, on le sait, le secret de l'art du prestidigitateur. Le tour de passe-passe que nous avons vu se répéter dans l'histoire de la rhétorique est destiné toujours à faire passer la même muscade, celle d'un humanisme qui tend à présenter comme nature les produits du travail des hommes, pour justifier le maintien d'une conception du normal qu'il serait dangereux, en effet, de soumettre à la question.

A. Culioli disait, au cours du débat organisé en 1968 par Raison Présente[1] : « Toute analyse qui se fonde sur une théorie du langage qui ramène d'un côté à un sujet psychologique universel et d'un autre côté à une fonction du langage qui serait la communication "normale" dans une société "normale" est une analyse qui, tôt ou tard, glissera vers une conception strictement outillère du langage, conçu comme un extérieur et forcera à ne pas poser certains problèmes. » Nous dirions volontiers ici, retournant cette formule, non pour la refuser mais pour la vérifier, que la conception instrumentale du langage qui conditionne la théorie substantialiste de l'écart rhétorique est destinée, en effet, à sauver cette image naturaliste de l'homme, à présenter comme « normale » la norme sociale établie, et à empêcher de poser certains problèmes.

Pierre KUENTZ

Université de Paris-Vincennes

---

1. Repris dans *Structuralisme et marxisme*, Paris, 1970, p. 115.

Gérard Genette

La rhétorique restreinte

> G. C. : Il y a trois ou quatre ans, revues,
> articles, essais étaient remplis du mot méta-
> phore. La mode a changé. Métonymie rem-
> place métaphore.
> J.L.B. : Je ne crois pas qu'on gagne beau-
> coup à cette différence.
> G.C. : Bien entendu.
>
> Georges Charbonnier,
> *Entretiens avec Jorge Luis Borges.*

L'année 1969-70 a vu paraître à peu près simultanément trois
textes d'ampleur inégale, mais dont les titres consonnent d'une
manière fort symptomatique : il s'agit de la *Rhétorique générale* du groupe de Liège[1], dont on sait que l'intitulé initial
était *Rhétorique généralisée* ; de l'article de Michel Deguy,
« Pour une théorie de la figure généralisée »[2] ; et de celui de
Jacques Sojcher, « La métaphore généralisée »[3] ; Rhétorique-
figure-métaphore : sous le couvert dénégatif, ou compensatoire,
d'une généralisation pseudo-einsteinienne, voilà tracé dans ses
principales étapes le parcours (approximativement) historique
d'une discipline qui n'a cessé, au cours des siècles, de voir
rétrécir comme peau de chagrin le champ de sa compétence,
ou à tout le moins de son action. La *Rhétorique* d'Aristote ne
se voulait pas « générale » (encore moins « généralisée ») : elle
l'était, et l'était si bien, dans l'amplitude de sa visée, qu'une
théorie des figures n'y méritait encore aucune mention particulière ; quelques pages seulement sur la comparaison et la

1. Larousse, Paris, 1970.
2. *Critique*, oct. 1969.
3. *Revue internationale de philosophie*, 23ᵉ année, n° 87, f. I.

métaphore, dans un livre (sur trois) consacré au style et à la composition, territoire exigu, canton détourné, perdu dans l'immensité d'un Empire. Aujourd'hui, nous[1] en sommes à intituler Rhétorique générale ce qui est en fait un traité des figures. Et si nous avons tant à « généraliser », c'est évidemment pour avoir trop restreint : de Corax à nos jours, l'histoire de la rhétorique est celle d'une *restriction généralisée*.

C'est apparemment dès le début du Moyen Âge que commence de se défaire l'équilibre propre à la rhétorique ancienne, dont témoignent les œuvres d'Aristote et, mieux encore, de Quintilien : l'équilibre entre les genres (délibératif, judiciaire, épidictique), d'abord, parce que la mort des institutions républicaines, où déjà Tacite voyait une des causes du déclin de l'éloquence[2], entraîne la disparition du genre délibératif, et aussi, semble-t-il, de l'épidictique, lié aux grandes circonstances de la vie civique : Martianus Capella, puis Isidore de Séville prennent acte de ces défections : *rhetorica est bene dicendi scientia in civilibus quaestionibus*[3] ; l'équilibre entre les « parties » (*inventio, dispositio, elocutio*), ensuite, parce que la rhétorique du *trivium,* écrasée entre grammaire et dialectique, se voit rapidement confinée dans l'étude de l'*elocutio*, des ornements du discours, *colores rhetorici*. L'époque classique, particulièrement en France, et plus particulièrement encore au XVIIIᵉ siècle, hérite de cette situation qu'elle accentue en privilégiant sans cesse dans ses exemples le corpus littéraire (et spécialement poétique) sur l'oratoire : Homère et Virgile (et bientôt Racine) supplantent Démosthène et Cicéron, la rhétorique tend à devenir pour l'essentiel une étude de la *lexis* poétique.

Il faudrait, pour détailler et corriger[4] cette vue plus que cavalière, une immense enquête historique qui dépasserait large-

1. Ce *nous* n'est pas de courtoisie et selon la figure appelée, justement, *communication*. Le reproche, si reproche il y a, s'adresse ici tout autant à celui qui l'articule, et qui, dans l'actuel abus relatif de la notion de *figure*, aurait quelque peine à se tenir pour tout à fait innocent. La critique sera ici une forme déguisée (et commode) de l'autocritique.

2. *Dialogue des Orateurs*, XXXVI-XXXVII.

3. Curtius, *Littérature européenne*, p. 94.

4. A. Kibédi Varga, (*Rhétorique et littérature*, Didier, Paris, 1970, p. 16-17) conteste que la rhétorique française classique soit, comme nous l'avons dit ailleurs, « surtout une rhétorique de l'elocutio », et l'ensemble de son livre démontre en effet l'intérêt de certains rhétoriciens des XVIIᵉ et

ment nos compétences, mais dont Roland Barthes a donné l'esquisse dans un séminaire de l'École Pratique des Hautes Études[1]. On ne voudrait ici qu'insister sur les ultimes étapes de ce mouvement – celles qui marquent le passage de la rhétorique classique à la néo-rhétorique moderne – et s'interroger sur leur signification.

La première de ces étapes est la publication, en 1730, du traité *Des Tropes* de Dumarsais. Cet ouvrage ne prétend certes pas couvrir tout le champ de la rhétorique, et le point de vue adopté par le grammairien de l'*Encyclopédie* n'est pas même exactement celui d'un rhétoricien, mais plutôt d'un linguiste et plus précisément d'un sémanticien (au sens que Bréal donnera plus tard à ce terme), comme le manifeste bien son soustitre : « … ou des différents sens dans lesquels on peut prendre un même mot dans une même langue ». Mais par son existence et son prestige, il contribue fortement à placer au centre des études rhétoriques, non plus généralement la théorie des figures, mais, de façon plus spécifique encore, celle des figures de sens, « par lesquelles on fait prendre à un mot une signification qui n'est pas précisément la signification propre de ce mot », et donc à placer au centre de la pensée rhétorique l'opposition du *propre* et du *figuré* (objet des chapitres VI et VII de la première partie), et donc encore à faire de la rhétorique une pensée de la figuration, tourniquet du figuré défini comme l'autre du propre, et du propre défini comme l'autre du figuré – et à l'enfermer pour longtemps dans ce méticuleux vertige.

L'influence de cette *réduction tropologique* sur l'évolution de la rhétorique française, rien ne l'illustre mieux que l'œuvre

---

XVIIIe siècles pour les techniques d'argumentation et de composition. C'est là une question d'accent et de proportions relatives, et aussi de choix des références : Varga s'appuie sur Barry, Legras, Crevier, et moi sur Lamy, Dumarsais, Fontanier. Il faudrait dépouiller systématiquement, par exemple, la centaine de titres réunis par P. Kuentz (*XVIIe siècle*, n° 80-81). Il me semble aussi que la part consacrée à l'*elocutio*, même quand elle n'est pas la plus grande, est à cette époque déjà la plus vivante, la plus originale par rapport aux modèles antiques, et donc la plus productive (malgré la matière neuve apportée par l'éloquence sacrée). Peut-être est-ce un effet de projection ? Mais Varga lui-même apporte de l'eau à notre moulin en relevant que Ramus, dès le XVIe siècle, proposait d'affecter à la dialectique l'*inventio* et la *dispositio*, ne laissant à la rhétorique que l'art de l'*elocutio*.

1. Année 1964-1965. Cf. ici-même p. 172-229.

de celui qui se flattait, près d'un siècle plus tard, à la fois d'assumer et de liquider l'héritage de Dumarsais par une *Aufhebung* qui s'intitule tout d'abord *Commentaire raisonné des Tropes*, puis *Traité général des Figures du Discours*. La « relève » de Dumarsais par Fontanier est en effet, du point de vue qui nous intéresse ici, d'une remarquable ambiguïté : d'une part, Fontanier élargit de nouveau le champ d'étude à l'ensemble des figures, tropes et non-tropes ; mais d'un autre côté, reprenant avec une rigueur accrue (par l'exclusion de la catachrèse, comme trope non-figure parce que non substitutif : *feuille de papier*, par exemple, où *feuille* n'évince aucun propre) le critère de substitution qui régit l'activité tropologique, et l'étendant à la totalité du champ figural (d'où l'exclusion de telle « prétendue figure de pensée » comme n'exprimant rien d'autre que ce qu'elle dit), il tend à faire du trope le modèle de toute figure, et donc à accentuer encore, en lui donnant un fondement de droit, la restriction de fait amorcée par son devancier. Dumarsais ne faisait que proposer un traité des tropes ; Fontanier impose (par son adoption comme manuel dans l'enseignement public) un traité des figures, tropes et « autres que tropes » (cette claudication terminologique est assez éloquente en elle-même), dont l'*objet* est bien toutes les figures, mais dont le *principe* (critère d'admission et d'exclusion) est en son fond purement tropologique[1].

Voici donc le trope installé au cœur paradigmatique de ce qui n'est plus qu'une théorie des figures mais, par l'effet d'une carence lexicale singulière et apparemment universelle, continuera néanmoins de se nommer rhétorique[2] : bel exemple de synecdoque généralisante. Mais à ce premier geste de Fontanier s'en ajoute un second par lequel se confirme son rôle[3] de fondateur de la rhétorique moderne, ou plutôt de l'idée moderne de rhétorique : celui-ci porte sur la classification, ou pour parler comme l'époque, sur la *division* des tropes.

---

1. Nous renvoyons ici à l'Introduction de l'édition Flammarion des *Figures du Discours*, Paris, 1968.
2. Il faut sortir, bien ou mal, de cette carence : aussi proposerai-je de désigner cette partie de la rhétorique du nom de *figuratique*, qui au moins ne prête pas à équivoque.
3. Rôle symbolique, faut-il préciser, car si son manuel fut très utilisé, dans les classes au cours du XIXᵉ siècle, son influence ultérieure semble avoir été à peu près nulle, jusqu'à sa récente résurrection. Encore certains prétendent-ils voir dans cette réédition un grossier pastiche, une mystification à la Borges.

Dumarsais avait établi une liste, quelque peu chaotique et parfois redondante, de dix-huit tropes, que l'on n'aura pas trop de mal à raccourcir en réduisant les doublons (ironie-antiphrase) ou les sous-espèces (antonomase, euphémisme, hypallage) et en rejetant vers d'autres classes les « prétendus tropes » comme la métalepse, la périphrase ou l'onomatopée. Mais il avait également évoqué, en un chapitre spécial[1] curieusement sans effet sur la disposition de son propre inventaire, la possibilité d'une « subordination des tropes », c'est-à-dire d'une indication du « rang qu'ils doivent tenir les uns à l'égard des autres ». Vossius, déjà, proposait une telle hiérarchie, où tous les tropes se rapportaient, « comme les espèces aux genres », à quatre principaux : la métaphore, la métonymie, la synecdoque et l'ironie. Dumarsais esquisse un *nouveau* rapprochement, celui de la synecdoque et de la métonymie, réunies en tant que fondées toutes deux sur une *relation*, ou *liaison* (avec « dépendance » dans la synecdoque), qui n'est ni le rapport de *ressemblance* de la métaphore, ni le rapport de *contraste* de l'ironie : c'était implicitement « subordonner » la totalité des tropes aux trois grands principes associatifs de similitude, de contiguïté et d'opposition. Fontanier, lui, restitue toute sa fonction hiérarchique à la distinction métonymie/synecdoque, mais en revanche il exclut l'ironie, comme figure « d'expression » (trope en plusieurs mots, et donc pseudo-trope) et surtout il ne se contente pas de « rapporter » tous les tropes aux trois genres fondamentaux qu'il laisse subsister : il ne reconnaît plus que ces trois-là, tout le reste est confusion, tropes non-figures, figures non-tropes, voire non-figures non-tropes. Les seuls tropes dignes de ce nom sont donc (dans l'ordre) la métonymie, la synecdoque et la métaphore. Comme on a déjà pu s'en aviser, il suffit maintenant d'additionner ces deux soustractions : le rapprochement dumarsien entre métonymie et synecdoque et l'éviction fontanière de l'ironie, pour obtenir le couple figural exemplaire, chiens de faïence irremplaçables de notre propre rhétorique moderne : Métaphore et Métonymie.

Cette nouvelle réduction est acquise, sauf erreur, dans la vulgate du formalisme russe, dès l'ouvrage de Boris Eikhenbaum sur Anna Akhmatova, qui date de 1923, y compris l'équivalence métonymie = prose, métaphore = poésie. On la retrouve

---

1. II, 21.

avec même valeur en 1935 dans l'article de Jakobson sur la prose de Pasternak, et surtout dans son texte de 1956, « Deux aspects du langage et deux types d'aphasie », où l'opposition classique analogie/contiguïté (qui porte, rappelons-le, sur les *signifiés* en relation de substitution dans la métaphore et la métonymie : l'or et le blé, le fer et l'épée) se voit confirmée par une assimilation peut-être audacieuse aux oppositions proprement linguistiques (qui portent, elles, sur des signifiants) entre paradigme et syntagme, équivalence et succession.

Cet épisode est trop proche de nous et trop bien connu pour qu'on y insiste. Il convient peut-être, en revanche, de s'interroger sur les raisons qui ont pu conduire, à l'intérieur même du domaine figural, à une réduction aussi drastique. Nous avons déjà rappelé le déplacement progressif de l'objet rhétorique de l'éloquence vers la poésie[1], déjà évident chez les classiques, qui conduit l'attention méta-rhétorique à se concentrer de préférence sur les figures à plus forte teneur sémantique (figures de signification en un seul mot), et parmi celles-ci, de préférence encore sur les figures à sémantisme « sensible[2] » (relation spatio-temporelle, relation d'analogie), à l'exclusion des tropes à sémantisme réputé plus intellectuel, comme l'antiphrase, la litote ou l'hyperbole, de plus en plus sévèrement évincés du champ poétique, ou plus généralement de la fonction esthétique du langage. Ce déplacement d'objet, de nature évidemment historique, contribue donc à privilégier les deux relations de contiguïté (et/ou d'inclusion) et de ressemblance. Mais on décèlerait facilement d'autres mouvements convergents, comme celui qui se montre chez Freud traitant, dans *Totem et Tabou*, des « principes de l'association ». Dans son *Esquisse d'une théorie de la magie* (1902), Mauss, conformément à une tradition qui remonte à Tylor, retenait comme lois d'association magique les trois principes associationnistes de contiguïté, de similarité et de contraste ou contrariété. Dans *Totem et Tabou* (1912), Freud, répétant sur un autre terrain le geste de Fontanier excluant l'ironie de la liste des tropes, ne conserve pour principes d'association que les deux premiers,

---

1. Ou vers la prose écrite considérée dans sa fonction esthétique, comme le fait la stylistique moderne.
2. Rappelons encore cette phase du P. Lamy : « Les métaphores rendent toutes choses sensibles. »

d'ailleurs subsumés ensemble sous le concept « supérieur » de *contact,* la similarité étant définie, assez plaisamment en l'occurrence, comme un « contact au sens figuré du mot[1] ».

Le rapprochement de la synecdoque et de la métonymie était, on l'a vu, déjà indiqué par Dumarsais, mais le concept de « liaison » était chez lui assez vaste (ou assez lâche) pour contenir aussi bien les liaisons sans « dépendance » (c'est-à-dire sans inclusion) qui régissent la métonymie, que les rapports d'inclusion qui définissent la synecdoque. La notion de *contiguïté,* au contraire, révèle ou opère un choix en faveur de la « liaison sans dépendance », et donc une réduction unilatérale de la synecdoque à la métonymie, qui s'explicite d'ailleurs chez Jakobson lorsqu'il écrit par exemple : « Uspensky avait un penchant pour la métonymie, spécialement pour la synecdoque[2]. » La justification de ce geste est donnée entre autres par Mauss dans le texte déjà évoqué : « La forme la plus simple (de l'association par contiguïté), dit-il, est l'identification de la partie au tout[3]. »

Il n'est pourtant pas certain que l'on puisse légitimement faire de l'inclusion, même sous ses formes les plus grossièrement spatiales, un cas particulier de la contiguïté. Cette réduction trouve sans doute sa source dans une confusion presque inévitable entre le rapport de la partie au tout et le rapport de cette même partie aux *autres parties* constitutives du tout : rapport, si l'on préfère, de la partie au *reste.* La voile n'est pas contiguë au navire, mais elle est contiguë au mât et à la vergue et, par extension, à tout le reste du navire, à tout ce qui, du navire, n'est pas elle. La plupart des cas « douteux » tiennent à ce choix toujours ouvert, d'envisager soit le rapport de la partie au tout soit celui de la

---

1. « Les deux principes de l'association, la similitude et la contiguïté, trouvent leur synthèse dans une unité supérieure : le *contact.* L'association par contiguïté équivaut à un contact direct, l'association par similitude est un contact au sens figuré du mot. La possibilité de désigner par le même mot les deux variétés d'association prouve déjà que le même processus psychique préside à l'une et à l'autre » (*Totem et Tabou,* trad. S. Jankélévitch, Petite collection Payot, p. 100-101). Cette dichotomie reprend évidemment l'opposition établie par Frazer entre *imitation* et *contagion.* On sait pourtant quelle place la *Traumdeutung* (1900) et le *Witz* (1905) faisaient à la « représentation par le contraire » dans le travail du rêve et du mot d'esprit, et comment la figure de l'antiphrase reviendra plus tard dans la rhétorique de la dénégation (*Die Verneinung,* 1925).

2. *Essais de linguistique générale,* p. 65.

3. *Sociologie et Anthropologie,* p. 57.

partie au reste : ainsi de la relation symbolique en son étymon antique, où l'on peut lire à la fois un rapport métonymique entre les deux moitiés complémentaires du *sumbolon,* et une relation synecdochique entre chacune de ces deux moitiés et le tout qu'elles constituent et reconstituent. Chaque demi-symbole, d'un même mouvement, appelle l'autre et évoque leur ensemble commun. De même pourra-t-on lire *ad libitum,* dans la figure par l'attribut, une métonymie ou une synecdoque, selon que l'on considère, par exemple, la couronne comme simplement liée au monarque, ou comme faisant partie de lui, en vertu de l'axiome implicite : pas de monarque sans couronne. On voit alors qu'à la limite toute métonymie est convertible en synecdoque par appel à l'ensemble supérieur, et toute synecdoque en métonymie par recours aux relations entre parties constituantes. Le fait que chaque figure-occurrence puisse s'analyser de deux manières au choix n'implique certes pas que ces deux manières n'en fassent qu'une, non plus qu'Archimède n'est *de la même façon* à la fois prince et géomètre, mais on voit bien comment en fait ce genre de double appartenance peut favoriser la confusion.

Reste évidemment à expliquer pourquoi cette confusion a joué plutôt dans un sens que dans l'autre, au profit de la métonymie et non de la synecdoque. Il se peut qu'ici la notion pseudo-spatiale de contiguïté ait joué un rôle catalyseur en proposant un modèle de relation à la fois plus simple et plus matériel que tout autre. Mais il faut encore observer que si cette notion joue en faveur de la métonymie, ce n'est pas sans opérer, à l'intérieur même du champ de cette figure, une nouvelle réduction ; car bien des relations couvertes par la métonymie classique (l'effet pour la cause et réciproquement, le signe pour la chose, l'instrument pour l'action, le physique pour le moral, etc.) ne se laissent pas si facilement, si ce n'est par métaphore, ramener à un effet de contact ou de proximité spatiale : quel genre de « contiguïté » pourraient bien entretenir le cœur et le courage, le cerveau et l'intelligence, les entrailles et la pitié ? Rapporter toute métonymie (et *a fortiori* toute synecdoque) à une pure relation spatiale, c'est évidemment restreindre le jeu de ces figures à leur seul aspect physique ou « sensible », et là encore se décèle le privilège peu à peu conquis par le discours poétique dans le champ des objets rhétoriques, ainsi que le déplacement effectué par ce discours lui-même, à l'époque moderne, vers les formes les plus matérielles de la figuration.

A cette réduction progressive des figures de « liaison » au seul modèle de la métonymie spatiale, répond de l'autre côté – celui des figures de « ressemblance » – une réduction sensiblement symétrique, qui joue ici au profit de la seule métaphore. On sait en effet que le terme de métaphore tend de plus en plus à recouvrir l'ensemble du champ analogique : alors que l'ethos classique voyait dans la métaphore une comparaison implicite[1], la modernité traiterait volontiers la comparaison comme une métaphore explicitée ou motivée. L'exemple le plus caractéristique de cet usage se trouve évidemment chez Proust, qui n'a cessé d'appeler métaphore ce qui dans son œuvre, le plus souvent, est pure comparaison. Ici encore, les mobiles de la réduction apparaissent assez clairement dans la perspective d'une figuratique centrée sur le discours poétique ou à tout le moins (comme chez Proust) sur une poétique du discours : nous n'en sommes plus aux comparaisons homériques, et la concentration sémantique du trope lui assure une supériorité esthétique presque évidente sur la forme développée de la figure. Mallarmé se flattait d'avoir banni le mot « comme » de son vocabulaire. Pourtant, si la comparaison explicite tend à déserter le langage poétique, il n'en va pas de même, remarquons-le en passant, dans l'ensemble du discours littéraire et encore moins la langue parlée ; d'autant que la comparaison peut racheter le manque d'intensité qui la caractérise par un effet d'anomalie sémantique que la métaphore ne peut guère se permettre sous peine de rester, en l'absence du comparé, totalement inintelligible. Cet effet c'est en particulier ce que Jean Cohen appelle l'impertinence[2]. Chacun se souvient du vers d'Eluard, « La terre est bleue comme une orange », ou de la série ducassienne des « beau comme... » ; pensons également au goût du langage populaire pour les comparaisons arbitraires (« ... comme la lune »), ou antiphrastiques (« aimable comme une porte de prison », « bronzé comme un cachet d'aspirine », « frisé comme un œuf dur »), ou plaisamment tirées par les cheveux, comme celles qui animent la diction d'un Peter Cheyney, d'un San Antonio ou d'un Pierre Perret : « les cuisses ouvertes comme le missel d'une dévote ». Une théorie des

---

1. « ... en vertu d'une comparaison qui est dans l'esprit » (Dumarsais, p. 155).

2. « La comparaison poétique : essai de systématique », *Langages*, 12, déc. 1968.

figures d'analogie trop centrée sur la forme métaphorique se condamne à négliger de tels effets, et quelques autres.

Ajoutons enfin que la réduction au « pôle métaphorique » de toutes les figures d'analogie ne lèse pas seulement la comparaison, mais plusieurs formes de figures dont la diversité ne semble pas avoir été jusqu'ici totalement prise en compte. On oppose généralement métaphore et comparaison au nom de l'absence dans l'une et de la présence dans l'autre du terme comparé. Cette opposition ne me paraît pas très bien formulée en ces termes, car un syntagme du type *pâtre promontoire* ou *soleil cou coupé,* qui contient à la fois comparant et comparé, n'est pas considéré comme une comparaison, non plus que d'ailleurs comme une métaphore, et finalement reste pour compte faute d'une analyse plus complète des éléments constitutifs de la figure d'analogie. Il faut, pour bien faire, considérer la présence ou l'absence non seulement du comparant et du comparé (« *vehicle* » et « *tenor* », dans le vocabulaire de Richards), mais aussi du modalisateur comparatif (*comme, pareil à, ressembler,* etc.), et du *motif* (« ground ») de la comparaison. On observe alors que ce que nous appelons généralement « comparaison » peut prendre deux formes sensiblement différentes : comparaison non motivée *(mon amour est comme une flamme)*, et comparaison motivée *(mon amour brûle comme une flamme),* nécessairement plus limitée dans sa portée analogique, puisqu'un seul sème commun (chaleur) est retenu comme motif, parmi d'autres *(lumière, légèreté, mobilité)* que la comparaison non motivée pourrait à tout le moins ne pas exclure ; on voit donc que la distinction entre ces deux formes n'est pas tout à fait inutile. Il apparaît également que la comparaison canonique, sous ses deux espèces, doit comporter non seulement comparant et comparé, mais aussi le modalisateur, faute duquel on aura plutôt affaire à une *assimilation*, motivée ou non, soit du type *mon amour (est) une flamme brûlante*, ou *mon amour brûlant (est) une flamme* (« Vous êtes mon lion superbe et généreux »), soit du type *mon amour (est) une flamme* (« Achille est un lion », « pâtre promontoire » déjà cité). L'ellipse du comparé déterminera encore deux formes d'assimilation, l'une encore motivée, du type *mon ardente flamme*, et l'autre sans motif, qui est la métaphore proprement dite : *ma flamme*. Le tableau ci-dessous rassemble ces différentes formes, plus quatre états elliptiques moins canoniques mais assez concevables, comparaisons motivées ou non avec ellipse du comparant (*mon amour est brûlant comme…* ou *mon amour est comme…*) ou du comparé (*… comme une flamme brûlante*, ou… *comme une flamme*) : ces formes en apparence purement hypothétiques ne sont pas tout à fait à négliger, comme l'a bien vu Jean Cohen : qui par exemple se souvient du comparé des « beau comme… » de Lautréamont, où la discordance entre le motif et le comparant importe évidemment plus que l'attribution du prédicat total au grand duc de Virginie, au vautour, au scarabée, à Mervyn ou à Maldoror lui-même ?

Figures d'analogie	Com-paré	Motif	Modali-sateur	Compa-rant	Exemples
Comparaison motivée	+	+	+	+	*Mon amour brûle comme une flamme*
Comparaison non motivée	+		+	+	*Mon amour ressemble à une flamme*
★ Comparaison motivée sans comparant	+	+	+		*Mon amour brûle comme…*
★ Comparaison motivée sans comparé		+	+	+	*… brûlant comme une flamme*
★ Comparaison non motivée sans comparant	+		+		*Mon amour ressemble à…*
★ Comparaison non motivée sans comparé			+	+	*… comme une flamme*
Assimilation motivée	+	+		+	*Mon amour (est) une flamme ardente*
Assimilation non motivée	+			+	*Mon amour (est) une flamme*
Assimilation motivée sans comparé		+		+	*Mon ardente flamme*
Assimilation non motivée sans comparé (métaphore)				+	*Ma flamme*

On voit donc que la métaphore n'est ici qu'une forme parmi bien d'autres[1], et que sa promotion au rang de figure d'analogie par excellence procède d'une sorte de coup de force. Mais il reste à considérer un dernier[2] mouvement réducteur, par lequel la même métaphore, absorbant son ultime adversaire, va se faire, « trope des tropes » (Sojcher), « figure des figures » (Deguy), le noyau, le cœur et finalement l'essence et presque le tout de la rhétorique.

On a rappelé tout à l'heure la façon dont Proust baptisait métaphore toute figure d'analogie : il faut maintenant ajouter qu'il lui arrive, par un lapsus tout à fait significatif, d'étendre cette appellation à toute espèce de figure, même la plus typiquement métonymique, comme la locution « faire cattleya » (pour *faire l'amour*) en utilisant comme accessoire – ou à tout le moins comme prétexte – un bouquet de cattleyas[3]. J'ai tenté ailleurs de montrer qu'un grand nombre des « métaphores » proustiennes sont en fait des métonymies, du moins des métaphores à fondement métonymique[4]. Le fait que ni Proust ni la plupart des critiques ne s'en soient avisés est caractéristique, même si cette confusion, ou impropriété, procède d'une simple carence terminologique : au début du XXᵉ siècle, *métaphore* est un des rares termes survivant du grand naufrage de la rhétorique, et cette survie miraculeuse n'est évidemment ni fortuite ni insignifiante. Pour d'autres, l'alibi terminologique est moins recevable, comme lorsque Gérald Antoine appelle métaphore un slogan publicitaire tel que *Vous pesez dix ans de trop*, où se lit assez clairement la désignation de la cause par l'effet[5], ou lorsque Jean Cohen ne veut voir dans le *bleus angélus* de Mallarmé qu'une synesthésie analogique[6] ;

1. Les astérisques signalent les quatre formes non canoniques.
2. Ce qualificatif n'est évidemment pas à prendre ici en un sens rigoureusement chronologique. Dans le mouvement que nous décrivons, certaines étapes se chevauchent, et, Proust, par exemple, représente un stade de restriction plus « avancé » que Jakobson.
3. Pléiade, I, p. 234.
4. « Métonymie chez Proust », *Poétique*, 2, avril 1970.
5. « Pour une méthode d'analyse stylistique des images », *Langue et Littérature*, Les Belles Lettres, Paris, 1961, p. 154.
6. *Structure du langage poétique*, p. 128-129.

et l'on sait de reste que Lacan trouva un jour dans le dictionnaire Quillet cet échantillon de « métaphore » qui ne lui parut pas « suspect d'être sélectionné » : *Sa gerbe n'était point avare ni haineuse*[1].

Chez des rhétoriciens aussi avertis que les membres du groupe de Liège, on trouve encore une inflation de la métaphore qui ne peut évidemment relever ni de l'ignorance ni de l'étourderie : c'est ainsi que ce groupe choisit pour sigle la lettre μ, « initiale du mot qui désigne, en grec, la plus prestigieuse des métaboles ». Il se trouve que la même initiale, et pour cause, se trouve dans *métonumia*, mais aucune hésitation n'est possible sur l'identité de la prestigieuse métabole, surtout si l'on se rapporte à un autre passage de la *Rhétorique générale*, où l'on peut lire que la métaphore est la « figure *centrale* de toute rhétorique[2] ». *Prestigieuse* pouvait paraître un peu juvénile, mais rendait compte d'une opinion commune[3]. *Centrale*, en revanche, procède d'un mouvement délibéré de valorisation, qui rappelle irrésistiblement la remarque de Bachelard sur les hiérarchies animales de Buffon : « Le lion est le roi des animaux parce qu'il convient à un partisan de l'ordre que tous les êtres, fût-ce les bêtes, aient un roi[4]. » De même, sans doute, la métaphore est la « figure centrale de toute rhétorique » parce qu'il convient à l'esprit, dans sa faiblesse, que toutes choses, fût-ce les figures, aient un centre.

Ainsi, en vertu d'un *centrocentrisme* apparemment universel et irrépressible, tend à s'installer, au cœur du cœur de la rhétorique – ou de ce qu'il nous en reste – non plus l'opposition polaire métaphore/métonymie, où pouvait encore passer un peu d'air et circuler quelques *débris d'un grand jeu*, mais la seule métaphore, figée dans sa royauté inutile. « Si la poésie, écrit Jacques Sojcher, est un espace qui s'ouvre dans le langage, si par elle les mots reparlent et le sens se resignifie, c'est qu'il y a entre la langue usuelle et la parole retrouvée déplacement de sens, métaphore. La métaphore n'est plus, dans cette perspective, *une* figure parmi d'autres, mais *la* figure, le

1. *Écrits*, p. 506.
2. P. 7 et 91. Souligné par nous.
3. Rappelons que Vico voyait dans la métaphore « la plus lumineuse des figures » et qu'Aristote lui-même y trouvait l'indice d'une sorte de génie (*euphuia*), le don de « voir les ressemblances » (*Poétique*, 1459a).
4. *Formation de l'esprit scientifique*, p. 45.

trope des tropes[1] ». On remarque ici le recours implicite à la preuve étymologique, selon quoi tout « déplacement de sens » est métaphore. Faut-il rappeler que le même argument, s'il pouvait valoir quoi que ce fût, le vaudrait tout aussi bien pour *métonymie*, *métalepse*, *hypallage*, *antonomase* et quelques autres encore ?

Plus imposante (même si l'on fait abstraction du génie poétique de l'auteur) est l'argumentation de Michel Deguy dans l'article, déjà cité, « Pour une théorie de la figure généralisée », qui pourrait bien, et à plus juste titre, s'intituler lui aussi *Métaphore généralisée* : « S'il s'agit de subordonner une des espèces à un genre, c'est la métaphore, ou figure des figures, qui peut jouer le rôle du genre… Il n'y a qu'un genre suprême, celui de la *figure* ou métaphore… Métaphore et métonymie appartiennent, sous leur différence secondaire, à une même dimension – pour laquelle le terme de métaphoricité peut servir en général[2] ». Cette supériorité hiérarchique si vigoureusement affirmée, Deguy la fonde sur l'idée que le système de la tropologie classico-moderne (Fontanier-Jakobson), dans le partage même qu'il effectue entre les figures, obéit à un modèle perceptif spatialisé – contiguïté ou proximité ou juxtaposition pour la métonymie, intersection pour la synecdoque, ressemblance, « qui renvoie à la superposition possible », pour la métaphore –, et par conséquent déjà métaphorique.

Cette description du partage tropologique n'est pas tout à fait exacte, du moins en ce qui concerne l'époque classique. Nous avons déjà constaté que le concept de contiguïté, utilisé par les modernes, réduisait à une seule les diverses modalités du rapport métonymique, auquel Fontanier lui-même laissait une extension bien plus vaste sous l'appellation prudente de « tropes par correspondance ». Le schéma de l'intersection n'a à vrai dire jamais, en aucune tropologie, classique ou moderne, défini la synecdoque : il s'agit en fait d'une inclusion, ou appartenance (Fontanier dit « connexion »), et plutôt de type logique que spatial : l'inclusion de *voile* dans *navire* est spatiale si l'on veut, mais à aucun degré celle de *fer* dans *épée*, ou d'*homme* dans *mortel*. S'il en était ainsi, les rhétoriciens ne définiraient pas la figure « boire un verre » comme ils le font constam-

1. Art. cit., p. 58.
2. Art. cit., p. 841, 852, 861.

ment, c'est-à-dire comme une *métonymie du contenant*, mais comme une synecdoque, considérant que le vin est « inclus » dans le verre : bévue qu'ils n'ont jamais commise. De même, le rapport de superposition, vers lequel Deguy pousse celui de ressemblance au nom de la rhétorique, n'a jamais défini la métaphore ; les Liégeois l'analysent plutôt, et à juste titre, comme co-possession partielle de sèmes, et donc comme intersection logique : entre *or* et *blé*, il y a un sème commun qui est la couleur, et la *substitution* d'un signifiant à l'autre dans le texte ne signifie nulle part *superposition* des deux signifiés, ou à ce compte toute espèce de trope répondrait à ce schéma.

Ce gauchissement, que Deguy opère sur les concepts de la tropologie pour mieux en dégager l'essence métaphorique, se manifeste encore dans son analyse de la syllepse selon Fontanier. Reprenant l'exemple racinien : « Un père en punissant, Madame, est toujours père », il accuse Fontanier de considérer d'abord comme sens propre « la propriété de copulateur-géniteur », puis comme sens figuré « tout le reste de la paternité, y *compris* une chose aussi *naturelle*[1] que « les sentiments, le cœur d'un père », et plus loin il désigne le sentiment paternel comme étant, dans l'esprit de Fontanier, un *ajout « métaphorique »* ; et de récuser justement une sémantique aussi grossière. L'ennui est que cette sémantique n'est nullement celle de Fontanier, pour qui le second *père* de « un père est toujours père » n'est pas un ajout métaphorique mais, tout au contraire, la réduction synecdochique d'un sens « premier » (celui, justement, du premier *père* dans la phrase) d'abord *total*. Relisons en effet le texte des *Figures du Discours*[2] : « Un *père*, c'est-à-dire celui qui a la qualité, le titre de père : *sens propre. Est toujours père*, c'est-à-dire, a toujours, même dans ses rigueurs, les sentiments, le cœur d'un père, est toujours bon et tendre comme un père : *sens figuré*, et à peu près même sorte de *synecdoque* que ci-dessus » – et reportons-nous effectivement au début de cet article sur la « syllepse de synecdoque ». Nous y trouvons ce double exemple : « Le singe est toujours singe, et le loup toujours loup », commenté en ces termes : « Cela veut dire que rien

ne peut changer le naturel, les mœurs du singe et du loup, et
que ces animaux seront toujours les mêmes à cet égard. Le
singe et le loup sont là, d'abord, pour ces animaux mêmes,
et dans toute la compréhension des idées que l'un et l'autre
mot exprime : *sens propre* ; et ensuite ils sont pour quelque
chose seulement de ces animaux, pour leurs mœurs, pour
leur naturel : *sens figuré*, et *synecdoque* du tout pour la
partie. » Le sens premier selon Fontanier n'est donc, en
l'occurrence, ni pour *singe*, ni pour *loup*, ni pour *père*, ce sens
réduit aux propriétés biologiques que Deguy veut y voir, mais
au contraire le sens pris *dans toute sa compréhension des
idées qu'il exprime*, et c'est ici le « figuré » qui restreint.
L'élargis-sement « métaphorique » dont on accuse Fontanier
n'existe donc pas, et lorsque Deguy conclut : « la polysémie
est première », il ne réfute pas la rhétorique, il la *répète*[1].

On voit donc que le caractère métaphorique attribué par
Deguy aux définitions de la rhétorique classique et, par suite,
de leur reprise linguistique, est un peu forcé par sa propre
lecture. Au surplus, et peut-être surtout, on voit mal comment il est possible d'invalider les « divisions » tropolo-
giques, et spécialement l'opposition métaphore/métonymie,
au nom du fait qu'elles reposent... sur une métaphore.
Pourquoi métaphore ? L'articulation du grief suppose admis
cela même que le grief vise à récuser. L'opposition ne peut
être à la fois déconstruite et renvoyée à l'un de ses termes :
on peut dire que les partages de la rhétorique sont oiseux, et
que toutes les figures n'en font qu'une, mais à condition de
ne pas la nommer « métaphore » plutôt qu'antanaclase ou
polyptote, sous peine de révéler inévitablement ce que j'ap-
pellerai simplement, et sans aucune intention polémique (chacun a les siens), un *parti pris*. Il me semble en effet que le
profond désir de toute une poétique moderne est bien à la
fois de supprimer le partage et d'établir le règne absolu –
sans partage – de la métaphore. Le reste n'est peut-être que
motivation.

---

1. Même infléchissement lorsque Deguy récuse la division des métaphores
en animé/inanimé comme elle-même métaphorique, « quand le tout de l'être
est visé « comme » vie en souffle *(spiritus, anima)* pour qu'il puisse même
y avoir une différence telle que de *l'animé* à l'*in-animé* ! » (p. 847). Mais
souffle pour *vie* procède, lui aussi, d'une synecdoque (comme attribut) ou
d'une métonymie (comme effet et signe), nullement d'une métaphore.

Le mouvement séculaire de réduction de la rhétorique semble donc aboutir à une valorisation absolue de la métaphore, liée à l'idée d'une métaphoricité essentielle du langage poétique – et du langage en général[1]. Avant de nous interroger sur la signification de ce dernier avatar, il n'est peut-être pas inutile de noter deux traits de lexique qui procèdent sans doute de la même tendance, et dont l'action en retour, en tout cas, ne peut manquer de la renforcer. Le premier est l'emploi souvent abusif, dans notre vocabulaire critique, du terme *image* pour désigner, non seulement les figures par ressemblance, mais toute espèce de figure ou d'anomalie sémantique, alors que le mot connote presque inévitablement par son origine un effet d'analogie, voire de mimésis. On sait en particulier quelle fortune a connue ce terme dans le lexique du surréalisme, au point que son emploi dispense généralement de toute autre désignation des procédés propres à l'écriture surréaliste, et plus généralement à la poésie moderne. Il n'est pas certain que des syntagmes comme « j'entends les herbes de ton rire », ou « les barques de tes yeux » (Eluard), ou l'inévaporable « rosée à tête de chatte » (Breton) se laissent réduire sans dommage à un processus purement métaphorique ; ce n'est pas ici le lieu d'entamer leur analyse sémantique, peut-être hors des prises des instruments à nous légués par la tradition classique : remarquons seulement que l'emploi du mot *image* fait ici écran, sinon obstacle à l'analyse, et induit sans contrôle à une interprétation métaphorique peut-être fautive, et à tout le moins réductrice.

L'autre indice convergent est, en français du moins, le déplacement (lui aussi réducteur) du sens du mot *symbole*. On sait que le grec *sumbolon* désigne originairement, comme nous l'avons rappelé plus haut, un rapport métonymico-synecdochique entre les parties, ou entre chaque partie et l'ensemble, d'un objet coupé en deux pour servir ultérieurement de signe de reconnaissance. Mais laissons l'étymologie, que chacun est toujours enclin à invoquer lorsqu'elle favorise sa thèse : le fait est que l'emploi réel du terme dans la langue française vise

---

1. Il n'est certes pas question ici de nier cette métaphoricité d'ailleurs évidente. Mais simplement de rappeler que la figurativité essentielle à tout langage ne se *réduit* pas à la métaphore.

n'importe quel rapport sémiotique motivé (et même, en mathématiques, immotivé) – que cette motivation soit d'ordre analogique ou autre, comme l'indique bien cette phrase de Marmontel citée par Littré : « La faucille est le symbole des moissons, la balance est le symbole de la justice », où le second exemple est évidemment métaphorique, et le premier typiquement métonymique. Mais cette variété dans l'emploi de fait n'empêche nullement la « conscience linguistique » commune de définir le symbole comme un signe analogique – ainsi qu'en témoigne éloquemment sa confiscation par le mouvement symboliste, dont l'esthétique se fonde comme on le sait sur l'« universelle analogie », et ainsi que l'exprime en toute quiétude le Dictionnaire philosophique de Lalande (cité dans le Petit Robert), définissant ainsi le symbole : « ce qui représente autre chose en vertu d'une correspondance analogique ». Ici encore, donc, l'analogie tend à masquer – ou à submerger – toute autre espèce de relation sémantique.

Il serait facile (dans tous les sens du mot) d'interpréter de telles annexions en termes d'idéologie, voire de théologie : on sait, par exemple, ce que le thème baudelairien de la correspondance de la Terre au Ciel doit à une tradition à la fois platonicienne et chrétienne. Dans le couple métaphore-métonymie, il est tentant de retrouver l'opposition entre l'esprit de transcendance religieuse et l'esprit terre à terre, voué à l'immanence d'ici-bas. Métonymie et Métaphore, ce sont les deux sœurs de l'Évangile : Marthe, l'active, la ménagère, qui s'affaire, va et vient, passe, chiffon en main, d'un objet à l'autre, etc., et Marie, la contemplative, qui a « choisi la meilleure part » et ira droit au Ciel. Horizontal *versus* vertical. On pourrait ainsi classer les esprits en « matérialistes » (prosaïques), ceux qui – comme Freud – privilégient le « contact »[1] et ne voient dans la similitude que son insipide reflet, et « spiritualistes » (poétiques), portés au contraire à éluder le contact, ou du moins à le sublimer en termes d'analogie. Nous ne pousserons pas plus loin ce jeu d'extrapolations manichéistes, dont les stations terminales ne réservent aucune surprise. Mieux vaut sans doute

---

1. Il faudrait bien savoir quel mot allemand traduit ici le Dr Jankélévitch, mais pour quelque raison le mot français me paraît décidément irremplaçable.

examiner ici, avant de conclure, l'un des motifs psychologiques – le plus déterminant peut-être – de cette valorisation de l'analogique.

Par définition, tout trope consiste en une substitution de termes, et par conséquent suggère une *équivalence* entre ces deux termes, même si leur rapport n'est nullement analogique : dire *voile* pour *navire*, c'est faire de la voile le substitut, donc l'équivalent du navire. Or, le rapport sémantique le plus proche de l'équivalence, c'est évidemment la similitude, spontanément ressentie comme une quasi-identité, même s'il ne s'agit que d'une ressemblance partielle. Il y a donc, semble-t-il, une confusion presque inévitable, et qu'on serait tenté de considérer comme « naturelle » entre *valoir pour* et *être comme* au nom de quoi n'importe quel trope peut *passer pour* une métaphore[1]. Toute sémiotique rationnelle doit se constituer en réaction contre cette illusion apparemment première, *illusion symboliste* que Bachelard aurait pu ranger au nombre de ces obstacles épistémologiques que la connaissance objective doit surmonter en les « psychanalysant ». La motivation illusoire du signe, par excellence, c'est la motivation analogiste, et l'on dirait

---

1. C'est à peu près ce que laisse entendre Fontanier lorsque, critiquant la définition de la métaphore par Dumarsais (transport de signification « en vertu d'une comparaison qui est dans l'esprit »), il écrit : « Si la métaphore a lieu par la comparaison, et par une comparaison mentale, n'a-t-elle pas cela de commun avec les autres tropes ? N'est-ce pas en vertu d'une comparaison mentale que l'on transporte le nom de la cause à l'effet, ou de l'effet à la cause ? le nom de la partie au tout, ou du tout à la partie ? N'est-ce pas enfin une telle sorte de comparaison qui fait saisir tous les rapports quelconques entre les objets et entre les idées ? » (*Commentaire*, p. 161-162). Le mot comparaison est évidemment pris ici dans son sens le plus large (perception d'un rapport « quelconque » entre deux objets ou idées), mais cette extension même est caractéristique : comparer, c'est percevoir (ou établir) un rapport quelconque, et *plus particulièrement* un rapport de similitude. Tout se passe « comme si » l'analogie était le rapport par excellence. Rappelons encore que Jakobson (*Essais*, p. 66-67 et *Langage enfantin*, p. 116-117) attribue la réduction, dans les études littéraires, de la « structure bipolaire effective » métaphore/ métonymie à un « schéma unipolaire amputé » au fait que par essence la relation entre tout métalangage théorique et son langage-objet est d'ordre métaphorique : la théorie de la métaphore, c'est-à-dire le discours sur la métaphore, est donc plus homogène à son objet – plus « naturel » – que le discours sur la métonymie, ou sur tout autre trope. Ou sur tout autre objet. Quand le « principe d'équivalence » porte sur l'équivalence elle-même, *similitudo similitudinem fricat*. Quoi de plus voluptueux, pour un (hypothétique) *narcissisme de la langue* ?

volontiers que le premier mouvement de l'esprit, devant un rapport sémantique quelconque, est de le considérer comme analogique, même s'il est d'une autre nature, et même s'il est purement « arbitraire », comme il arrive le plus souvent dans la sémiosis linguistique par exemple : d'où la croyance spontanée en la ressemblance des mots aux choses, qu'illustre l'éternel cratylisme – lequel a toujours fonctionné comme l'idéologie, ou la « théorie indigène » du langage poétique.

Pendant deux siècles (le XVIIᵉ et le XVIIIᵉ), et surtout en France, cette tendance « naturelle » à la valorisation – et parfois à la surestimation – du rapport analogique a été refoulée – ce qui n'était sans doute pas la bonne façon de la « psychanalyser » – par l'objectivisme répressif propre à l'éthos classique, qui considérait *a priori* toute métaphore comme suspecte d'excès fantasmatique, et tenait soigneusement en lisière l'imagination « symbolique ». On sait comment le romantisme et le symbolisme lui ont rendu la liberté ; mais le surréalisme, au moins dans sa doctrine, est resté à cet égard plus fidèle qu'on ne le croit généralement à l'esprit du XIXᵉ siècle, comme le montre assez bien cette déclaration d'André Breton : « (Auprès de la métaphore et de la comparaison) les autres « figures » que persiste à énumérer la rhétorique sont absolument dépourvues d'intérêt. Seul le déclic analogique nous passionne : c'est seulement par lui que nous pouvons agir sur le moteur du monde [1] ». La préférence s'exprime ici sans détour, comme c'est son droit, mais pour le coup c'est la motivation qui nous arrête – et, disons-le, qui nous gêne ; car cette action *par analogie* sur le « moteur du monde » ne peut vraiment avoir qu'un sens, qui est : retour à la magie.

Il va de soi, j'espère, que l'on ne propose ici ni à la poésie ni à la poétique de renoncer à l'usage ou à la théorie de la métaphore. Ce qui est vrai en revanche, c'est qu'une métaphorique, une tropologie, une théorie des figures ne nous laissent pas quittes avec la rhétorique générale, et moins encore avec cette « nouvelle rhétorique » (si l'on veut) qui

---

1. *La clé des champs*, 1953, p. 114.

nous manque (entre autres) pour « agir sur le moteur du monde », et qui serait une sémiotique des discours. De *tous* les discours[1].

Aussi, pour une fois, et d'une certaine manière, pourrions-nous écouter le conseil du vieil et jeune auteur de *Falstaff* : « *Torniamo all' antico, sara un progresso.* »

Gérard GENETTE

École pratique des hautes études, Paris

---

1. Il faut toutefois saluer certaines exceptions récentes au mouvement général, ici décrit, de restriction du concept de rhétorique : ainsi, déjà cités, le séminaire de Roland Barthes et le livre de A. Kibédi Varga, où la visée rhétorique est prise à son maximum d'amplitude.

Roland Barthes

L'ancienne rhétorique
Aide-mémoire

L'exposé que voici est la transcription d'un séminaire donné
à l'École pratique des hautes études en 1964-1965. A l'origine – ou à l'horizon – de ce séminaire, comme toujours, il y
avait le texte moderne, c'est-à-dire : le texte qui n'existe pas
encore. Une voie d'approche de ce texte nouveau est de savoir
à partir de quoi et contre quoi il se cherche, et donc de confronter la nouvelle sémiotique de l'écriture et l'ancienne pratique
du langage littéraire, qui s'est appelée pendant des siècles la
Rhétorique. D'où l'idée d'un séminaire sur l'ancienne Rhétorique : ancien ne veut pas dire qu'il y ait aujourd'hui une
nouvelle Rhétorique ; ancienne Rhétorique s'oppose plutôt à
ce nouveau qui n'est peut-être pas encore accompli : le monde
est incroyablement plein d'ancienne Rhétorique.

Jamais on n'aurait accepté de publier ces notes de travail
s'il existait un livre, un manuel, un mémento, quel qu'il soit,
qui présentât un panorama chronologique et systématique de
cette Rhétorique antique et classique. Malheureusement à ma
connaissance, rien de tel (du moins en français). J'ai donc été
obligé de construire moi-même mon savoir, et c'est le résultat de cette propédeutique personnelle qui est donné ici : voici
l'aide-mémoire que j'aurais souhaité trouver tout fait lorsque
j'ai commencé à m'interroger sur la mort de la Rhétorique.
Rien de plus, donc, qu'un système élémentaire d'informations,
l'apprentissage d'un certain nombre de termes et de classements – ce qui ne veut pas dire qu'au cours de ce travail je
n'aie été bien souvent saisi d'excitation et d'admiration devant
la force et la subtilité de cet ancien système rhétorique, la
modernité de telle de ses propositions.

Par malheur, ce texte de savoir, je ne puis plus (pour des
raisons pratiques) en authentifier les références : il me faut
rédiger cet aide-mémoire en partie de mémoire. Mon excuse

est qu'il s'agit d'un savoir banal : la Rhétorique est mal connue et cependant la connaître n'implique aucune tâche d'érudition ; tout le monde pourra donc aller sans peine aux références bibliographiques qui manquent ici. Ce qui est rassemblé (parfois, peut-être même, sous forme de citations involontaires) provient essentiellement : 1. de quelques traités de rhétorique de l'Antiquité et du classicisme ; 2. des introductions savantes aux volumes de la collection Guillaume Budé ; 3. de deux livres fondamentaux, ceux de Curtius et de Baldwin ; 4. de quelques articles spécialisés, notamment en ce qui concerne le Moyen Âge ; 5. de quelques usuels, dont le Dictionnaire de rhétorique de Morier, l'Histoire de la langue française de F. Brunot, et le livre de R. Bray sur la formation de la doctrine classique en France ; 6. de quelques lectures adjacentes, elles-mêmes lacunaires et contingentes (Kojève, Jaeger)[1].

0.1. Les pratiques rhétoriques

La rhétorique dont il sera question ici est ce méta-langage (dont le langage-objet fut le « discours ») qui a régné en Occident du Ve siècle avant J.-C. au XIXe siècle après J.-C. On ne s'occupera pas d'expériences plus lointaines (Inde, Islam), et en ce qui concerne l'Occident lui-même, on s'en tiendra à Athènes, Rome et la France. Ce méta-langage (discours sur le discours) a comporté plusieurs pratiques, présentes simultanément ou successivement, selon les époques, dans la « Rhétorique » :

1. Une *technique,* c'est-à-dire un « art », au sens classique du mot : art de la persuasion, ensemble de règles, de recettes

1. Curtius (Ernst R.), *La littérature européenne et le Moyen Âge latin*, Paris, P.U.F., 1956 (traduit de l'allemand par J. Bréjoux, 1re éd. allemande, 1948).

Baldwin (Charles S.), *Ancient Rhetoric and Poetic Interpreted from Representative Works*, Gloucester (Mass.), Peter Smith, 1959 (1re éd., 1924). *Medieval Rhetoric and Poetic (to 1400) Interpreted from Representative Works*, Gloucester (Mass), Peter Smith, 1959 (1re éd., 1928).

Bray (René), *La formation de la doctrine classique en France*, Paris, Nizet, 1951.

Brunot (Ferdinand), *Histoire de la langue française*, Paris, 1923.

Morier (Henri), *Dictionnaire de poétique et de rhétorique*, Paris, P.U.F., 1961.

dont la mise en œuvre permet de convaincre l'auditeur du discours (et plus tard le lecteur de l'œuvre), même si ce dont il faut le persuader est « faux ».

2. Un *enseignement* : l'art rhétorique, d'abord transmis par des voies personnelles (un rhéteur et ses disciples, ses clients), s'est rapidement inséré dans des institutions d'enseignement ; dans les écoles, il a formé l'essentiel de ce qu'on appellerait aujourd'hui le second cycle secondaire et l'enseignement supérieur ; il s'est transformé en matière d'examen (exercices, leçons, épreuves).

3. Une *science,* ou en tout cas, une proto-science, c'est-à-dire : *a)* un champ d'observation autonome délimitant certains phénomènes homogènes, à savoir les « effets » de langage ; *b)* un classement de ces phénomènes (dont la trace la plus connue est la liste des « figures » de rhétorique) ; *c)* une « opération » au sens hjelmslevien, c'est-à-dire un méta-langage, ensemble de traités de rhétorique, dont la matière – ou le signifié – est un langage-objet (le langage argumentatif et le langage « figuré »).

4. Une *morale* : étant un système de « règles », la rhétorique est pénétrée de l'ambiguïté du mot : elle est à la fois un manuel de recettes, animées par une finalité pratique, et un code, un corps de prescriptions morales, dont le rôle est de surveiller (c'est-à-dire de permettre et de limiter) les « écarts » du langage passionnel.

5. Une *pratique sociale* : la Rhétorique est cette technique privilégiée (puisqu'il faut payer pour l'acquérir) qui permet aux classes dirigeantes de s'assurer *la propriété de la parole.* Le langage étant un pouvoir, on a édicté des règles sélectives d'accès à ce pouvoir, en le constituant en pseudo-science, fermée à « ceux qui ne savent pas parler », tributaire d'une initiation coûteuse : née il y a 2 500 ans de procès de propriété, la rhétorique s'épuise et meurt dans la classe de « rhétorique », consécration initiatique de la culture bourgeoise.

6. Une *pratique ludique.* Toutes ces pratiques constituant un formidable système institutionnel (« répressif », comme on dit maintenant), il était normal que se développât une dérision de la rhétorique, une rhétorique « noire » (suspicions, mépris,

ironies) : jeux, parodies, allusions érotiques ou obscènes [1], plaisanteries de collège, toute une pratique de potaches (qui reste d'ailleurs à explorer et à constituer en code culturel).

0.2. L'empire rhétorique

Toutes ces pratiques attestent l'ampleur du fait rhétorique – fait qui cependant n'a encore donné lieu à aucune synthèse importante, à aucune interprétation historique. Peut-être est-ce parce que la rhétorique (outre le tabou qui pèse sur le langage), véritable empire, plus vaste et plus tenace que n'importe quel empire politique, par ses dimensions, par sa durée, déjoue le cadre même de la science et de la réflexion historiques, au point de mettre en cause l'histoire elle-même, telle du moins que nous sommes habitués à l'imaginer, à la manier, et d'obliger à concevoir ce qu'on a pu appeler ailleurs une histoire monumentale ; le mépris scientifique attaché à la rhétorique participerait alors de ce refus général de reconnaître la multiplicité, la surdétermination. Que l'on songe pourtant que la rhétorique – quelles qu'aient été les variations internes du système – a régné en Occident pendant deux millénaires et demi, de Gorgias à Napoléon III ; que l'on songe à tout ce que, immuable, impassible et comme immortelle, elle a vu naître,

---

1. Nombreuses plaisanteries obscènes sur *casus* et *conjunctio* (il est vrai termes de grammaire), dont cette métaphore filée, empruntée aux *Mille et Une Nuits*, peut donner une idée : « Il employa la préposition avec la construction exacte et réunit la proposition subordonnée à la conjonction ; mais son épouse tomba comme la terminaison nominale devant le génitif ». – Plus noblement, Alain de Lille explique que l'humanité commet des *barbarismes* dans l'union des sexes, des *métaplasmes* (licences) qui contreviennent aux règles de Vénus ; l'homme tombe dans des *anastrophes* (inversions de construction) dans sa folie, il va jusqu'à la *tmèse* (Curtius, p. 512-513) ; de même Calderon commentant la situation d'une dame surveillée pendant qu'elle va voir son galant : « C'est un grand barbarisme d'amour que d'aller voir et d'être vue, car, mauvais grammairien, il en arrive à faire une personne passive de la personne active. » On sait dans quel sens anatomique P. Klossovski a repris les termes de la scolastique (*utrumsit, sed contra, vacuum, quidest* : « le quidest de l'Inspectrice »). Il va de soi que la collusion de la grammaire (de la rhétorique ou de la scolastique) et de l'érotique n'est pas seulement « drôle » ; elle trace avec précision et gravité un lieu transgressif où deux tabous sont levés : celui du langage et celui du sexe.

passer, disparaître, sans s'émouvoir et sans s'altérer : la démocratie athénienne, les royautés égyptiennes, la République
romaine, l'Empire romain, les grandes invasions, la féoda-
lité, la Renaissance, la monarchie, la Révolution ; elle a digéré
des régimes, des religions, des civilisations ; moribonde depuis
la Renaissance, elle met trois siècles à mourir ; encore n'est-
il pas sûr qu'elle soit morte. La rhétorique donne accès à
ce qu'il faut bien appeler une sur-civilisation : celle de
l'Occident, historique et géographique : elle a été la seule pratique (avec la grammaire, née après elle) à travers laquelle
notre société a reconnu le langage, sa souveraineté *(kurôsis,*
comme dit Gorgias), qui était aussi, socialement, une « sei-
gneurialité » ; le classement qu'elle lui a imposé est le seul
trait vraiment commun d'ensembles historiques successifs et
divers, comme s'il existait, supérieure aux idéologies de
contenus et aux déterminations directes de l'histoire, une idéologie de la forme, comme si – principe pressenti par Durkheim
et Mauss, affirmé par Lévi-Strauss – il existait pour chaque
société une *identité taxinomique*, une socio-logique, au nom
de quoi il est possible de définir une autre histoire, une autre
socialité, sans défaire celles qui sont reconnues à d'autres
niveaux.

0.3. Le voyage et le réseau

Ce vaste territoire sera ici exploré (au sens lâche et hâtif
du terme) dans deux directions : une direction diachronique
et une direction systématique. Nous ne reconstituerons certes
pas une histoire de la rhétorique ; nous nous contenterons
d'isoler quelques moments significatifs, nous parcourrons les
deux mille ans de la Rhétorique en nous arrêtant à quelques
étapes, qui seront comme les « journées » de notre voyage (ces
« journées » pourront être de durée très inégale). Il y aura en
tout, dans cette longue diachronie, sept moments, sept « journées », dont la valeur sera essentiellement didactique. Puis
nous rassemblerons les classements des rhéteurs pour former
un réseau unique, sorte d'artefact qui nous permettra d'imaginer l'art rhétorique comme une machine subtilement
agencée, un arbre d'opérations, un « programme » destiné à
produire du discours.

A. LE VOYAGE

A.1. Naissance de la rhétorique

A.1.1. Rhétorique et propriété

La Rhétorique (comme méta-langage) est née de procès de propriété. Vers 485 av. J-C, deux tyrans siciliens, Gelon et Hieron, opérèrent des déportations, des transferts de population et des expropriations, pour peupler Syracuse et lotir les mercenaires ; lorsqu'ils furent renversés par un soulèvement démocratique et que l'on voulut revenir à l'*ante quo*, il y eut des procès innombrables, car les droits de propriété étaient obscurcis. Ces procès étaient d'un type nouveau : ils mobilisaient de grands jurys populaires, devant lesquels, pour convaincre, il fallait être « éloquent ». Cette éloquence, participant à la fois de la démocratie et de la démagogie, du judiciaire et du politique (ce qu'on appela ensuite le *délibératif*), se constitua rapidement en objet d'enseignement. Les premiers professeurs de cette nouvelle discipline furent Empédocle d'Agrigente, Corax, son élève de Syracuse (le premier à se faire payer ses leçons) et Tisias. Cet enseignement passa non moins rapidement en Attique (après les guerres médiques), grâce aux contestations de commerçants, qui plaidaient conjointement à Syra-cuse et à Athènes : la rhétorique est déjà, en partie, athénienne dès le milieu du Ve siècle.

A.1.2. Une grande syntagmatique

Qu'est-ce que cette proto-rhétorique, cette rhétorique coracienne ? Une rhétorique du syntagme, du discours, et non du trait, de la figure. Corax pose déjà les cinq grandes parties de l'*oratio* qui formeront pendant des siècles le « plan » du discours oratoire : 1) l'exorde, 2) la narration ou action (relation des faits), 3) l'argumentation ou preuve, 4) la digression, 5) l'épilogue. Il est facile de constater qu'en passant du discours judiciaire à la dissertation scolaire, ce plan a gardé son organisation principale : une introduction, un corps démonstratif, une conclusion. Cette première rhétorique est en somme une grande syntagmatique.

A.1.3. La parole feinte

Il est savoureux de constater que l'art de la parole est lié originairement à une revendication de propriété, comme si le langage, en tant qu'objet d'une transformation, condition d'une pratique, s'était déterminé non point à partir d'une subtile médiation idéologique (comme il a pu arriver à tant de formes d'art), mais à partir de la socialité la plus nue, affirmée dans sa brutalité fondamentale, celle de la possession terrienne : on a commencé – chez nous – à réfléchir sur le langage pour défendre son bien. C'est au niveau du conflit social qu'est née une première ébauche théorique de la *parole feinte* (différente de la parole fictive, celle des poètes : la poésie était alors la seule littérature, la prose n'accédant à ce statut que plus tard).

A.2. Gorgias, ou la prose comme littérature

Gorgias de Leontium (aujourd'hui Lentini, au nord de Syracuse) est venu à Athènes en 427 ; il a été le maître de Thucydide, il est l'interlocuteur sophiste de Socrate dans le *Gorgias*.

A.2.1. Codification de la prose

Le rôle de Gorgias (pour nous) est d'avoir fait passer la prose sous le code rhétorique, l'accréditant comme discours savant, objet esthétique, « langage souverain », ancêtre de la « littérature ». Comment ? Les Éloges funèbres (thrènes) composés d'abord en vers, passent à la prose, ils sont confiés à des hommes d'État ; ils sont, sinon écrits (au sens moderne du mot), du moins appris, c'est-à-dire, d'une certaine manière, fixés ; ainsi naît un troisième genre (après le judiciaire et le délibératif), l'*épidictique* : c'est l'avènement d'une prose décorative, d'une prose-spectacle. Dans ce passage du vers à la prose, le mètre et la musique se perdent. Gorgias veut les remplacer par un code immanent à la prose (bien qu'emprunté à la poésie) : mots de même consonance, symétrie des phrases, renforcement des antithèses par assonances, métaphores, allitérations.

A.2.2. Avènement de l'elocutio

Pourquoi Gorgias constitue-t-il une étape de notre voyage ?
Il y a en gros dans l'art rhétorique complet (celui de Quintilien,
par exemple) deux pôles : un pôle syntagmatique : c'est l'ordre
des parties du discours, la *taxis* ou *dispositio* ; et un pôle paradigmatique : ce sont les « figures » de rhétorique, la *lexis* ou
elocutio. Nous avons vu que Corax avait lancé une rhétorique
purement syntagmatique. Gorgias, en demandant que l'on tra-
vaille les « figures », lui donne une perspective paradigmatique : il ouvre la prose à la rhétorique, et la rhétorique à la
« stylistique ».

A.3. Platon

Les dialogues de Platon qui traitent directement de la
Rhétorique sont : le *Gorgias* et le *Phèdre*.

A.3.1. Les deux rhétoriques

Platon traite de deux rhétoriques, l'une mauvaise, l'autre
bonne. I. La rhétorique de fait est constituée par la *logographie*,
activité qui consiste à écrire n'importe quel discours (il ne s'agit
plus seulement de rhétorique judiciaire ; la totalisation de la
notion est importante) ; son objet est la vraisemblance, l'illusion ; c'est la rhétorique des rhéteurs, des écoles, de Gorgias,
des Sophistes. II. La rhétorique de droit est la vraie rhétorique,
la rhétorique philosophique ou encore la dialectique ; son objet
est la vérité ; Platon l'appelle une psychagogie (formation des
âmes par la parole). – L'opposition de la bonne et de la mauvaise rhétorique, de la rhétorique platonicienne et de la rhétorique sophistique, fait partie d'un paradigme plus large : d'un
côté les flatteries, les industries servi-les, les contrefaçons ; de
l'autre, le rejet de toute complaisance, la rudesse ; d'un côté
les empiries et les routines, de l'autre les arts : les industries
du plaisir sont une contrefaçon méprisable des arts du Bien :
la rhétorique est la contrefaçon de la Justice, la sophistique de
la législation, la cuisine de la médecine, la toilette de la gym-
nastique : la rhétorique (celle des logographes, des rhéteurs,
des sophistes) n'est donc pas un art.

A.3.2. *La rhétorique érotisée*

La vraie rhétorique est une psychagogie ; elle demande un savoir total, désintéressé, général (ceci deviendra un *topos* chez Cicéron et Quintilien, mais la notion sera affadie : ce que l'on demandera à l'orateur, c'est une bonne « culture générale »). Ce savoir « synoptique » a pour objet la correspondance ou l'inter-action qui lie les espèces d'âmes et les espèces de discours. La rhétorique platonicienne écarte l'écrit et recherche l'inter-locution personnelle, l'*adhominatio* ; le mode fondamental du discours est le dialogue entre le maître et l'élève, unis par l'amour inspiré. *Penser en commun*, telle pourrait être la devise de la dialectique. La rhétorique est un dialogue d'amour.

A.3.3. *La division, la marque*

Les dialecticiens (ceux qui vivent cette rhétorique érotisée) mènent deux démarches solidaires : d'une part, un mouvement de rassemblement, de montée vers un terme inconditionnel (Socrate, reprenant Lysias, dans le *Phèdre*, définit l'amour dans son unité totale) ; d'autre part, un mouvement de descente, une division de l'unité selon ses articulations naturelles, selon ses espèces, jusqu'à atteindre l'espèce indivisible. Cette « descente » procède en escalier : à chaque étape, à chaque marche, on dis-pose de deux termes ; il faut choisir l'un contre l'autre pour relan-cer la descente et accéder à un nouveau binaire, dont on repar-tira de nouveau ; telle est la définition progressive du sophiste :

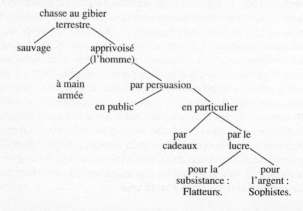

Cette rhétorique divisionnelle – qui s'oppose à la rhétorique syllogistique d'Aristote – ressemble beaucoup à un programme cybernétique, digital : chaque choix détermine l'alternative suivante ; ou encore à la structure paradigmatique du langage, dont les binaires comportent un terme marqué et un terme non marqué : ici, le terme marqué relance le jeu alternatif. Mais d'où vient la marque ? C'est ici que l'on retrouve la rhétorique érotisée de Platon : dans le dialogue platonicien, la marque est assurée *par une concession du répondant* (de l'élève). La rhétorique de Platon implique deux interlocuteurs et que l'un concède : c'est la condition du mouvement. Aussi toutes ces particules d'accord que nous rencontrons dans les dialogues de Platon et qui nous font souvent sourire (quand elles ne nous ennuient pas) par leur niaiserie et leur platitude apparentes, sont en réalité des « marques » structurales, des actes rhétoriques.

A.4. La rhétorique aristotélicienne

A.4.1. Rhétorique et Poétique

N'est-ce pas toute la rhétorique (si l'on excepte Platon) qui est aristotélicienne ? Oui, sans doute : tous les éléments didactiques qui alimentent les manuels classiques viennent d'Aristote. Néanmoins un système ne se définit pas seulement par ses éléments, mais aussi et surtout par l'opposition dans laquelle il se trouve pris. Aristote a écrit deux traités qui concernent les faits de discours, mais ces deux traités sont distincts : la *Techné rhétoriké* traite d'un art de la communication quotidienne, du discours en public ; la *Techné poïétiké* traite d'un art de l'évocation imaginaire ; dans le premier cas, il s'agit de régler la progression du discours d'idée en idée ; dans le second cas, la progression de l'œuvre d'image en image : ce sont, pour Aristote, deux cheminements spécifiques, deux « *technai* » autonomes ; et c'est l'opposition de ces deux systèmes, l'un rhétorique, l'autre poétique, qui, en fait, définit la rhétorique aristotélicienne. Tous les auteurs qui reconnaîtront cette opposition pourront être rangés dans la rhétorique aristotélicienne ; celle-ci cessera lorsque l'opposition sera neutralisée, lorsque Rhétorique et Poétique fusionneront, lorsque la rhétorique deviendra une *techné* poétique (de « création ») : ceci se passe approximativement à l'époque d'Auguste (avec Ovide, Horace) et un peu après (Plutarque, Tacite) – bien que Quintilien pratique encore une réthorique aristotélicienne. La fusion de la Rhétorique et de la Poétique est consacrée par le vocabulaire du Moyen Âge, où les arts poétiques sont des arts rhétoriques, où les grands rhétoriqueurs sont des poètes. Cette fusion est capitale, car elle est à l'origine même de l'idée de littérature : la rhétorique aristotélicienne met l'accent sur le raisonnement ; l'*elocutio* (ou département des figures) n'en est qu'une partie (mineure chez Aristote lui-même) ; ensuite, c'est le contraire : la rhétorique s'identifie aux problèmes, non de « preuve », mais de composition et de style : la littérature (acte total d'écriture) se définit par le *bien-écrire*. Il faut donc constituer en étape de notre voyage, sous le nom général de rhétorique aristotélicienne, les rhétoriques antérieures à la totalisation poétique. Cette rhétorique aristotélicienne, nous en aurons la théorie avec Aristote lui-même, la pratique avec Cicéron, la pédagogie avec Quintilien et la transformation (par généralisation) avec Denys d'Halicarnasse, Plutarque et l'Anonyme du Traité *Sur le Sublime*.

A.4.2. *La Rhétorique d'Aristote*

Aristote définit la rhétorique comme « l'art d'extraire de tout sujet le degré de persuasion qu'il comporte », ou comme « la faculté de découvrir spéculativement ce qui dans chaque cas peut être propre à persuader ». Ce qui est peut-être plus important que ces définitions, c'est le fait que la rhétorique est une *techné* (ce n'est pas une empirie), c'est-à-dire : *le moyen de produire une des choses qui peuvent indifféremment être ou n'être pas*, dont l'origine est dans l'agent créateur, non dans l'objet créé : il n'y a pas de *techné* des choses naturelles ou nécessaires : le discours ne fait donc partie ni des unes ni des autres. – Aristote conçoit le discours (*l'oratio*) comme un message et le soumet à une division de type informatique. Le livre I de la *Rhétorique* est le livre de l'émetteur du message, le livre de l'orateur : il y est traité principalement de la conception des arguments, pour autant qu'ils dépendent de l'orateur, de son adaptation au public, ceci selon les trois genres reconnus de discours (judiciaire, délibératif, épidictique). Le livre II est le livre du récepteur du message, le livre du public : il y est traité des émotions (des passions), et de nouveau des arguments, mais cette fois-ci pour autant qu'ils sont *reçus* (et non plus, comme avant, *conçus*). Le livre III est le livre du message lui-même : il y est traité de la *lexis* ou *elocutio*, c'est-à-dire des « figures », et de la *taxis* ou *dispositio*, c'est-à-dire de l'ordre des parties du discours.

A.4.3. *Le vraisemblable*

La Rhétorique d'Aristote est surtout une rhétorique de la preuve, du raisonnement, du syllogisme approximatif (enthymème) ; c'est une logique volontairement dégradée, adaptée au niveau du « public », c'est-à-dire du sens commun, de l'opinion courante. Étendue aux productions littéraires (ce qui n'était pas son propre originel), elle impliquerait une esthétique du public, plus qu'une esthétique de l'œuvre. C'est pourquoi, *mutatis mutandis* et toutes proportions (historiques) gardées, elle conviendrait bien aux produits de notre culture dite de masse, où règne le « vraisemblable » aristotélicien, c'est-à-dire « ce que le public croit possible ». Combien de films, de feuilletons, de reportages commerciaux pourraient prendre pour devise la règle aristotélicienne : « *Mieux vaut un vraisemblable impossible qu'un possible invraisemblable* » : mieux vaut raconter ce que le public croit possible, même si c'est impossible scientifiquement, que de raconter ce qui est possible réellement, si ce possible-là est rejeté par la censure collective de l'*opinion courante*. Il est évidemment tentant de mettre en rapport cette rhétorique de masse avec la politique d'Aristote ; c'était, on le sait, une politique du juste milieu, favorable à une démocratie équilibrée, centrée sur les classes moyennes et chargée de réduire les antagonismes entre les riches et les pauvres, la majorité et la minorité ; d'où une rhétorique du bon sens, volontairement soumise à la « psychologie » du public.

A.4.4. *Les* Rhetorica *de Cicéron*

Au IIe siècle av. J-C, les rhéteurs grecs affluent à Rome ; des écoles de rhétorique se fondent ; elles fonctionnent par classes d'âge ; on y pratique deux exercices : les *suasoriae*, sortes de dissertations « persuasives » (surtout dans le genre délibératif) pour les enfants, et les *controverses* (genre judiciaire) pour les plus âgés. Le traité latin le plus ancien est la *Rhétorique à Herennius*, attribué tantôt à Cornificius, tantôt à Cicéron : c'est ce que fit le Moyen Âge, qui ne cessa de copier ce manuel, devenu fondamental dans l'art d'écrire, avec le *De inventione* de Cicéron. – Cicéron est un orateur qui parle de l'art oratoire ; d'où une certaine pragmatisation de la théorie aristotélicienne (et donc, rien de bien nouveau par rapport à cette théorie). Les *Rhetorica* de Cicéron comprennent : 1) *La Rhétorique à Herennius* (à supposer qu'elle soit de lui), qui est une sorte de *digest* de la rhétorique aristotélicienne ; le classement des « questions » remplace cependant en importance la théorie de l'enthymème : la rhétorique se professionnalise. On y voit aussi apparaître la théorie des trois styles (simple, sublime, moyen). 2) *De inventione oratoria* : c'est une œuvre (incomplète) de jeunesse, purement judiciaire, surtout consacrée à l'*épichérème*, syllogisme développé dans lequel une prémisse ou les deux sont suivies de leurs preuves : c'est le « bon argument ». 3) *De oratore*, ouvrage très coté jusqu'au XIXe siècle (« un chef-d'œuvre de bon sens », « de raison droite et saine », « de pensée généreuse et haute », « le plus original des traités de rhétorique ») : comme s'il se souvenait de Platon, Cicéron moralise la rhétorique et réagit contre l'enseignement des écoles : c'est la revendication de l'honnête homme contre la spécialisation ; l'œuvre a la forme d'un dialogue (Crassus, Antoine, Mucius Scaevola, Rufus, Cotta) : elle définit l'orateur (qui doit avoir une culture générale) et passe en revue les parties traditionnelles de la Rhétorique (*L'Inventio*, *la Dispositio*, *L'Elocutio*). 4) *Brutus*, historique de l'art oratoire à Rome. 5) *Orator*, portrait idéal de l'Orateur ; la seconde partie est plus didactique (elle sera largement commentée par Pierre Ramus) : on y voit précisée la théorie du « nombre » oratoire, reprise par Quintilien. 6) Les *Topiques* : c'est un *digest*, fait de mémoire, en huit jours, sur le bateau qui conduisait Cicéron en Grèce après la prise du pouvoir par Marc Antoine, des *Topiques* d'Aristote ; le plus intéressant, pour nous, est le réseau structural de la *quaestio* (cf. infra B. 1. 25). 7) Les *Partitions* : ce petit manuel par questions et réponses, sous forme d'un dialogue entre Cicéron père et Cicéron fils, est le plus sec, le moins moral des traités de Cicéron (et partant, celui que je préfère) : c'est une rhétorique élémentaire complète, une sorte de catéchisme qui a l'avantage de donner dans son étendue la classification rhétorique (c'est le sens de *partitio* : découpage systématique).

A.4.5. *La rhétorique cicéronienne*

On peut marquer la rhétorique cicéronienne des caractères suivants : *a*) la peur du « système » ; Cicéron doit tout à Aristote, mais le désintellectualise, il veut pénétrer la spéculation de « goût », de « naturel » ; le point extrême de cette destructuration sera atteint dans la *Rhetorica sacra* de saint Augustin (livre IV de la *Doctrine chrétienne*) : pas de règles pour l'éloquence, qui est cependant nécessaire à l'orateur chrétien : il faut seulement être clair (c'est une charité), s'attacher à la vérité plus qu'aux termes, etc. : ce pseudo-naturalisme rhétorique règne encore dans les conceptions scolaires du style ; *b*) la nationalisation de la rhétorique : Cicéron essaye de la romaniser (c'est le sens du *Brutus*), la « romanité » apparaît ; *c*) la collusion mythique de l'empirisme professionnel (Cicéron est un avocat enfoncé dans la vie politique) et de l'appel à la grande culture ; cette collusion est appelée à une immense fortune : la culture devient le décor de la politique ; *d*) l'assomption du style : la rhétorique cicéronienne annonce un développement de l'*elocutio*.

A.4.6. *L'œuvre de Quintilien*

Il y a un certain plaisir à lire Quintilien : c'est un bon professeur, peu phraseur, pas trop moralisant ; c'était un esprit à la fois classificateur et sensible (conjonction qui apparaît toujours stupéfiante au monde) ; on pourrait lui donner l'épitaphe dont M. Teste rêvait pour lui-même : *Transiit classificando*. Ce fut un rhéteur officiel, appointé par l'État ; sa renommée fut très grande de son vivant, subit une éclipse à sa mort, mais brilla de nouveau à partir du IVe siècle ; Luther le préfère à tous ; Erasme, Bayle, La Fontaine, Racine, Rollin le portent très haut. Le *De institutione oratoria* trace en XII livres l'éducation de l'orateur depuis son enfance : c'est un plan complet de formation pédagogique (c'est le sens de *institutio*). Le livre I traite de la première éducation (fréquentation du grammairien, puis du rhéteur) ; le livre II définit la rhétorique, son utilité ; les livres III à VII traitent de l'*Inventio* et de la *Dispositio* ; les livres VIII à X de l'*Elocutio* (le livre X donne des conseils pratiques pour « écrire ») ; le livre XI traite des parties mineures de la rhétorique : l'Action (mise en œuvre

du discours) et la Mémoire ; le livre XII énonce les qualités morales requises chez l'orateur et pose l'exigence d'une
culture générale.

A.4.7. *La scolarité rhétorique*

L'éducation comporte trois phases (on dirait aujourd'hui trois
cycles) : 1. l'apprentissage de la langue : nul défaut de langage
chez les nourrices (Chrysippe voulait qu'elles fussent formées
à la philosophie), chez les esclaves et chez les pédagogues ; que
les parents soient aussi instruits que possible ; il faut commencer par le grec, apprendre alors à lire et à écrire ; ne pas frapper
les élèves ; 2. chez le *grammaticus* (le sens est plus étendu que
celui de notre mot « grammaire » : c'est, si l'on veut, l'agrégé
de grammaire) ; l'enfant le fréquente vers l'âge de 7 ans, sans
doute ; il entend des cours sur la poésie et fait des lectures à haute
voix (*lectio*) ; il écrit des rédactions (raconter des fables, paraphraser des poésies, amplifier des maximes), il reçoit les leçons
d'un acteur (récitation animée) ; 3. chez le *rhetor* ; il faut commencer la rhétorique assez tôt, sans doute vers 14 ans, à la
puberté ; le maître doit sans cesse payer de sa personne par des
exemples (mais les élèves ne doivent pas se lever et l'applaudir) ; les deux exercices principaux sont : *a*) les *narrations*, résu-
més et analyses d'arguments narratifs, d'événements historiques,
panégyriques élémentaires, parallèles, amplifications de lieux
communs (thèses), discours selon un canevas (*preformata mate-
ria*) ; *b*) les *declamationes*, ou discours sur des cas hypothétiques ;
c'est, si l'on veut, l'exercice du *rationnel fictif* (donc, la *declamatio* est très proche, déjà, de l'œuvre). On voit combien cette
pédagogie *force* la parole : celle-ci est cernée de tous côtés, expul-
sée hors du corps de l'élève, comme s'il y avait une inhibition
native à parler et qu'il fallût toute une technique, toute une éducation pour arriver à sortir du silence, et comme si cette parole
enfin apprise, enfin conquise, représentait un bon rapport « objec-
tal » avec le monde, une bonne maîtrise du monde, des autres.

A.4.8. *Écrire*

En traitant des tropes et des figures (livres VIII à X), Quintilien
fonde une première théorie de l'« écrire ». Le livre X est adressé
à *celui qui veut écrire*. Comment obtenir la « facilité bien fon-

dée » (*firma facilitas*), c'est-à-dire comment vaincre la stéri-
lité native, la terreur de la page blanche (*facilitas*), et comment,
cependant, dire quelque chose, ne pas se laisser emporter par
le bavardage, le verbiage, la logorrhée (*firma*) ? Quintilien
esquisse une propédeutique de l'écrivain : il faut lire et écrire
beaucoup, imiter des modèles (faire des pastiches), corriger
énormément, mais après avoir laissé « reposer », et savoir terminer. Quintilien note que la main est lente, la « pensée » et
l'écriture ont deux vitesses différentes (c'est un problème surréaliste : comment obtenir une écriture aussi rapide… qu'elle-
même ?) ; or la lenteur de la main est bénéfique : il ne faut pas
dicter, l'écriture doit rester attachée, non à la voix, mais à la
main, au muscle : s'installer dans la lenteur de la main : pas de
brouillon rapide.

A.4.9. *La rhétorique généralisée*

Dernière aventure de la rhétorique aristotélicienne : sa dilu-
tion par syncrétisme : la Rhétorique cesse de s'opposer à la
Poétique, au profit d'une notion transcendante, que nous appellerions aujourd'hui « Littérature » ; elle n'est plus seulement
constituée en objet d'enseignement mais devient un art (au sens
moderne) ; elle est désormais à la fois théorie de l'*écrire* et trésor des formes littéraires. On peut saisir cette translation en
5 points : 1. Ovide est souvent cité au Moyen Âge pour avoir
postulé la parenté de la poésie et de l'art oratoire ; ce rapprochement est également affirmé par Horace dans son *Art
Poétique*, dont la matière est souvent rhétorique (théorie des
styles) ; 2. Denys d'Halicarnasse, grec, contemporain d'Auguste, dans son *De compositione verborum*, abandonne l'élément important de la rhétorique aristotélicienne (l'enthymématique) pour s'occuper uniquement d'une valeur nouvelle :
le mouvement des phrases ; ainsi apparaît une notion autonome
du style : le style n'est plus fondé en logique (le sujet avant le
prédicat, la substance avant l'accident), l'ordre des mots est
variable, guidé seulement par des valeurs de rythme ; 3. On
trouve dans les *Moralia* de Plutarque un opuscule « *Quomodo
adulescens poetas audire debeat* » (comment faire lire les
poètes aux jeunes gens), qui moralise à fond l'esthétique littéraire ; platonicien, Plutarque essaye de lever la condamnation portée par Platon contre les poètes ; comment ? Précisément

en assimilant Poétique et Rhétorique ; la rhétorique est la voie qui permet de « détacher » l'action imitée (souvent répréhensible) de l'art qui l'imite (souvent admirable) ; à partir du moment où l'on peut lire les poètes esthétiquement, on peut les lire moralement ; 4. *Sur le Sublime* (*Peri Hypsous*) est un traité anonyme du Iᵉʳ siècle après J.-C. (faussement attribué à Longin et traduit par Boileau) : c'est une sorte de Rhétorique « transcendantale » ; la *sublimitas* est en somme la « hauteur » du style ; c'est le style même (dans l'expression « avoir du style ») ; c'est la *littératurité*, défendue sur un ton chaleureux, inspiré : le mythe de la « créativité » commence à poindre ; 5. Dans le *Dialogue des orateurs* (dont l'authenticité est parfois contestée), Tacite politise les causes de la décadence de l'éloquence : ces causes ne sont pas le « mauvais goût » de l'époque, mais la tyrannie de Domitien qui impose silence au Forum et déporte vers un art inengagé, la poésie ; mais par là même l'éloquence émigre vers la « Littérature », la pénètre et la constitue (*eloquentia* en vient à signifier *littérature*).

A.5. La néo-rhétorique

A.5.1. Une esthétique littéraire

On appelle *néo-rhétorique* ou *seconde sophistique* l'esthétique littéraire (Rhétorique, Poétique et Critique) qui a régné dans le monde gréco-romain uni, du IIᵉ au IVᵉ siècle ap. J.-C. C'est une période de paix, de commerce, d'échanges, favorable aux sociétés oisives, surtout dans le Moyen-Orient. La néo-rhétorique fut véritablement œcuménique : les mêmes figures furent apprises par saint Augustin en Afrique latine, par le païen Libanius, par saint Grégoire de Nazianze dans la Grèce orientale. Cet empire littéraire s'édifie sous une double référence : 1) la sophistique : les orateurs d'Asie Mineure, sans attache politique, veulent reprendre le nom des Sophistes, qu'ils croient imiter (Gorgias), sans aucune connotation péjorative ; ces orateurs de pur apparat jouissent d'une très grande gloire ; 2) la rhétorique : elle englobe tout, n'entre plus en opposition avec aucune notion voisine, absorbe toute la parole ; ce n'est plus une *techné* (spéciale), mais une culture générale, et même plus : une éducation nationale (au niveau des écoles d'Asie

Mineure); le *sophistès* est un directeur d'école, nommé par
l'empereur ou par une ville; le maître qui lui est subordonné
est le *rhetor*. Dans cette institution collective, pas de nom à
citer : c'est une poussière d'auteurs, un mouvement connu seulement par la *Vie des sophistes*, de Philostrate. De quoi est
faite cette éducation de la parole ? Il faut une fois de plus distinguer la rhétorique syntagmatique (parties) de la rhétorique
paradigmatique (figures).

A.5.2. *La* declamatio*, l'*ekphrasis

Sur le plan syntagmatique, un exercice est prépondérant : la
declamatio (*mélété*); c'est une improvisation réglée sur un
thème; par exemple : Xénophon refuse de survivre à Socrate,
les Crétois maintiennent qu'ils possèdent le tombeau de Zeus,
l'homme amoureux d'une statue, etc. L'improvisation relègue
au second plan l'ordre des parties (dispositio); le discours étant
sans but persuasif mais purement ostentatoire, se déstructure,
s'atomise en une suite lâche de morceaux brillants, juxtaposés
selon un modèle rhapsodique. Le principal de ces morceaux
(il bénéficiait d'une très grosse cote) était la *descriptio*, ou
ekphrasis. L'*ekphrasis* est un fragment anthologique, transfé-
rable d'un discours à un autre : c'est une description réglée de
lieux, de personnages (origine des *topoi* du Moyen Âge). Ainsi
apparaît une nouvelle unité syntagmatique, le *morceau* : moins
étendu que les parties traditionnelles du discours, plus grand
que la période; cette unité (paysage, portrait) quitte le discours oratoire (juridique, politique) et s'intègre facilement dans
la narration, dans le continu romanesque : une fois de plus la
rhétorique « mord » sur le littéraire.

A.5.3. *Atticisme/asianisme*

Sur le plan paradigmatique, la néo-rhétorique consacre
l'assomption du « style »; elle valorise à fond les ornements
suivants : l'archaïsme, la métaphore chargée, l'antithèse, la
clausule rythmique. Ce baroquisme appelant sa contrepartie,
une lutte s'engage entre deux écoles : 1) *l'atticisme*, défendu
principalement par des grammairiens, gardiens du vocabulaire
pur (morale castratrice de la pureté, qui existe encore aujour-
d'hui); 2) *l'asianisme* renvoie, en Asie Mineure, au dévelop-

pement d'un style exubérant jusqu'à l'étrange, fondé, comme le maniérisme, sur l'effet de surprise ; les « figures » y jouent un rôle essentiel. L'asianisme a été évidemment condamné (et continue à l'être par toute l'esthétique classique, héritière de l'atticisme [1]).

A.6. *Le trivium*

A.6.1. *Structure agonistique de l'enseignement*

Dans l'Antiquité, les supports de culture étaient essentiellement l'enseignement oral et les transcriptions auxquelles il pouvait donner lieu (traités acroématiques et *technai* des logographes). A partir du VIIIe siècle, l'enseignement prend un tour agonistique, reflet d'une situation concurrentielle aiguë. Les écoles libres (à côté des écoles monacales ou épiscopales) sont laissées à l'initiative de n'importe quel maître, souvent très jeune (20 ans) ; tout repose sur le succès : Abélard, étudiant doué, « défait » son maître, lui prend son public payant et fonde une école ; la concurrence financière est étroitement liée au combat des idées : le même Abélard oblige son maître Guillaume de Champeaux à renoncer au réalisme : il le *liquide*, à tous points de vue ; la structure agonistique coïncide avec la structure commerciale : le *scholasticos* (professeur, étudiant ou ancien étudiant) est un combattant d'idées et un concurrent professionnel. Il y a deux exercices d'école : 1) la *leçon*, lecture et explication d'un texte fixe (Aristote, la Bible) comprend : *a*) *l'expositio*, qui est une interprétation du texte selon une méthode subdivisante (sorte de folie analytique), *b*) les *quaestiones* sont les propositions du texte qui peuvent avoir un *pour* et un *contre* : on discute et l'on conclut en réfutant ; chaque raison doit être présentée sous forme d'un syllogisme complet ;

---

1. *Atticisme* : cet ethnocentrisme rejoint évidemment ce qu'on pourrait appeler un racisme de classe : il ne faut pas oublier que l'expression « classique » (« classicisme ») a pour origine l'opposition proposée par Aulu-Gèle (IIe s.) entre l'auteur *classicus* et le *proletarius* : allusion à la constitution de Servius Tullius qui divisait les citoyens selon leur fortune en 5 classes, dont la première formait les *classici* (les *proletarii* étaient hors-classes) ; *classique* veut donc dire étymologiquement : qui appartient au « gratin » social (richesse et puissance).

la *leçon* fut peu à peu négligée à cause de son ennui ; 2) la *dispute* est une cérémonie, une joute dialectique, menée sous la présidence d'un maître ; après plusieurs journées, le maître détermine la solution. Il s'agit là, dans son ensemble, d'une culture sportive : on forme des athlètes de la parole : la parole est l'objet d'un prestige et d'un pouvoir réglés, l'agressivité est codée.

A.6.2. L'écrit

Quant à l'écrit, il n'est pas soumis, comme aujourd'hui, à une valeur d'originalité ; ce que nous appelons l'*auteur* n'existe pas ; autour du texte ancien, seul texte pratiqué et en quelque sorte géré, comme un capital reconduit, il y a des fonctions différentes : 1) le *scriptor* recopie purement et simplement ; 2) le *compilator* ajoute à ce qu'il copie, mais jamais rien qui vienne de lui-même ; 3) le *commentator* s'introduit bien dans le texte recopié, mais seulement pour le rendre intelligible ; 4) l'*auctor*, enfin, donne ses propres idées mais toujours en s'appuyant sur d'autres autorités. Ces fonctions ne sont pas nettement hiérarchisées : le *commentator*, par exemple, peut avoir le prestige qu'aurait aujourd'hui un grand écrivain (ce fut, au XIIᵉ siècle, le cas de Pierre Hélie, surnommé « le commentator »). Ce que par anachronisme nous pourrions appeler l'*écrivain* est donc essentiellement au Moyen Âge : 1) *un transmetteur* : il reconduit une matière absolue qui est le trésor antique, source d'autorité ; 2) un *combinateur* : il a le droit de « casser » les œuvres passées, par une analyse sans frein, et de les recomposer (la « création », valeur moderne, si l'on en avait eu l'idée au Moyen Âge, y aurait été désacralisée au profit de la structuration).

A.6.3. Le Septennium

Au Moyen Âge, la « culture » est une taxinomie, un réseau fonctionnel d'« arts », c'est-à-dire de langages soumis à des règles (l'étymologie de l'époque rapproche *art* de *arctus*, qui veut dire *articulé*), et ces « arts » sont dits « libéraux » parce qu'ils ne servent pas à gagner de l'argent (par opposition aux *artes mechanicae*, aux activités manuelles) : ce sont des langages généraux, luxueux. Ces arts libéraux occupent la place

de cette « culture générale » que Platon récusait au nom et
au profit de la seule philosophie, mais que l'on réclama
ensuite (Isocrate, Sénèque) comme propédeutique à la philosophie. Au Moyen Âge, la philosophie elle-même se réduit
et passe dans la culture générale comme un art parmi les
autres (*Dialectica*). Ce n'est plus à la philosophie que la
culture libérale prépare, c'est à la théologie, qui reste sou-
verainement en dehors des sept Arts, du *Septennium*. Pourquoi sont-ils sept ? On trouve déjà dans Varron une théorie
des arts libéraux : ils sont alors neuf (les nôtres, augmentés
de la médecine et de l'architecture) ; cette structure est reprise
et codifiée au Ve et au VIe siècle par Martianus Capella
(Africain païen) qui fonde la hiérarchie du *Septennium* dans
une allégorie, « *les Noces de Mercure et de Philologie* »
(*Philologie* désigne ici le savoir total) : Philologie, la vierge
savante, est promise à Mercure ; elle reçoit en cadeau de
noces les sept arts libéraux, chacun étant présenté avec ses
symboles,   son   costume,   son   langage ;   par   exemple,
Grammatica est une vieille femme, elle a vécu en Attique
et porte des vêtements romains ; dans un petit coffret d'ivoire,
elle tient un couteau et une lime pour corriger les fautes des
enfants ; *Rhetorica* est une belle femme, ses habits sont ornés
de toutes les figures, elle tient les armes destinées à blesser
les adversaires (coexistence de la rhétorique persuasive et
de la rhétorique ornementale). Ces allégories de Martianus
Capella furent très connues, on les trouve statufiées sur la
façade de Notre-Dame, sur celle de la cathédrale de Chartres,
dessinées dans les œuvres de Botticelli. Boèce et Cassiodore
(VIe s.) précisent la théorie du *Septennium*, le premier en faisant passer l'*Organon* d'Aristote dans *Dialectica*, le second
en postulant que les arts libéraux sont inscrits de toute éter-
nité dans la sagesse divine et dans les Écritures (les Psaumes
sont pleins de « figures ») : la rhétorique reçoit la caution du
Christianisme, elle peut légalement émigrer de l'Antiquité
dans l'Occident chrétien (et donc dans les temps modernes) ;
ce droit sera confirmé par Bède, à l'époque de Charlemagne.
– De quoi est fait le *Septennium* ? Il faut d'abord rappeler à
quoi il s'oppose : d'une part aux techniques (les « sciences »,
comme langages désintéressés, font partie du *Septennium*)
et d'autre part à la théologie ; le *Septennium* organise la nature
humaine *dans son humanité* ; cette nature ne peut être bou-

leversée que par l'Incarnation qui, si elle est appliquée à
une classification, prend la forme d'une subversion de langage : le Créateur se fait créature, la Vierge conçoit, etc. : *in
hac verbi copula stupet omnis regula*. Les Sept Arts sont
divisés en deux groupes inégaux, qui correspondent aux deux
voies (*viae*) de la sagesse : le *Trivium* comprend *Grammatica*,
Dialectica et *Rhetorica* ; le *Quadrivium* comprend : *Musica*,
Arithmetica, *Geometria*, *Astronomia* (la Médecine sera jointe
plus tard). L'opposition du *Trivium* et du *Quadrivium* n'est
pas celle des lettres et des sciences ; c'est plutôt celle des
secrets de la parole et des secrets de la nature[1].

A.6.4. *Le jeu diachronique du Trivium*

Le *trivium* (qui seul nous intéressera ici) est une taxinomie
de la parole ; il atteste l'effort obstiné du Moyen Âge pour
fixer la place de la parole dans l'homme, dans la nature, dans
la création. La parole n'est pas alors, comme elle le fut depuis,
un véhicule, un instrument, la médiation d'*autre chose* (âme,
pensée, passion) ; elle absorbe tout le mental : pas de vécu,
pas de psychologie : la parole n'est pas expression, mais immédiatement construction. Ce qu'il y a d'intéressant dans le
Trivium est donc moins le contenu de chaque discipline que
le jeu de ces trois disciplines entre elles, tout au long de dix
siècles : du Ve au XVe siècle, le *leadership* a émigré d'un art à
l'autre, en sorte que chaque tranche du Moyen Âge a été placée sous la dominance d'un art : tour à tour, c'est *Rhetorica*
(Ve-VIIe s.), puis *Grammatica* (VIIIe-Xe s.), puis *Logica* (XIe-
XVe s.) qui a dominé ses sœurs, reléguées au rang de parentes
pauvres.

---

1. Il existait une liste mnémonique des sept arts : *Gram* (matica) loqui-
tur. *Dia* (lectica) vera docet. *Rhe* (torica) verba colorat, *Mu* (sica) canit.
Ar (ithmetica) numerat. *Ge* (ometria) ponderat. *As* (tronomia) colit astra.
   Une allégorie d'Alain de Lille (XIIe s.) rend compte du système dans sa
complexité : les Sept Arts sont convoqués pour fournir un chariot à
Prudentia, qui cherche à guider l'homme : *Grammatica* fournit le timon,
Logica (ou *Dialectica*) l'essieu, que *Rhetorica* orne de joyaux ; le quadrivium fournit les quatre roues, les chevaux sont les cinq sens, harnachés
par *Ratio* : l'attelage va vers les saints, Marie, Dieu ; lorsque la limite des
pouvoirs humains est atteinte, *Theologia* prend la relève de *Prudentia*
(l'Éducation est une rédemption).

Rhetorica

A.6.5. Rhetorica *comme supplément*

La Rhétorique antique avait survécu dans les traditions de
quelques écoles romaines de la Gaule et chez quelques rhéteurs gaulois, dont Ausonius (310-393), *grammaticus* et *rhetor*
à Bordeaux, et Sidoine Apollinaire (430-484), évêque
d'Auvergne. Charlemagne inscrit les figures de rhétorique dans
sa réforme scolaire, après que Bède le Vénérable (673-735)
eut entièrement christianisé la rhétorique (tâche amorcée par
saint Augustin et Cassiodore), en montrant que la Bible est
elle-même pleine de « figures ». La rhétorique ne domine pas
longtemps ; elle est vite « coincée » entre *Grammatica* et
Logica : c'est la parente malheureuse du *Trivium*, promise seulement à une belle résurrection lorsqu'elle pourra revivre sous
les espèces de la « Poésie » et d'une façon plus générale sous
le nom de Belles-Lettres. Cette faiblesse de la Rhétorique,
amoindrie par le triomphe des langages castrateurs, grammaire
(rappelons-nous la lime et le couteau de Martianus Capella) et
logique, tient peut-être à ce qu'elle est entièrement déportée
vers l'*ornement*, c'est-à-dire vers ce qui est réputé inessentiel
– par rapport à la vérité et au fait (première apparition du fantôme référentiel[1]) : elle apparaît alors comme *ce qui vient
après*[2]. Cette rhétorique médiévale s'alimente essentiellement
aux traités de Cicéron (*Rhétorique à Herennius* et *De inventione*) et de Quintilien (mieux connu des maîtres que des
élèves), mais elle produit elle-même surtout des traités relatifs
aux ornements, aux figures, aux « couleurs » (*colores rhetorici*), ou ensuite, des arts poétiques (*artes versificatoriae*) ; la

---

1. Ce fantôme rôde toujours. Hors de France aujourd'hui, dans certains
pays où il est nécessaire, par opposition au passé colonial, de réduire le
français au statut d'une langue étrangère, on entend affirmer que ce qu'il
faut enseigner, c'est seulement la langue française, non la littérature : comme
s'il y avait un seuil entre la langue et la littérature, comme si la langue
était *ici* et non *là*, comme si on pouvait l'arrêter quelque part, au-delà de
quoi il y eût simplement des suppléments inessentiels, dont la littérature.

2. « *Suprema manus apponit, opusque sororum
   Perficit atque semel factum perfectius ornat.* »
   (La Rhétorique) met la dernière main, achève l'ouvrage de ses sœurs,
et orne le fait d'une façon mieux accomplie.

dispositio n'est abordée que sous l'angle du « commencement » du discours (*ordo artificialis, ordo naturalis*) ; les figures repérées sont surtout d'amplification et d'abréviation ; le style est rapporté aux trois genres de la roue de Virgile[1] : *gravis, humilis, mediocrus*, et à deux ornements : *facile* et *difficile*.

A.6.6. *Sermons,* dictamen, *arts poétiques*

Le domaine de *Rhetorica* englobe trois canons de règles, trois *artes*. I. *Artes sermocinandi* : ce sont les arts oratoires en général (objet de la rhétorique proprement dite), c'est-à-dire alors, essentiellement, les sermons ou discours parénétiques (exhortant à la vertu) ; les sermons peuvent être écrits en deux langues : *sermones ad populum* (pour le peuple de la paroisse), écrits en langue vernaculaire, et *sermones ad clerum* (pour les Synodes, les écoles, les monastères), écrits en latin ; cependant, tout est préparé en latin ; le vernaculaire n'est qu'une traduction. II. *Artes dictandi, ars dictaminis*, art épistolaire ; la croissance de l'administration, à partir de Charlemagne, entraîne une théorie de la correspondance administrative : le *dictamen* (il s'agit de dicter les lettres) ; le *dictator* est une profession reconnue, qui s'enseigne ; le modèle est le dictamen de la chancellerie papale : le *stylus romanus* prime tout ; une notion stylistique apparaît, le *cursus*, qualité de fluence du texte, saisie à travers des critères de rythme et d'accentuation. III. *Artes poeticae* ; la poésie a d'abord fait partie du *dictamen* (l'opposition *prose/poésie* est floue pendant longtemps) ; puis les *artes poeticae* prennent en charge le *rythmicum*, empruntent à *Grammatica* le vers latin et commencent à viser la « littérature » d'imagination. Un remaniement structural s'amorce, qui oppo-

---

1. La roue de Virgile est une classification figurée des trois « styles » ; chacun des trois secteurs de la roue réunit un ensemble homogène de termes et de symboles :

ÉNÉIDE	BUCOLIQUES	GÉORGIQUES
gravis stylus	humilis stylus	mediocrus stylus
miles dominans	pastor otiosus	agricola
Hector, Ajax	Tilyrus, Meliboeus	Triptolemus
equus	ovis	bos
gladius	baculus	aratrum
urbs, castrum	pascua	ager
laurus, cedrus	fagus	pomus

sera, à la fin du XVᵉ s., la *Première Rhétorique* (ou rhétorique générale) à la *Seconde Rhétorique* (ou rhétorique poétique), d'où sortiront les Arts poétiques, tel celui de Ronsard.

Grammatica

A.6.7. *Donat et Priscien*

Après les Invasions, les leaders de la culture sont des Celtes, des Anglais, des Francs ; ils doivent apprendre la grammaire latine ; les Carolingiens consacrent l'importance de la grammaire par les Écoles célèbres de Fulda, de Saint-Gall et de Tours ; la grammaire introduit à l'éducation générale, à la poésie, à la liturgie, aux Écritures ; elle comprend, à côté de la grammaire proprement dite, la poésie, la métrique et certaines figures. – Les deux grandes autorités grammaticales du Moyen Âge sont Donat et Priscien. I. Donat (vers 350) produit une grammaire abrégée (*ars minor*) qui traite des huit parties de la phrase, sous forme de questions et réponses, et une grammaire développée (*ars major*). La fortune de Donat est énorme ; Dante le met au ciel (au contraire de Priscien) ; quelques pages de lui furent parmi les premières imprimées, à l'égal des Écritures ; il a donné son nom à des traités élémentaires de grammaire, les *donats*. II. Priscien (fin du Vᵉ s., début du VIᵉ s.) était un Mauritanien, professeur de latin à Byzance, alimenté aux théories grecques et notamment à la doctrine grammaticale des Stoïciens. Son *Institutio grammatica* est une grammaire normative *(grammatica regulans),* ni philosophique ni « scientifique » ; elle est donnée sous deux abrégés : le *Priscianus minor* traite de la construction, le *Priscianus major* traite de la morphologie. Priscien livre beaucoup d'exemples empruntés au Panthéon grec : l'homme est chrétien, mais le rhéteur peut être païen (on connaît la fortune de cette dichotomie). Dante expédie Priscien aux Enfers, dans le VIIᵉ cercle, celui des Sodomites : apostat, ivre, fou, mais réputé grand savant. Donat et Priscien ont représenté la loi absolue – sauf s'ils ne s'accordent pas avec la Vulgate : la grammaire ne pouvait alors être que normative, puisque l'on croyait que les « règles » de la locution avaient été inventées par les grammairiens ; ils ont été diffusés largement par des *Commentatores* (tel Pierre Hélie) et par des grammaires en vers (d'une très grande vogue). – Jusqu'au XIIᵉ siècle, *Grammatica* comprend la grammaire et la poésie, elle traite à la fois de la « précision » et de l'« imagination » ; des lettres, des syllabes de la phrase, de la période, des figures, de la métrique ; elle abandonne très peu de chose à *Rhetorica :* certaines figures. C'est une science fondamentale, liée à une *ethica* (partie de la sagesse humaine, énoncée dans les textes, en dehors de la théologie) : « science du bien parler et du bien écrire », « le berceau de toute philosophie », « la première nourrice de toute étude littéraire ».

A.6.8. *Les* Modistae

Au XIIᵉ siècle, *Grammatica* redevient spéculative (elle l'avait été avec les Stoïciens). Ce qu'on appelle *Grammaire spéculative* est le travail d'un groupe de grammairiens que l'on nomme *Modistae,* parce qu'ils ont écrit des traités intitulés « *De modis significandi* » ; beaucoup furent originaires de la province monastique de Scandinavie, appelée alors *Dacia,* et plus précisément du Danemark. Les Modistes furent dénoncés par Érasme pour avoir écrit un latin barbare, pour le désordre de leurs définitions, pour l'excessive subtilité de leurs distinctions ; en fait ils ont fourni le fonds de la grammaire pendant deux siècles et nous leur devons encore certains termes spéculatifs (par exemple : *instance*). Les traités des Modistes ont deux formes : les *modi minores*, dont la matière est présentée *modo positivo*, c'est-à-dire sans discussion critique, d'une manière brève, claire, très didactique, et les *modi majores*, donnés sous forme de *quaestio disputata*, c'est-à-dire avec le *pour* et le *contre,* par questions de plus en plus spécialisées. Chaque traité comprend deux parties, à la manière de Priscien : *Ethymologia* (morphologie) – la faute d'orthographe est d'époque et correspond à une fausse étymologie du mot *Etymologie* – et *Diasynthetica* (syntaxe), mais il est précédé d'une introduction théorique portant sur les rapports des *modi essendi* (l'être et ses propriétés), des *modi intelligendi* (prise de possession de l'être sous ses aspects) et des *modi significandi* (niveau du langage). Les *modi significandi* comprennent eux-mêmes deux strates : 1) la *désignation* correspond aux *modi signandi* ; les éléments en sont : *vox*, le signifiant sonore, et *dictio*, mot-concept, sémantème générique (dans *dolor, doleo,* c'est l'idée de douleur) ; les *modi signandi* n'appartiennent pas encore au grammairien : *vox*, le signifiant phonique, dépend du *philo-*

sophus naturalis (nous dirions du phonéticien), et *dictio*, renvoyant à un état inerte du mot, qui n'est encore animé d'aucun rapport, échappe au logicien de la langue (il relèverait de ce que nous appellerions la lexicographie) ; 2) le niveau des *modi significandi* est atteint lorsque l'on appose à la désignation un sens intentionnel ; à ce niveau, le mot, mat dans la *dictio*, est doué d'un rapport, il est saisi en tant que « *constructibile* » : il s'insère dans l'unité supérieure de la phrase ; il relève bien alors du grammairien spéculatif, du logicien de la langue. Aussi, loin de reprocher aux Modistes, comme on l'a fait quelquefois, d'avoir réduit la langue à une nomenclature, il faut les féliciter d'avoir fait tout le contraire : pour eux la langue ne commence pas à la *dictio* et au *significatum*, c'est-à-dire au mot-signe, mais au *consignificatum ou constructibile*, c'est-à-dire à la relation, à l'inter-signe : un privilège fondateur est accordé à la syntaxe, à la flexion, à la rection, et non au sémantème, en un mot, à la *structuration*, qui serait peut-être la meilleure façon de traduire *modus significandi*. Il y a donc une certaine parenté entre les Modistes et certains structuralistes modernes (Hjemslev et la glossématique, Chomsky et la compétence) : la langue est une structure, et cette structure est en quelque sorte « garantie » par la structure de l'être *(modi essendi)* et par celle de l'esprit *(modi intelligendi)* : il y a une *grammatica universalis* ; ceci était nouveau, car l'on croyait communément qu'il y avait autant de grammaires que de langues : *Grammatica una et eadem est secundum substantiam in omnibus linguis, licet accidentaliter varietur. Non ergo grammaticus sed philosophus proprias naturas rerum diligenter considerans... grammaticam invenit.* (La grammaire est une et même quant à la substance dans toutes les langues, bien qu'elle puisse varier par accidents. Ce n'est donc pas le grammairien, c'est le philosophe qui, par l'examen de la nature des choses, découvre la grammaire).

Logica (ou dialectica)

A.6.9.   Studium *et* Sacerdotium

Logica domine au XIIᵉ et au XIIIᵉ siècle : elle repousse *Rhetorica* et absorbe *Grammatica*. Cette lutte a pris la forme d'un conflit d'écoles. Dans la première moitié du XIIᵉ siècle, les écoles de Chartres développent surtout l'enseignement de *Grammatica* (au sens étendu qu'on a dit) : c'est le *studium*, d'orientation littéraire ; à l'opposé, l'école de Paris développe la philosophie théologique : c'est le *sacerdotium*. Il y a victoire de Paris sur Chartres, du *sacerdotium* sur le *studium* : *Grammatica* est absorbée dans *Logica* ; ceci s'accompagne d'un recul de la littérature païenne, d'un goût accentué pour la langue vernaculaire, d'un retrait de l'humanisme, d'un mouvement vers les disciplines lucratives (médecine, droit). *Dialectica* s'est d'abord alimentée aux *Topiques* de Cicéron et à l'œuvre de Boèce, premier introducteur d'Aristote ; puis, au XIIᵉ et au XIIIᵉ siècle, après la seconde entrée (massive) d'Aristote, à toute la logique aristotélicienne qui a trait au syllogisme dialectique [1].

A.6.10. *La* disputatio

Dialectica est un art du discours vivant, du discours à deux. Ce dialogue n'a rien de platonicien, il n'est pas question d'une sujétion principielle de l'aimé au maître ; le dialogue est ici agressif, il a pour enjeu une victoire qui n'est pas prédéterminée : c'est une bataille de syllogismes, Aristote mis en scène par deux partenaires. Aussi *Dialectica* s'est finalement confondue avec un exercice, un mode d'exposition, une cérémonie, un sport, la *disputatio* (que l'on pourrait appeler : colloque d'opposants). La procédure (ou le protocole) est celle du *Sic*

---

1. En indiquant certaines sources antiques du Moyen Âge, il faut rappeler que le *fonds* intertextuel, hors concours, si l'on peut dire, est toujours Aristote, et même, en un sens, Aristote contre Platon. Platon a été transmis partiellement par saint Augustin et nourrit, au XIIᵉ siècle, l'école de Chartres (école « littéraire », opposée à l'école de Paris, logicienne, aristotélicienne) et l'abbaye de Saint-Victor ; cependant, au XIIIᵉ siècle, les seules traductions véritables sont celles de Phédon et du Ménon, d'ailleurs peu connues. Au XVᵉ et au XVIᵉ siècle, une lutte aiguë s'engage contre Aristote, au nom de Platon (Marsile Ficin et Giordano Bruno). – Quant à Aristote, il est entré dans le Moyen Âge à deux reprises : une première fois, au Vᵉ et au VIᵉ siècle, partiellement, par Martianus Capella, les *Catégories* de Porphyre, Boèce ; une seconde fois, en force, au XIIᵉ et au XIIIᵉ siècle : au IXᵉ siècle, tout Aristote avait été traduit en arabe ; au XIIᵉ siècle, on dispose de traductions intégrales, soit du grec, soit de l'arabe : c'est l'intrusion massive des Analytiques II, des Topiques, des Réfutations, de la Physique et de la Métaphysique ; Aristote est christianisé (saint Thomas). La troisième entrée d'Aristote sera celle de sa Poétique, au XVIᵉ siècle, en Italie, au XVIIᵉ siècle, en France.

et Non : sur une question, on rassemble des témoignages contradictoires ; l'exercice met en présence un opposant et un répondant ; le répondant est d'ordinaire le candidat : il répond aux objections présentées par l'opposant ; comme dans les concours du Conservatoire, l'opposant est de service : c'est un camarade ou il est nommé d'office ; on pose la thèse, l'opposant la contre (*sed contra*), le candidat répond (*respondeo*) : la conclusion est donnée par le maître, qui préside. La *disputatio* envahit tout [1], c'est un sport : les maîtres disputent entre eux, devant les étudiants, une fois par semaine ; les étudiants disputent à l'occasion des examens. On argumente sur permission demandée par geste au maître-président (il y a de ces gestes un écho parodique dans Rabelais). Tout ceci est codifié, ritualisé dans un traité qui règle minutieusement la *disputatio*, pour empêcher la discussion de dévier : l'*Ars obligatoria* (XVe s.). Le matériel thématique de la *disputatio* vient de la partie argumentative de la Rhétorique aristotélicienne (par les *Topiques*) ; il comporte des *insolubilia*, propositions très difficiles à démontrer, des *impossibilia*, thèses qui apparaissent à tous comme impossibles, des *sophismata*, clichés et paralogismes, qui servent au gros des *disputationes*.

---

1. La mort du Christ sur la Croix est elle-même assimilée au scénario de la *Disputatio* (certains trouveraient aujourd'hui sacrilège cette réduction de la Passion à un exercice d'école ; d'autres au contraire admireront la liberté d'esprit du Moyen Âge, qui ne frappait d'aucun tabou le « drame » de l'intellect) : *Circa tertiam vel sextam ascendunt magistri (in theologia) cathedram suam ad disputandum et querunt unam questionem. Cui questioni respondet unus assistentium. Post cujus responsionem magister determinat questionem et quando vult ei defferre et honorem facere, nihil aliud determinat quam quod dixerat respondens. Sic fecit hodie Christus in cruce, uni ascendit ad disputandum ; et proposuit unam questionem Deo Patri : Eli, Eli, lamma sabchtani, Deus, Deus meus, quid me dereliquisti ? Et Pater respondit : Ha, Fili mi, opera manuum tuarum ne despicias : non enim Pater redemit genus humanum sine te. Et ille respondens ait : Ha, Pater, bene determinasti questionem meam. Non determinabo eam post responsionem tuam. Non sicut ego volo, sed sicut tu vis. Fiat voluntas tua.* (Vers la troisième ou la sixième heure, les maîtres (en théologie) montent en chaire pour disputer et posent une question. A cette question répond l'un des assistants. A la suite de sa réponse, le maître conclut la question et, quand il veut lui décerner un honneur, il ne conclut rien d'autre que ce que le répondant avait dit. Ainsi a fait un jour le Christ sur la croix, où il s'est rendu pour disputer, il a proposé une question à Dieu le Père : Eli, Eli, lamma sabachtani, Dieu, mon Dieu, pourquoi m'as-tu abandonné ? Et le Père répondit : mon Fils, ne méprise pas les œuvres de tes mains, car le Père n'a pu racheter le genre humain sans toi. Et le Christ répondit : mon Père, tu as bien conclu ma question. Je ne la conclurai pas après ta réponse, etc.)

A.6.11. *Sens névrotique de la* disputatio

Si l'on voulait évaluer le sens névrotique d'un tel exercice, il faudrait sans doute remonter à la *maché* des Grecs, cette sorte de sensibilité conflictuelle qui rend intolérable au Grec (puis à l'Occidental) *toute mise en contradiction du sujet avec lui-même* : il suffit d'acculer un partenaire à se contredire, pour le *réduire,* l'éliminer, l'annuler : Calliclès (dans le *Gorgias*) ne répond plus, plutôt que de se contredire. Le syllogisme est l'arme même qui permet cette *liquidation,* c'est le couteau inentamable et qui entame : les deux disputeurs sont deux bourreaux qui essayent de se châtrer l'un l'autre (d'où l'épisode mythique d'Abélard, le châtrant-châtré). Si vive, l'explosion névrotique a dû être codifiée, la blessure narcissique limitée : on a mis en sport la logique (comme on met aujourd'hui « en foot-ball » la réserve conflictuelle de tant de peuples, principalement sous-développés ou opprimés) : c'est *l'éristique.* Pascal a vu ce problème : il veut éviter la mise en contradiction radicale de l'autre avec lui-même ; il veut le « reprendre », sans le blesser à mort, lui montrer qu'il faut seulement « compléter » (et non pas renier). La *disputatio* a disparu, mais le problème des *règles* (ludiques, cérémonielles) du jeu verbal demeure : comment disputons-nous, aujourd'hui, dans nos écrits, dans nos colloques, dans nos meetings, dans nos conversations et jusque dans les « scènes » de la vie privée ? Avons-nous réglé son compte au syllogisme (même déguisé) ? Seule une analyse du discours intellectuel pourra un jour répondre avec précision[1].

A.6.12. *Restructuration du* Trivium

On a vu que les trois arts libéraux menaient entre eux une lutte de précellence (au profit final de *Logica*) : c'est vraiment le système du Trivium, dans ses fluctuations, qui est significatif. Les contemporains en ont été conscients : certains ont essayé de restructurer à leur façon l'ensemble de la culture parlée. Hugues de Saint-Victor (1096-1141) oppose aux sciences théoriques, pratiques et mécaniques, les sciences

---

1- Perelman (Charles) et Olbrechts-Tyteca (L.), *la Nouvelle Rhétorique. Traité de l'Argumentation*, Paris, P.U.F., 1958 (2 vol.).

logiques : *Logica* recouvre le *Trivium* dans son entier : c'est toute la science du langage. Saint Bonaventure (1221-1274) essaye de discipliner toutes les connaissances en les soumettant à la Théologie ; en particulier, *Logica*, ou science de l'interprétation, comprend *Grammatica* (expression), *Dialectica* (éducation) et *Rhetorica* (persuasion) ; une fois de plus, même si c'est pour l'opposer à la nature et à la grâce, le langage absorbe tout le mental. Mais surtout (car cela prépare l'avenir), dès le XIIᵉ siècle, quelque chose qu'il faut bien appeler les *Lettres* se sépare de la philosophie ; pour Jean de Salisbury, *Dialectica* opère dans toutes les disciplines où le résultat est abstrait ; *Rhetorica* au contraire recueille ce dont ne veut pas *Dialectica* : elle est le champ de *l'hypothèse* (en ancienne rhétorique, l'hypothèse s'oppose à la thèse comme le contingent au général, cf. *infra*, B. I.25), c'est-à-dire tout ce qui implique des circonstances concrètes (Qui ? Quoi ? Quand ? Pourquoi ? Comment ?) ; ainsi apparaît une opposition qui aura une grande fortune mythique (elle dure encore) : celle du concret et de l'abstrait : les Lettres (partant de *Rhetorica*) seront concrètes, la Philosophie (partant de *Dialectica*) sera abstraite.

A.7. Mort de la Rhétorique

A.7.1. La troisième entrée d'Aristote : La Poétique

On a vu qu'Aristote était entré deux fois en Occident : une fois au VIᵉ siècle par Boèce, une fois au XIIᵉ siècle à partir des Arabes. Il y entre une troisième fois : par sa *Poétique*. Cette *Poétique* est peu connue au Moyen Âge, sauf par des abrégés déformants ; mais en 1498 paraît à Venise la première traduction latine faite sur l'original ; en 1503, la première édition en grec ; en 1550, la *Poétique* d'Aristote est traduite et commentée par un groupe d'érudits italiens (Castelvetro, Scaliger – d'origine italienne – l'évêque Veda). En France, le texte lui-même est peu connu ; c'est à travers l'italianisme qu'il fait irruption dans la France du XVIIᵉ siècle ; la génération de 1630 rassemble des dévots d'Aristote ; la *Poétique* apporte au Classicisme français son élément principal : une théorie du vraisemblable ; elle est le code de la « création » littéraire, dont les théoriciens sont les auteurs, les critiques. La Rhétorique, qui a principalement pour objet le « bien écrire », le style, est restreinte à l'enseignement, où d'ailleurs elle triomphe : c'est le domaine des professeurs (jésuites).

A.7.2. Triomphante et moribonde

La rhétorique est triomphante : elle règne sur l'enseignement. La rhétorique est moribonde : restreinte à ce secteur, elle tombe peu à peu dans un grand discrédit intellectuel. Ce discrédit est amené par la promotion d'une valeur nouvelle, l'évidence (des faits, des idées, des sentiments), qui se suffit à elle-même et se passe du langage (ou croit s'en passer), ou du moins prétend ne plus s'en servir que comme d'un *instrument,* d'une médiation, d'une expression. Cette « évidence » prend, à partir du XVIᵉ siècle, trois directions : une évidence personnelle (dans le protestantisme), une évidence rationnelle (dans le cartésianisme), une évidence sensible (dans l'empirisme). La rhétorique, si on la tolère (dans l'enseignement jésuite), n'est plus du tout une logique, mais seulement une *couleur,* un ornement, que l'on surveille étroitement au nom du « naturel ». Sans doute y avait-il dans Pascal quelque postulation de ce nouvel esprit, puisque c'est à lui que l'on doit l'Anti-Rhétorique de l'humanisme moderne ; ce que Pascal demande, c'est une rhétorique (un « art de persuader ») mentaliste, sensible, comme par instinct, à la complexité des choses (à la « finesse ») ; l'éloquence consiste, non à appliquer au discours un code extérieur, mais à prendre conscience de la pensée qui naît en nous, de façon à pouvoir reproduire ce mouvement lorsque nous parlons à l'autre, l'entraînant ainsi dans la vérité, comme si lui-même, de lui-même, la découvrait ; *l'ordre* du discours n'a pas de caractères intrinsèques (clarté ou symétrie) ; il dépend de la nature de la pensée, à laquelle, pour être « droit », doit se conformer le langage.

A.7.3. L'enseignement jésuite de la rhétorique

Dans le dernier Moyen Âge, on l'a vu, l'enseignement de la rhétorique a été quelque peu sacrifié ; il subsistait cependant dans quelques collèges d'étudiants, en Angleterre et en Allemagne. Au XVIᵉ siècle, cet héritage s'organise, prend une forme stable, d'abord au gymnase Saint-Jérôme, tenu à Liège par des Jésuites. Ce collège est imité à Strasbourg et à Nîmes :

la forme de l'enseignement en France pendant trois siècles est posée. Quarante collèges suivent très vite le modèle jésuite. L'enseignement qui y est donné est codifié en 1586 par un groupe de six Jésuites : c'est la *Ratio Studiorum,* adoptée en 1600 par l'Université de Paris. Cette *Ratio* consacre la prépondérance des « humanités » et de la rhétorique latine ; elle envahit l'Europe entière, mais son plus grand succès est en France ; la force de cette nouvelle *Ratio* vient sans doute de ce qu'il y a, dans l'idéologie qu'elle légalise, identité d'une discipline scolaire, d'une discipline de pensée et d'une discipline de langage. Dans cet enseignement humaniste, la Rhétorique elle-même est la matière noble, elle domine tout. Les seuls prix scolaires sont les prix de Rhétorique, de traduction et de mémoire, mais le prix de Rhétorique, attribué à l'issue d'un concours spécial, désigne le premier élève, qu'on appelle dès lors (titres significatifs) *l'imperator* ou le *tribun* (n'oublions pas que la parole est un pouvoir – et même un pouvoir politique). Jusque vers 1750, en dehors des sciences, l'éloquence constitue le seul prestige ; à cette époque de déclin jésuite, la rhétorique est quelque peu relancée par la Franc-Maçonnerie.

A.7.4. *Traités et Manuels*

Les codes de rhétorique sont innombrables, tout au moins jusqu'à la fin du XVIIIe siècle. Beaucoup (au XVIe et au XVIIe siècle) sont écrits en latin ; ce sont des manuels scolaires rédigés par des Jésuites, notamment les père Nunez, Susius et Soarez. L'« Institution » du père Nunez, par exemple, comprend 5 livres : des exercices préparatoires, les trois parties principales de la rhétorique (l'invention, l'ordonnance et le style) et une partie morale (la « sagesse »). Cependant, les rhétoriques en langue vernaculaire se multiplient (on ne citera ici que des françaises). A la fin du XVe siècle les rhétoriques sont surtout des poétiques (arts de faire des vers, ou arts de seconde Rhétorique) ; il faut citer : Pierre Fabri, « *Grand et Vrai art de Pleine Rhétorique* » (six éditions de 1521 à 1544) et Antoine Foclin (Fouquelin), « *Rhétorique française* » (1555), qui comporte un classement clair et complet des figures. Au XVIIe et au XVIIIe siècle, jusque vers 1830, dominent les Traités de Rhétorique ; ces traités présentent en général : 1) la rhétorique paradigmatique (les « figures »), 2) la rhétorique syntagmatique (la « construction oratoire ») ; ces deux volets sont sentis comme nécessaires et complémentaires, au point qu'un *digest* commercial de 1806 réunit les deux rhétoriciens les plus célèbres : les Figures, par Dumarsais, et la Construction oratoire, par Du Batteux. Citons les plus connus de ces traités. Pour le XVIIe siècle, c'est sans doute la *Rhétorique* du père Bernard Lamy (1675) : c'est un traité complet de la parole, utile « non seulement dans les écoles, mais aussi dans toute la vie, *lorsqu'on achète, lorsqu'on vend* » ; il repose, évidemment, sur le principe d'extériorité du langage et de la pensée : on a un « tableau » dans l'esprit, on va le « rendre » avec des mots. Pour le XVIIIe siècle, le traité le plus célèbre (et au reste le plus intelligent) est celui de Dumarsais (*Traité des Tropes*, 1730) ; Dumarsais, pauvre, sans succès de son vivant, fréquenta le cercle irréligieux d'Holbach, fut encyclopédiste ; son ouvrage, plus qu'une rhétorique, est une linguistique du changement de sens. A la fin du XVIIIe siècle et au début du XIXe siècle, il se publie encore beaucoup de traités classiques, absolument indifférents à la secousse et à la mutation révolutionnaires (Blair, 1783, Gaillard, 1807 – *La Rhétorique des demoiselles* – Fontanier, 1827 – récemment republié et présenté par G. Genette). Au XIXe siècle, la rhétorique ne survit qu'artificiellement, sous la protection des règlements officiels ; le titre même des traités et manuels s'altère d'une façon significative : 1881, F. de Caussade : *Rhétorique et Genres littéraires*, 1889, Prat : *Éléments de Rhétorique et de Littérature* : la Littérature dédouane encore la rhétorique, avant de l'étouffer complètement ; mais l'ancienne rhétorique, à l'agonie, est concurrencée par les « psychologies du style ».

A.7.5. *Fin de la Rhétorique*

Cependant, dire d'une façon complète que la Rhétorique est morte, ce serait pouvoir préciser par quoi elle a été remplacée, car, on l'a assez vu par cette course diachronique, la rhétorique doit toujours être lue dans le jeu structural de ses voisines (Grammaire, Logique, Poétique, Philosophie) : c'est le jeu du système, non chacune de ses parties en soi, qui est historiquement significatif. Sur ce problème on notera pour finir quelques orientations d'enquête. I. Il faudrait faire la lexicologie actuelle du mot ; où passe-t-il ? Il reçoit parfois encore des contenus originaux, des interprétations personnelles venus d'écrivains, non de rhéteurs (Baudelaire et la rhétorique profonde, Valéry,

Paulhan); mais surtout, il faudrait réorganiser le champ actuel
de ses connotations : péjoratives ici[1], analytiques là[2], revalori-
santes là encore[3], de façon à dessiner le procès idéologique de
l'ancienne rhétorique. II. Dans l'enseignement, la fin des traités
de rhétorique est, comme toujours en ce cas, difficile à dater ;
en 1926, un Jésuite de Beyrouth écrit encore un cours de
Rhétorique en arabe ; en 1938, un Belge, M. J. Vuillaume, publie
encore un manuel de rhétorique ; et les classes de Rhétorique et
de Rhétorique supérieure ont disparu depuis très peu de temps.
III. Dans quelle mesure exacte et sous quelles réserves la science
du langage a-t-elle pris en charge le champ de l'ancienne rhétorique ? Il y a eu d'abord passage à une psycho-stylistique (ou
stylistique de l'expressivité[4]) ; mais aujourd'hui, où le menta-
lisme linguistique est pourchassé ? De toute la rhétorique,
Jakobson n'a retenu que deux figures, la métaphore et la métonymie, pour en faire l'emblème des deux axes du langage ; pour
certains, le formidable travail de classement opéré par l'ancienne
rhétorique paraît encore utilisable, surtout si on l'applique à des
champs marginaux de la communication ou de la signification
telle l'image publicitaire[5], où il n'est pas encore usé. En tout
cas, ces évaluations contradictoires montrent bien l'ambiguïté
actuelle du phénomène rhétorique : objet prestigieux d'intelligence et de pénétration, système grandiose que toute une civilisation, dans son ampleur extrême, a mis au point pour classer, c'est-à-dire pour penser son langage, instrument de pouvoir,
lieu de conflits historiques dont la lecture est passionnante si

1. (La sophistique du *non* chez les mystiques : « *pour être à tout veillez
à n'être à rien en rien* »). « Par un paradoxe aisément explicable, cette
logique destructrice plaît aux conservateurs : c'est qu'elle est inoffensive ;
abolissant *tout*, elle ne touche à *rien*. Privée d'efficace, elle n'est au fond
qu'une rhétorique. Quelques états d'âme truqués, quelques opérations effectuées sur le langage, ce n'est pas cela qui changera le cours du monde »
(Sartre, *Saint-Genet*, p. 191).
2. J. Kristeva, *Semeiotiké*, Seuil, 1969.
3. *Rhétorique générale*, par le groupe μ, Larousse, 1970.
4. « La disparition de la Rhétorique traditionnelle a créé un vide dans
les humanités et la stylistique a déjà fait un long chemin pour combler ce
vide. En fait, il ne serait pas tout à fait faux de décrire la stylistique comme
une « nouvelle rhétorique », adaptée aux modèles et aux exigences des
études modernes en linguistique et en littérature. » (S. Ullmann, *Language
and Style*, p. 130).
5. Voir notamment : Jacques Durand, « Rhétorique et image publicitaire », in *Communications*, 15, 1970.

précisément on replace cet objet dans l'histoire multiple où il s'est développé ; mais aussi objet idéologique, tombant dans l'idéologie par l'avancée de cet « autre chose » qui l'a remplacé, et obligeant aujourd'hui à une indispensable distance critique.

B. LE RÉSEAU

B.0.1. *L'exigence de classement*

Tous les traités de l'Antiquité, surtout post-aristotéliciens, montrent une obsession de classement (le terme même de *partitio* oratoire en témoigne) : la rhétorique se donne ouvertement comme un classement (de matériaux, de règles, de parties, de genres, de styles). Le classement lui-même est l'objet d'un discours : annonce du plan du traité, discussion serrée du classement proposé par les prédécesseurs. La passion du classement apparaît toujours byzantine à celui qui n'y participe pas : pourquoi discuter si âprement de la place de la *propositio,* mise tantôt à la fin de l'exorde, tantôt au début de la *narratio* ? Cependant, la plupart du temps, et c'est normal, l'option taxinomique implique une option idéologique : il y a toujours un *enjeu* à la place des choses : *dis-moi comment tu classes, je te dirai qui tu es.* On ne peut donc adopter, comme on le fera ici, à des fins didactiques, un classement unique, canonique, qui « oubliera » volontairement les nombreuses variations dont le plan de la *techné rhétoriké* a été l'objet, sans dire un mot, d'abord, de ces flottements.

B.0.2. *Les départs de classement*

L'exposé de la Rhétorique s'est fait essentiellement selon trois départs différents (je simplifie). I. Pour Aristote, la tête de ligne est la *techné* (institution spéculative d'un pouvoir de produire ce qui peut être ou ne pas être) ; la *techné* (*rhétoriké*) engendre quatre types d'opérations, qui sont les parties de l'*art* rhétorique (et nullement les parties du discours, de l'*oratio*) : 1) *Pisteis,* l'établissement des « preuves » (*inventio*), 2) *Taxis,* la mise en place de ces preuves le long du discours, selon un certain ordre (*dipositio*), 3) *Lexis,* la mise en forme verbale (au niveau de la phrase) des arguments (*elocutio*), 4) *Hypo-crisis*, la mise en scène « discours total par un orateur qui doit se faire comédien (*actio*). Ces quatre opérations sont exami-nées trois fois (du moins en ce qui concerne l'*inventio*) : du point de vue de l'émetteur du message, du point de vue de son destinataire, du point de vue du message lui-même (A.4.2). Conformément à la notion de *techné* (c'est un pouvoir), le départ aristotélicien met au premier plan la *structuration* du discours (opération active) et relègue au second plan sa *struc-ture* (le discours comme produit). II. Pour Cicéron, la tête de ligne est la *doctrina dicendi*, c'est-à-dire, non plus une *techné* spéculative, mais un savoir enseigné à des fins pratiques ; la *doctrina dicendi*, du point de vue taxinomique, engendre : l) une énergie, un travail, *vis oratoris*, dont dépendent les opérations prévues par Aristote, 2) un produit, ou si l'on préfère, une forme, l'*oratio*, à quoi se rattachent les parties d'étendue dont elle se compose, 3) un sujet, ou si l'on préfère un contenu (un type de contenu), la *quaestio*, dont dépendent les genres de discours. Ainsi s'amorce une certaine autonomie de l'œuvre par rapport au travail qui l'a produite. III. Conciliateur et péda-gogue, Quintilien combine Aristote et Cicéron ; sa tête de ligne est bien la *techné*, mais c'est une *techné* pratique et pédago-gique, non spéculative ; elle aligne : 1) les opérations (*de arte*) – qui sont celles d'Aristote et de Cicéron, 2) l'opérateur (*de artifice*), 2) l'œuvre elle-même (*de opere*) (ces deux derniers thèmes sont commentés, mais non subdivisés).

B.0.3. *L'enjeu du classement : la place du plan*

On peut situer avec précision l'enjeu de ces flottements taxi-nomiques (même s'ils paraissent infimes) : c'est la place de la place, de la *dispositio*, de l'ordre des parties du discours : à quoi la rattacher, cette *dispositio* ? Deux options sont possibles : ou bien l'on considère le « plan » comme une « mise en ordre » (et non comme un ordre tout fait), comme un acte créatif de distribution des matières, en un mot un travail, une structura-tion, et on le rattache alors à la préparation du discours ; ou bien l'on prend le plan dans son état de produit, de structure fixe et on le rattache alors à l'œuvre, à l'*oratio* ; ou bien c'est un *dispatching* de matériaux, une distribution, ou bien c'est une grille, une forme stéréotypée. En un mot, l'ordre est-il actif,

créateur, ou passif, créé ? Chaque option a eu ses représentants,
qui l'ont poussée à sa limite : certains rattachent la *dispositio*
à la *probatio* (découverte des preuves) ; d'autres la rattachent
à l'*elocutio* : c'est une simple forme verbale. On sait l'ampleur qu'a prise ce problème au seuil des temps modernes : au
XVIᵉ siècle Ramus, violemment anti-aristotélicien (la *techné* est
une sophistication contraire à la nature), sépare radicalement
la *dispositio* de l'*inventio* : l'ordre est indépendant de la découverte des arguments : *d'abord* la recherche des arguments,
ensuite leur groupement appelé *méthode*. Au XVIIᵉ siècle, les
coups décisifs contre la rhétorique décadente ont été portés précisément contre la réification du plan, de la *dispositio*, telle
qu'avait fini par la concevoir une rhétorique du produit (et
non de la production) : Descartes découvre la coïncidence de
l'invention et de l'ordre, non plus chez les rhéteurs, mais chez
les mathématiciens ; et pour Pascal, l'ordre a une valeur créative, il suffit à fonder le nouveau (ce ne peut être une grille
toute faite, extérieure et précédente) : « *Qu'on ne dise pas que
je n'ai rien dit de nouveau : la disposition des matières est nouvelle.* » Le rapport entre l'*ordre d'invention* (*dispositio*) et
l'*ordre de présentation* (*ordo*), et notamment l'écart et l'orientation (contradiction, inversion) des deux ordres parallèles, a
donc toujours une portée théorique : c'est toute une conception de la littérature qui est à chaque fois en jeu, comme en
témoigne l'analyse exemplaire que Poe a donnée de son propre
poème, *le Corbeau* : partant, pour écrire l'œuvre, de *la dernière chose apparemment reçue* par le lecteur (reçue comme
« ornement »), à savoir l'effet triste du *nevermore* (*e/o*), puis
remontant de là jusqu'à l'invention de l'histoire et de la forme
métrique.

B.0.4. *La machine rhétorique*

Si, oubliant cet enjeu ou du moins optant résolument pour
le départ aristotélicien, on surimprime en quelque sorte les sous-
classements de l'ancienne rhétorique, on obtient une distribution canonique des différentes parties de la *techné*, un réseau,
un arbre, ou plutôt une grande liane qui descend de palier en
palier, tantôt divisant un élément générique, tantôt rassem-
blant des parties éparses. Ce réseau est un *montage*. On pense
à Diderot et à la machine à faire des bas : « *On peut la regar-*

*der comme un seul et unique raisonnement dont la fabrication
de l'ouvrage est la conclusion…* » Dans la machine de Diderot,
ce qu'on enfourne à l'entrée c'est du matériau textile, ce qu'on
trouve à la sortie ce sont des bas. Dans la « machine » rhétorique, ce que l'on met au début, émergeant à peine d'une aphasie native, ce sont des matériaux bruts de raisonnement, des
faits, un « sujet » ; ce que l'on trouve à la fin, c'est un discours
complet, structuré, tout armé pour la persuasion.

B.0.5. *Les cinq parties de la* techné rhétoriké

Notre ligne de départ sera donc constituée par les différentes opérations-mères de la *techné* (on comprend par ce qui
précède que nous rattacherons l'ordre des parties, la *dispositio*, à la *techné* et non à l'*oratio* : c'est ce qu'a fait Aristote).
Dans sa plus grande extension, la *techné rhétoriké* comprend
cinq *opérations* principales ; il faut insister sur la nature *active,
transitive, programmatique, opératoire* de ces divisions : il ne
s'agit pas des éléments d'une structure, mais des actes d'une
structuration progressive, comme le montre bien la forme verbale (par verbes) des définitions :

1.	INVENTIO Euresis	*invenire quid dicas*	trouver quoi dire
2.	DISPOSITIO Taxis	*inventa disponere*	mettre en ordre ce qu'on a trouvé
3.	ELOCUTIO Lexis	*ornare verbis*	ajouter l'ornement des mots, des figures
4.	ACTIO Hypocrisis	*agere et pronuntiare*	jouer le discours comme un acteur : gestes et diction
5.	MEMORIA Mnemé	*memoriae mandare*	recourir à la mémoire

Les trois premières opérations sont les plus importantes
(*Inventio, Dispositio, Elocutio*) ; chacune supporte un réseau
ample et subtil de notions, et toutes trois ont alimenté la rhétorique au-delà de l'Antiquité (surtout l'*Elocutio*). Les deux
dernières (*Actio* et *Memoria*) ont été très vite sacrifiées, dès
lors que la rhétorique n'a plus seulement porté sur les discours
parlés (déclamés) d'avocats ou d'hommes politiques, ou de
« conférenciers » (genre épidictique), mais aussi, puis à peu
près exclusivement, sur des « œuvres » (écrites). Nul doute

pourtant que ces deux parties ne présentent un grand intérêt :
la première (*actio*) parce qu'elle renvoie à une dramaturgie
de la parole (c'est-à-dire à une hystérie et à un rituel) ; la
seconde parce qu'elle postule un niveau des stéréotypes, un
intertextuel fixe, transmis mécaniquement. Mais comme ces
deux dernières opérations sont absentes de l'œuvre (opposée
à l'*oratio*), et comme, même chez les Anciens, elles n'ont donné
lieu à aucun classement (mais seulement à de brefs commen-
taires), on les éliminera, ici, de la machine rhétorique. Notre
arbre comprendra donc seulement trois souches 1) INVENTIO,
2) DISPOSITIO, 3) ELOCUTIO. Précisons cependant qu'entre le
concept de *techné* et ces trois départs s'interpose encore un
palier : celui des matériaux « substantiels » du discours : *Res*
et Verba. Je ne pense pas qu'il faille traduire simplement par
les Choses et les Mots. *Res*, dit Quintilien, ce sont *quae signi-
ficantur*, et *Verba*, *quae significant* ; en somme, au niveau du
discours, les signifiés et les signifiants. *Res*, c'est ce qui est
déjà promis au sens, constitué dès le départ en matériau de
signification ; *verbum*, c'est la forme qui va déjà chercher le
sens pour l'accomplir. C'est le paradigme *res/verba* qui compte,
c'est la relation, la complémentarité, l'échange, non la définition de chaque terme. – Comme la *Dispositio* porte à la fois
sur les matériaux (*res*) et sur les formes discursives (*verba*),
le premier départ de notre arbre, la première épure de notre
machine doit s'inscrire ainsi :

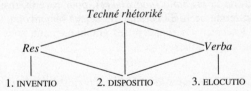

B.1. L'*inventio*

B.1.1. *Découverte et non invention*

L'*inventio* renvoie moins à une invention (des arguments)
qu'à une découverte : tout existe déjà, il faut seulement le
retrouver : c'est une notion plus « extractive » que « créative ».
Ceci est corroboré par la désignation d'un « lieu » (la Topique),

d'où l'on peut extraire les arguments et d'où il faut les ramener : l'*inventio* est un cheminement (*via argumentorum*). Cette idée de l'*inventio* implique deux sentiments : d'une part une confiance très sûre dans le pouvoir d'une méthode, d'une voie : si l'on jette le filet des formes argumentatives sur le matériau avec une bonne technique, on est assuré de ramener le contenu d'un excellent discours ; d'autre part, la conviction que le spontané, l'améthodique ne ramène rien : au pouvoir de la parole finale correspond un néant de la parole originelle ; l'homme ne peut parler sans être accouché de sa parole, et pour cet accouchement il y a une *techné* particulière, l'*inventio*.

B.1.2. Convaincre/émouvoir

De l'*inventio* partent deux grandes voies, l'une logique, l'autre psychologique : *convaincre* et *émouvoir*. *Convaincre* (*fidem facere*) requiert un appareil logique ou pseudo-logique qu'on appelle en gros la *Probatio* (domaine des « Preuves ») : par le raisonnement, il s'agit de faire une violence juste à l'esprit de l'auditeur, dont le caractère, les dispositions psychologiques, n'entrent pas alors en ligne de compte : les preuves ont leur propre force. *Émouvoir* (*animos impellere*) consiste au contraire à penser le message probatoire, non en soi, mais selon sa destination, l'humeur de qui doit le recevoir, à mobiliser des preuves subjectives, morales. Nous descendrons d'abord le long chemin de la *probatio* (*convaincre*), pour revenir ensuite au second terme de la dichotomie de départ (*émouvoir*). Toutes ces « descentes » seront reprises graphiquement, sous forme d'un arbre, en annexe.

B.1.3. Preuves dans-la-technique et preuves hors-la-technique

Pisteis, les preuves ? On gardera le mot par habitude, mais il a chez nous une connotation scientifique dont l'absence même définit les *pisteis* rhétoriques. Il vaudrait mieux dire : des raisons probantes, des voies de persuasion, des moyens de crédit, des médiateurs de confiance (*fides*). La division binaire des *pisteis* est célèbre : il y a les raisons qui sont en dehors de la *techné* (*pisteis atechnoi*) et les raisons qui font partie de la *techné* (*pisteis entechnoi*), en latin : *probationes inartificiales/artificiales* ; en français (B. Lamy) : *extrinsèques/intrin-*

sèques. Cette opposition n'est pas difficile à comprendre si nous nous rappelons bien ce qu'est une *techné* : une institution spéculative des moyens de produire ce qui peut être ou n'être pas, c'est-à-dire ce qui n'est ni scientifique (nécessaire) ni naturel. Les preuves *hors-de-la-techné* sont donc celles qui échappent à la liberté de créer l'objet contingent ; elles se trouvent en dehors de l'orateur (de l'opérateur de *techné*), ce sont des raisons inhérentes à la nature de l'objet. Les preuves *dans-la-techné* dépendent au contraire du pouvoir raisonnant de l'orateur.

B.1.4. *Preuves hors-de-la-techné*

Que peut l'orateur sur les preuves *atechnoi* ? Il ne peut les conduire (induire ou déduire) ; il peut seulement, parce qu'elles sont « inertes » en soi, les arranger, les faire valoir par une disposition méthodique. Quelles sont-elles ? Ce sont des fragments de réel qui passent directement dans la *dispositio*, par un simple faire-valoir, non par transformation ; ou encore : ce sont des éléments du « dossier » que l'on ne peut inventer (déduire) et qui sont fournis par la cause elle-même, par le client (nous sommes pour le moment dans le pur judiciaire). Ces *pisteis atechnoi* sont classés de la façon suivante : il y a : 1) les *praejudicia*, les arrêts antérieurs, la jurisprudence (le problème est de les détruire sans les attaquer de front) ; 2) les *rumores*, le témoignage public, le *consensus* de toute une ville ; 3) les *aveux sous torture* (*tormenta, quaesita*) : aucun sentiment moral, mais un sentiment social à l'égard de la torture : l'Antiquité reconnaissait le droit de torturer les esclaves, non les hommes libres ; 4) les *pièces* (*tabulae*) : contrats, accords, transactions entre particuliers, jusqu'aux relations forcées (vol, assassinat, brigandage, affront) ; 5) le *serment* (*jusjurandum*) : c'est l'élément de tout un jeu combinatoire, d'une tactique, d'un langage : on peut accepter, refuser de jurer, on accepte, on refuse le serment de l'autre, etc. ; 6) les *témoignages* (*testimonia*) : ce sont essentiellement, du moins pour Aristote, des témoignages nobles, issus soit de poètes anciens (Solon citant Homère pour appuyer les prétentions d'Athènes sur Salamine), soit de proverbes, soit de contemporains notables ; ce sont donc plutôt des « citations ».

B.1.5. *Sens des* atechnoi

Les preuves « extrinsèques » sont propres au judiciaire (les *rumores* et les *testimonia* peuvent servir au délibératif et à l'épidictique) ; mais on peut imaginer qu'ils servent dans le privé, pour juger une action, savoir s'il faut louer, etc. ; c'est ce qu'a fait Lamy. De là ces preuves extrinsèques peuvent alimenter des représentations fictives (roman, théâtre) ; il faut prendre garde cependant que ce ne sont pas des *indices*, qui, eux, font partie du raisonnement ; ce sont simplement les éléments d'un dossier qui vient de l'extérieur, d'un réel déjà institutionnalisé ; en littérature, ces preuves serviraient à composer des *romans-dossiers* (il s'en est trouvé), qui renonceraient à toute écriture liée, à toute représentation filée et ne donneraient que des fragments du réel déjà constitués en langage par la société. C'est bien le sens des *atechnoi* : ce sont des éléments *constitués* du langage social, qui passent directement dans le discours, sans être *transformés* par aucune opération technique de l'orateur, de l'auteur.

B.1.6. *Preuves dans-la-*techné

A ces fragments du langage social donnés directement, à l'état brut (sauf la mise en valeur d'un arrangement) s'opposent les *raisonnements* qui, eux, dépendent entièrement du pouvoir de l'orateur (*pisteis entechnoi*). *Entechnos* veut bien dire ici : qui relève d'une *pratique* de l'orateur, car le matériel est *transformé* en force persuasive par une opération logique. Cette opération, en toute rigueur, est double : induction et déduction. Les *pisteis entechnoi* se divisent donc en deux types : 1) l'*exemplum* (induction), 2) l'*enthymème* (déduction) ; il s'agit évidemment d'une induction et d'une déduction non scientifiques, mais simplement « publiques » (pour le public). Ces deux voies sont contraignantes : *Tous les orateurs, pour produire la persuasion, démontrent par des exemples ou des enthymèmes ; il n'y a pas d'autres moyens que ceux-là* (Aristote). Cependant une sorte de différence quasi esthétique, une différence de style s'est introduite entre l'exemple et l'enthymème : l'*exemplum* produit une persuasion plus douce, mieux prisée du vulgaire ; c'est une force lumineuse, flattant le plaisir qui est inhérent à toute comparaison ; l'enthymème, plus puissant,

plus vigoureux, produit une force violente, troublante, il bénéficie de l'énergie du syllogisme ; il opère un véritable rapt, c'est
la preuve, dans toute la force de sa pureté, de son essence.

B.1.7. L'exemplum

L'*exemplum* (*paradeigma*) est l'induction rhétorique : on procède d'un particulier à un autre particulier par le chaînon implicite du général : d'un objet on infère la classe, puis de cette classe
on défère un nouvel objet[1]. L'*exemplum* peut avoir n'importe
quelle dimension, ce peut être un mot, un fait, un ensemble de
faits et le récit de ces faits. C'est une similitude persuasive, un
argument par analogie : on trouve de bons *exempla*, si l'on a le
don de voir les analogies – et aussi, bien entendu, les contraires[2] ;
comme son nom grec l'indique, il est du côté du paradigmatique, du métaphorique. Dès Aristote, l'*exemplum* se subdivise
en réel et fictif ; le fictif se subdivise en *parabole* et *fable* ; le
réel couvre des exemples historiques, mais aussi mythologiques,
par opposition, non à l'imaginaire, mais à ce qu'on invente soi-
même ; la *parabole* est une comparaison courte[3], la *fable* (*logos*)
un assemblage d'actions. Cela indique la nature narrative de
l'*exemplum*, qui va s'épanouir historiquement.

B.1.8. La figure exemplaire : l'imago

Au début du Ier siècle av. J.-C., une nouvelle forme *d'exemplum* apparaît : le personnage exemplaire (*eikon, imago*)
désigne l'incarnation d'une vertu dans une figure : *Cato illa
virtutum viva imago* (Cicéron). Un répertoire de ces « *imago* »
s'établit à l'usage des écoles de Rhéteurs (Valère Maxime, sous
Tibère : *Factorum ac dictorum memorabilium libri novem*),
suivi plus tard d'une version en vers. Cette collection de figures

---

1. Exemple d'*exemplum* donné par Quintilien : « Des joueurs de flûte qui
s'étaient retirés de Rome y furent rappelés par un décret du Sénat ; à plus
forte raison doit-on rappeler de grands citoyens qui avaient bien mérité de la
République et que le malheur des temps avait forcés à l'exil » : maillon général de la chaîne inductive, la classe des gens utiles, chassés et rappelés.
2. *Exemplum a contrario* : « Ces tableaux, ces statues que Marcellus
rendait à des ennemis, Verrès les enlevait à des alliés » (Cicéron).
3. Exemple de parabole pris dans un discours de Socrate : il ne faut pas
tirer les magistrats au sort, pas plus que les athlètes et les pilotes.

a une immense fortune au Moyen Âge ; la poésie savante propose le canon définitif de ces personnages, véritable Olympe
d'archétypes que Dieu a mis dans la marche de l'histoire ;
l'*imago virtutis* saisit parfois des personnages très secondaires,
voués à une immense fortune, tel Amyclas, le batelier qui trans-
porta « César et sa fortune » d'Épire à Brindisi, au cours d'une
tempête (= pauvreté et sobriété) ; il y a de nombreuses « imago »
dans l'œuvre de Dante. Le fait même qu'on ait pu constituer
un répertoire d'*exempla* souligne bien ce que l'on pourrait appeler la vocation structurale de *l'exemplum* : c'est un morceau
détachable, qui comporte expressément un sens (portrait
héroïque, récit hagiographique) ; on comprend dès lors qu'on
puisse le suivre jusque dans l'écriture à la fois discontinue
et allégorique de la grande presse contemporaine : Churchill,
Jean XXIII sont des « *imago* », des exemples destinés à nous
persuader qu'il faut être courageux, qu'il faut être bon.

B.1.9. Argumenta

Face à *l'exemplum*, mode persuasif par induction, il y a le
groupe des modes par déduction, les *argumenta*. L'ambiguïté
du mot *argumentum* est ici significative. Le sens usuel ancien
est : sujet d'une fable scénique (l'argument d'une comédie de
Plaute), ou encore : action articulée (par opposition au *muthos*,
assemblage d'actions). Pour Cicéron, c'est à la fois « une chose
fictive qui aurait pu arriver » (le plausible) et « une idée vraisemblable employée à convaincre », ce dont Quintilien précise mieux la portée logique : « manière de prouver une chose
par une autre, de confirmer ce qui est douteux par ce qui ne
l'est pas ». Ainsi apparaît une duplicité importante : celle d'un
raisonnement (« toute forme de raisonnement public », dit un
rhéteur) impur, facilement dramatisable, qui participe à la fois
de l'intellectuel et du fictionnel, du logique et du narratif (ne
retrouve-t-on pas cette ambiguïté dans bien des « essais »
modernes ?). L'appareil des *argumenta* qui commence ici et
va épuiser jusqu'à sa fin toute la *probatio*, s'ouvre sur une
pièce maîtresse, tabernacle de la preuve déductive, *l'enthy-*
mème, qui se dit parfois *commentum*, *commentatio*, traduction
littérale du grec *enthumema* (toute réflexion qu'on a dans
l'esprit), mais le plus souvent, par une synecdoque significative : *argumentum*.

B.1.10. *L'enthymème*

L'enthymème a reçu deux significations successives (qui ne sont pas contradictoires). I. Pour les aristotéliciens, c'est un syllogisme fondé sur des vraisemblances ou des signes, et non sur du vrai et de l'immédiat (comme c'est le cas pour le syllogisme scientifique) ; l'enthymème est un *syllogisme rhétorique*, développé uniquement *au niveau du public* (comme on dit : se mettre au niveau de quelqu'un), à partir du *probable*, c'est-à-dire à partir de ce que le public pense ; c'est une déduction dont la valeur est concrète, posée en vue d'une *présentation* (c'est une sorte de spectacle acceptable), par opposition à la déduction abstraite, faite uniquement pour l'analyse ; c'est un raisonnement public, manié facilement par des hommes incultes. En vertu de cette origine, l'enthymème procure la persuasion, non la démonstration ; pour Aristote, l'enthymème est suffisamment défini par le caractère *vraisemblable* de ses prémisses (le vraisemblable admet des contraires) ; d'où la nécessité de définir et de classer les prémisses de l'enthymème (cf. *infra*, B.l 13, 14, 15, 16). II. Dès Quintilien et triomphant entièrement au Moyen Âge (depuis Boèce), une nouvelle définition prévaut : l'enthymème est défini, non par le contenu de ses prémisses, mais par le caractère elliptique de son articulation : c'est un syllogisme incomplet, un syllogisme écourté : il n'a « ni autant de parties ni des parties aussi distinctes que le syllogisme philosophique » : on peut supprimer l'une des deux prémisses ou la conclusion : c'est alors un syllogisme tronqué par la suppression (dans l'énoncé) d'une proposition dont la réalité paraît aux hommes incontestable et qui est, pour cette raison, simplement « gardée dans l'esprit » (*en thumo*). Si on applique cette définition au syllogisme maître de toute la culture (il nous redit bizarrement notre mort) – et bien que la prémisse n'en soit pas simplement probable, ce qui ne pourrait en faire un enthymème au sens I –, on peut avoir les enthymèmes suivants : *l'homme est mortel, donc Socrate est mortel, Socrate est mortel parce que les hommes le sont, Socrate est un homme, donc mortel*, etc. On pourrait préférer à ce modèle funèbre l'exemple, plus actuel, proposé par Port-Royal : *Tout corps qui réfléchit la lumière de toutes parts est raboteux ; or la lune réfléchit la lumière de toutes parts ; donc la lune est un corps raboteux*, et toutes les formes enthymématiques que l'on peut en extraire (*la lune est raboteuse parce qu'elle réfléchit la lumière de toutes parts*, etc.). Cette seconde définition de l'enthymème est en effet surtout celle de la *Logique* de Port-Royal, et l'on voit très bien pourquoi (ou comment) : l'homme classique croit que le syllogisme est tout fait dans l'esprit (« le nombre de trois propositions est assez proportionné avec l'étendue de notre esprit ») ; si l'enthymème est un syllogisme imparfait, ce ne peut donc être qu'*au niveau du langage* (qui n'est pas celui de l'« esprit ») : c'est un syllogisme parfait dans l'esprit, mais imparfait dans l'expression ; en somme c'est un accident de langage, un écart.

B.1.11. *Métamorphoses de l'enthymème*

Voici quelques variétés de syllogismes rhétoriques : 1) le *prosyllogisme*, enchaînement de syllogismes dans lequel la conclusion de l'un devient la prémisse du suivant ; 2) le *sorite* (*soros*, le tas), accumulation de prémisses ou suite de syllogismes tronqués ; 3) l'*épichérème* (souvent commenté dans l'Antiquité), ou syllogisme développé, chaque prémisse étant accompagnée de sa preuve ; la structure épichérématique peut s'étendre à tout un discours en cinq parties : proposition, raison de la majeure, assomption ou mineure, preuve de la mineure, complexion ou conclusion : A... car... Or B... car... Donc C[1] ; 4) l'*enthymème apparent*, ou raisonnement fondé sur un tour de passe-passe, un jeu de mots ; 5) la *maxime* (*gnomé*, *sententia*) : forme très elliptique, monodique, c'est un fragment d'enthymème dont le reste est virtuel : « il ne faut jamais donner à ses enfants un excès de savoir (car ils récoltent l'envie de leurs concitoyens) »[2]. Évolution significative, la *sententia* émigre de *l'inventio* (du raisonnement, de la rhétorique syntagmatique) à l'*elocutio*, au style (figures d'amplification ou de diminution) ; au Moyen Âge, elle s'épanouit, contribuant à former un trésor de citations sur tous les sujets de sagesse : phrases, vers gnomiques appris par cœur, collectionnés, classés par ordre alphabétique.

---

1. Un épichérème étendu : tout le *Pro Milone* de Cicéron : 1) est permis de tuer ceux qui nous dressent des embûches, 2) preuves tirées de la loi naturelle, du droit des gens, d'*exempla*, 3) or Clodius a dressé des embûches à Milon, 4) preuves tirées des faits, 5) donc il était permis à Milon de tuer Clodius.
2. La maxime (*gnomé*, *sententia*) est une formule qui exprime le général, mais seulement un général qui a pour objet des actions (ce qui peut

B.1.12. *Plaisir à l'enthymème*

Puisque le syllogisme rhétorique est fait pour le public (et non sous le regard de la science), les considérations psychologiques sont pertinentes, et Aristote y insiste. L'enthymème a les agréments d'un cheminement, d'un voyage : on part d'un point qui n'a pas besoin d'être prouvé et de là on va vers un autre point qui a besoin de l'être ; on a le sentiment agréable (même s'il provient d'une force) de découvrir du nouveau par une sorte de contagion naturelle, de capillarité qui étend le connu (l'opinable) vers l'inconnu. Cependant, pour rendre tout son plaisir, ce cheminement doit être surveillé : le raisonnement ne doit pas être pris de trop loin et il ne faut pas passer par tous les échelons pour conclure : cela lasserait (l'épichérème doit être utilisé seulement dans les grandes occasions) ; car il faut compter avec l'ignorance des auditeurs (l'ignorance est précisément cette incapacité d'inférer par de nombreux degrés et de suivre longtemps un raisonnement) ; ou plutôt : cette ignorance, il faut l'exploiter en donnant à l'auditeur le sentiment qu'il la fait cesser de lui-même, par sa propre force mentale : l'enthymème n'est pas un syllogisme tronqué par carence, dégradation, mais parce qu'il faut laisser à l'auditeur le plaisir de tout faire dans la construction de l'argument : c'est un peu le plaisir qu'il y a à compléter soi-même une grille donnée (cryptogrammes, jeux, mots croisés). Port-Royal, bien que jugeant toujours le langage fautif par rapport à l'esprit – et l'enthymème est un syllogisme de langage – reconnaît ce plaisir du raisonnement incomplet : « Cette suppression [d'une partie du syllogisme] flatte la vanité de ceux à qui l'on parle, en se remettant de quelque chose à leur intelligence et en abrégeant le discours, elle le rend plus fort et plus vif[1] » ;

être choisi ou évité) ; pour Aristote, l'assise de la *gnomé* est toujours l'*eikos*, conformément à sa définition de l'enthymème par le *contenu* des prémisses ; mais pour les classiques, qui définissent l'enthymème par son « tronquage », la maxime est essentiellement un « raccourci » : « il arrive aussi quelquefois que l'on renferme deux propositions dans une seule proposition : la sentence enthymématique » (ex. : Mortel, ne garde pas une haine immortelle).

1. Exemple de raccourci heureux : ce vers de la *Médée* d'Ovide, « qui contient un enthymème très élégant » : *Servare potui, perdere an possim rogas* ? Je t'ai pu conserver, je te pourrais donc perdre. (Celui qui peut conserver peut perdre, or j'ai pu te conserver donc je pourrais te perdre.)

on voit cependant le changement moral (par rapport à Aristote) :
le plaisir de l'enthymème est moins rapporté à une autonomie
créatrice de l'auditeur qu'à une excellence de la *concision*, donnée triomphalement comme le signe d'un *surplus* de la pensée sur le langage (la pensée l'emporte d'une longueur sur le
langage) : « …une des principales beautés d'un discours est
d'être plein de sens et de *donner occasion à l'esprit de former
une pensée plus étendue que n'est l'expression…* »

B.1.13. *Les prémisses enthymématiques*

Le lieu d'où nous partons pour faire l'agréable chemin de
l'enthymème, ce sont les prémisses. Ce lieu est connu, certain,
mais ce n'est pas le certain scientifique : c'est notre certain
humain. Que tenons-nous donc pour certain ? 1) ce qui tombe
sous les sens, ce que nous voyons et entendons : les indices
sûrs, *tekméria* ; 2) ce qui tombe sous le sens, ce sur quoi les
hommes sont généralement d'accord, ce qui est établi par les
lois, ce qui est passé dans l'usage (« il existe des dieux », « il
faut honorer ses parents », etc.) : ce sont les vraisemblances,
eikota, ou, génériquement, le vraisemblable (*eikos*) ; 3) entre
ces deux types de « certain » humain, Aristote met une catégorie plus floue : les *séméia*, les signes (une chose qui sert à
en faire entendre une autre, *per quod alia res intelligitur*).

B.1.14. *Le* tekmérion, *l'indice sûr*

Le *tekmérion* est l'indice sûr, le signe nécessaire ou encore
« le signe indestructible », celui qui est ce qu'il est et qui ne
peut pas être autrement. Une femme a accouché : c'est l'indice sûr (*tekmérion*) qu'elle a eu commerce avec un homme.
Cette prémisse se rapproche beaucoup de celle qui inaugure
le syllogisme scientifique, bien qu'elle ne repose que sur une
universalité d'expérience. Comme toujours lorsqu'on exhume
ce vieux matériel logique (ou rhétorique), on est frappé de le
voir fonctionner parfaitement à l'aise dans les œuvres de la
culture dite de masse – au point que l'on peut se demander si
Aristote n'est pas le philosophe de cette culture et par conséquent ne fonde pas la critique qui peut avoir prise sur elle ;
ces œuvres mobilisent en effet couramment des « évidences »
physiques qui servent de départs à des raisonnements impli-

cites, à une certaine perception rationnelle du déroulement de l'anecdote. Dans *Goldfinger*, il y a une électrocution par l'eau : ceci est connu, n'a pas besoin d'être fondé, c'est une prémisse « naturelle », un *tekmérion* ; ailleurs (dans le même film) une femme meurt parce qu'on a aurifié son corps ; ici il faut savoir que la peinture d'or empêche la peau de respirer et donc provoque l'asphyxie : ceci, étant rare, a besoin d'être fondé (par une explication) ; ce n'est donc pas un *tekmérion*, ou du moins il est « décroché » jusqu'à une certitude antécédente (l'asphyxie fait mourir). Il va de soi que les *tekméria* n'ont pas, historiquement, la belle stabilité que leur prête Aristote : le « certain » public dépend du « savoir » public et celui-ci varie avec les temps et les sociétés ; pour reprendre l'exemple de Quintilien (et le démentir), on m'assure que certaines populations n'établissent pas de détermination entre l'accouchement et le rapport sexuel (l'enfant dort dans la mère, Dieu le réveille).

B.1.15. *L'*eikos, *le vraisemblable*

Le second type de « certitude » (humaine, non scientifique) qui peut servir de prémisse à l'enthymème est le vraisemblable, notion capitale aux yeux d'Aristote. C'est une idée générale reposant sur le jugement que se sont fait les hommes par expériences et inductions imparfaites (Perelman propose de l'appeler le *préférable*). Dans le vraisemblable aristotélicien il y a deux noyaux : 1) l'idée de *général*, en ce qu'elle s'oppose à l'idée d'*universel* : l'universel est nécessaire (c'est l'attribut de la science), le général est non nécessaire ; c'est un « général » humain, déterminé en somme statistiquement par l'opinion du plus grand nombre ; 2) la possibilité de contrariété ; certes l'enthymème est reçu par le public comme un syllogisme certain, il semble partir d'une opinion à laquelle on croit « dur comme fer » ; mais par rapport à la science, le vraisemblable admet, lui, le contraire : dans les limites de l'expérience humaine et de la vie morale, qui sont celles de *l'eikos*, le contraire n'est jamais impossible : on ne peut prévoir d'une façon certaine (scientifique) les résolutions d'un être libre : « celui qui se porte bien verra le jour demain », « un père aime ses enfants », « un vol commis sans effraction dans la maison a dû l'être par un familier », etc. : soit, mais le

contraire est toujours possible ; l'analyste, le rhétoricien sent
bien la force de ces opinions, mais en toute honnêteté il les
tient à distance en les introduisant par un *esto* (*soit*) qui le
décharge aux yeux de la science, où le contraire n'est jamais
possible.

B.1.16. *Le* séméion, *le signe*

Le *séméion,* troisième départ possible de l'enthymème, est
un indice plus ambigu, moins sûr que le *tekmérion.* Des traces
de sang font supposer un meurtre, mais ce n'est pas sûr : le
sang peut provenir d'un saignement de nez, ou d'un sacrifice.
Pour que le signe soit probant, il faut d'autres signes conco-
mitants ; ou encore : pour que le signe cesse d'être polysémique
(le *séméion* est en effet le signe polysémique), il faut recourir
à tout un contexte. Atalante n'était pas vierge, puisqu'elle cou-
rait les bois avec des garçons : pour Quintilien, c'est encore à
prouver ; la proposition est même si incertaine qu'il rejette le
séméion hors de la *techné* de l'orateur : celui-ci ne peut se saisir du *séméion* pour le transformer, par conclusion enthymématique, en certain.

B.1.17. *Pratique de l'enthymème*

Dans la mesure où l'enthymème est un raisonnement
« public », il était licite d'en étendre la pratique hors du judiciaire et il est possible de le retrouver hors de la rhétorique
(et de l'Antiquité). Aristote lui-même a étudié le *syllogisme
pratique,* ou enthymème qui a pour conclusion un acte déci-
sionnel ; la majeure est occupée par une maxime courante
(*eikos*) ; dans la mineure, l'agent (par exemple moi-même)
constate qu'il se trouve dans la situation couverte par la
majeure ; il conclut par une décision de comportement.
Comment se fait-il alors que si souvent la conclusion contre-
dise la majeure et que l'action résiste à la connaissance ? C'est
parce que, bien souvent, de la majeure à la mineure, il y a
déviation : la mineure implique subrepticement une autre
majeure : « Boire de l'alcool est nuisible à l'homme, or je
suis un homme, donc je ne dois pas boire », et cependant,
malgré ce bel enthymème, je bois ; c'est que je me réfère « en
douce » à une autre majeure : le pétillant et la glace désal-

tèrent, se rafraîchir fait du bien (majeure bien connue de la publicité et des conversations de bistrot). Autre extension possible de l'enthymème : dans les langages « froids » et raisonnables, à la fois distants et publics, tels les langages institutionnels (la diplomatie publique, par exemple) : des étudiants chinois ayant manifesté devant l'ambassade américaine à Moscou (mars 1965), la manifestation ayant été réprimée par la police russe et le gouvernement chinois ayant protesté contre cette répression, une note soviétique répond à la protestation chinoise par un bel épichérème, digne de Cicéron (cf. B.1.11) : 1) Prémisse majeure : *eikos,* opinion générale : *il existe des normes diplomatiques, respectées par tous les pays* ; 2) Preuve de la majeure : *les Chinois eux-mêmes respectent, dans leur pays, ces normes d'accueil* ; 3) Prémisse mineure : *or les étudiants chinois, à Moscou, ont violé ces normes ;* 4) Preuve de la mineure : c'est le récit de la manifestation (*injures, voies de fait et autres actes tombant sous le coup du code pénal*) ; 5) La conclusion n'est pas énoncée (c'est un enthymème), mais elle est claire : c'est la note elle-même comme rejet de la protestation chinoise : l'adversaire a été mis en contradiction avec *l'eikos* et avec lui-même.

B.1.18. Le *lieu,* topos, locus

Les classes de prémisses enthymématiques étant distinguées, il faut encore meubler ces classes, trouver des prémisses : on a les grandes formes, mais comment inventer les contenus ? C'est toujours la même question angoissante posée par la Rhétorique et qu'elle essaye de résoudre : *quoi dire ?* D'où l'importance de la réponse, attestée par l'ampleur et la fortune de cette partie de *l'Inventio* qui est chargée de fournir des contenus au raisonnement et qui commence maintenant : la *Topique.* Les prémisses peuvent en effet être tirées de certains *lieux.* Qu'est-ce qu'un lieu ? C'est, dit Aristote, ce en quoi coïncide une pluralité de raisonnements oratoires. Les lieux, dit Port-Royal, sont « certains chefs généraux auxquels on peut rapporter toutes les preuves dont on se sert dans les diverses matières que l'on traite » ; ou encore (Lamy) : « des avis généraux qui font ressouvenir ceux qui les consultent de toutes les faces par lesquelles on peut considérer un sujet ». Cependant l'approche métaphorique du lieu est plus signifi-

cative que sa définition abstraite. On s'est servi de beaucoup
de métaphores pour identifier le lieu. D'abord, pourquoi *lieu* ?
Parce que, dit Aristote, pour se souvenir des choses, il suffit
de reconnaître le lieu où elles se trouvent (le lieu est donc
l'élément d'une association d'idées, d'un conditionnement,
d'un dressage, d'une mnémonique) ; les lieux ne sont donc pas
les arguments eux-mêmes mais les compartiments dans lesquels on les range. De là toute image conjoignant l'idée d'un
espace et celle d'une réserve, d'une localisation et d'une
extraction : une *région* (où l'on peut trouver des arguments),
une *veine de tel minerai*, un *cercle*, une *sphère*, une *source*,
un *puits,* un *arsenal*, un *trésor*, et même un *trou à pigeons*
(W. D. Ross) ; « Les lieux, dit Dumarsais, sont les cellules où
tout le monde peut aller prendre, pour ainsi dire, la matière
d'un discours et des arguments sur toutes sortes de sujets. »
Un logicien scolastique, exploitant la nature ménagère du lieu,
le compare à une étiquette qui indique le contenu d'un réci-
pient (*pyxidum indices*) ; pour Cicéron, les arguments, venant
des lieux, se présenteront d'eux-mêmes pour la cause à traiter « comme les lettres pour le mot à écrire » : les lieux forment donc cette réserve très particulière que constitue
l'alphabet : un corps de formes privées de sens en elles-mêmes,
mais concourant au sens par sélection, agencement, actualisation. Par rapport au lieu, qu'est-ce que la *Topique* ? Il semble
que l'on puisse distinguer trois définitions successives, ou tout
au moins trois orientations du mot. La Topique est – ou a été :
1) une méthode, 2) une grille de formes vides, 3) une réserve
de formes remplies.

B.1.19. *La Topique : une méthode*

Originairement (selon les *Topica* d'Aristote, antérieures à
sa Rhétorique), la Topique a été un recueil des lieux communs
de la dialectique, c'est-à-dire du syllogisme fondé sur le probable (intermédiaire entre la science et le vraisemblable) ; puis
Aristote en fait une méthode, plus pratique que la dialectique :
celle qui « nous met en état, sur tout sujet proposé, de fournir
des conclusions tirées de raisons vraisemblables ». Ce sens
méthodique a pu durer ou du moins resurgir le long de l'histoire rhétorique : c'est alors l'art (savoir organisé en vue de
l'enseignement : *disciplina*) de trouver les arguments (Isidore),

ou encore un ensemble de « moyens courts et faciles pour trouver la matière de discourir même sur les sujets qui sont entièrement inconnus » (Lamy) – on comprend les suspicions de la philosophie à l'égard d'une telle méthode.

B.1.20. *La Topique : une grille*

Le second sens est celui d'un réseau de formes, d'un parcours quasi cybernétique auquel on soumet la matière que l'on veut transformer en discours persuasif. Il faut se représenter les choses ainsi : un *sujet* (*quaestio*) est donné à l'orateur ; pour trouver des arguments, l'orateur « promène » son sujet le long d'une grille de formes vides : du contact du sujet et de chaque case (chaque « lieu ») de la grille (de la Topique) surgit une idée possible, une prémisse d'enthymème. Il a existé dans l'Antiquité une version pédagogique de ce procédé : la *chrie* (*chréia*), ou exercice « utile », était une épreuve de virtuosité, imposée aux élèves, qui consistait à faire passer un thème par une série de lieux : *quis ? quid ? ubi ? quibus auxiliis ? cur ? quomodo ? quando ?* S'inspirant de topiques anciennes, Lamy, au XVIIe siècle, propose la grille suivante : le genre, la différence, la définition, le dénombrement des parties, l'étymologie, les conjugués (c'est le champ associatif du radical), la comparaison, la répugnance, les effets, les causes, etc. Supposons que nous ayons à faire un discours sur la littérature : Nous « séchons » (il y a de quoi), mais heureusement nous disposons de la topique de Lamy : nous pouvons alors, au moins, nous poser des questions et tenter d'y répondre : à quel « genre » rattacherons-nous la littérature ? art ? discours ? production culturelle ? Si c'est un « art », quelle différence avec les autres arts ? Combien de parties lui assigner et lesquelles ? Que nous inspire l'étymologie du mot ? Son rapport à ses voisins morphologiques (*littéraire, littéral, lettres, lettré,* etc.) ? Avec quoi la littérature est-elle dans un rapport de répugnance ? l'Argent ? la Vérité ? etc.[1]. La conjonction de la grille et de la *quaestio* res-

---

1. Ces grilles topiques sont stupides, elles n'ont aucun rapport avec la « vie », la « vérité », on a eu bien raison de les bannir de l'enseignement moderne, etc. : sans doute : encore faudrait-il que les « sujets » (de devoir, de dissertation) suivent ce beau mouvement. Au moment où j'écris ceci, j'entends que l'un des « sujets » du dernier baccalauréat était quelque chose comme : *Faut-il encore respecter les vieillards ?* A sujet stupide, topique indispensable.

semble à celle du thème et des prédicats, du sujet et des attributs : la « topique attributive » a son apogée dans les tables des Lullistes (*ars brevis*) : les attributs généraux sont des espèces de lieux. – On voit quelle est la portée de la grille topique : les métaphores qui visent le lieu (*topos*) nous l'indiquent assez : les arguments *se cachent*, ils *sont tapis* dans des régions, des profondeurs, des assises d'où il faut les appeler, les réveiller : la Topique est accoucheuse de *latent* : c'est une forme qui articule des contenus et produit ainsi des fragments de sens, des unités intelligibles.

B.1.21. *La Topique : une réserve*

Les *lieux* sont en principe des formes vides ; mais ces formes ont eu très vite tendance à se remplir toujours de la même manière, à emporter des contenus, d'abord contingents, puis répétés, réifiés. La Topique est devenue une réserve de stéréotypes, de thèmes consacrés, de « morceaux » pleins que l'on place presque obligatoirement dans le traitement de tout sujet. D'où l'ambiguïté historique de l'expression *lieux communs* (*topoi koinoi, loci communi*) : 1) ce sont des formes vides, communes à tous les arguments (plus elles sont vides, plus elles sont communes, cf. *infra*, B.1.23) ; 2) ce sont des stéréotypes, des propositions rabâchées. La Topique, réserve pleine : ce sens n'est pas du tout celui d'Aristote, mais c'est déjà celui des Sophistes : ceux-ci avaient senti la nécessité d'avoir une table des choses dont on parle communément et sur lesquelles il ne faut pas « être coincé ». Cette réification de la Topique s'est poursuivie régulièrement, par-dessus Aristote, à travers les auteurs latins ; elle a triomphé dans la néo-rhétorique et a été absolument générale au Moyen Âge. Curtius a donné un recensement de ces thèmes obligés, accompagnés de leur traitement fixe. Voici quelques-uns de ces lieux réifiés (au Moyen Âge) : 1) *topos* de la modestie affectée : tout orateur doit déclarer qu'il est écrasé par son sujet, qu'il est incompétent, que ce n'est certes pas de la coquetterie que de dire cela, etc. (*excusatio propter infirmitatem*[1]) ;

---

1. L'*excusatio propter infirmitatem* règne encore abondamment dans nos écrits. Témoin cette *excusatio* loustic de Michel Cournot (*Nouvel observateur*, 4 mars 1965) : « Je ne ris pas cette semaine, j'ai l'Évangile pour sujet, et, pourquoi ne pas le dire tout de suite, je ne suis pas à la hauteur, etc. »

2) *topos* du *puer senilis* : c'est le thème magique de l'adolescent doué d'une sagesse parfaite ou du vieillard pourvu de la beauté et de la grâce de la jeunesse ; 3) *topos* du *locus amoenus* : le paysage idéal, Élysée ou Paradis (arbres, bosquets, source et prairie) a fourni bon nombre de « descriptions » littéraires (cf. *l'ekphrasis*, A.5.2), mais l'origine en est judiciaire : toute relation démonstrative d'une cause obligeait à *l'argumentum a loco* : il fallait fonder les preuves sur la nature du lieu où s'était passée l'action ; la topographie a ensuite envahi la littérature (de Virgile à Barrès) ; une fois réifié, le *topos* a un contenu fixe, indépendant du contexte : des oliviers et des lions sont placés dans des régions nordiques : le *paysage* est détaché du *lieu*, car sa fonction est de constituer un signe universel, celui de la Nature : le paysage est le signe culturel de la Nature ; 4) les *adunata* (*impossibilia*) : ce *topos* décrit comme brusquement compatibles des phénomènes, des objets et des êtres contraires, cette conversion paradoxale fonctionnant comme le signe inquiétant d'un monde « renversé » : *le loup fuit devant les moutons* (Virgile) ; ce *topos* fleurit au Moyen Âge, où il permet de critiquer l'époque : c'est le thème grognon et vieillard du « on aura tout vu », ou encore : du *comble*[1]. Tous ces *topoi*, et avant même le Moyen Âge, sont des morceaux détachables (preuve de leur forte réification), mobilisables, transportables : ce sont les éléments d'une combinatoire syntagmatique ; leur emplacement était soumis à une seule réserve : ils ne pouvaient être mis dans la *peroratio*

---

1. Deux exemples d'*adunata* :
Dellile : « Bientôt au noir corbeau s'unira l'hirondelle ;
   Bientôt à ses amours la colombe infidèle,
   Loin du lit conjugal portera sans effroi,
   Au farouche épervier et son cœur et sa foi. »
Théophile de Viau : « Ce ruisseau remonte en sa source,
   Un bœuf gravit sur un clocher,
   Le sang coule de ce rocher,
   Un aspic s'accouple d'une ourse.
   Sur le haut d'une vieille tour,
   Un serpent déchire un vautour ;
   Le feu brûle dedans la glace,
   Le soleil est devenu noir,
   Je vois la lune qui va choir,
   Cet arbre est sorti de sa place. »

(péroraison), qui est entièrement contingente, car elle doit résumer *l'oratio*. Cependant, depuis et aujourd'hui, combien de conclusions stéréotypées !

B.1.22. *Quelques Topiques*

Revenons à notre Topique-grille, car c'est elle qui nous permettra de reprendre la « descente » de notre arbre rhétorique, dont elle est un grand lieu distributeur (de *dispatching*). L'Antiquité et le classicisme ont produit plusieurs topiques, définies soit par le groupement affinitaire des lieux, soit par celui des sujets. Dans le premier cas, on peut citer la Topique générale de Port-Royal, inspirée du logicien allemand Clauberg (1654) ; la topique de Lamy qu'on a citée en a donné une idée : il y a les lieux de grammaire (étymologie, *conjugata*), les lieux de logique (genre, propre, accident, espèce, différence, définition, division), les lieux de métaphysique (cause finale, cause efficiente, effet, tout, parties, termes opposés) ; c'est évidemment une topique aristotélicienne. Dans le second cas, qui est celui des Topiques par sujets, on peut citer les Topiques suivantes : 1) la *Topique oratoire* proprement dite ; elle comprend en fait trois topiques : une topique des raisonnements, une topique des mœurs (*ethé* : intelligence pratique, vertu, affection, dévouement) et une topique des passions (*pathé* : colère, amour, crainte, honte et leurs contraires) ; 2) une *topique du risible,* partie d'une rhétorique possible du comique ; Cicéron et Quintilien ont énuméré quelques lieux du risible : défauts corporels, défauts d'esprit, incidents, extérieurs, etc ; 3) une *topique théologique :* elle comprend les différentes sources où les Théologiens peuvent puiser leurs arguments : Écritures, Pères, Conciles, etc ; 4) une *topique sensible* ou *topique de l'imagination ;* on la trouve ébauchée dans Vico : « Les fondateurs de la civilisation [allusion à l'antériorité de la Poésie] se livrèrent à une *topique sensible,* dans laquelle ils unissaient les propriétés, les qualités ou les rapports des individus ou des espèces et les employaient tout concrets à former leur genre poétique » ; Vico parle ailleurs des « *universaux de l'imagination* » ; on peut voir dans cette topique sensible une ancêtre de la critique thématique, celle qui procède par catégories, non par auteurs : celle de Bachelard, en somme : l'ascensionnel, le caverneux, le torrentueux, le miroitant, le dormant, etc., sont des « lieux » auxquels on soumet les « images » des poètes.

B.1.23. Les lieux communs

La Topique proprement dite (topique oratoire, aristoté-licienne), celle qui dépend des *pisteis entechnoi,* par opposi-tion à la topique des caractères et à celle des passions, comprend deux parties, deux sous-topiques : 1) une topique générale, celle des lieux communs ; 2) une topique appli-quée, celle des lieux spéciaux. Les *lieux communs* (*topoi koi-noi, loci communissimi*) ont pour Aristote un sens tout diffé-rent de celui que nous attribuons à l'expression (sous l'influence du troisième sens du mot *Topique,* B.1.21). Les lieux com-muns ne sont pas des stéréotypes pleins, mais au contraire des lieux formels : étant généraux (le général est propre au vraisemblable), ils sont communs à tous les sujets. Pour Aristote, ces lieux communs sont en tout et pour tout au nombre de trois : 1) le *possible/impossible* ; confrontés avec le temps (passé, avenir), ces termes donnent une question topique : la chose peut-elle avoir été faite ou non, pourra-t-elle l'être ou non ? Ce lieu peut s'appliquer aux relations de contrariété : s'il a été possible qu'une chose commençât, il est possible qu'elle finisse, etc. ; 2) *existant/non existant* (ou *réel/non réel*) ; comme le précédent, ce lieu peut être confronté avec le temps : si une chose peu apte à advenir est cependant advenue, celle qui est plus apte est certainement advenue (passé) ; des matériaux de construction sont ici réunis : il est probable qu'on y bâtira une maison (avenir) ; 3) *plus/moins* : c'est le lieu de la grandeur et de la petitesse ; son ressort principal est le « à plus forte raison » : il y a de fortes chances pour que X ait frappé ses voisins, attendu qu'il frappe même son père. – Bien que les lieux communs, par définition, soient sans spécialité, chacun convient mieux à l'un des trois genres oratoires : le *possible/impossible* convient bien au délibératif (est-il possible de faire ceci ?), le *réel/non-réel* au judiciaire (le crime a-t-il eu lieu ?), le *plus/moins* à l'épidictique (éloge ou blâme).

B.1.24. Les lieux spéciaux

Les lieux spéciaux *(eidé, idia)* sont des lieux propres à des sujets déterminés ; ce sont des vérités particulières, des pro-positions spéciales, acceptées de tous ; ce sont les vérités expérimentales attachées à la politique, au droit, aux finances, à la marine, à la guerre, etc. Cependant comme ces lieux se confondent avec la pratique de disciplines, de genres, de sujets particuliers, on ne peut les énumérer. Le problème théorique doit cependant être posé. La suite de notre arbre va donc consister à confronter l'*inventio,* telle que nous la connaissons jusqu'ici, et la spécialité du contenu. Cette confrontation, c'est la *quaestio.*

B.1.25. *La thèse et l'hypothèse :* causa

La *quaestio* est la forme de la spécialité du discours. Dans toutes les opérations posées idéalement par la « machine » rhétorique, on introduit une nouvelle variable (qui est, à vrai dire, lorsqu'il s'agit de *faire* le discours, la variable de départ) : le contenu, le point à débattre, bref le référentiel. Ce référentiel, par définition contingent, peut être cependant classé en deux grandes formes, qui constituent les deux grands types de *quaestio* : 1) la *position* ou *thèse (thesis, propositum)* : c'est une question générale, « abstraite » dirions-nous aujourd'hui, mais cependant précisée, référée (sans quoi elle ne relèverait pas des lieux spéciaux), sans toutefois (et c'est là sa marque) aucun paramètre de lieu ou de temps (par exemple : *faut-il se marier ?*) ; 2) l'*hypothèse (hypothesis)* : c'est une question particulière, impliquant des faits, des circonstances, des personnes, bref un temps et un lieu (par exemple : *X doit-il se marier ?*) – on voit qu'en rhétorique les mots *thèse* et *hypothèse* ont un sens tout différent de celui auquel nous sommes habitués. Or l'hypothèse, ce point à débattre temporalisé et localisé, a un autre nom, prestigieux celui-là : l'hypothèse, c'est la *causa. Causa* est un *negotium,* une affaire, une combinaison de contingences variées ; un point problématique où est engagé du contingent, et tout particulièrement du temps. Comme il y a trois « temps » (passé, présent, avenir), on aura donc trois types de *causa,* et chaque type correspondra à l'un des trois genres oratoires que nous connaissons déjà : les voilà donc structuralement fondés, situés dans notre arbre rhétorique. On peut en donner les attributs :

	Genres	Auditoire	Finalité	Objet	Temps	Raison-nement (a)	Lieux communs
1	DÉLIBÉ-RATIF	membres d'une assemblée	conseiller/déconseil-ler	utile/nuisible	avenir	*exempla*	possible/impossible
2	JUDI-CIAIRE	juges	accuser/défendre	juste/injuste	passé	enthy-mèmes	réel/non réel
3	ÉPIDIC-TIQUE	specta-teurs, public	louer/blâmer	beau/laid	présent	compa-raison am-plifiante (b)	plus/moins

(a) Il s'agit d'une dominante.
(b) C'est une variété d'induction, un *exemplum* orienté vers l'exaltation de la personne louée (par comparaisons implicites).

B.1.26. Status causae

De ces trois genres, c'est le judiciaire qui a été le mieux commenté dans l'Antiquité ; l'arbre rhétorique le prolonge au-delà de ses voisins. Les lieux spéciaux du judiciaire s'appellent les *status causae*. Le *status causae* est le cœur de la *quaestio*, le point à juger ; c'est ce moment où se produit le premier choc entre les adversaires, les parties ; en prévision de ce conflit, l'orateur doit chercher le *point d'appui* de la *quaestio* (d'où les mots : *stasis*, *status*). Les *status causae* ont grandement excité la passion taxinomique de l'Antiquité. La classification la plus simple énumère trois *status causae* (il s'agit toujours des *formes* que peut prendre le contingent) : 1) La *conjecture* : cela a-t-il eu lieu ou non (*an sit*) ? C'est le premier lieu parce qu'il est le résultat immédiat d'un premier conflit d'assertions : *fecisti/non feci : an fecerit ? C'est toi qui a fait cela/ non, ce n'est pas moi : est-ce lui ?* 2) La *définition* (*quid sit ?*) : Quelle est la qualification légale du fait, sous quel nom (juridique) le ranger ? Est-ce un crime ? Un sacrilège ? 3) La *qualité* (*quale sit ?*) : le fait est-il permis, utile, excusable ? C'est l'ordre des circonstances atténuantes. A ces trois lieux, on ajoute parfois un quatrième lieu, d'ordre procédu-rier : c'est l'état (*status*) de récusation (domaine de la Cassation). – Les *status causae* posés, la *probatio* est épuisée ; on passe de l'élaboration théorique du discours (la rhétorique est une *techné*, une pratique spéculative) au discours lui-même ; on en arrive au point où la « machine » de l'orateur, de l'*ego*, doit s'articuler à la machine de l'adversaire, qui de son côté aura fait le même trajet, le même travail. Cette articulation, cet embrayage est évidemment conflictuel : c'est la *disceptatio*, point de frottement des deux parties.

B.1.27. *Les preuves subjectives ou morales*

Toute la *probatio* (ensemble des preuves logiques, soumises à la finalité du *convaincre*) ayant été parcourue, il faut revenir à la première dichotomie qui a ouvert le champ de l'*Inventio* et remonter aux preuves subjectives ou morales, celles qui dépendent de l'*émouvoir*. C'est ici le département de la Rhétorique psychologique. Deux noms sans doute la dominent : Platon (il faut trouver des types de discours adaptés à des types d'âmes) et Pascal (il faut retrouver le mouvement intérieur à la pensée de l'autre). Quant à Aristote, il reconnaît bien une rhétorique psychologique ; mais, comme il continue à la faire dépendre d'une *techné*, c'est une psychologie « projetée » : la psychologie, telle que tout le monde l'imagine : non pas « ce qu'il y a dans la tête » du public, mais ce que le public croit que les autres ont dans la tête : c'est un *endoxon*, une psychologie « vraisemblable », opposée à la psychologie « vraie », comme l'enthymème est opposé au syllogisme « vrai » (démonstratif). Avant Aristote, des technographes recommandaient de tenir compte d'états psychologiques comme la pitié ; mais Aristote a innové en classant soigneusement les passions, non selon ce qu'elles sont, mais selon ce qu'on croit qu'elles sont : il ne les décrit pas scientifiquement, mais cherche les arguments que l'on peut utiliser en fonction des idées du public sur la passion. Les passions sont expressément des prémisses, des lieux : la « psychologie » rhétorique d'Aristote est une description de l'*eikos*, du vraisemblable passionnel. Les preuves psychologiques se divisent en deux grands groupes : *ethé* (les caractères, les tons, les airs) et *pathé* (les passions, les sentiments, les affects).

B.1.28. Ethé, *les caractères, les tons*

Ethé sont les attributs de l'orateur (et non ceux du public, *pathé*) : ce sont les traits de caractère que l'orateur doit *montrer* à l'auditoire (peu importe sa sincérité) pour faire bonne impression : ce sont ses *airs*. Il ne s'agit donc pas d'une psychologie expressive, mais d'une psychologie imaginaire (au sens psychanalytique) : je dois signifier ce que je veux être *pour l'autre*. C'est pourquoi – dans la perspective de cette psychologie théâtrale – il vaut mieux parler de *tons* que de caractères : *ton* : au sens musical et éthique que le mot avait dans la musique grecque. L'*ethos* est au sens propre une connotation : l'orateur énonce une information et *en même temps* il dit : je suis ceci, je ne suis pas cela. Pour Aristote, il y a trois « airs », dont l'ensemble constitue l'autorité personnelle de l'orateur : 1) *phronésis* ; c'est la qualité de celui qui délibère bien, qui pèse bien le *pour* et le *contre* : c'est une sagesse objective, un bon sens affiché ; 2) *arété* : c'est l'affiche d'une franchise qui ne craint pas ses conséquences et s'exprime à l'aide de propos directs, empreints d'une loyauté théâtrale ; 3) *eunoia* : il s'agit de ne pas choquer, de ne pas provoquer, d'être sympathique (et peut-être même : *sympa*), d'entrer dans une complicité complaisante à l'égard de l'auditoire. En somme, pendant qu'il parle et déroule le protocole des preuves logiques, l'orateur doit également dire sans cesse : suivez-moi (*phronésis*), estimez-moi (*arété*) et aimez-moi (*eunoia*).

B.1.29. Pathé, *les sentiments*

Pathé, ce sont les affects de celui qui écoute (et non plus de l'orateur), tels du moins qu'il les imagine. Aristote ne les reprend à son compte que dans la perspective d'une *techné*, c'est-à-dire comme protases de chaînons argumentatifs : distance qu'il marque par le *esto* (*admettons que*) qui précède la description de chaque passion et qui, nous l'avons vu, est l'opérateur du « vraisemblable ». Chaque « passion » est repérée dans son habitus (les dispositions générales qui la favorisent), selon son objet (pour qui on la ressent) et selon les circonstances qui suscitent la « cristallisation » (*colère/calme, haine/amitié, crainte/confiance, envie/émulation, ingratitude/obligeance*, etc.). Il faut y insister, car cela marque la profonde modernité d'Aristote et en fait le patron rêvé d'une sociologie de la culture dite de masse : toutes ces passions sont prises volontairement *dans leur banalité* : la colère, c'est ce que tout le monde pense de la colère, la passion n'est jamais que ce que

l'on en dit : de l'intertextuel pur, de la « citation » (ainsi la
comprenaient Paolo et Francesca qui ne s'aimèrent que pour
avoir lu les amours de Lancelot). La psychologie rhétorique
est donc tout le contraire d'une psychologie réductrice, qui
essayerait de voir ce qu'il y a *derrière* ce que les gens disent
et qui prétendrait réduire la colère, par exemple, à *autre chose*
de plus caché. Pour Aristote, l'opinion du public est le donné
premier et ultime ; il n'y a chez lui aucune idée herméneutique
(de décryptage) ; pour lui, les passions sont des morceaux de
langage tout faits, que l'orateur doit simplement bien connaître ;
d'où l'idée d'une *grille des passions*, non comme une collection d'essences mais comme un assemblage d'opinions. A la
psychologie réductrice (qui prévaut aujourd'hui), Aristote
substitue (à l'avance) une psychologie classificatrice, qui distingue des « langages ». Il peut paraître très plat (et sans doute
faux) de dire que les jeunes gens se mettent plus facilement
en colère que les vieillards ; mais cette platitude (et cette erreur)
devient intéressante, si nous comprenons qu'une telle proposition n'est qu'un élément de *ce langage général d'autrui*
qu'Aristote reconstitue, conformément peut-être à l'arcane de
la philosophie aristotélicienne « *l'avis universel est la mesure
de l'être* » (Eth. Nic. X.2.1173 *a* 1).

B.1.30. Semina probationum

Ainsi se termine le champ ou le réseau de l'*Inventio*, préparation heuristique des matériaux du discours. Il faut aborder
maintenant l'*Oratio* elle-même : l'ordre de ses parties (*Dispositio*) et sa mise en mots (*Elocutio*). Quels sont les rapports
« programmatiques » de l'*Inventio* et de l'*Oratio* ? Quintilien
le dit d'un mot (d'une image) : il recommande de disposer
déjà dans la *narratio* (c'est-à-dire avant la partie argumentative proprement dite) des « germes de preuves » (*semina quae,
dam probationum spargere*). De l'*Inventio* à l'*Oratio*, il y a
donc rapport d'*essaimage* : il faut lancer, puis taire, reprendre,
faire éclater plus loin. Autrement dit les matériaux de l'*Inventio*
sont déjà des morceaux de langage, posés dans un état de *réver-
sibilité*, qu'il faut maintenant insérer dans un ordre fatalement
irréversible, qui est celui du discours. D'où la seconde grande
opération de la *techné* : la *Dispositio*, ou traitement des contraintes de succession.

B.2. *La dispositio*

On a vu que la situation de la *Dispositio* (*taxis*) dans la *techné* constituait un enjeu important. Sans revenir sur ce problème, on définira la *dispositio* comme l'arrangement (soit au sens actif, opératoire, soit au sens passif, réifié) des grandes parties du discours. La meilleure traduction est peut-être : *composition*, en se rappelant que la *compositio*, en latin, est autre chose : elle renvoie uniquement à l'arrangement des mots à l'intérieur de la phrase ; quant à la *conlocatio*, elle désigne la distribution des matériaux à l'intérieur de chaque partie. Selon une syntagmatique augmentative, on a donc : le niveau de la phrase (*compositio*), le niveau de la partie (*conlocatio*), le niveau du discours (*dispositio*). Les grandes parties du discours ont été posées très tôt par Corax (A.1.2) et leur distribution n'a guère varié depuis : Quintilien énonce cinq parties (il dédouble la troisième partie en *confirmatio* et *refutatio*), Aristote quatre : c'est cette division que l'on adoptera ici.

B.2.1. *L'egressio*

Avant d'énumérer ces parties fixes, il faut signaler l'existence facultative d'une partie mobile : l'*egressio* ou *digressio* : c'est un morceau d'apparat, hors du sujet ou qui s'y rattache par un lien très lâche, et dont la fonction est de faire briller l'orateur ; c'est le plus souvent un éloge de lieux ou d'hommes (par exemple, l'éloge de la Sicile, dans le *Verrès* de Cicéron). Cette unité mobile, hors classement et pour ainsi dire voltigeante – origine de l'*ekphrasis* de la Néo-Rhétorique – est un opérateur de spectacle, sorte de poinçon, de signature du « langage souverain » (la *kurôsis* de Gorgias, la « poétique » de Jakobson). Cependant, de même qu'un tableau est toujours signé au même endroit, de même la *digressio* a fini par se placer à peu près régulièrement entre la *narratio* et la *confirmatio*.

B.2.2. *Structure paradigmatique des quatre parties*

La *Dispositio* part d'une dichotomie qui était déjà, en d'autres termes, celle de l'*Inventio* : *animos impellere* (émouvoir)/*rem docere* (informer, convaincre). Le premier terme (l'appel aux

sentiments) couvre l'*exorde* et l'*épilogue*, c'est-à-dire les deux
parties extrêmes du discours. Le second terme (l'appel au fait,
à la raison) couvre la *narratio* (relation des faits) et la *confirmatio* (établissement des preuves ou voies de persuasion), c'est-
à-dire les deux parties médianes du discours. L'ordre syntagmatique ne suit donc pas l'ordre paradigmatique, et l'on a
affaire à une construction en chiasme : deux tranches de « passionnel » encadrent un bloc démonstratif :

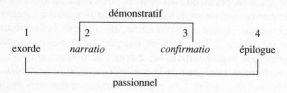

Nous traiterons des quatre parties selon l'ordre paradigmatique : exorde/épilogue, narration/confirmation.

B.2.3. *Le début et la fin*

La solennisation des débuts et des fins, des inaugurations et
des clôtures, est un problème qui dépasse la rhétorique (rites,
protocoles, liturgies). L'opposition de l'exorde et de l'épilogue,
sous des formes bien constituées, a sans doute quelque chose
d'archaïsant ; aussi, en se développant, en se sécularisant, le
code rhétorique a-t-il été amené à tolérer des discours sans
exorde (dans le genre délibératif), selon la règle *in medias res*,
et même à recommander des fins abruptes (par exemple,
Isocrate). Dans sa forme canonique, l'opposition *début/fin*
comporte une dénivellation : dans l'exorde, l'orateur doit
s'engager avec prudence, réserve, mesure ; dans l'épilogue, il
n'a plus à se contenir, il s'engage à fond, met en scène toutes
les ressources du grand jeu pathétique.

B.2.4. *Le proème*

Dans la poésie archaïque, celle des aèdes, le *prooimon*
(proème) est ce qui vient avant le chant (*oimé*) : c'est le pré-
lude des joueurs de lyre qui, avant le concours, s'essayent les
doigts et en profitent pour se concilier à l'avance le jury (trace
dans les *Maîtres Chanteurs* de Wagner). L'*oimé* est une vieille

ballade épique : le récitant commençait à raconter l'histoire à
un moment somme toute arbitraire, il aurait pu la « prendre »
plus tôt ou plus tard (l'histoire est « infinie ») ; les premiers
mots *coupent* le fil virtuel d'un récit sans origine. Cet arbitraire du début était marqué par les mots : *ex ou* (*à partir de
quoi*) : je commence à partir d'ici ; l'aède de l'Odyssée demande
à la Muse de chanter le retour d'Ulysse *à partir du moment
où cela lui plaît*. La fonction du proème est donc, en quelque
sorte, d'exorciser l'arbitraire de tout début. Pourquoi commencer par ceci plutôt que par cela ? Selon quelle raison couper
par la parole ce que Ponge (auteur de *Proèmes*) appelle le
magma analogique brut ? Il faut à ce couteau un adoucisse-
ment, à cette anarchie un protocole de décision : c'est le *prooimon*. Son rôle évident est d'*apprivoiser*, comme si commencer à parler, rencontrer le langage, c'était risquer de réveiller
l'inconnu, le scandale, le monstre. En chacun de nous, il y a
une solennité terrifiante à « rompre » le silence (ou l'*autre* langage) – sauf chez certains bavards qui se jettent dans la parole
comme Gribouille et la « prennent » de force, n'importe où :
c'est ce qu'on appelle la « spontanéité ». Tel est, peut-être, le
fond d'où procède l'exorde rhétorique, l'inauguration réglée
du discours.

B.2.5. *L'exorde*

L'exorde comprend canoniquement deux moments. – I. La
captatio benevolentiae, ou entreprise de séduction à l'égard
des auditeurs, qu'il s'agit tout de suite de se concilier par une
épreuve de complicité. La *captatio* a été l'un des éléments les
plus stables du système rhétorique (elle fleurit encore au Moyen
Âge et même de nos jours) ; elle suit un modèle très élaboré,
codé selon le classement des *causes* : la voie de séduction varie
selon le rapport de la cause à la *doxa*, à l'opinion courante,
normale : *a*) si la cause s'identifie à la *doxa*, s'il s'agit d'une
cause « normale », de bon ton, il n'est pas utile de soumettre
le juge à aucune séduction, à aucune pression ; c'est le genre
endoxon, *honestum* ; *b*) si la cause est en quelque sorte neutre
par rapport à la *doxa*, il faut une action positive pour vaincre
l'inertie du juge, éveiller sa curiosité, le rendre attentif (*atten-
tum*) ; c'est le genre *adoxon*, *humile* ; *c*) si la cause est ambiguë, si par exemple deux *doxai* entrent en conflit, il faut obte-

nir la faveur du juge, le rendre *benevolum*, le faire pencher d'un côté ; c'est le genre *amphidoxon*, *dubium* ; *d*) si la cause est embrouillée, obscure, il faut entraîner le juge à vous suivre comme guide, comme éclaireur, le rendre *docilem*, réceptif, malléable ; c'est le genre *dysparakoloutheton*, *obscurum* ; *e*) enfin, si la cause est extraordinaire, suscite l'étonnement en se situant très loin de la *doxa* (par exemple : plaider contre un père, un vieillard, un enfant, un aveugle, aller contre la *human touch*), il ne suffit plus d'une action diffuse sur le juge (d'une connotation), il faut un vrai remède, mais que ce remède soit cependant indirect, car il ne faut pas affronter, choquer ouvertement le juge : c'est l'*insinuatio*, fragment autonome (et non plus simple ton) qui se place après le début : par exemple, feindre d'être impressionné par l'adversaire. Tels sont les modes de la *captatio benevolentiae*. – II. La *partitio*, second moment de l'exorde, annonce les divisions que l'on va adopter, le plan que l'on va suivre (on peut multiplier les *partitiones*, en mettre une au début de chaque partie) ; l'avantage, dit Quintilien, est qu'on ne trouve jamais long ce dont on annonce le terme.

B.2.6. *L'épilogue*

Comment savoir si un discours se termine ? C'est tout aussi arbitraire que le début. Il faut donc un signe de la fin, un signe de la clôture (ainsi dans certains manuscrits : *ci falt la geste que Turoldus declinet*). Ce signe a été rationalisé sous l'alibi du plaisir (ce qui prouverait à quel point les Anciens étaient conscients de l'« ennui » de leurs discours !). Aristote l'a indiqué, non à propos de l'épilogue, mais à propos de la période : la période est une phrase « agréable », parce qu'elle est le contraire de celle qui ne finit pas ; il est dégagréable au contraire de ne rien pressentir, de ne voir fin à rien. L'épilogue (*peroratio*, *conclusio*, *cumulus*, couronnement) comporte deux niveaux : 1) le niveau des « choses » (*posita in rebus*) : il s'agit de reprendre et de résumer (*enumeratio*, *rerum repetitio*) ; 2) le niveau des « sentiments » (*posita in affectibus*) ; cette conclusion pathétique, larmoyante, était peu en usage chez les Grecs, où un huissier imposait silence à l'orateur qui faisait par trop et trop longtemps vibrer la corde sensible ; mais à Rome, l'épilogue était l'occasion d'un grand théâtre, du geste d'avocat :

dévoiler l'accusé entouré de ses parents et de ses enfants, exhiber un poignard ensanglanté, des ossements tirés de la blessure – Quintilien passe en revue tous ces truquages.

B.2.7. *La* narratio

La *narratio* (*diegesis*) est certes le récit des faits engagés dans la cause (puisque *causa* est la *quaestio* en ce qu'elle est pénétrée de contingent), mais ce récit est conçu uniquement du point de vue de la preuve, c'est « l'exposition persuasive d'une chose faite ou prétendue faite ». La narration n'est donc pas un *récit* (au sens romanesque et comme désintéressé du terme), mais une protase argumentative. Elle a en conséquence deux caractères obligés : 1) sa nudité : pas de digression, pas de prosopopée, pas d'argumentation directe ; il n'y a pas de *techné* propre à la *narratio* ; elle doit être seulement *claire*, *vraisemblable*, *brève* ; 2) sa fonctionnalité : c'est une préparation à l'argumentation ; la meilleure préparation est celle dont le sens est caché, dans laquelle les preuves sont disséminées à l'état de germes inapparents (*semina probationum*). La *narratio* comporte deux types d'éléments : les faits et les descriptions.

B.2.8. Ordo naturalis/ordo artificialis

Dans la rhétorique antique, l'exposition des faits est soumise à une seule règle structurale : que l'enchaînement soit vraisemblable. Mais plus tard, au Moyen Âge, lorsque la Rhétorique a été complètement détachée du judiciaire, la *narratio* est devenue un genre autonome et l'arrangement de ses parties (*ordo*) est devenu un problème théorique : c'est l'opposition de l'*ordo naturalis* et de l'*ordo artificialis*. « Tout ordre, dit un contemporain d'Alcuin, est soit naturel, soit artificiel. L'ordre est naturel si l'on raconte les faits dans l'ordre même où ils se sont passés ; l'ordre est artificiel si l'on part, non du commencement de ce qui s'est passé, mais du milieu. » C'est le problème du *flash-back*. L'*ordo artificialis* oblige à un découpage fort de la suite des faits, puisqu'il s'agit d'obtenir des unités mobiles, réversibles ; il implique ou produit un intelligible particulier, fortement affiché, puisqu'il détruit la « nature » (mythique) du temps linéaire. L'opposition des deux « ordres » peut

porter non plus sur les faits mais sur les parties mêmes du discours : l'*ordo naturalis* est alors celui qui respecte la norme
traditionnelle (exorde, *narratio*, *confirmatio*, épilogue), l'*ordo
artificialis* est celui qui bouleverse cet ordre à la demande des
circonstances ; paradoxalement (et ce paradoxe est sans doute
fréquent), *naturalis* veut alors dire *culturel*, et *artificialis* veut
dire *spontané*, *contingent*, *naturel*.

B.2.9. Les descriptions

A côté de l'axe proprement chronologique – ou diachronique, ou diégétique – la *narratio* admet un axe aspectuel, dura-
tif, formé d'une suite flottante de stases : les *descriptions*. Ces
descriptions ont été fortement codées. Il y a eu principalement :
les *topographies*, ou descriptions de lieux ; les *chronographies*,
ou descriptions de temps, de périodes, d'âges ; les *prosopo-
graphies*, ou portraits. On sait la fortune de ces « morceaux »
dans notre littérature, hors du judiciaire. – Il faut enfin signaler, pour en finir avec la *narratio*, que le discours peut parfois
comporter une seconde narration : la première ayant été très
brève, on la reprend ensuite en détail (« Voici en détail
comment la chose que je viens de dire s'est passée ») c'est
l'*epidiegesis*, la *repetita narratio*.

B.2.10. La confirmatio

A la *narratio*, ou exposé des faits, succède la *confirmatio*,
ou exposé des arguments : c'est là que sont énoncées les
« preuves » élaborées au cours de l'*inventio*. La *confirmatio*
(*apodeixis*) peut comporter trois éléments : 1) la *propositio*
(*prothesis*) : c'est une définition ramassée de la cause, du point
à débattre ; elle peut être simple ou multiple, cela dépend des
chefs. (« Socrate fut accusé de corrompre la jeunesse et
d'introduire de nouvelles superstitions ») ; 2) l'*argumentatio*,
qui est l'exposé des raisons probantes ; aucune structuration
particulière n'est recommandée, sinon celle-ci : il faut
commencer par les raisons fortes, continuer par les preuves
faibles, et terminer par quelques preuves très fortes ; 3) parfois, à la fin de la *confirmatio*, le discours suivi (*oratio conti-
nua*) est interrompu par un dialogue très vif avec l'avocat
adverse ou un témoin : l'autre fait irruption dans le monologue :

c'est l'*altercatio*. Cet épisode oratoire était inconnu des Grecs ; il se rattache au genre de la *Rogatio*, ou interrogation accusatrice (*Quousque tandem, Catilina…*)

B.2.11. *Autres découpages du discours*

Le codage très fort de la *Dispositio* (dont un sillon profond subsiste dans la pédagogie du « plan ») atteste bien que l'humanisme, dans sa pensée du langage, s'est fortement soucié du problème des unités syntagmatiques. La *Dispositio* est un découpage parmi d'autres. Voici quelques-uns de ces découpages, en partant des unités les plus grandes : I. Le discours dans son entier peut former une unité, si on l'oppose à d'autres discours ; c'est le cas du classement par genres ou par styles ; c'est aussi le cas des *figures de sujets*, quatrième type de figures après les tropes, les figures de mots et les figures de pensée : la *figure de sujet* saisit toute l'*oratio* ; Denys d'Halicarnasse en distinguait trois : 1) la *directe* (dire ce qu'on veut dire), 2) l'*oblique* (discours détourné : Bossuet avertissant les Rois, *sous couleur* de religion), 3) la *contraire* (antiphrase, ironie) ; II. Les parties de la *Dispositio* (nous les connaissons) ; III. Le morceau, le fragment, l'*ekphrasis* ou *descriptio* (nous la connaissons également) ; IV. Au Moyen Âge, l'*articulus* est une unité de développement : dans un ouvrage d'ensemble, recueil de *Disputationes* ou *Somme*, on donne un résumé de la question disputée (introduit par *utrum*) ; V. la *période* est une phrase structurée selon un modèle organique (avec début et fin) ; elle a au moins deux membres (élévation et abaissement, *tasis* et *apotasis*) et au plus quatre. Au dessous (et à vrai dire, dès la période), commence la phrase, objet de la *compositio*, opération technique qui relève de l'*Elocutio*.

B.3. *L'Elocutio*

Les arguments trouvés et répartis par grosses masses dans les parties du discours, il reste à les « mettre en mots » : c'est la fonction de cette troisième partie de la *techné rhétoriké* qu'on appelle *lexis* ou *elocutio*, à quoi on a l'habitude de réduire abusivement la rhétorique, en raison de l'intérêt porté par les Modernes aux figures de rhétorique, partie (mais seulement partie) de l'*Elocutio*.

B.3.1. *Évolution de* l'elocutio

L'*elocutio*, en effet, depuis l'origine de la Rhétorique, a beaucoup évolué. Absente du classement de Corax, elle a fait son apparition lorsque Gorgias a voulu appliquer à la prose des critères esthétiques (venus de la Poésie) ; Aristote en traite moins abondamment que du reste de la rhétorique ; elle se développe surtout avec les Latins (Cicéron, Quintilien), s'épanouit en spiritualité avec Denys d'Halicarnasse et l'Anonyme du *Peri Hupsous* et finit par absorber toute la Rhétorique, identifiée sous la seule espèce des « figures ». Cependant, dans son état canonique, l'*elocutio* définit un champ qui porte sur *tout* le langage : elle inclut à la fois notre grammaire (jusqu'au cœur du Moyen Age) et ce qu'on appelle la *diction*, le théâtre de la voix. La meilleure traduction d'*elocutio* est peut-être non pas *élocution* (trop restreint), mais *énonciation*, ou à la rigueur *locution* (activité locutoire).

B.3.2. *Le réseau*

Les classements internes de l'*elocutio* ont été nombreux, cela sans doute pour deux raisons : d'abord parce que cette *techné* a dû traverser des idiomes différents (grec, latin, langues romanes) dont chacun pouvait infléchir la nature des « figures » ; ensuite parce que la promotion croissante de cette partie de la rhétorique a obligé à des réinventions terminologiques (fait patent dans la nomination délirante des figures). On simplifiera ici ce réseau. L'opposition-mère est celle du paradigme et du syntagme : 1) *choisir* les mots (*electio, eglogé*), 2) les *assembler* (*synthesis, compositio*).

B.3.3. *Les « couleurs »*

L'*electio* implique que dans le langage on peut substituer un terme à un autre : l'*electio* est possible parce que la synonymie fait partie du système de la langue (Quintilien) : le locuteur peut substituer un signifiant à un autre, il peut même dans cette substitution produire un sens second (connotation). Toutes les sortes de substitutions, quelles qu'en soient l'ampleur et la manière, sont des *Tropes* (des « conversions »), mais le sens du mot est ordinairement réduit pour pouvoir l'opposer à

« Figures ». Les termes vraiment généraux qui recouvrent indifféremment toutes les classes de substitution sont « *ornements* » et « *couleurs* ». Ces deux mots montrent bien, par leurs connotations mêmes, comment les Anciens concevaient le langage : 1) il y a une base nue, un niveau propre, un état normal de la communication, à partir duquel on peut élaborer une expression plus compliquée, *ornée*, douée d'une *distance* plus ou moins grande par rapport au sol originel. Ce postulat est décisif, car il semble qu'aujourd'hui même il détermine toutes les tentatives de revigoration de la rhétorique : récupérer la rhétorique, c'est fatalement croire à l'existence d'un *écart* entre deux états de langage ; inversement condamner la rhétorique se fait toujours au nom d'un refus de la hiérarchie des langages, entre lesquels on n'admet qu'une « hiérarchie fluctuante », et non fixe, fondée en nature ; 2) la couche seconde (rhétorique) a une fonction d'animation : l'état « propre » du langage est inerte, l'état second est « vivant » : couleurs, lumières, fleurs (*colores*, *lumina*, *flores*) ; les ornements sont du côté de la passion, du corps ; ils rendent la parole désirable ; il y a une *venustas* du langage (Cicéron) ; 3) les couleurs sont parfois mises « pour épargner à la pudeur l'embarras d'une exposition trop nue » (Quintilien) ; autrement dit, comme euphémisme possible, la « couleur » indexe un tabou, celui de la « nudité » du langage : comme la rougeur qui empourpre un visage, la *couleur* expose le désir en en cachant l'objet : c'est la dialectique même du vêtement (*schéma* veut dire costume, *figura* apparence).

B.3.4. *La rage taxinomique*

Ce que nous appelons d'un terme générique les figures de rhétorique, mais qu'en toute rigueur historique, et pour éviter l'ambiguïté entre *Tropes* et *Figures*, il vaudrait mieux appeler les ornements, a été pendant des siècles et est aujourd'hui encore l'objet d'une véritable rage de classement, indifférente aux railleries qui ont cependant très tôt surgi. Ces figures de rhétorique, il semble qu'on ne puisse en faire rien d'autre que de les nommer et de les classer : des centaines de termes, aux formes ou très banales (*épithète*, *réticence*) ou très barbares (*anantapodoton*, *épanadiplose*, *tapinose*, etc.), des dizaines de groupements. Pourquoi cette furie de découpage, de dénomi-

nation, cette sorte d'activité enivrée du langage sur le langage ?
Sans doute (c'est du moins une explication structurale) parce
que la rhétorique essaye de *coder la parole* (et non plus la
langue), c'est-à-dire l'espace même où, en principe, cesse le
code. Ce problème a été vu par Saussure : que faire des
combinats stables de mots, des syntagmes figés, qui participent à la fois de la langue et de la parole, de la structure et de
la combinaison ? C'est dans la mesure où la Rhétorique a pré-
figuré une linguistique de la parole (autre que statistique), ce
qui est une contradiction dans les termes, qu'elle s'est essouf-
flée à tenir dans un réseau nécessairement de plus en plus fin
les « manières de parler », ce qui était vouloir maîtriser l'im-
maîtrisable : le mirage même.

B.3.5. *Classement des ornements*

Tous ces ornements (des centaines) ont été de tout temps
répartis selon quelques binaires : *tropes/figures, tropes gram-
maticaux/tropes rhétoriques, figures de grammaire/figures de
rhétorique, figures de mots/figures de pensée, tropes/figures
de diction.* D'un auteur à l'autre, les classements sont contradictoires : les *tropes* s'opposent ici aux *figures* et là en font
partie ; l'hyperbole est pour Lamy un trope, pour Cicéron une
figure de pensée, etc. Un mot des trois oppositions les plus
fréquentes : I. *Tropes/Figures.* C'est la plus ancienne des distinctions, celle de l'Antiquité ; dans le Trope, la conversion de
sens porte sur une unité, sur un mot (par exemple, la catachrèse : l'*aile* du moulin, le *bras* du fauteuil), dans la Figure,
la conversion demande plusieurs mots, tout un petit syntagme
(par exemple, la périphrase : *les commodités de la conversation*). Cette opposition correspondrait en gros à celle du système et du syntagme. II. *Grammaire/Rhétorique.* Les tropes
de grammaire sont des conversions de sens passées dans l'usage
courant, au point qu'on ne « sent » plus l'ornement : *électricité* (métonymie pour *lumière électrique*), *une maison riante*
(métaphore banalisée), alors que les tropes de rhétorique sont
encore sentis d'un usage extraordinaire : la *lessive de la nature,*
pour le Déluge (Tertullien), la *neige du clavier*, etc. Cette opposition correspondrait en gros à celle de la dénotation et de la
connotation. III. *Mots/Pensée.* L'opposition des figures de mots
et des figures de pensée est la plus banale ; les figures de

mots existent là où la figure disparaîtrait si l'on changeait
les mots (telle l'anacoluthe, qui tient seulement à l'ordre des
mots : *Le nez de Cléopâtre, s'il eût été plus court, la face du
monde…*) ; les figures de pensée subsistent toujours, quels que
soient les mots que l'on décide d'employer (telle l'antithèse :
Je suis la plaie et le couteau, etc.) ; cette troisième opposition
est mentaliste, elle met en scène des signifiés et des signifiants, les uns pouvant exister sans les autres. – Il est encore
possible de concevoir de nouveaux classements de figures, et
à vrai dire on peut avancer qu'il n'est personne s'occupant de
rhétorique qui ne soit tenté de classer à son tour et à sa manière
les figures. Cependant il nous manque encore (mais peut-être
est-il impossible à produire) un classement purement opératoire des principales figures : les dictionnaires de rhétorique
nous permettent en effet de savoir facilement ce qu'est un
chleuasme, une *épanalepse*, une *paralipse*, d'aller du nom, souvent très hermétique, à l'exemple ; mais aucun livre ne nous
permet de faire le trajet inverse, d'aller de la phrase (trouvée
dans un texte) au nom de la figure ; si je lis « *tant de marbre
tremblant sur tant d'ombre* », quel livre me dira que c'est un
hypallage, si je ne le sais déjà ? Un instrument inductif nous
manque, utile si l'on veut analyser les textes classiques selon
leur méta-langage même.

B.3.6.　*Rappel de quelques figures*

Il n'est évidemment pas question de donner une liste des
« ornements » reconnus par l'ancienne rhétorique sous le nom
général de « figures » : il existe des dictionnaires de rhétorique. Je crois cependant utile de rappeler la définition d'une
dizaine de figures, prises au hasard, de façon à donner une perspective concrète à ces quelques remarques sur l'*electio*.
I. L'*Allitération* est une répétition rapprochée de consonnes
dans un syntagme court (*Le zèle de Lazare*) ; lorsque ce sont
les timbres qui se répètent, il y a *apophonie* (*Il pleure dans
mon cœur comme il pleut sur la ville*). On a suggéré que l'allitération est souvent moins intentionnelle que les critiques et sty-
listes ont tendance à le croire ; Skinner a montré que dans les
Sonnets de Shakespeare les allitérations ne dépassaient pas ce
qu'on peut attendre de la fréquence normale des lettres et
groupes de lettres. 2. L'*Anacoluthe* est une rupture de construc-

tion, parfois fautive (*Outre l'aspect d'une grande armée rangée, les Macédoniens s'étonnèrent quand…*). 3. La *catachrèse* se produit là où, la langue ne disposant pas d'un terme « propre », il faut bien en employer un « figuré » (les *ailes* du moulin). 4. L'*Ellipse* consiste à supprimer des éléments syntaxiques à la limite de ce qui peut affecter l'intelligibilité (*Je t'aimais inconstant, qu'eussè-je fait fidèle ?*) ; l'ellipse a été souvent réputée représenter un état « naturel » de la langue : ce serait le mode « normal » de la parole, dans la prononciation, dans la syntaxe, dans le rêve, dans le langage enfantin. 5. L'*Hyperbole* consiste à exagérer : soit en augmentation (*auxèse : aller plus vite que le vent*), soit en diminution (*tapinose : plus lentement qu'une tortue*). 6. L'*Ironie* ou *Antiphrase* consiste à faire entendre autre chose que ce que l'on dit (c'est une connotation) ; comme dit F. de Neufchateau :

> « *Elle choisit ses mots : tous semblent caressants.*
> *Mais le ton qu'elle y met leur donne un autre sens.* »

7. La *Périphrase* est à l'origine un détour de langage que l'on fait pour éviter une notation tabou. Si la périphrase est dépréciée, on la nomme *périssologie*. 8. La *Réticence* ou *Aposiopèse* marque une interruption du discours due à un changement brusque de passion (le *Quos ego* virgilien). 9. La *Suspension* retarde l'énoncé, par rajout d'incises, avant de le résoudre : c'est un *suspense* au niveau de la phrase.

B.3.7. *Le* Propre *et le* Figuré

On l'a vu, tout l'édifice des « figures » repose sur l'idée qu'il existe deux langages, un propre et un figuré, et qu'en conséquence la Rhétorique, dans sa partie élocutrice, est un tableau des *écarts* de langage. Depuis l'Antiquité, les expressions métarhétoriques qui attestent cette croyance sont innombrables : dans l'*élocutio* (champ des figures), les mots sont « *transportés* », « *détournés* », « *éloignés* » loin de leur habitat normal, familier. Aristote y voit un goût pour le dépaysement : il faut « s'éloigner des locutions communes… : nous éprouvons à cet égard les mêmes impressions qu'en présence des étrangers : il faut donner au style un air étranger, car ce qui vient de loin excite l'admiration ». Il y a donc un rapport d'*étrangeté* entre les « mots courants », dont chacun de nous (mais qui est ce « nous » ?) se sert, et les « mots insignes », mots étrangers à l'usage quotidien : « barbarismes » (mots des peuples étrangers), néologismes, métaphores, etc. Pour Aristote, il faut un mélange des deux terminologies, car si l'on se sert uniquement des mots courants, on a un discours *bas*, et si l'on se sert uniquement des mots insignes, on a un discours *énigmatique*. De *national/étranger* et *normal/étrange*, l'opposition a glissé à *propre/figuré*. Qu'est-ce que le sens propre ? « C'est la première signification du mot. » (Dumarsais) : « Lorsque le mot signifie ce pour quoi il a été primitivement établi. » Cependant le sens propre ne peut être le sens très ancien (l'archaïsme est dépaysant), mais le sens *immédiatement antérieur à la création de la figure* : le propre, le vrai, c'est, une fois de plus, l'*auparavant* (le Père). Dans la Rhétorique classique, l'*auparavant* s'est trouvé *naturalisé*. D'où le paradoxe : comment le sens propre peut-il être le sens « naturel » et le sens figuré le sens « originel » ?

B.3.8. *Fonction et origine des Figures*

On peut distinguer ici deux groupes d'explications. I. *Explications par la fonction* : *a*) le second langage provient de la nécessité d'euphémiser, de tourner les tabous ; *b*) le second langage est une technique d'*illusion* (au sens de la peinture : perspective, ombres, trompe-l'œil) ; il redistribue les choses, les fait apparaître autres qu'elles ne sont, ou comme elles sont, mais d'une façon impressive ; *c*) il y a un plaisir inhérent à l'association d'idées (nous dirions : un ludisme). II. *Explications par l'origine* : ces explications partent du postulat que les figures existent « dans la nature », c'est-à-dire dans le « peuple » (Racine : « Il ne faut qu'écouter une dispute entre les femmes de la plus vile condition : quelle abondance dans les figures ! Elles prodiguent la métonymie, la catachrèse, l'hyperbole, etc. ») ; et F. de Neufchâteau :

« *A la ville, à la cour, dans les champs, à la Halle,*
  L'éloquence du cœur par les tropes s'exhale. »

Comment alors concilier l'origine « naturelle » des figures et leur rang secondaire, postérieur, dans l'édifice du langage ? La réponse classique est que l'art *choisit* les figures (en fonction d'une bonne évaluation de leur distance, qui doit être *mesurée*), il ne les crée pas ; en somme le figuré est une combinaison artificielle d'éléments naturels.

B.3.9. *Vico et la poésie*

En partant de cette dernière hypothèse (les figures ont une origine « naturelle »), on peut distinguer encore deux types d'explications. Le premier est mythique, romantique, au sens très large du terme : la langue « propre » est pauvre, elle ne suffit pas à tous les besoins, mais elle est suppléée par l'irruption d'un autre langage, « ces divines éclosions de l'esprit que les Grecs appelaient *Tropes* » (Hugo) ; ou encore (Vico, repris par Michelet), la Poésie étant le langage originel, les quatre grandes figures archétypiques ont été inventées *dans l'ordre*, non par des écrivains, mais par l'humanité dans son âge poétique : *Métaphore*, puis *Métonymie*, puis *Synecdoque*, puis *Ironie* ; à l'origine elles étaient employées *naturellement*. Comment donc ont-elles pu devenir des « figures de rhétorique » ? Vico donne une réponse très structurale : lorsque l'abstraction est née, c'est-à-dire lorsque la « figure » s'est trouvée prise dans une opposition paradigmatique avec un autre langage.

B.3.10. *Le langage des passions*

La seconde explication est psychologique : c'est celle de Lamy et des Classiques : les figures sont le langage de la passion. La passion déforme le point de vue sur les choses et oblige à des paroles particulières : « Si les hommes concevaient toutes les choses qui se présentent à leur esprit simplement, comme elles sont en elles-mêmes, ils en parleraient tous de la même manière : les géomètres tiennent presque tous le même langage » (Lamy). Cette vue est intéressante, car si les figures sont les « morphèmes » de la passion, par les figures nous pouvons connaître la taxinomie classique des passions, et notamment celle de la passion amoureuse, de Racine à Proust. Par exemple : l'*exclamation* correspond au rapt brusque de la parole, à l'aphasie émotive ; le *doute*, la *dubitation* (nom d'une figure) à la torture des incertitudes de conduite (Que faire ? Ceci ? Cela ?), à la difficile lecture des « signes » émis par l'autre ; l'*ellipse*, à la censure de tout ce qui gêne la passion ; la *paralipse* (dire qu'on ne va pas dire ce que finalement l'on dira) à la relance de la « scène », au démon de blesser ; la *répétition* au ressassement obsessionnel des « bons droits » ; l'*hypotypose*, à la scène que l'on se représente vivement, au fantasme inté-

rieur, au scénario mental (désir, jalousie), etc. On comprend
mieux dès lors comment le figuré peut être un langage à la
fois *naturel* et *second* : il est naturel parce que les passions
sont dans la nature ; il est second parce que la morale exige
que ces mêmes passions, quoique « naturelles », soient distan-
cées, placées dans la région de la Faute ; c'est parce que, pour
un Classique, la « nature » est mauvaise, que les figures de
rhétorique sont à la fois fondées et suspectes.

B.3.11. *La* compositio

Il faut maintenant revenir à la première opposition, celle qui
sert de départ au réseau de l'*Elocutio* : à l'*electio*, champ substitutif des ornements, s'oppose la *compositio*, champ associatif des mots dans la phrase. On ne prendra pas parti ici sur
la définition linguistique de la « phrase » : elle est seulement
pour nous cette unité de discours intermédiaire entre la *pars
orationis* (grande partie de l'*oratio*) et la *figura* (petit groupe
de mots). L'ancienne Rhétorique a codé deux types de
« construction » : 1) une construction « géométrique » : c'est
celle de la *période* (Aristote) : « une phrase ayant par elle-même
un commencement, une fin et une étendue que l'on puisse
facilement embrasser » ; la structure de la période dépend d'un
système interne de *commas* (frappes) et de *colons* (membres) ;
le nombre en est variable et discuté ; en général, on demande
3 ou 4 colons, soumis à opposition (1/3 ou 1-2/3-4) ; la référence de ce système est vitaliste (le va-et-vient du souffle) ou
sportive (la période reproduit l'ellipse du stade : un aller, une
courbe, un retour) ; 2) une construction « dynamique » (Denys
d'Halicarnasse) : la phrase est alors conçue comme une période
sublimée, vitalisée, transcendée par le « mouvement » ; il ne
s'agit plus d'un aller et d'un retour, mais d'une montée et d'une
descente ; cette sorte de « swing » est plus importante que le
choix des mots : il dépend d'une sorte de sens inné de l'écrivain. Ce « mouvement » a trois modes : 1) *sauvage*, heurté
(Pindare, Thucydide), 2) *doux*, emboîté, huilé (Sappho,
Isocrate, Cicéron), 3) *mixte*, réserve des cas flottants.

*Ainsi se termine le réseau rhétorique – puisque nous avons
décidé de laisser de côté les parties de la* techné rhétoriké *proprement théâtrales, hystériques,* liées à la voix : actio *et* memo-

ria. *La moindre conclusion historique (outre qu'il y aurait
quelque ironie à coder soi-même le second méta-langage dont
on vient d'user par une* peroratio *venue du premier) excéderait
l'intention purement didactique de ce simple aide-mémoire.
Toutefois, en quittant l'ancienne Rhétorique, je voudrais dire
ce qui me reste personnellement de ce voyage mémorable (descente du temps, descente du réseau, comme d'un double fleuve).
« Ce qui me reste » veut dire : les questions qui me viennent de
cet ancien empire à mon travail présent et que, ayant appro-
ché la Rhétorique, je ne peux plus éviter.*

   *Tout d'abord la conviction que beaucoup de traits de notre
littérature, de notre enseignement, de nos institutions de langage (et y a-t-il une seule institution sans langage ?) seraient
éclaircis ou compris différemment si l'on connaissait à fond
(c'est-à-dire si l'on ne censurait pas) le code rhétorique qui a
donné son langage à notre culture ; ni une technique, ni une
esthétique, ni une morale de la Rhétorique ne sont plus possibles, mais une* histoire ? *Oui, une histoire de la Rhétorique
(comme recherche, comme livre, comme enseignement) est
aujourd'hui nécessaire, élargie par une nouvelle manière de
penser (linguistique, sémiologie, science historique, psychanalyse, marxisme).*

   *Ensuite cette idée qu'il y a une sorte d'accord obstiné entre
Aristote (d'où est sortie la rhétorique) et la culture dite de masse,
comme si l'aristotélisme, mort depuis la Renaissance comme
philosophie et comme logique, mort comme esthétique depuis
le romantisme, survivait à l'état dégradé, diffus, inarticulé, dans
la pratique culturelle des sociétés occidentales – pratique fondée, à travers la démocratie, sur une idéologie du « plus grand
nombre », de la norme majoritaire, de l'opinion courante –
tout indique qu'une sorte de vulgate aristotélicienne définit
encore un type d'Occident trans-historique, une civilisation (la
nôtre) qui est celle de l'*endoxa : *comment éviter cette évidence
qu'Aristote (poétique, logique, rhétorique) fournit à tout le langage, narratif, discursif, argumentatif, qui est véhiculé par les
« communications de masse », une grille analytique complète
(à partir de la notion de « vraisemblable ») et qu'il représente
cette homogénéité optimale d'un méta-langage et d'un langage-
objet qui peut définir une science appliquée ? En régime démocratique, l'aristotélisme serait alors la meilleure des sociolo-
gies culturelles.*

Enfin cette constatation, assez troublante dans son raccourci, que toute notre littérature, formée par la Rhétorique et sublimée par l'humanisme, est sortie d'une pratique politico-judiciaire (à moins d'entretenir le contresens qui limite la Rhétorique aux « figures ») : là où les conflits les plus brutaux, d'argent, de propriété, de classes, sont pris en charge, contenus, domestiqués et entretenus par un droit d'État, là où l'institution réglemente la parole feinte et codifie tout recours au signifiant, là naît notre littérature. C'est pourquoi faire tomber la Rhétorique au rang d'un objet pleinement et simplement historique, revendiquer, sous le nom de texte, d'écriture, une nouvelle pratique du langage, et ne jamais se séparer de la science révolutionnaire, ce sont là un seul et même travail.

Roland BARTHES

École pratique des hautes études, Paris

Annexe I

La rhétorique : chronologie

Avant J.-C.
Ve siècle
(480-460)   – Sicile : la Rhétorique enseignée.
            – *Corax* : première division de l'*Oratio*.
(427)   – *Gorgias* à Athènes : la Prose rhétorifiée.
            – *Hippias d'Élée* : la culture quotidienne opposée à la Philosophie : origine lointaine des Arts Libéraux du Moyen Âge.

IVe siècle
(395-375)   – *Platon* : dialogues concernant la Rhétorique.
(329-323)   – Rhétorique d'*Aristote*.
            – *Zénon de Citium*, le Stoïcisme grec et la grammaire philosophique.

IIIe-IIe siècle

            – Les Alexandrins : Querelle des Analogistes et des Anomalistes. (Les Analogistes postulent que la grammaire est régulière et que cette régularité reflète la régularité du monde et de l'esprit. Les Anomalistes cherchent les irrégularités, les exceptions.)

Ier siècle
(116-27)   – *Varron* : *a*) médiation dans la querelle des Analogistes et des Anomalistes.
                     b) relance des disciplines libérales.
(107-43)   – *Cicéron* : pratique de la rhétorique aristotélicienne.
(env. 85)   – *Rhétorique à Herennius*.
(65-8)   – *Horace* : Art poétique.
(43 av.-16 ap.) – *Ovide* : fusion de la Rhétorique et de la Poésie.
            – *Denys d'Halicarnasse* (Grec) : une stylistique de la phrase.

Après J.-C.
Ier siècle
(40-118)   – *Quintilien* : pédagogie de la rhétorique aristotélicienne.

(45-125)	– *Plutarque* : moralisation de la Rhétorique.
(55-120)	– *Tacite* : unification de tous les arts du discours sous le nom d'*eloquentia*.
	– *Péri Hupsous*, traité du Sublime.
IIe siècle	
	– Seconde Sophistique ou Néo-Rhétorique. L'Asianisme contre l'Atticisme.
IIIe siècle	
	– *Porphyre* : *Eisagogè* (Catégories) : introduction à la logique d'Aristote.
IVe siècle	
(310-393)	– *Ausonius* : transmet la néo-Rhétorique au Moyen Âge.
(vers 350)	– *Donat*, grammairien.
(354-430)	– *Saint Augustin* : la Rhétorique chrétienne.
Ve siècle	
	– *Sidoine Apollinaire* : transmet la Néo-Rhétorique au Moyen Âge.
(vers 420)	– *Martianus Capella* : la constitution des Sept Arts Libéraux.
(fin du Ve s., début VIe s.)	– *Priscien*, grammairien.
VIe siècle	
(480-524)	– *Boèce* : première entrée d'Aristote : logique restreinte.
(490-575)	– *Cassiodore* : christianisation des Arts Libéraux, et notamment des figures de Rhétorique.
VIIe siècle	
(570-636)	– *Isidore de Séville* (*Etymologiae*) : confirmation du Trivium.
VIIIe siècle	
(673-735)	– *Bède* : la Rhétorique appliquée systématiquement à la Bible.
IXe siècle	– Réforme carolingienne des écoles : *Alcuin*.
	– Aristote traduit en arabe.
XIe siècle	
	– *Scot Erigène* et le Réalisme.
	– *Roscelin* et le Nominalisme.
XIIe siècle	
	– Seconde entrée d'Aristote : *Logique* intégrale.

	– Lutte de Chartres et de Paris, de *Rhetorica* et de *Dialectica*, des Lettres et de la Philosophie, du *Studium* et du *Sacerdotium*. Victoire de Paris et de *Dialectica*.
(1096-1141)	– Nouvelles classifications du Trivium sous la dominance de *Dialectica* : *Hugues de Saint-Victor*.
(1128-1202)	– *Alain de Lille* : Allégorie du Chariot.
(vers 1150)	– *Pierre Hélias* : début de la grammaire spéculative.
XIIIᵉ siècle	

XIIIᵉ siècle
(1200)   – Fondation de l'Université de Paris.
                – Les *Modistae*.
XIVᵉ siècle
                – *Ars obligatoria*, code de la *Disputatio*.
XVᵉ siècle
                – Arts de Seconde Rhétorique = arts poétiques (du point de vue des formes verbales, et non de la composition).
XVIᵉ siècle
                – Entrée de la *Poétique* d'Aristote en Italie : Castelvetro, Scaliger, Veda.
(1521)   – *Pleine Rhétorique*, de Fabri.
(1555)   – *Dialectique*, de Ramus (anti-aristotélicien).
(1555)   – *Rhétorique* de Foclin.
(1592)   – Rhétorique en latin, de Nunez.
                – La Rhétorique devient le fondement de l'enseignement jésuite.
XVIIᵉ siècle
(vers 1630)   – Entrée de la Poétique d'Aristote en France.
(1675)   – *Bernard Lamy* : la Rhétorique ou l'Art de parler.
XVIIIᵉ siècle
(1730)   – *Dumarsais* : Traité des Tropes.
(1783)   – Rhétorique de *Hugh Blair*.
XIXᵉ siècle
(1807)   – *Gaillard* : la Rhétorique des Demoiselles.
(1827)   – *Fontanier* : Manuel classique pour l'étude des Tropes.
(fin du XIXᵉ s.) – Extinction progressive des traités de Rhétorique.

ANNEXE II : L'ARBRE RHÉTORIQUE

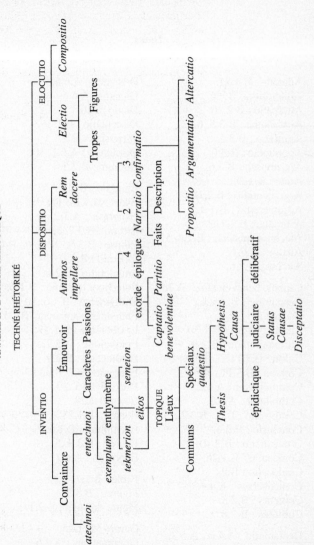

Index

Table

COMPOSITION : CHARENTE PHOTOGRAVURE
IMPRIMERIE BRODARD ET TAUPIN À LA FLÈCHE
DÉPÔT LÉGAL NOVEMBRE 1994. N° 22271 (6295 K-5)

Collection Points

SÉRIE ESSAIS